掛谷誠著作集 第2巻

呪医と精霊の世界

makoto KAKEYA

京都大学学術出版会

エチオピアのフィールドで踊りを鑑賞する掛谷誠さん（左）、篠原徹さん（中央）、田中二郎さん（右）［撮影：重田眞義］（1996 年）

口絵 1

ゾウの悪霊を払う儀式には、昔のムジェゲ（ゾウの狩人）も登場し、黙って見物する。動物の皮でつくったお面や衣装は異様な雰囲気をかもし出す（トングウェ）。（p. 11, 195, 424、1972 年）

口絵 2

ムフモの教え。手前の人物像が筆者自身をさす（トングウェ）。（p. 122, 135、1980 年）

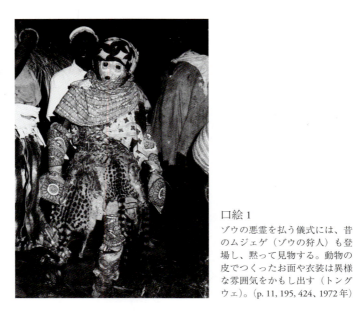

口絵 3

精霊が憑依して踊るムフモ（トングウェ）（p. 123, 186、1980 年）

口絵 4

ムフモの教え。手前が雷。向こうに水系とイシゴの棲む淵。さらにタンガニイカ湖（トングウェ）（p. 125, 184、1980 年）

口絵 5

身体に赤、白の斑点をつける（トングウェ）。(p. 128, 186, 425、1980 年）

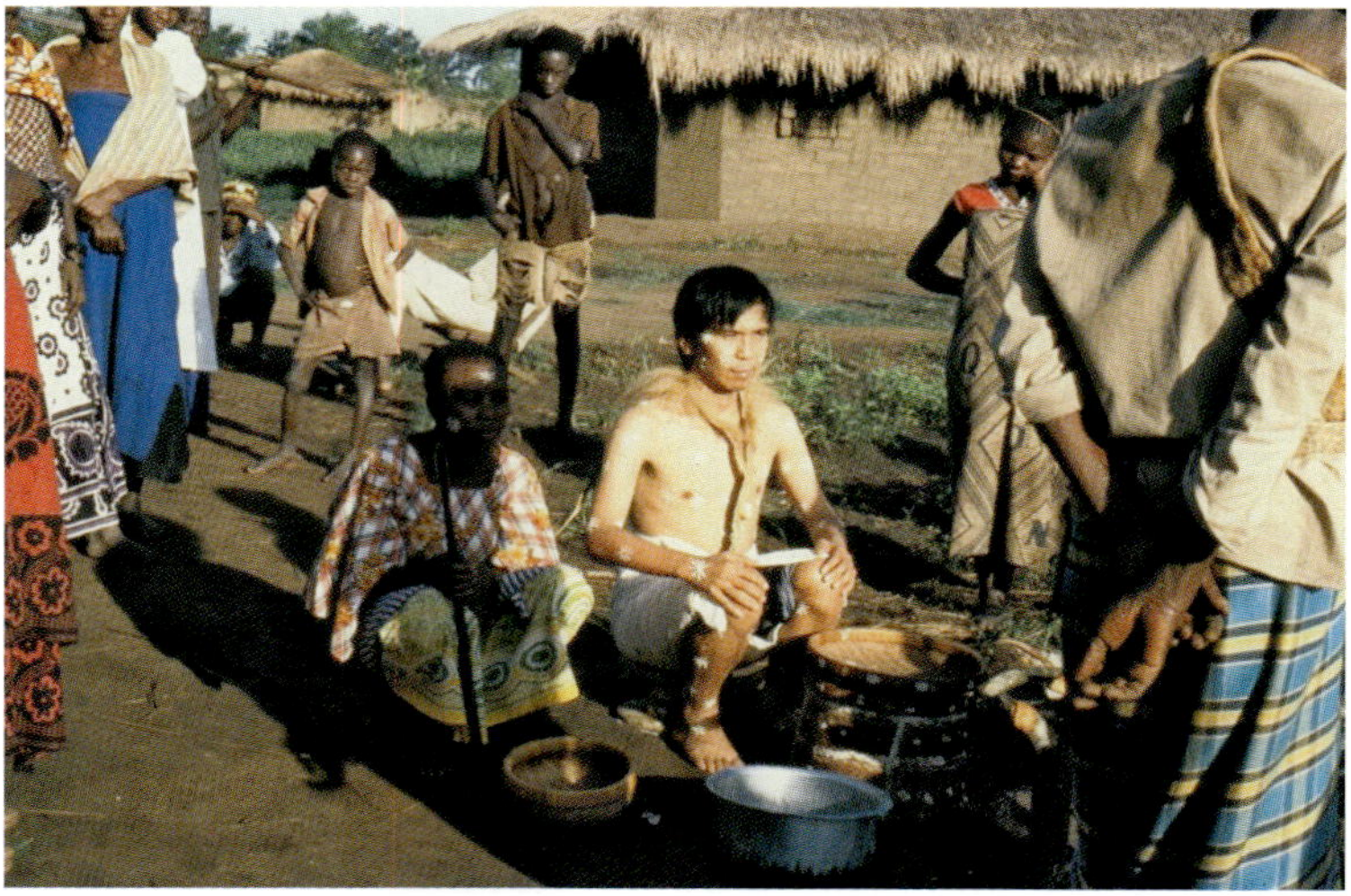

口絵 6

呪医の昇位儀礼を終え、ンパシをつけ椅子に坐り村人の祝福を受ける筆者（トングウェ）
(p. 135, 166, 426、1980 年）

口絵 7
乾季の終わりに色づく乾燥疎開林（トングウェ）（p. 179, 413、撮影年不明）

口絵 8
先込銃（マスキット銃）をかついで野生動物を狩りに出かけるトングウェの猟師（トングウェ）（p. 181, 203, 414、撮影年不明）

口絵 9
壺に水とさまざまな薬草を入れて呪薬を調合する（トングウェ）。
（p. 190, 327, 427, 545、1980 年）

口絵 10
ゾウの絵が描かれた壺に酒を仕こむ（トングウェ）。（p. 288、1980 年）

口絵 11
チテメネと呼ばれるベンバ独特の焼畑
（上）集めた枝葉に火をつける。
（下）火が消えたあとにできた灰の層
（p. 415、撮影年不明）

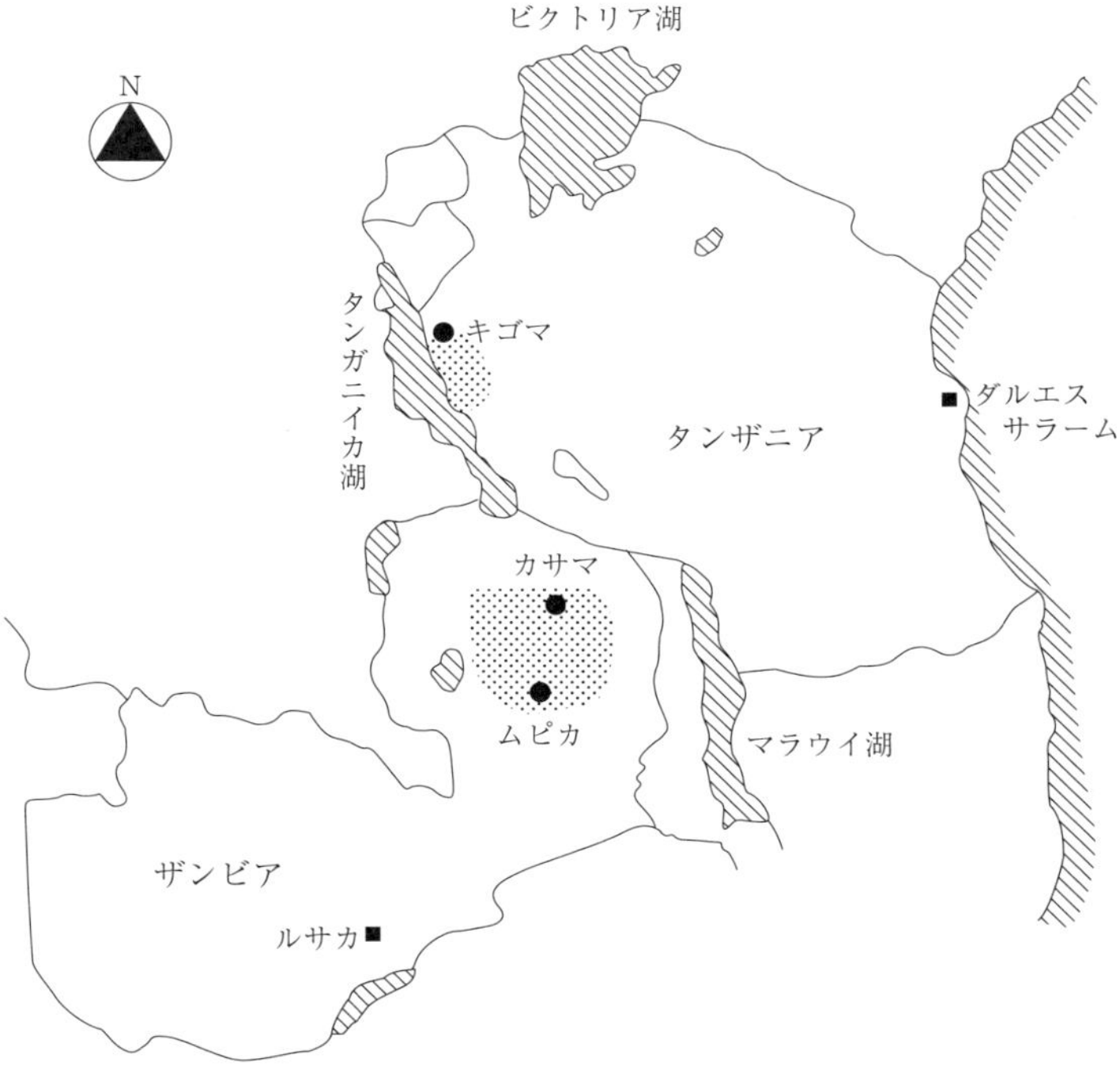

口絵地図 1　トングウェとベンバの居住地域（p. 3, 13, 283, 506）

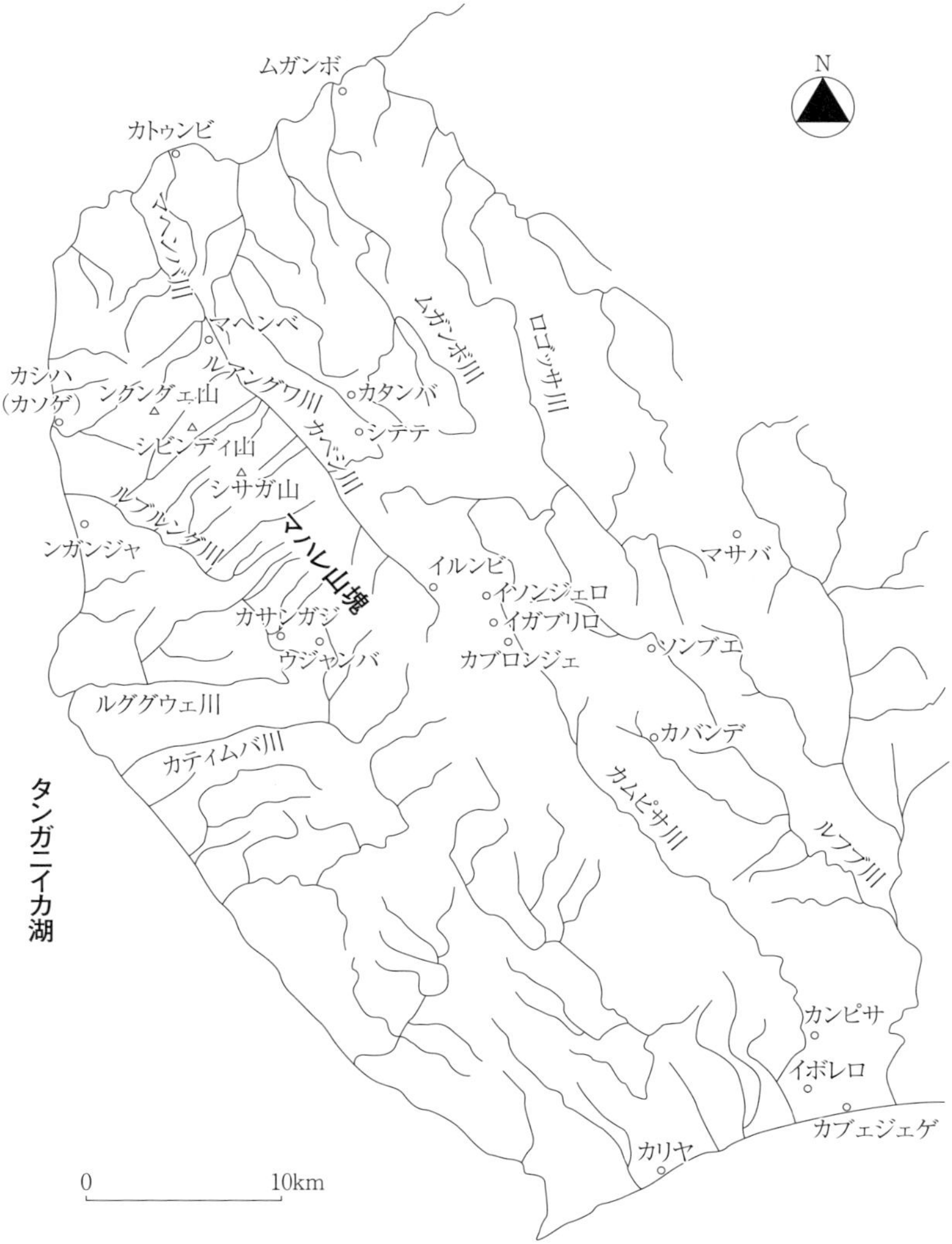

口絵地図 2　調査域（タンザニア西部）(p. 3, 13, 283)

凡例

一　本著作集は掛谷誠の主要な著作、論文を選び、テーマ別に編成して全三巻としたものである。各巻の収録著作やその配列、巻や区分けのタイトルは編集委員会の責任で決定した。

二　収録著作の底本については初出一覧を参照されたい。

三　収録にあたっては底本の再現を原則としたが、以下のような訂正・整理を加えた。

　1　明らかな誤字や書き間違いと思われるものは適宜修正をおこなった。

　2　底本に散見される表記の不統一についてはできるだけ揃え、旧字体や旧仮名遣い等は新字体・新仮名遣いに改めた。

　3　図や表、注などについては重複するものを除いて底本通りとしたが、写真はスペースの不足や資料の入手困難などの理由により収録しなかったものもある。

　4　現在の表記とは異なる動植物の名称については、編集委員会の判断で表記を変更した箇所もある。

四　著作の表現の中には、今日の通念として使用されない言葉が含まれているが、当時の社会状況や通念を反映して許容されていたと考えられるため、そのまま収録することとした。

五　巻末に固有名詞索引と動・植物索引、民族名索引、および事項索引を収録する。

目次

第I部——呪医の世界

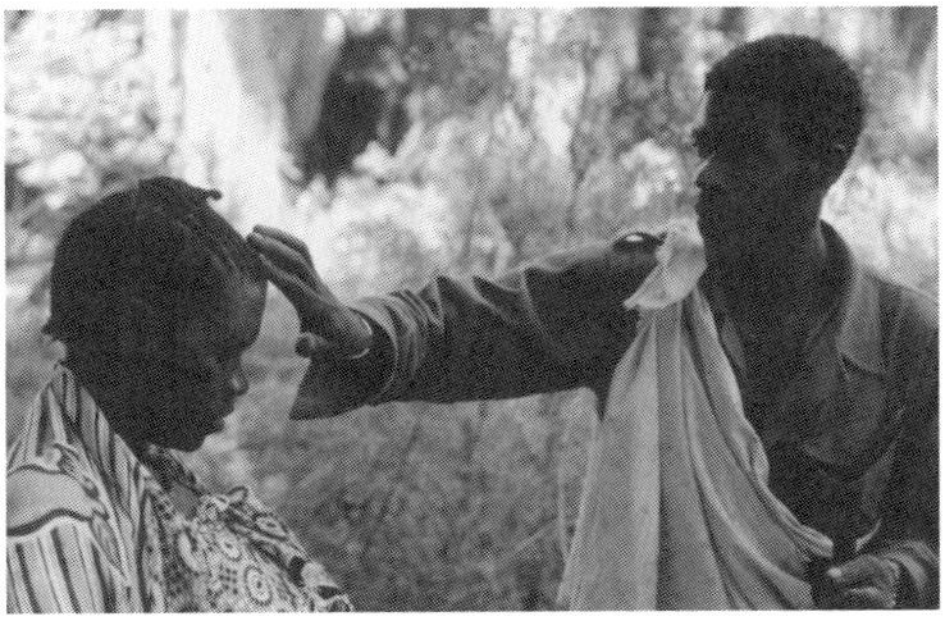

患者の頭に傷をつけ、強力な呪薬を塗り込む。（1980 年）

第1章　私はアフリカの呪術医だった

東アフリカ、タンザニア国の奥地。南北に長くのびるタンガニイカ湖の中央部東岸に、京都大学のカソゲ基地がある（口絵地図1、2）。一九六五年、野生チンパンジーの餌《え》づけに成功、その社会構造の解明をめざして息の長い調査がつづけられてきた拠点だ。

一九七一年五月、この基地を中心に、原住民トングウェ族の研究も開始された。調査のために送り込まれたのは、京大大学院理学研究科博士課程三年の掛谷誠氏（二七）と夫人の英子さん（二六）。一年半にわたる住み込み調査の過程で、掛谷氏は修練を積んでトングウェ族公認の呪術《じゅじゅつ》医にもなった。大自然に埋もれた生活を精神面に焦点を当てて語ってもらおう。＝写真は掛谷氏夫妻が撮影

1　部落入り

私たち夫婦が伊谷純一郎隊長（京大理学部助教授・人類学）とともに、カソゲ村に到着したのは、一九七一年の雨期あけ五月末だった。湖岸のアシが少し途切れ、一本のアブラヤシの木の立っている船着場。「ジャンボ、ジャンボ（こんにちは）」といいながら、カソゲ村の住人トングウェ族の人びとが私たちを迎えに集まってくる。村人たちと握手しながら、片言のスワヒリ語であいさつをかわした。

ひっそりと生活

私たち夫婦のねらいは、野生チンパンジーの研究とは視点を変えて、トングウェ族の生活の調査である。不安と期待のまじった思いに胸をわくわくさせながら、荷を頭の上にのせて運ぶ村人たちの後を追う。キャッサバ（イモの一種）の畑、アブラヤシの木かげを抜け、背丈を超すエレファントグラスの間の小道を約一キロメートル。基地は、トングウェ風の泥造りの建物だった。トングウェ族の居住地域は、タンガニイカ湖の湖岸部から始まり、カソゲ村の背後にそびえる二〇〇〇メートル余のマハレ山塊を越えて東方と北方に広がる乾燥疎林地帯にのびている。ちょうど四国ほどの広さだが、人や家畜に睡眠病を媒介するツェツェバエのためか、また不毛の土地のためか、わずか二万人しか住んでいない。人口密度は一平方キロメートルあたり一人という。

この原野のトングウェ族の村は、通常三—五戸程度であり、一戸あるいは二戸の場合もある。まる一日歩かなければ隣の村にたどりつかないという例もまれではない。広大な原野の中にひっそりと埋もれるような生活、それが伝統的なトングウェ族の生活様式なのである。

生業は焼畑農業

彼らの生業の中心は焼畑農業だ。キャッサバ、トウモロコシ、サツマイモなどを耕作している。河辺の林の木々を切倒し、それを焼き払って植えつけるのである。男は、スタンレー時代以来のマスキット銃でバッファロー（アフリカスイギュウ）やカモシカを追い、湖や川で魚をとり、木をくりぬいて作ったミツバチの巣箱を山中の樹上にかけてハチミツを採集する。

私たちは湖では船外エンジンつきのボートを利用したが、そのほかはすべて足に頼らなければならなかった。カソゲをベース・キャンプとし、マハレ山塊に沿って並ぶマヘンベ、シテテ、イルンビという三つの小さな村を住み込み調査の対象とし、ときには一週間以上もかけてサファリ（旅）に出かけた。トングウェ族のポーター二、三人をつれ、原野の中に埋もれたような集落を訪れて回るのである。カベシ川のほとりの清潔な村マヘンベは、湖岸の村カトゥンビから約三時間歩いたところにある。そこからまた四時間、急な山を登りきるとシテテ村にいたる。イルンビ村はシテテ村から美しい疎林の中を歩くこと三時間。

心やさしい酋長

山奥のイルンビには、ムワミつまり酋長《しゅうちょう》が住んでいる。一五を超す氏族からなるトングウェ族には、全体を統括し君臨する大酋長はなく、各氏族がいく人かずつの酋長をもっている。

イルンビ村のルカンダミラというムワミは、ムレンゴ氏族の代表的な酋長で、厳格だが心のやさしい祖父を思わせる風貌《ふうぼう》をもっていた。彼は、二人の妻、中年でまだ独身の息子、弟の娘とその夫、それに、よその村からきた男とともに暮らしていた。

権威を示す象徴

山奥の寒村ではあるが、ムワミの在所として、その権威を示すいろいろな象徴が目にとまる。ヒョウとライオンの頭骨を木にかけたもの、代々のムワミの祖先霊を示す杭《くい》、イネ科の草をうず巻き状に巻き、その中心に細いヤリを突き刺したもの。そしてムワミの家の前には、ムルンバと呼ばれるムワミを象徴する木が心地よい木かげをつくっていたし、山や川に住むという精霊のための石の炉が、家のまわりにいくつも築いてあった。

このイルンビ村から一時間歩いたところにイガブリロという村があって、ムレンゴ氏族の人びとは、ここにムラングワという氏神が住んでいると考えている。村のすぐ前の小山に住むというこの精霊の力は、全トングウェ族の中になりひびいている。私たちも彼らの流儀に従って、一頭のヤギ、白布、それに白いビーズ玉をささげて、

写真 1-1　精霊にごちそう

トウモロコシの収穫期、粉を調理しておそなえ用の食事を作る女性たち。精霊や祖先霊のために特別に屋外にしつらえた石のカマドを使う。

調査が無事に進むようにお願いした。

2　入門決意

妻の英子が、ルカンダミラの第二夫人と姉妹の契りを結んだこともあって、私たちは毎朝、トングウェ流のあいさつをかわさなければならなかった。彼らは周辺の他の部族には見られない特異なあいさつの様式をもっている。目上の人に出会えば、目下のものは腰をかがめ、相手から目をそらし、ゆっくりと一〇回あまりかしわ手を打つ。目上のものは立ったままで、おごそかに、例えば「エンディタ・マムレンゴ」と答える。エンディタは「お聞きしました」という意味で、マムレンゴは相手の所属する氏族名である。この形を基本として、数種類のあいさつの形式がある。

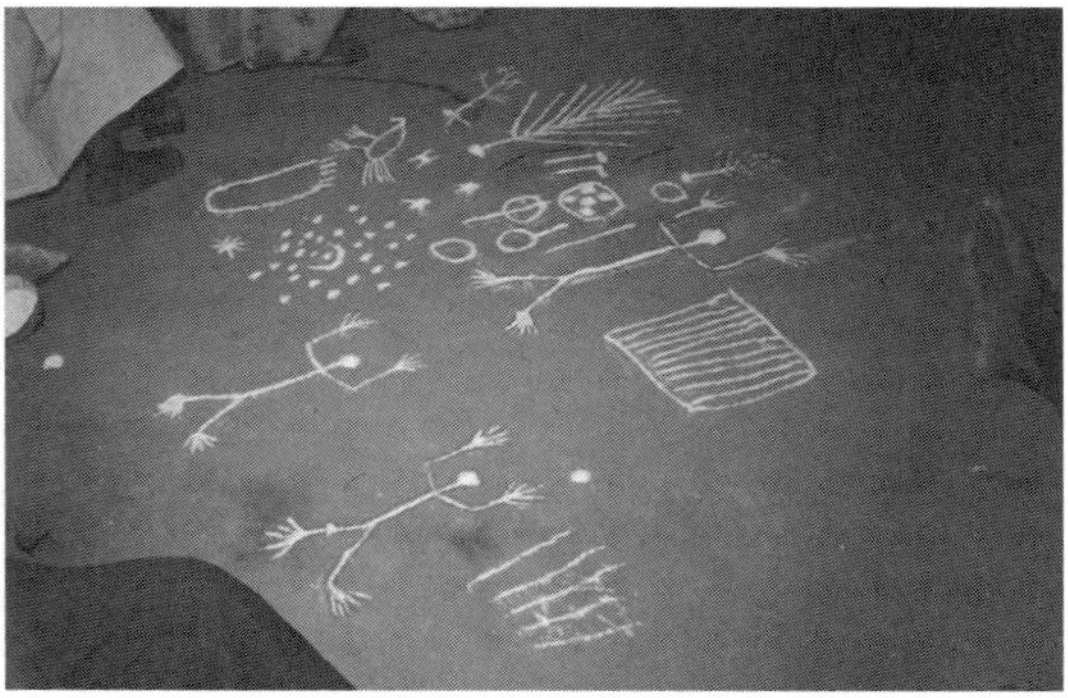

写真 1-2　絵で心得を説明

呪術医入門の式の夜、カソンタ先生は地面に、三色の粉で絵をかいて「まず正しい人間であれ」とタブーなどを説いた。四角は畑、羽の形は薬の木、点を囲んだ丸は村を表わす。

驚いた植物知識

イルンビ村では、私たちはムワミと第一夫人に対し、かしわ手をうってあいさつした。このとき「エンディタ・マムジョンガ」という返事が返ってくる。「ムジョンガ」とはカソゲ村に住む人たちの氏族名である。だが後になって、私への呼びかけはムジョンガから「ペンバ」に変わった。ペンバとは、呪術医に対する返答の言葉である。調査も終わりに近づいたころ、私はトングウェ族の正式な儀式をして呪術医になったからだ。

私は、乾燥疎林地帯に住む人びとがどのようにこの自然に依存して生活しているか、を重点に調査を進めていたが、その一つの手がかりとして、原野の植物について驚くべき知識を有するトングウェ族の植物利用の体系を見出したいと思った。トングウェ族はじつに多くの植物をダワ（薬）として利用している。そのダワについて最も深い知識をもつ呪術医になるのが早道だと、悟ったのである。

厳粛な徹夜儀式

私はカソゲ村のカソンタという呪術医に弟子入りを志願したところ、彼はこころよく承諾してくれた。そして私はついに呪術医になるための徹夜の儀式を受けた。カソゲ村には約一〇〇人が住んでいるが、当日はほとんどすべての村人が集まった。ほかの呪術医たちも手伝い、盛大な儀式がとり行われた。白、赤、黒の三種の粉で、地面にいくつも絵がかかれ、その絵に従って呪術医となるための心得が説かれた。夜が白みはじめたころ、精霊の乗り移った呪術医たちは、太鼓に合わせて踊り、儀式はクライマックスに達した。日がのぼり始めると、私の体はダワのはいった水で洗い清められ、赤と白の斑紋がいっぱいつけられた。新しい一人の呪術医の誕生である。最後に、左の手のひらにカミソリで小さな傷がつけられ、そこに占いの能力を与えるための聖なる薬が塗りこめられた。

儀式のあと一週間、私はカソンタ先生のもとに通い、原野で草根木皮を集め、ダワ作りの要領を教わった。それ以後、カソンタ先生のところに患者がやってきたときには呼ばれ、先生の手伝いをしながらいろんな知識を身につけた。トングウェ族は、上品で礼儀正しく、接客の方法などにもじつに洗練された文化をもつ。しかしその裏には、ムチャウィ（邪術者）が横行し、人をのろい殺すという別の世界がある。また彼らの生活を常に見守っている精霊や祖先霊のかくれた世界がある。

トングウェは、だれかが病気などの不幸に見舞われたとき、その原因を知るため、呪術医をたずねる。精霊や祖先霊の怒りにふれたためか、あるいは邪術者にのろわれたためか。不幸の原因がわかると、さらに呪術医に治

写真 1-3　呪術医の誕生
踊り明かした朝、体中に赤と白の斑紋をつけられ、占いの能力を授けられる筆者（左端）。村人たちの祝福のうちに新しい呪術医の誕生だ。このあと一週間、きびしい研修を受ける。

療を頼むことになる。

3　占い開業

新しい呪術医の占いは、よく当たるという。私も七人の人に頼まれて占いをやった。

若妻ら七人を治療

その一人、二〇歳を少し超えたほどの美しい若奥さんは「数年間も子どもに恵まれない原因を教えてほしい」といって、私の前に二〇セント（約一〇円）硬貨を置いた。占い料である。私はカソンタ先生から習った通り、炉のところにいって灰をひとつまみ取り、左の手首と手のひらにこすりつけ、小さなつぼに灰を投げ入れる。つぼの中には、その日くんできた川の水がはいっているのだ。

私は丸いいすに、彼女はゴザにすわる。

私は、ムセケ（呪術医の道具入れ）の中から、シロロと呼ばれる草の根を取り出して口にふくみ、それを左の手のひらに吐き出す。そして右手でつぼの水をすくって左の手のひらにたらし、右の手のひらでこする。そのとき心の中で「彼女の不妊の原因が祖先霊のためなら、右手の動きが止まるように」と念じる。もしここで、右手が止まれば、それが正解であり、数回こすっても止まらないときは、可能性のある別の原因を頭に浮かべて、同じことをする。数回の試みのあと、私は「イシゴ（川の深みに住む悪い精霊）」を思い浮かべたら、右手はピタリと止まった。私は彼女に「イシゴがあなたにとりついているためである」と告げた。

私はカソンタ先生から教わった方法を忠実に実行し、キャッサバの畑をノブタが荒し回るのは「祖先霊のたたりである」などと占った。

呪術医になるための儀式（ブフモ）のほかに、トングウェ族にとってもう一つ重要な「ブジェゲ」と呼ばれる儀式がある。マスキット銃を使って原野でゾウを撃ち殺したとき、その悪霊を狩人から払う儀式である。この儀式を受けた人のことを「ムジェゲ」と呼ぶ。真のムジェゲは、トングウェにとって勇者の称号でもあるのだ（口絵1）。

写真1-4　動物よけに動物

センザンコウは命を守る大切な動物だ。原野に出たとき、このうろこを塩といっしょに火にくべて念じると、ライオンなど猛獣に出会わないと信じられている。

この儀式は、トウモロコシの酒づくりと並行して進行する。ブフモと同様に、地面に白、赤、黒の粉でさまざまの絵がかかれ、ムジェゲの心得が説かれてゆく。酒ができあがる日の夜、数人のムジェゲが、草と泥で作られたいろんな人形――ゾウ、バッファロー、ネズミ、ムジェゲが原野で泊まる小屋、男女の性器など――を手にもって徹夜で踊りぬき、笑いと騒ぎの中で朝を迎える。新しく誕生したムジェゲは、祖先霊に報告し、ゾウと仲よくなるための薬を飲む。

再び帰る日を祈る

呪術、ブジェゲ、それにもろもろの精霊や祖先霊。トングウェ族の精神世界は、じつに複雑である。原野の中に点在する集落、自然に依存した生活様式と、彼らの文化の深奥で強く結びついているに違いない。

調査が終わりに近づいたある日、私たちはイガブリロ村を訪れ、再びこの地へ戻ってくることができるよう、精霊ムラングワの助力をお願いした。トングウェ族の精霊に招かれて、このすばらしい原野の友人たちのところに帰れる日がきっとくると、私たちは信じている。

第2章　トングウェ族の呪医の世界

1　呪医入門——序にかえて

西部タンザニアに住む焼畑農耕民トングウェ族（口絵地図1、2）を対象とした筆者の研究主題は、ウッドランド（乾燥疎開林）における自然と人との関係を解明することにあった（伊谷、西田、掛谷 一九七三、掛谷 一九七四）。このテーマにアプローチするため、筆者はまず、人の生活と植物的世界とのつながりに注目し、トングウェの友人たちとともに森・山・原野を歩きまわり、植物のトングウェ方名や、その利用法について学んでいった。このような植生や、民族植物学（ethnobotany）の調査を通じて、徐々にトングウェ族の人びとが素晴らしい植物学者・応用植物学者であることが明らかとなってきた。

彼らは、野生植物を、食用、住居用、家財道具用をはじめとして、生活の諸側面にわたって利用していたのであるが、とくに顕著であったのは、多くの植物をダワ（*dawa*）[1]つまり薬として利用していることであった。インフォーマントから、ある植物がダワとして利用されているという答が得られれば、「それは、どのような病気に効くのか？」という質問が続くのは、きわめて当然の成り行きであろう。こうして、筆者の関心は植物利用を中心とした民族植物学から始まり、民族薬物学（ethnopharmacology）、民族医学（ethnomedicine）という領域へと広がっていったのである。

民間薬としての草根木皮についていえば、トングウェ族の一人一人が実に多くの知識をもっており、その知識は具体的に日常生活の中で応用されている。しかし、彼らの誰もが認めることであるが、薬用植物について集約的かつ体系的な知識をもっているのは、ムフモ（*mufumo*）[2]、つまり呪医であった。トングウェ族の民族薬物学、民族医学の要には、呪医が位置していたのである。ウッドランドにおける自然と人との関係というテーマは、ひとつの帰結として、筆者を呪医の世界へ向かわしめたといえるのである。

一方、トングウェ族とのつきあいが深まるにつれて、筆者の関心は徐々に彼らの精神生活へと向かっていった。広大な自然の中で明るく大らかに営まれる日々の生活が、彼らの社会の表面であるとするならば、その裏面には、人を呪う呪われるという呪詛の念が渦まいていた。「彼らの社会の表面と裏面とは、どのように結びついているのだろうか」という疑問は、その二つの面に脈絡をつける呪医の世界に向かっていった。こうして筆者の関心はムフモの世界へと収斂していったのである。

伊谷（一九七六ａ）が、「だれもがどんな仕事でもこなすトングウェの社会において、呪医だけが専業的・特技的な色彩を濃厚にもっているように思われた」と記しているように、呪医の世界は、トングウェ族社会の中で、特異な一領域を形成しているといってよい。それは、かなり秘儀的な性格の強い、調査の困難な領域であった。

調査期間も後半にさしかかった頃、筆者は思いきって、日頃から比較的親しくつきあっていた呪医に、呪医入門を志願したのである。一九六三年以来の京都大学アフリカ類人猿学術調査隊の活動、とりわけ一九六五年以後のカソゲ地域における西田利貞、伊谷純一郎両氏などの努力の結果、この地域に住むトングウェ族の人びとは調査に対する理解を深めており、呪医は筆者の希望を了解し、快く入門を許可してくれたのである。

筆者は、正式な儀礼を経て、いわばトングウェ公認のムフモとなり、多くのことがらを学んだのであるが、期間の制約ということもあって、筆者の呪医としての修業は、その世界の奥深さに比して、きわめて不十分なものであったといわなければならない。しかし、トングウェ族の呪医の世界について、大まかなスケッチを描きあげる程度の知識は得られたように思う。

本稿は、トングウェ族の、自然と人・人と人・人と超自然的存在という諸関係の、ひとつの結節点である呪医の世界について記述分析を試み、その特異性を明らかにすることを目的としている。

2　超自然的存在——不幸の原因の体系

トングウェ族社会におけるムフモの主な仕事は、病気の原因の診断とその治療である。こう記述すれば、ムフモの仕事は近代社会における医師のそれと同じものということになろう。実際、ムフモは近代社会における医師と同様の役割をになっているといってよい。近代医学を背景とした医師とトングウェのムフモとの最大の相違は、後者の医術の背景には、超自然的存在が深く関わっている点にあるということであろう。つまりムフモの世界を理解するためには、トングウェ族の人びとが認知するさまざまな超自然的存在を了解することが必須の要件となる。

ウッドランドの中で、トウモロコシ、キャッサバを主要作物とした焼畑耕作とともに、狩猟、漁撈、蜂蜜採集などの生業を営むトングウェは、五〜四〇人程度の人びとからなる小さな集落を形成して住んでいる。狭い生活圏の中で営々と生活を送る彼らが恐れるのは、さまざまな不幸である。作物の不作、野獣による畑荒し、野獣や魚がとれない日々が続くこと、妻となるべき女性にめぐり会えないこと、子宝や財産に恵まれないこと、さまざまな怪我や病等々、一面では彼らの人生も多くの不幸の積み重ねの上に築きあげられているのである。トングウェは、これらの不幸のほとんど全てが、偶然の結果ではなく何らかの超自然的存在の意志のあらわれだと考え

表 2-1　超自然的存在

1	*mungu*	
2	*mughabho*	
	2-1	*mughabho*
	2-2	*mughabho ghwejimilo*
	2-3	*mughabho ghwa kupakila*
	2-4	*kahindye*
	2-5	*mahasa*
	2-6	*mutimi*
	2-7	*lyangombe*
	2-8	*isigho*
	2-9	*mughumbaghwesuku*
	2-10	*ijini*
3	*musimu*	
	3-1	*musimu*
	3-2	*isina lya nfuko*
	3-3	*musimu ghwa mutuwale*
	3-4	*musimu ghwa mwami*
	3-5	*musimu ghwa mufumo*
	3-6	*musimu ghwa mujeghe*
4	*inywele*	
	4-1	*mukuli ghwa nsofu*
	4-2	*muhighi*
	4-3	*lijombwe*
5	*bhulosi*	
	5-1	*mulosi*
	5-2	*mukuli*
	5-3	*iswa*
6	*ighambo*	
	6-1	*nsigha*
	6-2	*ilaji*

るのである。

このような不幸に見舞われた人は、その原因をもとめて、ムフモのもとを訪れる。ムフモは、トングウェ族の人びとが体系的に認知している不幸の原因の中から、占いによってその真の原因を探りだす。こうして原因が明らかになれば、ムフモはその能力や知識を駆使して、患者の不幸の源を除去し、治療を施すのである。

ここでは、ムフモの世界、あるいはより広くトングウェ社会を支える精神的世界の基盤を、多彩な超自然的存在の記述分析を通して明らかにしてゆくことにしたい（表2‒1）。

神（*mungu*）

トングウェ族の人びとが認知する超自然的存在の中で、もっとも性格が曖昧で、位置づけの困難な存在がこのムングー（*mungu*）、つまり神である。彼らはこの存在に関して何ら体系的な説明をもたず、キリスト教やイスラム教で語られる神についての断片的な知識を述べるのみであった。ムングーは彼らにとって唯一至高神といった存在ではなく、また、種々の超自然的存在の中でも確とした地位をもってはいない。彼らがムングーについて語る内容は、しいて言えば「運命」といったニュアンスを表現していることが多い。

トングウェ族の伝統的な信仰体系の中では、ムングーに対する認知は太陽崇拝のそれに対応しているように思われる。古老は毎朝、朝日に向かって次のような呪文を唱えるという。「太陽が今日も昇った。太陽は言う。生まれる者はいでよ、死ぬる者は死ね、病むる者は病め、治る者は治れ」（西田　一九七三ａ）。また、ムフモとなるための儀礼、ブフモ（*bhufumo*）の際、地面に儀礼的に描かれる絵の中で、太陽が表現される。後述するように、儀礼的な絵は白、赤、黒の粉で描かれるのであるが、太陽が幾重にも雲のようなもので覆われた絵に対して、「太陽がこのようになっても、ムフモはただ見ているだけにとどめ、太陽がおかしくなったと言ってはいけない」という説明が加えられる。同様の絵がブジェゲ（*bhujeghe*）と呼ばれる儀礼においても描かれるのである。

このような根拠をもとにして、ムングーは古来の太陽崇拝の信仰がイスラム教やキリスト教などの浸透によって変容したものと考えることができる。

精　霊（*mughabho*）

彼らの信仰体系の中で、中心的な位置を占めるのがこの精霊である。一般に、山、川、大木、大石などに住むと信じられている。

A　ムガボ・グウェジミロ（*mughabho ghwejimilo*）とムガボ・グワ・クパキラ（*mughabho ghwa kupakila*）

彼らの社会は、ルゴ（*lugho*）と呼ばれる集落を基礎としている。一般に各集落は、シテベ・シムイ（*sitebhe simui*）と呼ばれるマイナー・リネェジの人びとの生活の場であるといってよい。シテベ・シムイの長がムワミ（*muami*）あるいはムトゥワレ（*mutwale*）と呼ばれる。シテベ・シムイの長老たちの中からムトゥワレが選ばれ、彼がブワミ（*bhwami*）と呼ばれる儀礼を経てムワミとなる。このようなシテベ・シムイがいくつか集まって、イブフィ（*ibhufi*）つまりメジャー・リネェジを形成し、二〜三のイブフィが集まって、ほぼクランに対応するムラヒロ（*mulahilo*）となる。トングウェ社会は、一五を越すムラヒロの集合体なのである。

ムワミあるいはムトゥワレは、彼らが宰領する領地内に住むさまざまな精霊の司祭者である。その在所には、それらの精霊を象徴する、細い白布のまきつけられた木が立っており、そのそばには三つの石を組み合わせた炉、マフィガ（*mafigha*）が置かれている。

これらの精霊の中で、とくにムガボ・グウェジミロおよびムガボ・グワ・クパキラと呼ばれる二体の精霊が重要である。前者はひとつのシテベ・シムイの守護霊であり、後者は前者の父と認知されており、イブフィの守護霊と考えてよい精霊である。

この二体の精霊が祀られる様子を、ムレンゴ氏族（*Mulengo*）のムワミ、ルカンダミラ（*Lukandamila*）が住むイルンビ（*Ilumbi*）集落を例にとって解説してみよう。トングウェ族は、タンガニイカ湖を隔てたザイール〔現在のコンゴ民主共和国〕の諸部族や北方のハ族などが移住し混住した結果、形成された部族であるという伝承をもっている。ムレンゴ氏族は、その中でも草分け的な氏族として知られている。

ムワミ・ルカンダミラのムガボ・グウェジミロは、集落の東方にあるカブエルグル（*Kabhwelughulu*）と呼ばれる山に住む。ムガボ・グワ・クパキラは、イルンビの南、約四キロメートルのところにあるイガブリロ（*Ighabhulilo*）という集落の近くにある小高い山ムラングワ（*Mulanghwa*）に住む。

イルンビにはムジモ（*mujimo*, *Ficus thonningii*）というムワミの権威と結びついた木があり、それがカブエルグルを象徴している。ムジモにはルヒンディ（*luhindi*）と呼ばれるヒョウタンを二つに割ったヒシャクが吊り下げられており、また細くさいた白布が結びつけられている。精霊への供物は、通常白布と白いビーズ玉、トウモロコシで作ったウガリ、それにニワトリあるいはヤギという例が多い。ムジモの木にゆわえられている細くさいた白布は、供物として捧げられた白布の一部ということになる。ルヒンディは、トウモロコシの粉を水でといたルワンゴ（*lwango*）と呼ばれる供物を入れる容器である。

ムジモのそばには三つの石を組み合わせたマフィガがあり、人びとはここでニワトリやヤギの肉を煮て、精霊に捧げるのである。

ムジモの木から少し離れた所に、幾本かの白布がゆわえられた細い枝が立っており、そのそばにマフィガが数組置かれている。これらはムワミ・ルカンダミラが宰領する領地内の山・川に住む、多くの精霊が祀られていることを示している。

イガブリロに住む精霊ムラングワは、ムワミ・ルカンダミラのムガボ・グワ・クパキラであると同時に、同じムレンゴ氏族の集落であるカパンデ（*Kapande*）に住むムワミ、イボレロ（*Ibbolelo*）に住むムワミのそれでもある。イガブリロの近辺に住むムレンゴ氏族の人びとは、年四回、このイガブリロに集い、ムラングワを祀るのである。第一回目は、雨季が明け、川辺林を開墾してつくった焼畑ルフラ（*lufula*）でできたトウモロコシの初穂を持ち寄り、ムラングワに捧げる。

第二回目の祭礼は、盛大に行なわれる。トウモロコシが乾燥し、彼らのもっとも伝統的な主食であるンキエテ（*nkiete*）のウガリ（掛谷　一九七四）が作れるようになった頃（五月初旬）、ムレンゴ氏族の人びとは、その原料となる粉をイガブリロに持ち寄り、精霊ムラングワに捧げるのである。ンキエテのウガリとともに、これまで供物として捧げられたヤギが屠られ、ムラングワに献上される。

精霊ムラングワの威力はトングウェ中に知れわたっており、ムラングワに願いごとをする人びとは多い。願いごとのかなった人びとは、白布とビーズ、それにヤギをもって、ムラングワにお礼参りに行く。こうしてムラングワに捧げられたヤギが、この日一度に屠られるのである。一九七二年の祭礼時には、一八頭のヤギが屠られた。

第三回目は、トウモロコシでつくる酒、マテカウィマ（*matekawima*）をムラングワに捧げるため人びとは集い、第四回目は、新しいルフラに蒔くトウモロコシの種子を分配するために集う。

このようにして、ムレンゴ氏族のムガボ・グワ・クパキラであるムラングワに供物を捧げた翌日、イルンビでは、ムガボ・グウェジミロであるカブエルグル及び他の精霊たちに、供物が捧げられる。

このムガボ・グワ・クパキラ、ムガボ・グウェジミロの二体の精霊は、ムトゥワレがムワミとなるためのブワミ儀礼でも重要な位置を占める。

B　マハサ（*mahasa*）とカシンディエ（*kasindye*）

トングウェは、双子、逆子を精霊の生まれかわりと信じており、前者をマハサ、後者をカシンディエと呼ぶ。双子や逆子が生まれると、盛大な儀礼がとり行なわれる。この精霊にまつわる儀礼は、原則的に三度行なわれる。一度は臍の緒を切るときに行なわれ、二度目の儀礼はクフィンブラ（*kufimbula*）と呼ばれ、病気などの兆候があらわれたときに儀礼の時が来たことを知る。最後の一回は、双子や逆子が死んだときに行なわれる。

初めの儀礼時には、さまざまのダワを地面に置き、その上に穴を二つあけた土鍋をかぶせ、シヒガ（*sihigha*）と呼ばれる造型物がつくられる。クフィンブラは、トウモロコシの酒造りとともに進行し、幾日か続く。儀礼は、最終日に独特の象徴物を作って終わる。カシンディエは、上端が二股になったカンクンドゥ（*kankundu, Strychnos innocua*）、カンパラガ（*kampalagha, Hymenocardia acida*）などの特定の木でできた、長さ一五センチメートル程度の枝を二本土中に立て、その上にちょうど物干し竿をかけるように第三の枝を置く。マハサは、カシンディエの形をしたものを二組平行に並べ、そこに数本の枝をさしわたして作る。

これらの儀礼は、マハサの司祭（*ikota lya mahasa*）、カシンディエの司祭（*ikota lya kasindye*）と呼ばれる女性の司祭によって行なわれる。

C　ムティミ（*mutimi*）

原野に住む巨人の精霊である。ムティミは象を飼育しており、野獣・薬草などの管理者としての役割をもつと考えられている。この精霊を祀る人は、上手な狩人あるいはムフモに多い。ムティミは、煙草好きであり、とくに大麻（*kamogha*）の煙草を好むという。

D　リャンゴンベ（*lyangombe*）

トングウェたちは、このリャンゴンベを精霊に似たものだと説明するが、その性格づけには不明な点が多い。かつて氏族間戦争が行なわれていた頃、さまざまな危険に出会った際に、このリャンゴンベに救いを求めたのだという。また原野などで危険に出会ったときにも、リャンゴンベに救いを求めるという。子供などに、リャンゴンベという名をもつ者がいる。長い間子供に恵まれないとき、リャンゴンベに出産を祈願し、その願いがかなえられたとき、その子にリャンゴンベという名前をつける。これを怠ると、その子供は病気等の不幸に見舞われると、彼らは語る。

かつて、ムワミは、集落内の秩序を乱した者、あるいは身持ちの悪い女性などを、このリャンゴンベの前に連れ出し、ムワミの象徴でもある鉄だけでできた槍、イソミオ（*isomio*）で突き殺したという。

祖先が祀っていたリャンゴンベは、子孫によって相続されなければならず、これを怠ると不幸に見舞われるという。

リャンゴンベを象徴する造型物は、ムワミのそれと、他の人びとのそれとでは異なっている。ムワミ用のリャンゴンベは、ブウェジュウェ（*bhuejue, Hyparrhenia variabilis* ただし、編者注記として *Loudetia simplex* の可能性もある）の枯れ草を束ね、それを渦状に巻いて作り、木の棒で地面に固定する。このリャンゴンベの中央に、上述の鉄製の槍イソミオがつき刺してある。ムワミ以外の人びとのリャンゴンベは、ルレレ（*lulele, Sporobolus* sp.）と呼ばれる草で象徴され、男の場合はそれを埋めて立てるが、女の場合には地面の上に置くだけである。リャンゴンベに願いごとをし、それがかなえられると、必ず上述のような象徴物を祀り、供物を捧げなければならないという。

E　イシゴ（*isigho*）とムグンバグウェスク（*mughumbaghwesuku*）

ともに川の淵や水溜り、ときには山の大木などに住む精霊であり、女性にとりついて不妊などの原因となる悪霊だという。

F　イジーニ（*ijini*）

土着化したイスラム教に由来すると思われる精霊で、人にとりついて病の原因になるという。このイジーニがとりつくと、スワヒリ語やコーランを知らない人でも、スワヒリ語で喋りだし、コーランを唱えるという。

ダワをうまく調合して、このイジーニを手なづければ、邪術者つまりムロシ（*mulosi*）に対抗することができ、人の役にたつこともあると彼らは語る。

祖先霊（*musimu*）

トングウェ族の人びとが信仰する祖先霊は、大きく分けて三つのタイプに類別することができる。ひとつは、特定のステータスとは無関係な人びとの祖先霊であり、通常は父系のラインを辿る祖先霊が信仰の対象となる。ときには母方のラインを辿る祖先霊もその対象となることもある。この間の事情を、彼らは、ある祖先霊が彼（あるいは彼女）の所で、食物を食べたがっているのだと説明する。このような祖霊は、ブウェジュウェあるいはムニァキ（*munyaki, Imperata cylindrica*）などの枯れ草でできた小さな円錐形の家に祀られる。人びとによって祀られない祖先霊は、原野をさまよっていると信じられており、子孫に不幸をもたらしてその不満の意を伝えるという。トングウェは、孫が祖父母の名（*isina lya nfuko*）[3]を継承する慣習をもつが、自分の名が継承されなかった祖先霊が不幸をもたらすことがあるという。

第二のタイプは、ムワミおよびムトゥワレなど、彼らの社会組織の基礎単位であるシテベ・シムイの長の祖先霊である。これらの霊は、シテベ・シムイの人びとが共通に崇拝の対象としている。とくにムワミの祖先霊（*musimu ghwa mwami*）は、ニンディニンディ（*nindinindi*）と呼ばれる腕の太さほどあるムバンガ（*mubhanga, Pericopsis angolensis*）の丸太でできた杭で象徴される。ムワミの在所には、必ずこのニンディニンディが、歴代のムワミの数だけ並べられている。

第三のタイプは、ムフモ、ムジェゲ（*mujeghe*）などの特別の能力をもった人の祖先霊である。ムフモは、ムガボと密接な関わりをもつ存在である。ムジェゲは後述するように、ゾウを撃ちとった狩人であり、象の悪霊

（*mukuli*）と深い関わりをもつ。ムフモもムジェゲもともに、超自然的存在と切り離すことができない。ムフモ、ムジェゲの資格は、子孫に相続されなければならず、それを怠ると、さまざまな不幸を介してその意志が子孫に伝えられるという。

このカテゴリーには、ほかに、祖先が祀っていたリャンゴンベ、それに後述するムヒギ（*muhighi*）も加えることができるが、それらは一応人間存在の祖霊化とは別個のものであり、それぞれの特性に含めることとし、ここでは除外しておきたい。

動　物（*inyuele*）

トングウェ・ランドには、その地形や植生の多様性のゆえに、数多くの種類の動物が棲息している。哺乳類だけに限っても、これまでに五四種が確認されている（掛谷　一九七四、伊谷　一九七六b）。これらの動物はそれぞれトングウェの生活と多様な関わり合いをもつのであるが、とくに、ライオン（*nsimba, Panthera leo*）、ヒョウ（*ngwe, Panthera pardus*）、ゾウ（*nsofu, Loxodonta africana*）、エランド（*nyumbu, Taurotragus oryx;* 現在 *Tragelaphus oryx*）、アフリカニシキヘビ（*nsato, Python sebae*）、それに鳥類のダルマワシ[4]（*ipungu, Terathopius ecaudatus*）は、他の動物と異なって特別の力をもつものとして認知されている。

ライオンとヒョウは、ムワミの権威を象徴する動物である。ムワミの在所には、木の枝にライオンとヒョウの頭蓋骨を突き刺した象徴物ンソンゴレ（*nsongole*）がある。ムワミのかぶる王冠（*npasi*）は、ライオンの毛皮に、海岸からもたらされたイモガイをとりつけてつくる。

ゾウやエランド、アフリカニシキヘビ、ダルマワシは、それぞれムクリ（*mukuli*）、つまり悪霊をもっており、それらの動物を撃ち殺した狩人は、そのムクリにとりつかれないようにするため、ある種の儀礼的行動をとらなければならないという。

とりわけ、ゾウの悪霊（*mukuli ghwa nsofu*）は強力であり、ゾウを撃ちとった狩人は、イコタ（*ikota*）と呼ばれる司祭の采配のもとで、一週間も続くブジェゲの儀礼を行なわなければならない。ブジェゲの儀礼を経た狩人はムジェゲと呼ばれ、真の狩人として尊敬される。ムジェゲは前述のように子孫によって相続されなければならない。相続時にも盛大なブジェゲ儀礼が行なわれる。

トングウェが語る超自然的存在のうち、架空の動物と思われるものは案外少なく、ムヒギ（*muhighi*）とリジョンブウェ（*lijombwe*）の二種類だけである。ムヒギは森に住んでおり、四本の足をもった蛇のような動物だという。狩人が森でこのムヒギに出会えば、不猟が続いたり、病に見舞われたりするという。ムフモの占いによって不幸の原因がムヒギであるとわかれば、狩人はブウェジュエ、ムニャキなどの枯れ草で作った象徴物（写真2-1）を祀り、供物を捧げなければならない。祖先の祀っていたムヒギも子孫によって相続されなければならず、それを怠ると病などにかかることがあるという。

リジョンブウェも森に住む異様な姿をした動物であり、ブジェゲ儀礼の際に造られる土人形で表現される（写真2-2）。リジョンブウェに出会えば、狩人はみずからの死あるいは親族の死などの大きな不幸に襲われるという。

写真 2-1　草でつくった象徴物。右端がムシムの家、真ん中はムヒギ、左端がマフィガ

写真 2-2　リジョンブウェの土人形

邪　術（*bhulosi*）

これまで述べてきた超自然的存在は、現実の人間界とは違った世界に住む存在であった。このような存在とは異なり、現実の人間界に跳梁《ちょうりょう》し邪悪な行為を行なう存在がムロシ（邪術者）である。それは呪う・呪われるという呪詛《じゅそ》の世界であり、妬み、疑惑が渦巻く世界である。ムロシは自由にダワを操り、他人を呪い、重い病を患わせ、ついには死に至らしめることができる。あるいはさまざまな動物を人に差し向けて危害を加えることのできる存在なのである。一人前のムロシになるためには、手始めに親兄弟、あるいは身近な親族を呪い殺さなければならない。ムロシは恥知らずであり、平気で近親相姦をおかし、夜ごとに全裸で集会をもつ。ムロシは、ハイエナ（*itana, Crocuta crocuta*）、イヌ、ダルマワシをみずからの乗り物として駆使し、どんな遠い所へでも一気に到達できると、彼らは語るのである。ムロシから邪術を教われば、誰でもムロシになれるのだが、一般には、親・兄弟などの近親者のムロシから教わることが多いという。

ムロシの邪術は、大きく二つのカテゴリーに分けられている。ひとつは夜の邪術（*bhulosi bhua bhufuku*）、他方は昼の邪術（*bhulosi bhue syubha*）と呼ばれる。

A　夜の邪術

ムロシたちは夜ごとに全裸で集会をもち、さまざまな情報を交換したり、次に呪う人について相談する。また、いろいろないたずらをして遊び騒ぐのだという。集落の中を歩きまわり、寝ている人を外に連れだし、働かせたり、人糞を食べさせたりするという。この邪術はムロシが遊び半分にやるものだと、彼らは語る。

B　昼の邪術

スニ（*kape, Nesotragus moschatus*）などの小型カモシカの角（*ihembe*）に呪薬を入れ、呪うべき人の名前を呼び、呪詛の言葉をはき、銅でできたミニアチュアの槍（*katebho ka mukubho*）を角に入った呪薬に突き刺して呪う。また、バナナの幹の髄（*itumbaghulu*）で人形《じんけい》を作り、糸つきの針で突き刺し、その糸を人形に通したままにしておくという呪法もある。ダワで人形を地面に描き、その人形にミニアチュアの槍を突き刺して呪うこともあるという。これらの呪法は、ンピンシ（*npinsi*）と総称される。

ムロシは呪文を唱えると縄をヘビ（*nsoka*）にかえることができ、このヘビを人に差し向けて危害を加えることができるという。また、ライオンやワニ（*nguena, Crocodilus nilotica*）、ジェネット（*kasimba, Genetta genetta*）を飼っているムロシがおり、これらの動物を使って人に危害を加えることができる。ときには、リャンゴンベを使って人を呪うこともあるという。

クルンギリラ（*kulungilila*）と呼ばれる呪法は、呪詛の念をこめて食物の中にダワをまぜる方法である。狙われた人が、それを食べると病気になるという。ムロシは道にダワを仕かけることもある。狙われた人がそこを通ると、そのダワが乗り移り、彼は重い病をわずらうことになる。呪うべき人の体の一部分、たとえば毛髪、爪などを手に入れ、それにダワを調合して呪う方法もあるという。

これらの邪術が昼の邪術と総称される呪法の内容である。この邪術は夜の邪術と異なり、悪意をこめて意図的に行なわれるところにその特徴を見い出すことができる。

このような邪術によって呪い殺された人は、ムクリつまり死霊となり、みずからを呪い殺したムロシにとりつき、そのムロシを死に至らしめて報復する。しかし熟達したムロシは、このムクリをさえある程度自由に操ることができ、みずからにとりついたムクリを、近親者にふり向けることができる。しかし、ついには死霊から逃げきることができず、熟達したムロシも死に至るのだという。

かつては、集落に死人が出たとき、ムワミがムワフィの司祭（*ikota lya muafi*）を呼び、ムワフィというダワによる試罪[5]を行なったという。住民はすべて、司祭に連れられて川辺へ行き、ムワフィをのみこみ、そのあと川の水を多量に飲む。ムロシではない人びとは、ただちにムワフィをはき出すが、ムロシはいくら水を飲んでもそれをはき出せず、ついには死ぬのだという。こうして、ムワフィによる試罪が行なわれていた頃には、ムクリはほとんど活動しなかったが、中央政府によりムワフィの使用が禁止されて後ムクリが報復活動をとり始めたのだと、彼らは説くのである。このムワフィはトングウェ・ランドには産せず、ザイール〔現在のコンゴ民主共和国〕の方から持ちこまれるのだという。

ムロシは、ある人を呪い、他の人びとには死んだように見せかけ、その人を連れだしイスワ（*iswa*）とし、替わりに木やバナナの幹を置いておく。近親者は、これらの代用物を死体と思いそれを埋葬する。イスワは、ムロシの畑などで働かされるのだという。真夜中に森の中で、イスワたちが騒ぐ物音が聞こえることがあるという。イスワも、ときには人に乗り移り、病の原因になることがあると、彼らは語る。

E・E・エバンス・プリッチャード（Evans-Pritchard 1937）のアザンデ（Azande）における先駆的な研究以来、妖術者と邪術者の区分が一般に受け入れられてきた。妖術者は、生得的な体内物質の故に妖術を行なうが、それは意識的ではない。一方、邪術者は薬などの物質を用いて意図的に邪術を行使するというのが、その説の根幹であった。しかしその後の研究によって、必ずしもどの社会にもこの区分けがあるわけではないことが明らかになってきた（たとえば、Turner 1964）。

トングウェ族においては、エバンス・プリッチャードのいう妖術者は存在しない。彼らの社会では、前述したように、悪意をもって意図的にダワを用いて邪術を行使するムロシが一般的である。

しかし当人は意識しないが、その人の行為が他人に害を及ぼすことがあるという点では、以下に述べる二種が妖術的であるといえるであろう。

他者の行為に非常に立腹した人が、人のいない片隅でぶつぶつと恨みごとをつぶやいたとき、この恨みごとが対象の人にとりつき、病の原因になることがある（ンシガ、*nsigha*）。とくに年長者の怒りは、ンシガになることが多いという。ときには、恨みごとを発した当人にも、ンシガがとりつくこともある。

またムトゥワレやムワミ、あるいは年長者が立腹したり、あるいは彼らの遺言を守らなければ、ともに不幸に襲われることがあるという（イラジ、*ilaji*）。

言　葉（*igbambo*）

以上がトングウェ族が認知する超自然的存在の概要である。彼らの信仰の中心部を占める、ムガボ、ムシムなどの超自然的存在は、彼らがしきたりを守り、営々と日々を過ごすかぎり、彼らの生活を守り加護する存在である。しかし、彼らがその存在を忘れ、あるいはないがしろにしたり、子孫の繁栄にそむくような行為をとったとき、これらの超自然的存在は不満の意を伝えるために、人びとに不幸をもたらし反省を強いるのである。

一方、悪意に満ちた邪悪な存在として、イシゴ・ムグンバグウェスク・イジーニの諸精霊があり、また、現実の人間界を跳梁するムロシがいる。

これらの諸存在が織りなす世界が、不条理な不幸の諸原因の源として、彼らの日々の生活の背後に存在するのである。

3　病（*bhlwele*）と超自然的存在

症状から見た病

さまざまな不幸のうち、トングウェたちがもっとも恐れるのは病である。彼らが認知する病は実に多様であり、特定の症候群に対応して名前の与えられた病は、これまでの調査で明らかになったものだけでも、約一〇〇種類にのぼる。

これらの多様な病は、超自然的存在が関与する病根との関係という視点から見れば、二つのタイプに分けることができる。第一のタイプは、病と病根との間に一対一の対応関係が見られないものであり、ほとんどの病がこのタイプに属する。第二のタイプは、それらの間に比較的明瞭な対応関係が見られるものである。病と超自然的存在が密接に関わった病根との間に脈絡をつけるのは、ムフモの仕事であり、それは後述するように、独特の占いによって判定される。第二のタイプといえども、終局的には、ムフモの占いに依存することになるのであるが、占いを支える背景を理解するという点で、この類型分けは重要な意味を担っているといえるのである。

A　第一のタイプ

腹痛がムンダ（*munda*）、頭痛がカバンガ（*kabhanga*）と呼ばれるといった具合に、特定の症候あるいは症候群に対してひとつの病名が与えられるタイプであり、九〇種の病がこれに属する。特定の症候群とそれに対して与えられた病名とは、個別的な結びつきを示しており、病名相互の間には体系的な関係がないように見える。しかし子細に検討してみると、かなりの種類の病名が相互に結びついていることに気づくのである。それは、一連の病がシークエンスの認知にもとづき、その症状の程度に従って異なった病名が与えられているといった例である。

たとえば癩病《らいびょう》について彼らは次のように述べる。「この病は、イランゲ（*ilange*）→イクハ（*ikuha*）→ポンゴ（*pongo*）という順序で進行する。イランゲは、小さな湿疹が体全体にパッチ状にひろがる病である。この症状が進行すると、そのパッチ状の湿疹が赤くただれ、皮膚が少しずつくずれてくる。この症状を示すと、イクハと呼ぶ。皮膚の腐敗が激しくなり、ついには鼻や指がとれ、ポンゴになる。」

また梅毒については、以下のように説明される。「体全体に小さな湿疹ができ、非常にかゆい。頭をかくと毛髪が抜け、また恥毛も抜け、陰茎がはれる。このような症状を示す病をカトンコラ（*katonkola*）と呼ぶ。カトンコラの症状がいったん消えその後、大きな湿疹が体全体に広がり、掻くと痛い。皮膚があたかも腐ったかのようになり、くずれてくる。この病をフィニョロ（*finyolo*）という。フィニョロの症状がより進行すると、ポンゴ（上述の癩病）のように、鼻がとれ、耳がとれという状態になる。この病を、マビ（*mabhi*）と呼ぶ」。また、小さな子供の病気で、頭蓋《とうがい》縫合《ほうごう》が完全に癒着しないため頭の形が変形する病も、ンギリ（*ngili*）→ンササ（*nsasa*）と、その程度に応じて二つの病として区分され、それぞれに病名が与えられている。

彼らが、明瞭に症状の進行度に応じて、複数の名前があるとしたものは、上述の病のほかに、脱肛症（*kahweka*→*ndogholoho*→*npulunkanyi*）、淋病と思われる性病（*kasokoni*→*nsembe*→*ihonyola*）、それに他種の性器の病（*musanji*→*lukobhola*）などがある。

聞き込みを得た際、明瞭に一連の病として説明されなかった病名も、上述のような視点から検討してみると、同じような症状を示すが、その程度が、異なった病名を与える根拠のひとつになっているように思われる病も相当数ある。次のような例である。

例一：*kabhanga*（軽い頭痛）：*siminyi*（額から眼部にかけて非常に痛み、頭を下げると頭が落ちてしまうかと思うほど痛む）。

例二：*kunyehela*（軽い下痢）：*ihalanda*（激しい下痢、便所に行く前にもらしたりすることがある）：*kamunda*（激しい下痢症状とともに、便に血がまじる）。

例三：*mwegho*（心臓の動悸が早くなる）：*ndija*（心臓の動悸が激しく打つ）。

例四：*silonda*（外傷）：*italonda*（慢性化した外傷）。

これらのほかに、腹痛症状を示すもの、湿疹についても多くの病名があり、これらの場合も、症状の程度がひとつの類別の基準となっているように思われる。

比較的明瞭に、病がシークエンスとして把えられ、症状の程度に応じて異なった病名が与えられているものは二五種あり、第一タイプに属する病のうちの二七・八パーセントを占めている。

B　第二のタイプ

病と病根とが、ほぼ一対一の対応を示すタイプであり、タブー（*musilo*）を犯した場合や、特定の超自然的存在が関わっている場合がある。

i　タブーにかかわる病

nyonko：人が、これまで訪れたことがない集落を初めて訪問するとき、サトウキビの食べかす（*ikanfi*）を食べるか、もしくは食事の前、住民に川の位置を聞き、そこへ行って土（*nsombo*）を少しなめなければならない。これを忘れると熱が出て嘔吐をもよおすことがある。

tukosi（*makile* ともいう）：子供が生まれ、その子がまだ歩き始める前に、父親が他の女と浮気をし、その後で子供を抱きあげると、子供はこの病にかかる。子供は、口・鼻・耳からお乳を出し、ついには死に至ることもある。

lukata：子供ができ、その子が歩き始める前に、妻と性交渉を持ち、彼女が妊娠するとはじめの子がこの病にかかる。子供はやせ衰え、死ぬこともある。

bhukangaje：腕が痙攣《けいれん》をおこし、止まらない。人が、自分の甥や姪（*muisua*）[6]を殴打すると、この病にかかる。

これと同様なものに、従兄弟（*mufiala*）[6]に唾をはきかけるとかかる *kamalankasya* という病もある。

bhumeme：人は、ハイエナ、ノブタ（*ngulubhe, Potamochoerus* sp.）の糞、そして人の糞を踏みつけないように気をつけなければならない。もし間違って踏むと、足の指の間が腫れる。

kukangua：子供が、ハヤブサ類（*kakosi*）とダルマワシにいたずらをすると、この病にかかる。高熱が出て意識不明となる。

ii　特定の超自然的存在にかかわる病

前章で述べた多様な超自然的存在のほとんどは、一般には特定の症状と結びついてはいない。それら超自然的存在の意志が病を媒介として表明されるときは、第一のタイプをとる場合が多いといえる。しかし、特定の超自然的存在が病根となっている場合に、一定の症状を伴うことがある。

（a）精　霊

イシゴ：この悪霊は、通常女性に乗り移る。イシゴもちの女性は体中に小さな湿疹ができ、かゆく、発疹したり直ったりをくりかえす。また、乳房がはれ、お乳がひとりでに出てくる。妊娠しても流産することが多い。

ムグンバグウェスク：イシゴと同じような症状をも示すのであるが、この悪霊にとりつかれると不妊症になることが多い。月経が止まり、妊娠したのかと思っても、いつまでたっても出産しないという。

イジーニ：この悪霊にとりつかれると、体中が痛み、震えがきて苦しむ。いったんこの症状が止んでも、また再発する。この症状はムクリによく似ているが、突然にイジーニみずからスワヒリ語で喋り出し、またコーランを唱えることがあり、それによってイジーニであることが明瞭になる。

（b）邪　術

ムクリ：体中が痛くなり、また首筋、足が重くなったように感ずる。ときには体に震えがきて、呪い殺された人の声で喋りだすこともある。

イスワ：体中が痛くなり、歩くのが困難になる。わけのわからぬことを喋りだし、服をぬいで素裸で歩きだしたりする。

ンピンシ：体の一部分が急に鋭い疼痛《とうつう》に襲われ、その痛みが他の部分に次つぎと移ってゆく。

以上、症状からみた病について記述分析を進めてきた。特定の悪霊や邪術が病根となった場合（第二のタイプの（ii））、それらの名前そのものが病名として用いられることもあるが、それはいわば例外的であり、これらを除き、病名が与えられて認知されている病は合計九七種にのぼる。

通常のトングウェにとって、病は特定の症候群を伴って現れ、彼らはそれに特定の病名を与えることによって認知する。これらの病の病根についても彼らはいろいろと取り沙汰し、とくに第二のタイプの病はさまざまな噂の種になる。

病根としての超自然的存在

特定の症候群に対応して、病名が認知されたとしても、それによってただちに病根が明らかになるというわけではない。それは、特定の病名と病根とが対応関係にはない病が、大部分を占めていることに明瞭に示されてい

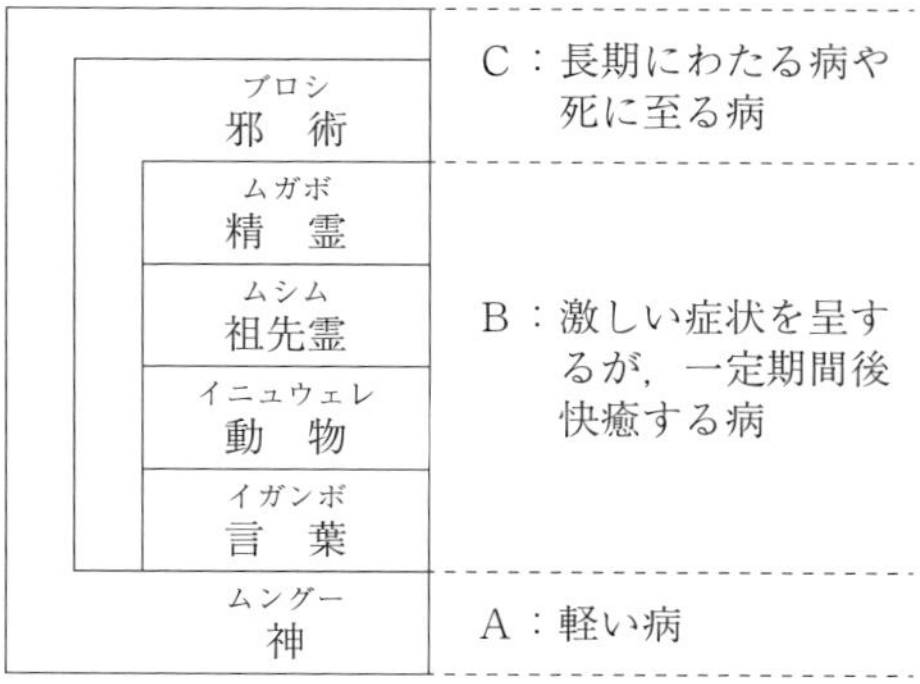

図 2-1　病と病根（超自然的存在）

る。かりに、病が第二のタイプに属するものであっても、症状から推定される病根はいわば必要条件を満たしているのみであり、必要にして十分な病根の確定は、ムフモの占いを待たなければならない。

病と病根としての超自然的存在との相互関係については、数多くの具体的事例の分析を通して明らかにされなければならない。しかし、その秘儀的性格や筆者の呪医としての修業期間の短さもあって、これまでに得られた具体的事例数はそれほど多くはない。このような資料の集積は今後の課題とし、ここでは、修業期間中に一般的知識として与えられた情報や、ムフモ以外の人びとから得た、体験の蓄積をもとにした判断についての聞き込み資料をも手がかりにして、病根としての超自然的存在について、その一般的特性を解説しておきたい。

通常、トングウェは数日間で快癒してしまうような軽い症状の病、たとえば軽い腹痛や頭痛、風邪などの場合は、そのまま放置しておくか、民間薬として常識的に知っている草根木皮をみずから調合し、服用して病に対処するのみである。このような軽い症状を示す病を、彼らは神の病（*bhulwele bhwa mungu*）と呼び、他の病と区別している。彼らの神についての観念は、前述したように「運命」といったニュアンスをもっており、可能性としてはあらゆる病の原因となりうるのであるが、通常は軽い病の病根であることが多い。

症状が激しくなったり、あるいは長期にわたる場合、彼らはその真の原因を求めてムフモのもとを訪れるのである。ムフモは精霊や聖なる呪薬の助けを借りて、病の真の原因について占う。この占いによって病根が確定するのであるが、激しい症状を呈しはするが一定期間後に快癒するような病は、精霊や祖先霊がその原因であることが多い。長期にわたる病や死に至る病は、邪術のせいである場合がほとんどである。つまり、病と病根としての超自然的存在との関係は図2-1のように整理できる。

すべての超自然的存在は、原理的にはあらゆる病の病根となりうるのであるが、結果的に見ればその症状の程度によって大きく三つの部分に分けられているのである。

前に、症状と病名との関係を論じた際、ひとつの病の進行度に応じて病名が変わるという傾向性を指摘しておいた。もちろん、その進行の各段階に上述の病根が対応するわけではなく、原則的には各段階でそれぞれ独立に病根が探られるのであるが、症状の程度が類別の大きな基準となっている点では病根の認定原理と共通しており、彼らの思考性の特質がうかがえて興味深い。

4　ムフモ

表2-2　*NGOMA*の種類

1	*bhwami*
2	*bhufumo*
3	*bhujeghe*
4	*mahasa*
5	*kasindye*

トングウェ族社会には、徹夜で、ときには一週間も費して行なわれる大々的な儀礼が幾種類かあり、それらはンゴマ（*ngoma*）と呼ばれる。主要なンゴマは表2-2に示したように五種類ある。ブワミはムトゥワレがムワミとなるための儀礼であり、ブフモは呪医（ムフモ）となるための儀礼、ブジェゲは象の悪霊（ムクリ）払いの儀礼、マハサとカシンディエはそれぞれ双子、逆子が生誕したときに行なわれる儀礼である。

ブフモを除いた他の諸儀礼は、イコタと呼ばれる司祭がとりしきる。これらのイコタも特殊な知識と修業が必要であり、このような性格においてはブフモと同系列にあるといえる。(7)

しかし、ムフモは精霊憑依者であることが原則であり、この点で他のイコタと根本的に異なっている。たとえば筆者の師カソンタ老は、浜辺で小石を拾いあげたとき、突然体に震えがきたという。驚いてムフモのところに行き占ってもらったところ、ムガボが乗り移ったのだと判定された。ムガボを呼び出すため、ムフモはルサンガ（*lusanga*）と呼ばれるガラガラを打ち鳴らし、所定の儀礼を行なった。憑依したムガボはみずからシラフの精霊であると名乗り、カソンタ老がムフモになることを要求したのだという。このように、当初、体に変調をきたし、震えが襲い、後にその原因が精霊憑依に由来することが明らかになるというのがムフモの道への第一歩ということになる。次のステップは、ブフモ儀礼をとり行なうことである。シェブヘンバ（*syebhuhemba*）、つまり師となるムフモを定め、この儀礼のために必要なお金や諸道具を用意し、ブフモ儀礼の開催を依頼する。徹夜で行なわれるブフモ儀礼を経て、はじめて正式のムフモとして公認される。この儀礼のあと新しく誕生したムフモは、さまざまな修業を経て、一人前のムフモとして成長してゆくのである。

トングウェにとってはムガボが乗り移ったムフモこそ本来のものなのであるが、薬草などの呪薬に通じ、主として治療だけを行なう呪医もおり、彼らはムタンガラ（*mutangala*）と呼ばれる。また、以前にムロシであった人が心を入れかえ、呪医になることもあるといわれ、彼らはムコニコニ（*mukonikoni*）と呼ばれる。もちろん、呪医がみずからをムコニコニと認めるわけではないが、強力な呪薬を調合しそれがよく効く呪医が、ムコニコニであると噂されることがある。ムコニコニは邪術の世界にも通じているが故に、それに対抗する強力な呪薬が調合できるのだと彼らは説明する。大ムフモはまたムロシである場合が多いと説く彼らの論理とともに、ムフモという存在のもつ両義性を示唆しており、興味深い。

ムフモやムタンガラは、ときに若い人を使って野草を採集させることがある。この役を勤める人のことをカヌンバ（*kanumba*）と呼ぶ。薬草に関心をいだき、将来ムタンガラを志す人は、大呪医のカヌンバとなり、修業をするのである。

5　ブフモ儀礼

ムフモとなるための儀礼ブフモは、夜を徹して行なわれる。儀礼の中心となるシェブヘンバ、それを助ける複数のムフモ、ブフモ儀礼を受ける人の両親、親類縁者、それに近在の集落の人びとが集まり、儀礼は盛大に行なわれる。ここでは、筆者のために行なわれたブフモ儀礼の概要を述べ、その特質を概観したい(8)。

日時：一九七二年六月六日夜八時半から翌日六月七日午後二時まで。

場所：カソゲ（*Kasoghe*）(9)の一集落、カソンタ老の住むシンシバ（*Sinsibha*）にある家。儀礼がとり行なわれる家は、ムウィササ（*mwisasa*）と呼ばれる。儀礼の大部分は、このムウィササ内で行なわれた。

出席者：筆者の師カソンタ老が総指揮をとり（シェブヘンバ）、そのほかにカソゲ在住のムフモたち五人（今回はすべて女性）がシェブヘンバを補佐した。筆者の友人であり、カソゲにある野生チンパンジー観察基地に勤めているアリマシ（*Alimashi*）と、その第二夫人ザイナブ（*Zainabu*）が、父母の代わりを勤めてくれた。アリマシの第一夫人が、儀礼中に供えられたニワトリを料理したり、列席者に提供するウガリをつくる役目であるイコタを引き受けてくれた。そのほか、カソゲの住民のほとんどが列席し、総数八〇人前後が集まった。

儀礼の開始

儀礼は、儀礼の行なわれる家（ムウィササ）の外で、シェブヘンバが口上を述べることから始まる。その大要は以下のようである。「カングウェナ・シラフ・ムゲルワ・ムティミ・シベサ・ムラングワ[10]よ、お聞き下さい。本日、一人の客人がやって来て、ブフモを願った。今ここに始まろうとしているこの儀礼が、そのブフモである。皆が寄り集い、この仕事を立派にやり遂げよう。このシマノ（*simano*）[11]は、あなたがた精霊を歓迎する印です。これより儀礼を始めます」。

この口上の直後、シマノとして出されたニワトリの頸部にナイフを入れ、そのニワトリの動きを注視し、精霊が了承したかどうかを占う。ニワトリは、藪の方に走って行かず、首をのばして死ぬ。これは、精霊が了承したことを示すという。こうして、列席者がムウィササに入り、儀礼は進行してゆく。

儀礼の中核部

A　概　要

ムウィササの外では、終夜火がたかれる。この屋外の焚火と、ムウィササ内の炉には、邪術者の侵入を防ぐため、聖なる木に薬草を巻き呪薬をぬり込めて作ったムランダ（*mulanda*）がくべられている。ムランダは、カンクンドゥの枝にルンゴゴロ（*lungogolo*、異名はシレベラ *silebhela*, *Canthium crassum*; 現在 *Multidentia crassa*）の葉を巻きつけ、ムクングムウェル（*mukungumwelu*, *Sterculia quinqueloba*）の樹皮でつくった紐で結びつけて作る。これにンガンダマクング（*ng'andamakungu*, 種名不詳）の樹皮からとった聖なる呪薬を振りかける。これらの草木はすべて厳格に素材として規定されているのである。

列席者のうち、ムフモたちは、その地位を証すンシタ（*nsita*）と呼ばれるクラウンを頭につける。他の人びとは、ムクングムウェルの紐を頭にまきつける。イコタは、ニワトリの羽根四本をムクングムウェルの紐に結びつけたカリナンガラ（*kalinangala*）と呼ばれるかぶりものを頭につける。

ムフモたちは、白・黒・赤の三種の粉で、地面に絵を描く（写真2-3）、ひょうたんの中にカベコ（*kabheko*, *Abrus precatorius*）の実をつめたガラガラ（ルサンガ）、あるいはそれを簡略化したものとして、練乳の空きかんに小石をつめて作ったガラガラを両手に持って振り鳴らし、太鼓を打って歌を歌う。儀礼が最高潮に達してくると、ムフモに精霊が乗り移り、彼らは体を激しく震わせて踊る。

こうして、儀礼は翌朝まで続くのである。ここでは、この儀礼の中核部をなす、地面に描かれた絵と、それにまつわる教えを解説することにより、ブフモ儀礼の特質を描き出すことにしたい。

写真2-3　ダワで絵を描くムフモ。左下の白い直線は精霊をむかえ入れる道

B　ブフモの教え

ムウィササの中央部、二メートル四方程度の広さ

の地面に、白・黒・赤の三種の粉で絵が描かれ、ムフモになるにあたって心がけなければならないことがらを中心とした教えが展開される。

白い粉はトウモロコシの粉であり、リキヤンバ（*likiyamba*）と呼ばれる。黒い粉[12]は、原野で乾燥して横倒れになった草とそのそばにある乾いた木を燃やし、それを石臼ですって作る。赤い粉は、カブコブコ（*kabhukobhuko, Ochna* sp.）の木の樹皮を乾燥し、それを臼ですって粉にしたものであり、カムニキラ（*kamunikila*）と呼ばれる。

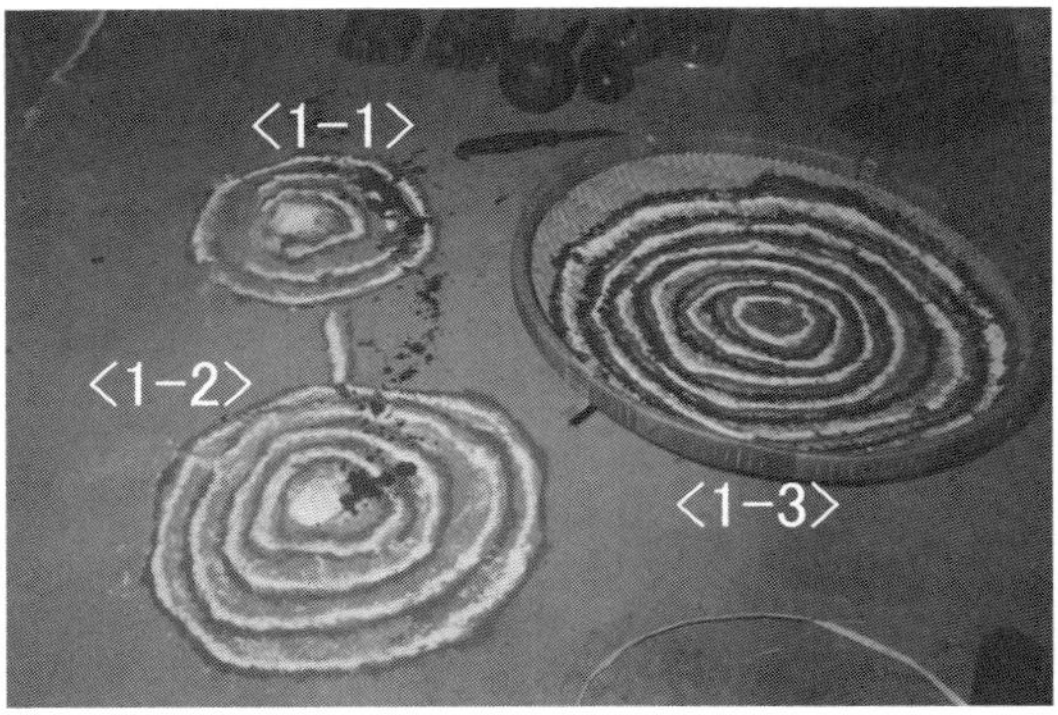

写真 2-4
〈1-1〉：シテベ、〈1-2〉：ムセケ、〈1-3〉：ルーへとシニャルバレ

白・赤・黒それぞれの粉には特定の歌が対応しており、地面に絵を描くとき、使用する粉に合わせて歌が歌われる。また後述する各絵柄にも、それぞれ特定の歌が対応している。これらの歌をすべて訳出し、ブフモについてのテキストを完成することは、今後の課題なのであるが、一例として、リキヤンバの粉に対応した歌の意味の大要を紹介しておこう。

「リキヤンバの薬は、きつい薬だ。親父の残したブフモはどこまでもつきまとう。たとえ遠い所[13]に逃げたとしても、つきまとう」。

こうして描きあげられる絵は合計八つであり、踊りや休憩を間にはさんで次つぎに展開されてゆく。

i　絵〈1〉（写真2‐4）

精霊を迎え入れる道と、ムフモを象徴する薬籠（*museke*）、それを置く座椅子などが描かれる。精霊は、ダワで描かれた道（写真2-3の白い直線）を通って入ってくる。ムウィササの正面奥には、向かって左から筆者の妻、筆者、父（アリマシ）、母（ザイナブ）が並んで坐っている。精霊の道は、父の右足の第一指と第二指の間のところまで達する。〈1-1〉は、シテベ（*sitebhe*）と呼ばれる木製の座椅子を示す。ムフモは、竹製の薬籠〈1-2〉にダワをいっぱい詰め、シテベの上にのせ、常時身の側に置いておかなければならない。

〈1-3〉は、ルーへ（*luhe*）と呼ばれる箕であり、その上に赤・白・黒の粉で同心円が描かれている。その中央部にシニャルバレ（*sinyalubhale*）と呼ばれる小さな木片が二つ置かれている。シニャルバレは、ブフモの聖なる木、カンクンドゥの根から作る。儀礼の終了前、筆者がこれを飲みこむ。体内に入ったシニャルバレは、ムフモに聖なる力を与え続けるのである。

写真 2-5　儀礼用酒壺

ii　絵〈2〉（写真2-5）

儀礼的なトウモロコシ酒を発酵させる壺に描かれる絵である。この場合は粉ではなく、ムクロ（*mukulo*）と呼ばれる赤い石[14]と、ンペンバ（*npemba*）と呼ばれる白い石[15]を水とともに摺り、それらによって赤・白の模様が描かれる。

壺の表面には精霊の眼や動物が描かれる。この壺の上下にムレンベ（*mulembe*）と呼ばれる台座を

表 2-3　*mulembe* に用いる草木

	トングウェ名	利用部位	学名
1	*kakobhakansimba*	h.v.	*Zehneria* sp.
2	*kakonda*	v.	*Hibiscus* sp.
3	*kampakampaka*	h.	*Sida rhombifolia*
4	*kandajisi*	h.	*Acalypha* sp.
5	*kapamba*	h.	*Cynodon aethiopicus*
6	*kasisiye ka mighabho*	v.	
7	*mubhundu*	l.	*Entada abyssinica*
8	*mufungu*	l.	*Celosia trigyna*
9	*mukungumwelu*	l.	*Sterculia quinqueloba*
10	*silebhela*	l.	*Multidentia crassa*

h.v.：草本性の蔓　v.：木本性の蔓　h.：草本　l.：葉

置く。このムレンベも、表2-3にあげた特定の草木を用いて作る。

儀礼は、精霊に捧げるトウモロコシ酒の発酵[16]とともに進行するのである。

iii　絵〈3〉（写真2-6a、写真2-6b）

精霊の住み家や、原野に出たときにムフモが心がけなければならないことがら、生活者として守られるべき教えが説かれる。

精霊は、山の稜線から流れ落ちる川筋に形成される水溜りや淵に住んでいる（写真2-6a、〈3-1〉）。

ムフモが原野に出かけるときには、精霊の使者であるジェネットの毛皮を持参しなければならない（写真2-6b、〈3-2〉）。原野や森で、ダワを採集するとき、暖をとりたければ、小枝（*kasiti kankenyabhuli*）を集め、火をおこせばよい。

ムフモは自分を頼ってやってきた患者にひもじい思いをさせないように、精いっぱい畑（*ibhala*）を耕さなければならない（写真2-6b、〈3-3〉）。ムフモは、力づくで女を犯してはならない。もしこの教えを破れば、マンバヒリ（*mambahili*）という恐しい毒

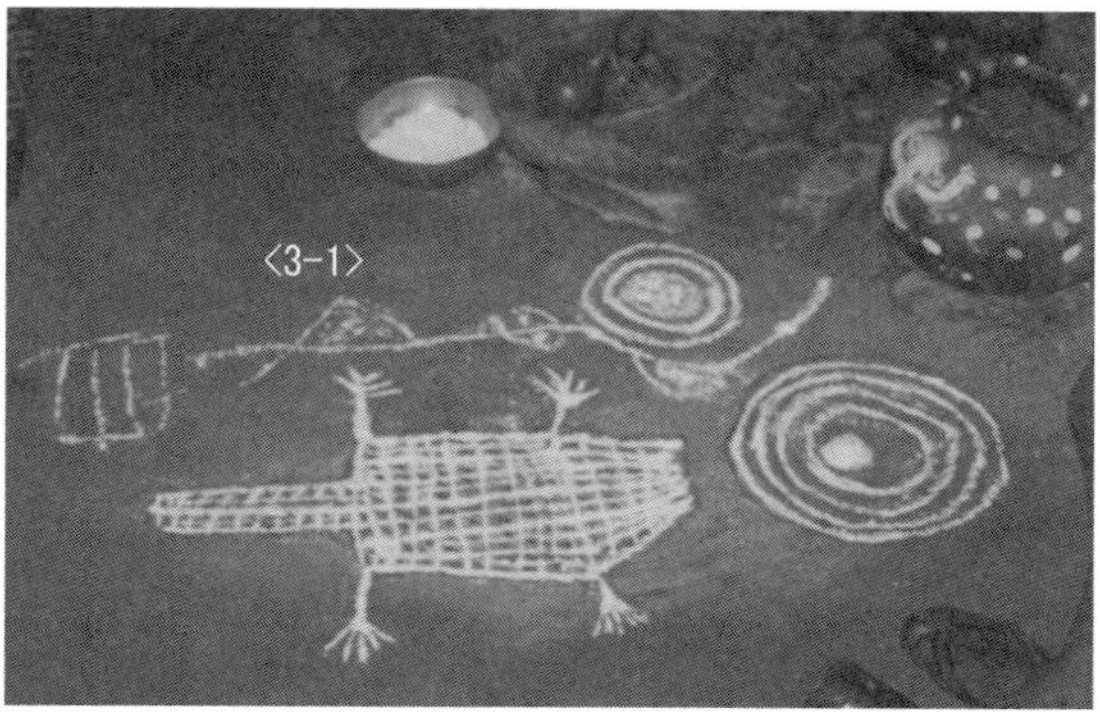

写真 2-6a
〈3-1〉：川の縁や水溜まり

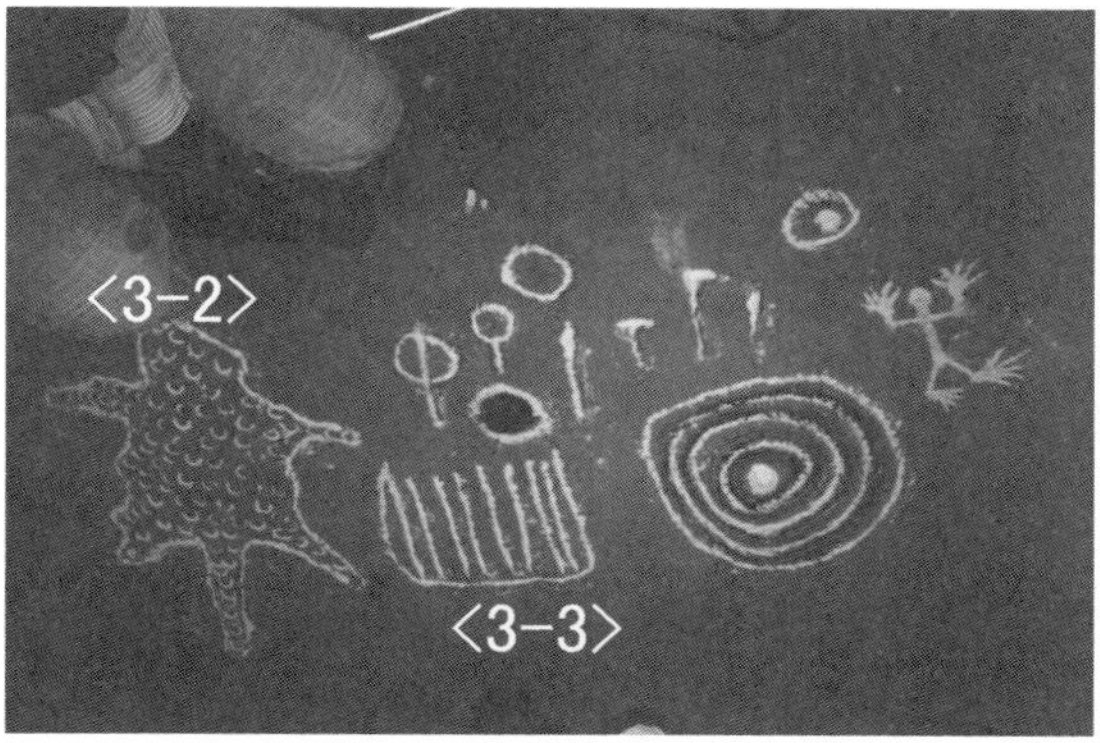

写真 2-6b
〈3-2〉：ジェネット、〈3-3〉：畑

蛇が、ムフモを咬み殺す。しかし、この教えを守るかぎり、マンバヒリはムフモに危害を加えようとして近づいてくるムロシを防いでくれる。太陽（*isyubha*）のまわりが厚い雲のようなもので覆われても、ムフモはただそれを注視するだけにとどめよ。太陽がおかしくなったなどと言ってはいけない（この絵柄については、本章2節の神についての説明の中でふれた）。

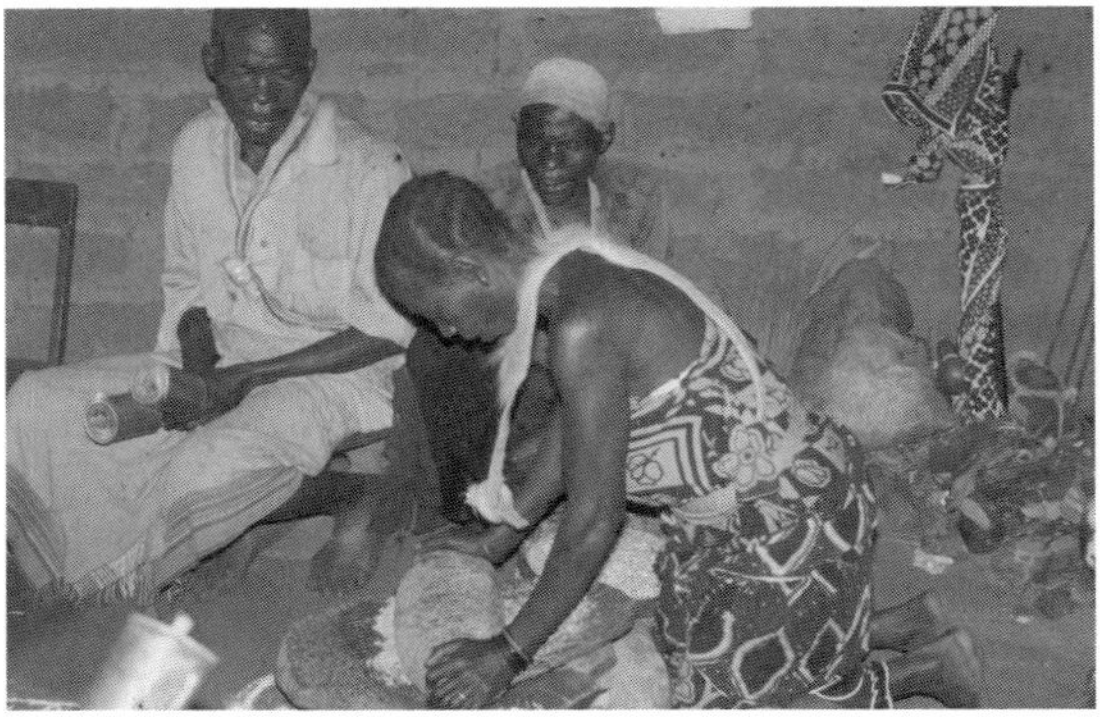

写真 2-7　酒用トウモロコシをひく女たち

iv　絵〈4〉（写真2-7）

絵〈2〉で示した酒壺に入れる、トウモロコシの粉をする石臼を示す。この絵の上に石臼の本体を置き、女性の列席者が次つぎに交代してトウモロコシを摺りつぶす。それに水を加えて加熱し、さらに蜂蜜を加えてから酒壺に入れる。

v　絵〈5〉（写真1-2）（図2-2）

ムフモがもつ道具、動物や植物に対する注意を中心とした教えを描き、ムフモの道を説く。同時に心がけのよいムフモと悪いムフモを対照的に描き、「よきムフモたれ」という教えが展開される。

ムフモの持ち物は多様である〈図2-2〉。ムフモの腕にはその地位を示す鉄の腕輪（*siryonge*）がつけてある〈5-1〉。アフリカスイギュウ（*mbogho, Syncerus caffer*）の尾を木の柄につけたムリソ（*muliso*）は、ムフモの重要な道具のひとつである〈5-2〉。柄の先に穴をあけそこに特殊な呪薬をぬりこめ、蜜臘（*nta*）で封じておき、ムロシ除けとして用いたり、ンゴマのときにこれを手にして踊る。槍（*isumo*）は、護身用として原野に出かけるときには忘れてはならない〈5-3〉。荷物を頭上運搬するときには、草をドーナツ状にまいて、ンカタ（*nkata*）をつくって頭にのせ、その上に荷を置いて運ぶ〈5-4〉。精霊用の供物ルワンゴは、ヒョウタンを半分に割った容器ルヒンディ〈5-5〉に入れる。精霊を呼び出すときやンゴマのときには、ガラガラ（*lusanga*）

が不可欠だ〈5‐6〉。斧（*mpasa*）〈5‐7〉や鍬（*nfuka*）〈5‐8〉は、ダワ採集に行くときに必ず携行しなければならない。ムフモのもつダワを象徴するのは、イヘンベ（*ihembe*）、つまりブッシュバック（*nsuja*, *Tragelaphus scriptus*）などの角に入った呪薬である〈5‐9〉。

ムフモは安易にシロアリ塚〈5‐10〉を掘ってはいけない。その中には蛇〈5‐11〉が生息していることがある。ンティンディア（*ntindia*, 種名不詳）という鳥は、誰かがムフモの畑の作物を盗みにやってきたことを知らせてくれる〈5‐12〉。ムフモは、クモ（*litanda*）〈5‐13〉を殺してはいけない。カムンビ（*kamumbi*, 種名不詳）は、偉い人の死を告げる鳥である。〈5‐14〉は、このカムンビの足跡を示している。ムフモは、カテンデ（*katende*, *Schistolais leucopogon*）という鳥を殺して肉を食べるようなことをしてはいけない〈5‐15〉。畑のそばに人の足型（*ilibha*）〈5‐16〉をみつけても、この足型の人が畑の作物を盗んで食べたと言ってはいけない。本当にそうかどうかはわからないのだから。

月（*mwensi*）が大きく輝くときには〈5‐17〉、星（*ntangwa*）は少ししかないし〈5‐18〉、月が細くなれば多くの星が輝く。月と星とは喧嘩をしているのだと彼らは説く。

ムフモは多くの植物を駆使して患者の治療を行なう。ダワとなる植物のうちでもっとも重要なものは、ムニャンガラ（*munyangala*, *Encephalartos*, sp.）〈5‐19〉とルゴラ（*lughola*, 種名不詳）〈5‐20〉である。どんな病の治療にも不可欠なダワだ。

いろいろな教えを守り、大きな畑〈5‐21〉を耕すムフモ〈5‐22〉の集落〈5‐23〉は栄える。心がけのよいムフモは、畑の周囲に柵をめぐらし、野獣に荒らされないように気をつける。小さな畑しか耕さず、畑の周囲に柵をめぐらさないと〈5‐24〉、ムフモ〈5‐25〉の集落〈5‐26〉はさびれる。そのまま年老いると〈5‐27〉、集

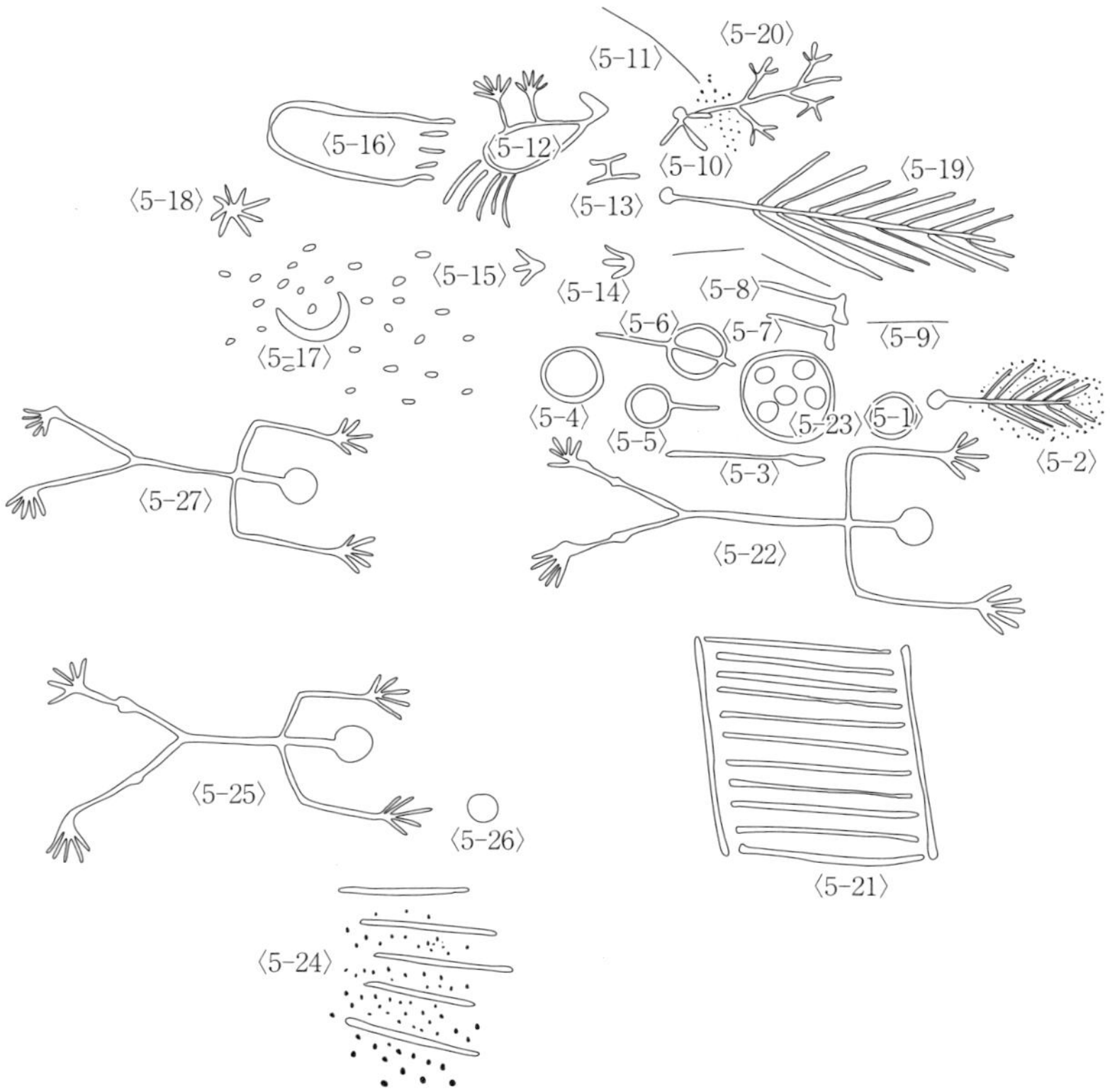

図 2-2

〈5-1〉：シニョンゲ、〈5-2〉：ムリソ、〈5-3〉：槍、〈5-4〉：ンカタ、〈5-5〉：ルヒンディ、〈5-6〉：ルサンガ、〈5-7〉：斧、〈5-8〉：鍬、〈5-9〉：イヘンベ、〈5-10〉：シロアリ塚、〈5-11〉：蛇、〈5-12〉：ンティンディア、〈5-13〉：リタンダ、〈5-14〉：カヌンビ、〈5-15〉：カテンデ、〈5-16〉：人の足型、〈5-17〉：月、〈5-18〉：星、〈5-19〉：ムニャンガラ、〈5-20〉：ルゴラ、〈5-21〉：囲いのある大きな畑、〈5-22〉：よいムフモ、〈5-23〉：よいムフモの集落、〈5-24〉：囲いのない小さな畑、〈5-25〉：悪いムフモ、〈5-26〉：悪いムフモの集落、〈5-27〉：年老いたムフモ

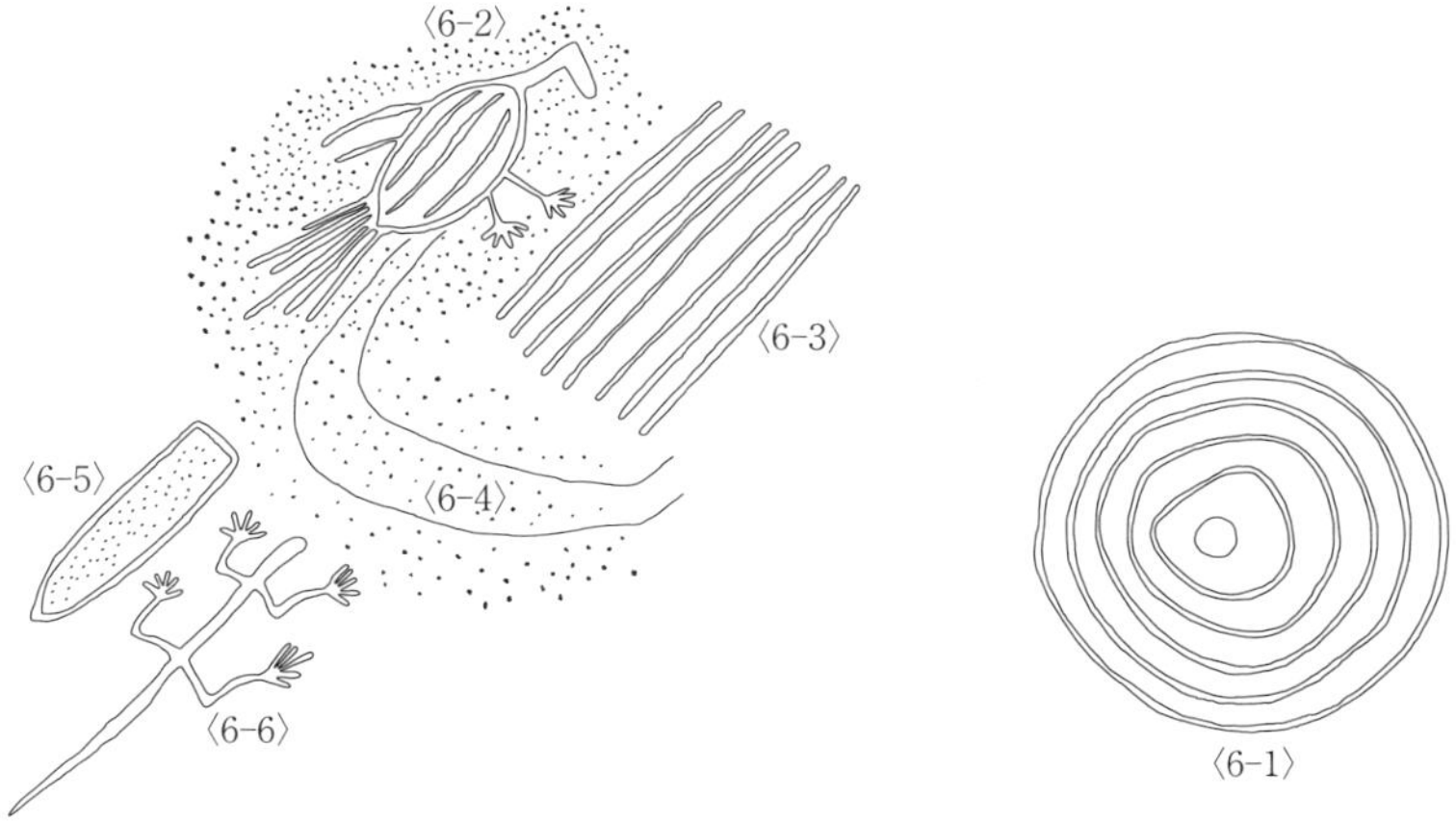

図 2-3
〈6-1〉：太陽、〈6-2〉：雷、〈6-3〉：タンガニイカ湖、〈6-4〉：虹、〈6-5〉：イハコ、〈6-6〉：ワニ

落を捨てなければならなくなる。こうして教えは延々と続くのである。

vi　絵〈6〉（図2-3）

自然界にみられるさまざまな現象を述べて、ムフモに注意をうながすというのがこの絵のモチーフである。

〈6-1〉は厚い雲に覆われた太陽であり、教えの内容は写真2-6bと同様である。

雷（*nkubha*）が空で荒れ狂うと〈6-2〉、タンガニイカ湖は波を立てて荒れる〈6-3〉。雨が降りはじめたら、ムフモは斧やナイフあるいは槍を木にうちこんでから隠れよ。そうすれば隠れた場所に雷が落ちることはない。虹（*mufulubhili*）が遠くに見えれば雨が近い〈6-4〉。虹の中には雷が隠れている。だからムフモは虹が見えれば急いで小屋の中に逃げこまなければならない。

川が湖に流れこむ所はイハコ（*ihako*）と呼ばれる〈6-5〉。ここにはワニ〈6-6〉が潜んでいる。ムフモはイハコを通り過ぎるときには充分に気をつけなければならない。

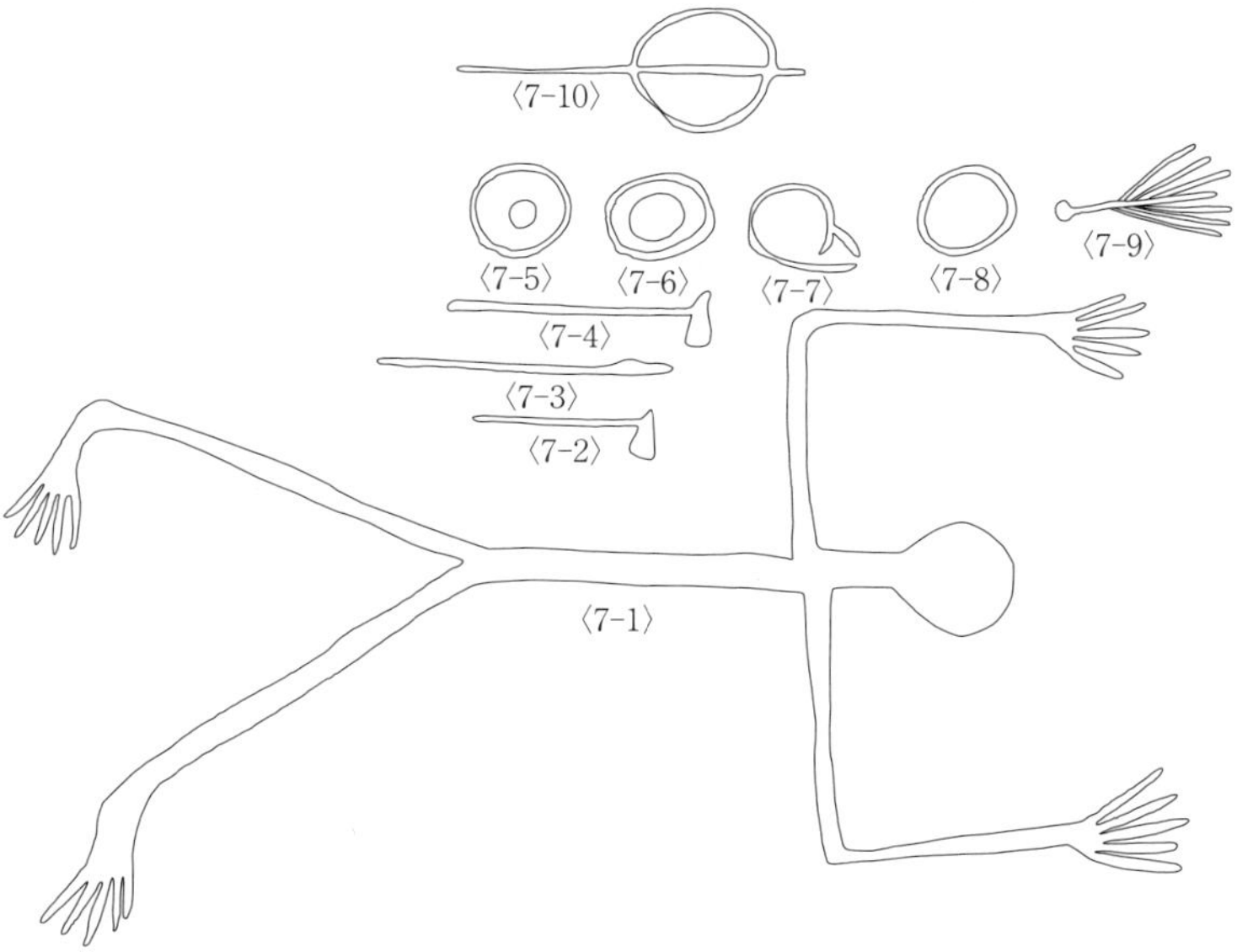

図2-4

〈7-1〉：ムティミもちのムフモ、〈7-2〉：ブハンゴ、〈7-3〉：槍、〈7-4〉：鍬、〈7-5〉：ムセケ、〈7-6〉：シテベ、〈7-7〉：ンテンデリ、〈7-8〉：シニョンゲ、〈7-9〉：ムリソ、〈7-10〉：ルサンガ

vii　絵〈7〉（図2-4）

ムティミもちのムフモと、その持ち物を示す絵である。ムティミは原野を宰領し、ムフモにとってもっとも大事な薬草を管理する守護霊である。ムティミは、すべてのムフモの偉大な守護霊なのである。

絵においては、〈7-1〉がムティミもちのムフモを示し、〈7-2〉は特有の形をした斧（*bhuhango*）であり、〈7-3〉は槍、〈7-4〉は鍬を示す。〈7-5〉は薬籠ムセケ、〈7-6〉はムセケをのせておくシテベ、〈7-7〉は薬草を入れておくヒョウタン（*ntendeli*）、〈7-8〉は鉄の輪シニョンゲ、〈7-9〉はムリソ、〈7-10〉はルサンガを示す。これらは、ほとんど絵〈5〉で示された諸道具と同じである。

viii　絵〈8〉（写真2-8）

この絵が、一連の絵による説教の最後であ

写真 2-8　説教の最後

る。師カソンタは次のように語った。「お聞きなさい。この人は、ブフモの椅子に坐った貴方自身なのです。別の人ではありません。貴方自身なのです。」

この説教の後、一羽のニワトリがこの絵に供えられた。そして筆者は絵〈1〉で述べた、ルーへに入ったシニャルバレを蜂蜜とともに飲み込んだ。夜はすでに明けており、午前八時であった。

こうして黒・白・赤の三種の粉で地面に絵を描き、その教えを示すブフモの中心的儀礼は終わり、最終段階を迎える。

儀礼の最終段階

儀礼に出席していた人びとは、ムフモを除いて全員屋外に出る。ムウィササの扉が閉じられ、屋内では筆者が戸外に出るための準備が整えられる。土鍋に水を入れ、そこに種々の呪薬が入れられる。女のムフモの一人が、その聖なる薬で筆者の体を洗い清める。つづいて筆者の額の毛を少し剃刀で剃り、これは薬になると耳うちして筆者に手渡す。白いンペンバと赤いムクロを水で摺り、それで体全体に白・赤の斑点をつける。筆者のためのムセケ、シテベ、それに槍、斧、ルサンガ、ヒョウタンにも、それぞれ赤・白の斑点が塗りつけられる。こうしてすべて準備が整ったところで、女の呪医たちが、シテベに坐った筆者の回りを、輪を描くようにしてまわり、祝いの踊り、コソコソ（*kosokoso*）を舞う。

外でアリマシが歌う。「おお、ライオンよ。お前はそこで吼えている。頼むから私の子供を食べないでくれ」。この歌とともに、アリマシ、ザイナブを先頭に人びとが屋内に入り、女のムフモたちの踊りの列に加わる。カソンタ老はみずからのクラウン（ンシタ）をとりはずし、筆者にかぶせる。こうして全員屋外に出る。

筆者はムウィササの扉に向かって、赤と白の斑点のついたシテベに坐る。右手に槍、左手に斧を持つ。右の足もとには筆者のムセケ、左の足もとにはカソンタ老のムセケ、その前に、儀礼の進行とともに発酵した酒の入った壺が置かれる。マスキット銃（*mundusi*）の祝砲が鳴り、女たちはコソコソの踊りを舞う。

アリマシが父親として祝辞を述べる。「息子よ聞きなさい。今日、お前はムフモとなった。私はお前の父親だ。私なしではお前はブフモ儀礼を受けることはできなかった。お前がムフモとなり、私は非常に嬉しい。お前は、ムフモとなったのだから、よく人の面倒を見なさい。お前の仕事は、人がいなければ成り立たない。子供も老人も、お前は面倒見なければならない。よくするのも、悪くするのも、お前次第だ」。

「わが子よ、お前はお前の師のことを忘れてはならない。お前は、ことあるごとに、師のもとにご機嫌うかがいに行かなければならない。こうして、お前は、ムフモの印であるンシタを戴いたのだから。お前のブフモの名が知れわたりますように！」

「さて私の子供よ、私はあなたに、ルレラ *Lulela*（知識ある人の意）という名を与える」。

筆者は両親にクシエシヤ（*kusiyesiya*）[17]の挨拶をする。次つぎに、列席者がお祝いと敬意を表するため、筆者にクシエシヤの挨拶をする。

最後に、カソンタ老が祝いの言葉を述べる。「さて、これで無事、ブフモ儀礼がすんだ。お前は、このブフモをよく守らなければならない。侮ったり、これらの薬は効かないなどと言ってはならない。もし、侮ることがあれば、お前は病に見舞われるだろう」。

「新月のときには、お前は、お前のムセケを薬で洗い清めなさい。お前は、自分でこのムセケを守りなさい。お前は、ムガボが乗り移らないでこの儀礼を終えたと言って、嘆いてはならない。お前のムガボは遠くにいる。ムフモの中には、ムガボが乗り移らないで薬を調合して、治療するだけの人もいるのだから。今日、このブフモを受けとりなさい。このブフモは、お前を愛し、お前もこのブフモを愛した。けっして、ブフモを侮蔑してはならない。そうすれば、お前は財産を失うだろう。侮蔑しても、何の得るところもないのだから」。

「さあ、わが子よ、財産がたまり、子供に恵まれますように。このブフモを継承する子供に恵まれますように」。

「今日、お前の得たブフモには、危険なことがある。もしお前が死ぬと、残されたお前の子供は病に見舞われる。子供が呪医のところに行けば、「お前の父親はムフモだった。だから、お前はそれを相続しなければならない」と、言われるであろう。こうしてお前の子供がブフモを相続すれば、元気になるだろう。しかし、それを怠ると、病が進むだろう。今日、私はお前にニャミシ *Nyamisi*（根を掘る人）という名前を与える」。

この挨拶の後、アリマシは、カソンタ老にニワトリを一羽手渡す。カソンタ老は語る。「さあ、ブフモよ、お聞きなさい。このニワトリは、この仕事に参加したムガボへの贈り物であり、このブフモに差し出された贈り物だ。彼（筆者のこと）のところのムガボよ来い。この地のムガボも集まれ。あなたがたは、ムセケの中に入り、彼とともに仕事を成しとげて下さい。ここにムティミがおられるのなら、やって来て下さい。これがあなたがたへの贈りものだ」。

ここで、ニワトリの頸部にナイフが入れられ、その血が二つのムセケの上に落とされる。放り出されたニワトリはぱたぱたと走り回った後、筆者の足もとで首を伸ばして死ぬ[18]。こうしてムガボがこの贈り物を受けとり、儀礼がすべて順調に進んだことが確認されたのである。

ムレメ（*muleme*）

ブフモ儀礼の最後は筆者に占いの能力を授けることである。カソンタ老は剃刀で筆者の左手の掌に少し傷をつけ、そこに聖なる薬、ムニャンガラとムシランテンジェロ（*musilantenjelo*, 種名不詳）を塗り込める。このように、占い能力を付与するためにつけられた手の傷あとを、ムレメという。こうして徹夜で行なわれたブフモ儀礼の全過程が終了し、新しいムフモが一人誕生したのである。

まとめ

精霊たちへの呼びかけから始まったブフモ儀礼は、次つぎと地面に描かれる絵を中心にして展開し、真夜中、ムフモたちにムガボが乗り移り、太鼓やガラガラの音に合わせて踊る頃、最高潮に達する。屋内での儀礼は朝まで続き、そのあと屋外に出て参加者たちの祝福を受け、最後に占いの能力を授ける儀礼が行なわれその幕を閉じる。

このプロセスの圧巻は、やはり地面に描かれる絵とそれにまつわる教示、説教であろう。ムガボの存在地、変形した太陽、ムフモの所持すべき諸道具、特定の動物や植物、自然現象の提示とそれにまつわるタブー、ムフモが守るべき道徳律等々、その内容は実に多彩であった。それらは自然に対する畏怖と信頼を物語るとともに、その背後にある超自然的存在の力を暗示している。ムフモはムガボを中心とした諸力の加護のもとに、タブーを守り、治療に精を出し、畑の耕作をも怠らず、患者のために働くべきことが説かれているのである。

トングウェは大ムフモに対して、一方ではムロシではないかという疑念をもっている点については先に述べた。このムフモのもつ両義性と、ブフモ儀礼が特定の人びとが集まって行なう閉鎖的な儀礼ではなく広く住民が参加できる形態で行なわれることを考慮すれば、儀礼がムガボの参加とその加護のもとで行なわれることにより、ムフモの根源的存在価値が確認され、かつムフモの道徳律がひとつの中心教義となっていることのもつ積極的な意味が浮かび上がってくるのである。

6　占　い（*kulaghula*）

ムフモの仕事は不幸の源を探りだす占いとその不幸の源を取り除き、病の場合にはその治療を行なうことである。これまで詳述してきたように、病をはじめとしてさまざまな不幸には必ずその根本原因がある。ムフモは占いによってその根本原因を明らかにするのである。

占いの方法は大別すると二種類に分けることができる。ひとつは精霊憑依による占いであり、他方は聖なるダワの力によるものである。

精霊憑依による占い

通常のムフモは精霊憑依者であり、ムフモに乗り移った精霊が、患者との対話を通して不幸の根本原因を明らかにする。不幸の原因を知るため患者がムフモのもとを訪れると、ムフモはみずからルサンガを打ち、精霊を迎え入れる。強力な精霊の乗り移るムフモは、患者が来ることをあらかじめ知っており、患者が訪れたときにはすでに憑依状態に入っているという。またときには前夜、夢の中で患者の来ることを知るムフモもいるという。患者は憑依状態に入ったムフモの前に、占い料（通常は二〇～五〇セント、一〇～二五円）を置き、ムフモに乗り移った精霊に不幸の根本原因を問うのである。

聖なる薬の力による占い

A　ムレメ

このタイプのもっとも一般的な形はムレメによる占いである。ブフモ儀礼のところで述べたように、ムフモは儀礼の最後に左手の掌にムレメが施され、これによって占いの能力を授かる。

患者が訪れて来ると、ムフモは当日の朝、川から汲んできた水の入ったンカンダ（*nkanda*）と呼ばれる土鍋とムセケを用意する。ムフモは炉のところに行き、ムレメと左手首に灰をこすりつける。こうして用意の整ったムフモは、患者と相対して坐る。ムフモの前には占い料が置かれ、患者は来訪の目的を告げる。

ムフモはンカンダの水で手を塗らし、その水をムレメにかけ、ムセケの中からシロロ（*silolo, Cyperus articulatus*）をとり出し、その一部を歯で咬みとり、くだいてムレメに吹きかける。シロロは強い芳香を放つ。そして心の中で「もし患者の病が祖先霊のためであるなら、手よ止まれ」と念じ、左手の掌の上に右手を重ね、前後に何度もこする（クゴガ、*kughogha*）。もし病の原因が祖先霊であるならば、数回のうちに右手はピタリと止まる。こうしてムフモはその不幸の根本原因を知るのである。念じた原因がはずれておれば、何度こすっても手は止まらない。こうして次つぎとこの所作を繰り返し、真の病因が明らかとなる。

B　カトゥボ（*katubho*）

この方法に類似したものに、カトゥボと呼ばれる占い棒を用いる方法がある。カトゥボは特定の木（筆者が確認しえたものはムシランテンジェロの木を用いていた）をすりこぎ状に削り、その上部に穴をあけ、そこにムレメに用いたダワを塗り込め、そのあと蜜蝋で封じ込めて作る。

クゴガは両手を合わせてこするのであるが、この場合はカトゥボを左手で固定し、右手でそれを握って上下にこするのである。

C　ンバーレ（*nbaale*）

これらの占い法のほかに、次に述べるンバーレによる占いがある。ンバーレは、イコングワ（*ikongua, Diospyros kirkii*）、ルフィラ（*lufila, Annona senegalensis*）、イペーラ（*ipeela, Sesamum angolense*）の三種の木の根から作る小さな木片であり、それぞれの種類を二個ずつ合わせて六個ある。ムフモはこのンバーレにシロロをふきかけ、それを水の入ったンカンダに投げ入れる。もしンバーレがくっつき合って輪を描いたならば、それは神の病であり、ムフモは関与できない。もし、ンバーレがばらばらに散ると、ムフモが治療できる余地があることを知る。こうしてムフモが関わりうると判明した後で、上述の方法のどちらかによって、あらためて不幸の真の原因が明らかにされるのである。

これら三種以外に、ルロンジェ（*lulonje, Oxytenanthera abyssinica*）と呼ばれる竹と、特定の蔓草（種名不詳）によって作られた、ジャバラ状のカンサララ（*kansalala*）と呼ばれる道具を用いた占い法があるということを聞き込んでいるが、筆者は観察する機会がなく詳細は不明である。

D　ブワフロ（*bhwafulo*）

以上の占い法は、病などの不幸の原因を探るためのものであるが、その原因が超自然的存在のうちのイガンボとして分類したンシガ、イラジの場合、その治療法をも兼ねたブワフロと呼ばれる占い法がある。

ここではイラジに例をとって解説しよう。ある長老が亡くなるときに残した遺言にまつわる事例である。長老の子供たちのうち一人の娘は、長老が重病だと知っていながら、見舞いのために嫁ぎ先から帰ってこなかった。それを恨みに思った長老は、親族の者に、彼女に遺産相続させず、また彼女とつき合わないように言い残したのだという。親族の者はこの遺言に従わなければ、病などの不幸に見舞われる。しかし彼女は、自分は行く用意までしていたのだが、船の手配ができず見舞いに来るのが遅れたのだと主張した。

長老と娘との間にこのようなずれがあったため、親族の者はムフモを呼び、ブワフロの占いを依頼したのである。

このブワフロで使われる小道具は、淡水産の二枚貝であるイコンベレレ（*ikonbhele*）の殻、ヒョウタンの底をくりぬいた小さな皿状の容器カハルウィ（*kahalui*）、銅でできたミニアチュアの槍型をしたスプーン（カテボ・カ・ムクボ）、それにヒョウタンに入ったダワ（*lukungu*）、ニワトリの羽毛などである。これらの小道具を、地面の上に敷いたジェネットの毛皮の上に乗せ、ムフモは占いを始める。土を少し掘り、そこにイコンベレレとカハルウィをはめ込む。周囲には風の影響をさえぎるためにゴザ（*mukeka*）を立てかける。イコンベレレとカハルウィには水が入っている。前者は長老の心を、後者は娘の心をあらわしている。

ムフモは、まずミニアチュアの槍で少しダワをすくい、それをイコンベレレに浮かせ、その動きを注視する。つまり、ムフモはこの所作を通して故人と語り合うのである。ダワがイコンベレレの全表面に広がるか（この場合はムフモの言葉が受け入れられたことを示す）、一部分でも、ダワが広がりきらないか（この場合は拒否されたことを示す）を見るのである。同様の方法でカハルウィの方でも占い、娘が本当のことを言っているかどうかを確かめる。前のダワをニワトリの羽毛で取り除き、何度かこの占いを繰り返して真実を探り、あるいは双方の誤解をとくのである。

ちなみに、ここで述べた例の場合、長老の誤解が解け、娘がニワトリを一羽長老に捧げることで、解決したのである。

ニワトリによる占い

一般に儀礼時に用いられる方法に、ニワトリによる占いがある。この占いについてはブフモ儀礼のところでも少しふれたが、ニワトリの頸部をナイフでかき切り、その後のニワトリの行動で吉凶を占うのである。藪の方に走って行って倒れたり、首を曲げて死ぬと凶であり、家の方に向かって走り、倒れ、首をのばして死ぬと吉であるという。上述のブワフロの場合も、長老に捧げられたニワトリで最終的な占いが行なわれた。

こうして、さまざまな不幸と超自然的存在との間に脈絡がつけられるのである。

7　治　療

病根が明らかとなった患者は、ムフモのもとに通い、あるいは滞在して治療を受ける。ムフモは実に多様なダワを駆使して治療にあたる。彼らの治療法はきわめて複雑多彩であり、そのすべてを詳細に記述し分析することは容易ではない。ここではその治療法の大要について概観し、その特性を検討するに止めたい。

これまで治療の基礎となる薬については、筆者の調査時の用語法を踏襲して、スワヒリ語のダワという語を用いてきた。ダワは多義的であり、いわゆる病の治療用の薬からムロシが呪いのために用いる呪薬までを、その意味内容として含んでいる。このようなダワにあたるトングウェ語は、ムティ（*muti*）である。このムティが広義に用いられる場合は、ほぼダワに相当するのであるが、より狭義には植物性の薬に対して用いられる。それに対し動物性の薬は、シコメロ（*sikomelo*）と呼ばれる。ムフモが病の治療用に用いる薬は、原則的に言えば、草根木皮からとるムティと、シコメロの組み合わせからなっている。

シコメロ

ムフモ以外のトングウェは、「われわれも、草根木皮からとる薬についてはかなり知っているが、シコメロを熟知し、それを用いることができるのはムフモだけなのだ」と語る。「シコメロは、草根木皮からとるムティに力を与え、活性化させる」というのが、彼らの説明である。

シコメロの素材には、自殺した人の骨や自殺に使った縄、ムワフィを飲んで死んだ人（つまりムロシ）の骨、頭皮や心臓、ムワミの骨といったものから、ハイエナの脳、ライオンやヒョウの爪・脳、イプング・カセグ（*kaseghu, Indicator indicator*）、ンクルクル（*nkulukulu, Tauraco* spp.）、ンジュイバ（*njuibha, Stephanoaetus coronatus*）等の多くの鳥類、蛇、バッタや蜂に至るまで実に多彩である。

これまでに得た資料ではとくに鳥類が多く、彼らの動物に対する認識の一端をうかがうことができる。これらの動物たちが、どういう理由でシコメロとして選ばれるのかは興味深い問題ではあるが、これらについての資料はまだ少なく、今後を期したい。

シコメロとして、ムワミや自殺者、ムロシなどの人骨が含まれているのもひとつの特徴である。人骨のシコメロは非常に強力だと言われているが、これらのものを手に入れようとしたり、あるいは所持していたりという行動は、一般のトングウェにとっては異常なことであり、このような行動はムロシの嫌疑をかけられる場合もある。それは、彼らの信ずるムフモの世界とムロシの世界が微妙に重なり合っていることを物語っている。

ムティとして利用される植物は、驚くべきほどの多様性を示している。これまで筆者が知りえた範囲内でも、彼らは実に二七〇種もの植物を利用していることが明らかになった。彼らは、「どのような木や草も、それぞれ薬となる」と述べるのであるが、植物についての深く広い知識とそれへの信頼が、ムフモの世界を支えるひとつの重要な柱であることは間違いない。ムティとしての植物の具体的な利用法は、治療法について記述する中で逐次紹介してゆくこととし、ここでは、ムフモがこれらのムティを採集する際の行動特性について述べ、彼らのムティに対する思考法の一面を明らかにしたい。

ムティの採集

ムティを採集に行くとき、ムフモは、鍬、斧、ジェネットの毛皮、それにンペンバとトウモロコシの粉（ルワンガ）を持参する。出かけるときには必ず自分に憑依するムガボを祀ってある木の前に立ち、「ムガボ、マハサ、カシンディエ、みな集まってきて下さい。さあ、ムティを捜しに出かけましょう」と語りかけ、祈願する。こうして山や森に出かけ、目的のムティを採集する。目的の樹種を見つけるとムフモは、「ルワンペンバ、ルワンパシノマジェンベ[19]、今日私は、あなたを連れ出しに来ました。ムガボ、マハサ、カシンディエ、リャンゴンベ、ムティミよ、みな集まってきて下さい。さあともに仕事をしましょう」といった内容の呪文を唱え、木にンペンバを塗り、トウモロコシの粉をふりかける。つまり、木の霊に呼びかけ精霊たちを呼び集め、供物を捧げ、それから採集を始める。樹皮が必要なときには、斧で樹皮をはがしてゆくのだが、地面に落ちた樹皮のうち、その内側が上を向いているものだけを拾い集める。外側が上を向いている樹皮は、ムティとして役に立たないのだという。

このようにムティの採集は、一定の儀礼的な手続きを経なければならないのである。特定の木をムティとして採集する場合にはさらに手のこんだものとなる。たとえば、ムニャンガラを採集するときには次のような手続きが必要だという。ムフモは、供物としてトウモロコシの粉、ンペンバ、蜂蜜、白い羽毛のニワトリ、白布、白いビーズ玉を用意する。ムニャンガラの木の付近をきれいに掃き清め、トウモロコシの粉で円を描き、その中にンペンバ、蜂蜜、白布、ビーズ玉を置き、ニワトリを木につないでおく。そのままひと晩置き、翌朝そこに戻る。もし供物のすべてがもとのままであれば、ムティとして採集することが許可されたと判断してもよいのだという。ムニャンガラは精霊の木であり、ムフモにとってもっとも重要なムティのひとつであるというのが、このような儀礼的行動をとらなければならない理由だという。彼らはつねにムガボの加護を願い、その意志にお伺いを立て、その力の助けを借りてムフモとしての務めを果たしているのだといってよいであろう。

新しくムフモとなった者は、師のムフモのムティ採集に同行したり、カヌンバとして働いたりして、直接師から知識を伝授されると同時に、他のムフモに教授料を支払い、礼をつくして教えを乞い、またときにはムガボみずからの教示によりその知識を増し、徐々に一人前のムフモとなってゆくのである。

病の治療

A　事例を通して

ムフモはムティやシコメロを駆使し、病の治療を行なう。そのプロセスはきわめて複雑である。ここでは典型的な治療例を解説することから始めよう。

カソゲに住むある女性Aは、右手上腕部に潰瘍を患っていた。その症状が癩病の初期症状に似ているというので、夫はAをキゴマにある病院に連れて行き、医者に見せた。医者は癩病ではないと診断したという。そこで、ムフモに占ってもらったところ、それは、ある男Bが呪いをかけたためだと判定された。BはかつてAを口説き、肉体関係をもとうとしたが、Aがそれを拒否した。それをうらみに思ったBがリャンゴンベを使ってAを呪ったというのである。

Aのための治療は二回にわけて行なわれた。一回目の治療は、彼女に仕掛けられたリャンゴンベをとり除くための治療である。この治療は夕方五時半から七時までかかった。治療には、カソンタ老、筆者、それにAの夫、Aの友人（女性）、Aの夫の友人（男性）、計五人が立ち合った。治療の場所は集落の近くの草原である。

ムフモは近辺を捜してルレレの草をひき抜く。ルレレはリャンゴンベを象徴する草である。地面に穴が掘られ、その底部にムルガラ（*mulughala*, 種名不詳）、ムクング（*mukungu*, *Pterygota macrocarpa*）、ンガンダマクングー（*ng'andamakungu*, 種名不詳）、カリロカバリ（*kalilokabhali*, *Psorospermum febrifugum* var. *ferrugineum*, 現在、*P. febrifugum*）の四種のムティが散布される。その横には水が入った土鍋（ンカンダ）が置かれている。ムフモは、ンカンダの中に

表2-4に示したムティを入れる。これで準備は整った。

ムフモはそばで待機していたAを呼び、ルレレの草を穴に入れ、Aの夫が手渡した黒い羽毛のまじったニワトリを手にもち、呪文を唱える。リャンゴンベに呼びかけ、このニワトリがA自身なのだと訴えるのである。ムフモはニワトリの脚をしばり、木に結びつける。Aはンカンダの水で体を洗い清める。この聖なる薬の入った水で洗い清める治療法は、イフボ・イフィーレ（*ifubho ifiile*）と呼ばれている。

その間、ムフモは、集落に通ずる道に、ンガンダマクングー、ムクング、カリロカバリの三種のムティで線を描く。この線は、ここで取り除かれたリャンゴンベが、患者の跡を追ってゆけないようにするための障壁である。

ムフモは体を洗い終えたAの体の各所に剃刀で傷をつけ、ブッシュバックの角に入ったブランガ（*bhulanga*）と呼ばれる薬を塗り込める。ブランガの成分は表2-5に示した。ブランガは、額の真中、首の後、胸部、両手の関節部、両足のふくらはぎ等、計九ヵ所に塗り込められた。

この治療を終えたAとその友人の女性は、ムティで描かれた線をまたいで一目散に家に帰る。このとき、彼女たちは、絶対に後を振り向いてはいけないとムフモから注意を受けている。

この後、ムフモはルレレの草をニワトリに巻きつけ、このニワトリがA自身なのだという内容の呪文を再度唱え、それらを穴の中に収める。そしてニワトリを手で押し殺し、その上に、Aが水浴した残りのイフボ・イフィーレをふりかける。さらにカリロカバリを穴の中に撒き、ニワトリの口の中にもそれを押し込み、その後、ンガンダマクングー、ムクングを穴の中に撒く。その上を黒い布で覆い、土鍋をかぶせ、周囲に土を盛る。黒いビーズ玉をその側に置き、ムフモをはじめ、Aの夫、Aの夫の友人、筆者はムティの線をまたぎ、後を振り向かず一目散に家に帰る。こうして一回目の治療は終わった。

表 2-4　ンカンダ（イフボ用）に入れられるムティ

	トングウェ名	利用部位	学名
1	*bhulubhabhukema*	rt	?
2	*ifumiya*	l	*Dalbergia malangensis*
		rt	
3	*kabhukobhuko*	bk	*Ochna* sp.
4	*kaghobhole*	rt	*Ziziphus* sp.
5	*kakomakoma*	w	*Pistia stratiotes*
6	*kankundu*	rt	*Strychnos innocua*
7	*kateghu*	rt	*Biophytum* sp.
8	*katiyatiya*	bk	*Afzelia africana*
9	*likibhanga*	bk	*Ozoroa insignis*
10	*lughola*	rt	?
11	*mubhanga*	bk	*Pericopsis angolensis*
12	*mubhinga*	rt	*Heteromorpha trifoliata*
		l	
13	*mubhula*	bk	*Parinari excelsa*
14	*mubhundu*	rt	*Entada abyssinica*
		bk	
15	*mughalu*	rt	*Croton megalocarpus*
16	*mughuluka*	bk	?*Maerua* sp.
17	*mukalakala*	bk	*Faurea rochetiana*
18	*mukamba*	rt	*Milicia excelsa*
19	*mukote*	rt	*Phyllanthus* sp.
20	*mukumasengelo*	rt	?
21	*mukungu*	rt	*Pterygota macrocarpa*
22	*mukutuka*	rt	*Schrebera trichoclada*
		bk	
23	*mulughala*	l	?
24	*munyangala*	rt	*Encephalartos* sp.
25	*mupapa*	rt	*Markhamia obtusifolia*
		l	
26	*musekela*	rt	?*Allophylus* sp.
27	*musiji*	rt	*Senna singueana*
28	*musilantenjela*	rt	*Gardenia ternifolia*
29	*mutungulu*	rt	*Pseudolachnostylis maprouneifolia*
30	*mutelele*	bk	*Stereospermum kunthianum*
31	*mwelekela*	rt	
32	*mwesiya*	bk	*Gymnosporia senegalensis*
33	*ng'andamakungu*	rt	?
34	*silebhela*	rt	*Multidentia crassa*
35	*sisenya*	rt	*Protea* sp.

rt：根　bk：樹皮　l：葉　w：植物体全部

表 2–5　ブランガに入っているムティとシコメロ

MUTI

1	*ifumiya*	*Dalbergia malangensis*
2	*kalilokabhali*	*Psorospermum febrifugum*
3	*kasanda*	?
4	*lughola*	?
5	*lusantu*	*Ximenia americana*
6	*mubhingila*	?
7	*mubhula*	*Parinari excelsa*
8	*mufungu*	*Celosia trigyna*
9	*mughuluka*	?*Maerua* sp.
10	*mukumasengelo*	?
11	*mukungu*	*Pterygota macrocarpa*
12	*mulughala*	?
13	*musighisighi*	*Dalbergia nitidula*
14	*ng'andamakungu*	?
15	*ntembotelemiya*	*Phytolacca dodecandra*
16	*sisenya*	*Protea* sp.

SIKOMELO

	トングウェ名	学名	通称名	利用部位
1	*nkubha*		雷	骨（正体不明）
2	*kabheghe*	*Petrodromus tetradactylus*	ヨツユビハネジネズミ	骨
3	*nsuja*	*Tragelaphus scriptus*	ブッシュバック	腱
4	*mbulu*	*Varanus niloticus*	オオトカゲ	脂
5	*nsimba*	*Panthera leo*	ライオン	脂
6	*ngwe*	*Panthera pardus*	ヒョウ	脂
7	*njwibha*	*Stephanoaetus coronatus*	カンムリクマタカ	羽毛
8	*kampala*	*Ceryle rudis*	ヒメヤマセミ	頭骨、腱
9	* *mbono*	*Ricinus communis*	ヒマ（植物）	油

（その他 3 種含まれるが、素材は不明）

* *mbono* は、他の植物と異なって、その油を用いるため（軟膏状にするため）シコメロに含めた。

二回目の治療は前回から三日後、正午に集落の近くの藪の中、シロアリの塚のもとで行なわれた。占いによるとAが呪われたのは正午頃だという。治療もまたこの時刻に合わせて行なわれるのである。またシロアリの塚は、ムロシのムワミが坐る椅子であり、今日の治療は、ムロシのムワミの前で行なうのだという。二回目の治療には、カソンタ老、Aの夫、筆者が立ち合った。この治療は、ムロシが仕掛けたダワを取り除くために行なわれるのである。

治療は、大きな土鍋に水を満たし、そこに表2-4のムティと、ムブンドゥ（*mubbundu, Entada abyssinica*）、ルカランガ（*lukalanga, Ocimum basilicum*）、カリロカバリ、カゴボレ（*kaghobhole, Ziziphus* sp.）の葉を入れ、それを沸騰させることから始まる。Aは沸騰した土鍋を足もとにおき、上半身裸になり土鍋を体で覆うような体型をとる。ムフモはAと土鍋を大きな布ですっぽりと覆う。Aは聖なる薬の入った蒸気を約一〇分間、体にあてる。この治療法はイフボ・イフュー（*ifubbo ifyuu*）と呼ばれる。

この間、ムフモは黒い羽毛のまじったニワトリをAの頭上にかかげ、このニワトリがA自身だという内容の呪文を唱える。Aの夫がこのニワトリを受けとり、ナイフで首をかき切り、その血をイフボ・イフュー用の土鍋の中に注ぎこむ。ムフモはさらにニワトリの腹部をナイフで裂き、その心臓をとり出し葉の上に置く。ムフモはイフボ・イフューを終えたAの体の各部に第一回目と同様剃刀で傷をつけ、ブランガを塗り込める。そしてニワトリの心臓にルゴラとンガンダマクングーの二種の強力なムティをふりかけ、それをAに飲みこませる。その後、ムフモはAの前に後向きに立ち、手を後にまわしてAの手をとり、口笛をふいてあたかも鳥が飛び立つような格好をする。こうしてAの体内にあった悪気は取り除かれる。

ムフモは、ニワトリの口、首、腹の中に、ンテンボテレミヤ（*ntembotelemiya, Phytolacca dodecandra*）、ムクング、ンガンダマクングー、ムグルカ（*mughuluka, ? Maerua* sp.）の四種のムティをつめ込み、そのニワトリを黒い布で包んで穴の中に埋める。その上に、イフボ・イフューの残りの水を振りかけ、土鍋をかぶせ周囲を土で固める。こうして一行はＡの家まで戻る。ここで再び治療が行なわれる。

ムフモはＡの家の入口の前に、ムクング、ンガンダマクングー、ンテンボテレミヤ、ムグルカの四種のムティで直線を描く。その前でＡは表2-4の薬が入ったンカンダの水で体を洗う（イフボ・イフィーレ）。こうして治療を終えたＡは、ムティで描かれた線をまたいで家の中に入る。二回目の治療の所要時間は約二時間であった。

帰宅したムフモは患部に塗る薬を調合する。イペンプ（*ipempu, Sonchus luxurians*）の木・葉・根、カモガボルング（*kamoghabbolungu, Cymbopogon densiflorus*）、ンテンボテレミヤの葉と茎をそれぞれ乾燥させ、それを燃やして炭にし、石臼で摺って粉にする。それにシフバ（*sifubha, Iboza multiflora*, 現在、*Tetradenia riparia*）の葉を木臼で搗いてその液をしぼり出して混ぜる。Ａはこうしてできたムティを受けとり、毎日患部に塗るように指示された。

以上がＡの病に対する治療の全過程である。この例に示された治療過程は病根や病状の違いに応じ、細部においてはさまざまな変異を示すのであるが、基本的な構造においては同一であるといえる。以下、病の治療法に見られる基本構造の分析を進めることにしたい。

B　治療の基本構造

風邪や腹痛など軽い症状の病、つまりトングウェが神の病と呼ぶものを除いたほとんどの病の治療法は、原則として三つの側面からなっている。それらは病に見舞われた個人の体内に潜んでいた誘因に対処する治療、その病の根本原因、つまり諸々の超自然的存在に対処する治療、それに個々の病の症状に対応した対症療法である。

ⅰ　誘因に対する治療

特定の個人が病に見舞われた場合、トングウェは、その個人の体内に不運の源が潜んでいるのだと考える。この不運の源を彼らはムコシ（*mukosi*）、ンテシ（*ntesi*）などと表現する。ムフモは治療の重要な一環として、この不運の源、および体内に巣喰う邪悪な物質を取り除かなければならない。このための治療法がイフボであり、これには、イフボ・イフュー（熱いイフボ）とイフボ・イフィーレ（冷たいイフボ）の二種がある。多くのムティ（その大要は表2-4に示した）の入った蒸気を体にあて、体内に潜んだ不運の源および邪悪な物質を取り除く治療法がイフボ・イフューである。イフボ・イフューで熱くなった体を冷やし、洗い清める治療法がイフボ・イフィーレなのである。原則的には、この二種のイフボ治療が、相伴って行なわれる。ムフモに治療を依頼した場合、すべての病に対してこのイフボ療法がほどこされるのである。

ⅱ　病根としての超自然的存在に対処する治療

病の根本原因には何らかの超自然的存在がかかわっていることについては、すでに述べた。原因となった超自然的存在をなだめ、あるいは体にとりついた場合は、それを取り除かなければならない。上述の例の場合には、ムロシがリャンゴンベを用いて呪いをかけたことが病根であった。ムフモは、黒い羽毛のニワトリを患者の身替わりにしたて、そのニワトリに、患者にとりついていたリャンゴンベや、ムロシが仕掛けたダワを封じ込めることにより、病根を除去したのである。このカテゴリーに属する治療は、その原因となった超自然的存在に対応して、さまざまな方法がとられる。

（a）儀礼による治療

ひとつは、精霊や祖先霊、動物などが原因となっている場合であり、これらの超自然的存在をなだめるため、特定の儀礼をとり行なって治療する。人びとから無視されたり、ないがしろにされて怒った精霊に対しては、その要求に従い、白布、白いビーズ玉、ルワンゴ、ニワトリ、ヤギなどの供物を捧げればよい。

難産の場合、応々にして、みずからの名が子供に与えられることを望んだムガボのせいであることが多い。人びとは、ムガボに供物を捧げ、生まれてくる子供にそのムガボの名を与えることを約束する。

危機に見舞われた際、リャンゴンベに祈りを捧げたのに、祀ることを忘れていたことが原因で病にかかった人は、ルレレの草を立てて供物を捧げる。森でムヒギを見たのが原因ならば、ムヒギの象徴物をムニャキやプウェジュウェで作り、供物を捧げなければならない。

原野にさまよっている祖先霊が原因ならば、人はムフモを、あるいは他の人を伴って原野に出かけ、ムジョンソ（*mujonso, Vernonia sp.*）の木のところに立ち、祖先霊を迎えに来た旨を告げ、その枝を切る。その場でニワトリの首をかき切って祖先に捧げ、ムジョンソの枝とニワトリを家まで持ち帰る。そして、ムジョンソの枝を立て、ムニャキで小さな家を作って祖先霊を祀り、石で炉を造る。そこでニワトリを料理し、ウガリとともに供えるのである。すでに祀られている祖先霊が原因であるならば、ムガボの場合同様、祖先霊の要求する供物を捧げればよい。

しかし、ムワミの祖先霊が原因のときには、当該のシテベ・シムイの人びとは、新しくムワミとなる人を選び、ブワミ儀礼を行なわなければならない。ブワミ儀礼は、きわめて盛大に行なわれ、多くの費用を必要とする。このため、ムフモの占いでムワミの祖先霊が原因だと判定されたとき、人びとはブワミの司祭に依頼して、再度確かめる。司祭はさまざまのダワが入った薬壺をいくつも用意し、それを原野の中に据え、ひと晩置く。翌朝、その薬壺に何の変化もなければ、人びとは本当にムワミの祖先霊が原因であることを知るのである。

ムジェゲの祖先霊が病の原因である場合、ムワミの場合と同様、その子孫のうちの誰かが祖先のムジェゲを相続しなければならない。ブジェゲ儀礼にも多くの費用が必要であり、人びとは司祭に頼んで確認する。司祭は原野に小さな穴を掘り、そこにトウモロコシの粒を入れておく。翌日、それが散らばったり、なくなっていなければ、人びとは本当にムジェゲの祖先霊が原因であることを知る。

あるいは、森にある二本の木の間に紐をゆわえ、その両端に三つずつンボノ（*mbono, Ricinus communis*）の実を通しておく。そのままひと晩置き、翌日実が紐の中央部に集まっていれば、ムジェゲの祖先霊に間違いないという。こうしてその原因が確定すれば、彼らは儀礼をとり行ない、超自然的存在の怒りを鎮め、病の原因を取り除くのである。これらの儀礼を行なうのは、ムフモの役目ではなく、司祭、ムワミ、ムトゥワレ、あるいはリネェジの長老が行なう。

（b）ブワフロ

ンシガ・イラジが病や不幸の原因である場合にはブワフロを行ない、供物を捧げて治療する。ブワフロについては先に占いのところで詳述したので、ここでは省略することにしたい。

（c）邪術および悪霊に対する治療

ムフモが行なう治療の中でもっとも重要なものが、このカテゴリーに属している。邪術の説明の中で言及したように、ムロシは多様な方法で人に呪いをかける。したがってムフモもそれに応じてさまざまなムティやシコメロを用いる。

イシゴ、ムグンバグウェスク、それにムロシによって送りこまれたリャンゴンベ、またムロシが悪意を込めて仕掛けたダワ、ムクリ、イジーニ、イスワが病の原因である場合は、例に示したように黒い羽毛のニワトリを患者の身替わりにしたて、それらの病根を封じ込め、そのニワトリを黒布で覆い土鍋をかぶせ、その側に黒いビーズ玉を捧げる。

さらに、ムロシの仕かけたダワに打ち勝ってその呪力を弱め、かつ、今後ムロシや悪霊にとりつかれないようにするため、強力なダワ、ブランガを体に塗り込めるのである。

この基本的なプロセスは、その原因の違いにもかかわらず、皆ほぼ同様なのであるが、細部にわたっては変異がある。たとえばムクリ、イジーニが病根である場合、ともに身体にふるえがくる。乾燥したムティを燻し、その煙を患者にかがせたりすると、ときには、ムクリやイジーニみずからが語り出すことがあり、その要求を述べる。ムフモはその要求に従って治療を行なう。またそれぞれの病根に対応して、ムティやシコメロを変える。治療をほどこす場所も、たとえばムクリのときはカゴボレの木のあるところ、イシゴの場合は川辺にあるイクク（*ikuku, Ficus sp.*）の木の前、ムロシの場合はシロアリの塚の前といった具合に変わる。

ここで述べているムクリは、ムロシが派遣するそれである。ムフモは、呪い殺された人がムクリとなり、ムロシにとりついている場合とはっきり区別しなければならない。後者の場合ムフモは一連の治療を行なった後、そのムクリに対し、自分は本当には追い出す気持ちがないことを告げなければならない。これを怠ると、あるいは間違ってこのムクリを追い出そうとすると、ムクリがムフモに乗り移り、ムフモに非常な災難がふりかかってくるという。間違った占いや治療は、ときに、ムフモに大きな被害をもたらすのである。

呪い殺された人のムクリがついたムロシは、通常のムフモの手に負えない。まれに大ムフモがヤギを患者の身替わりにしたて治療することもあるが、大ムフモにとってもきわめて危険な治療なのだという。

ンピンシによる呪いが病根のとき、ムフモはシルビコ（*silubhiko*）と呼ばれる道具を用いて瀉血療法を行なう。シルビコはバッファローやブッシュバックの角の尖端に穴をうがち、そこに箸の太さほどの棒を差し込み、尖端部を蜜臘で塗り固めて作る。患部の周囲に灰を、まず右まわりで円状に塗り、さらに左まわりでもう一度塗りつける。ルンゴゴロ（異名、シレベラ）とムクトゥカ（*mukutuka, Schrebera trichoclada*）の二種のムティを口に含み、シルビコの中に吹き込み、また患部にもそれを吹きつける。そして剃刀で患部に傷をつける。シルビコは棒を抜き取り、火にあてて蜜臘を柔らかくして患部にあてる。シルビコの中の空気を吸い出して内部を陰圧にし、尖端の穴は蜜臘を固めて閉じる。約五分間シルビコを患部にあてがったままにしておき、ムロシが打ちこんだンピンシを吸い出すのである。

ときにムロシはタテガミヤマアラシ（*nyungwa, Hystrix cristata*）の針を用い、木を人に見たてて呪いの言葉を吐き、それを木に打ちこんで呪うこともあるという。このンピンシの際には、ムフモはヤマアラシの針を焼き、その灰をシルビコで瀉血したあとに塗り込める。

ウガリに混入されたダワのために病にかかった患者には、下剤（*iluko*）をかけて体内の汚れを出す。

悪意に満ちさまざまな方法で人に呪いをかけ、病をもたらすムロシに対抗し、ムフモも多様な治療法を駆使するのである。

ⅲ　対症療法

トングウェは、特定の症候群に対応した病名を約一〇〇種命名していることはすでに述べた。そのおののの病に対し彼らは特定のムティを列挙する。つまり彼らは、特定の症候群に対応した対症療法用のムティを熟知しているのである。

事例としてあげた、女性Aの治療法の場合、その最終段階でムフモが調合したムティ、つまり三種の植物の木、茎、根を乾燥させ燃やして炭とし、それを石臼で摺り、シフバの葉をしぼった液を混ぜて作ったムティがこれにあたる。

ムフモ以外のトングウェも、この対症療法用のムティについては、いわば民間薬として多くの知識をもっている。ムフモは、このカテゴリーに属するムティについての知識も豊富であり、普通のトングウェが手に入れることが困難なムティや、シコメロを用いて、より効果的な治療を行なうとされている。しかし、ムフモに治療を依頼すると、多額の治療費がかかることもあって、彼らは自分たちの手で対症療法を試みることも多い。イフボによる治療や邪術、悪霊に対する治療は、ムフモの専門的な知識、能力に依存しなければならないのであるが、この対症療法についてはムフモ以外の人びとの知識とムフモのそれとは重なり合い、連続しているといえるのである。

ムフモが用いるムティについて逐次紹介してきたように、その材料、加工法、投与法は実に多様であり、民間薬として知られているムティのそれらも、多様で複雑である。ムティの全貌についての記述分析は将来の課題とし、ここでは民間薬として知られているムティに焦点を合わせ、その処法のバラエティーを示すためにいくつかの例をあげ、その主要な特徴について検討することにしたい。

病気の選択はきわめて恣意的なのであるが、ムティの材料、利用される部位、加工法、投与法のバラエティーを検討するため、五つの病気を選び、そのムティの利用法を表2-6に示した。

表2-6　5つの病とその対症療法用ムティ

	トングウェ名	使用部位	加工法と投与法	学名
MUNDA（腹痛）				
1	*ilandula*	rt	a	?
2	*kabhalama*	l	a	*Cajanus cajan*
3	*kabhukobhuko*	rt	a	*Ochna* sp.
4	*kantahela*	rt	b	?
5	*kapulupulu*	rt	a	?
6	*muhongolo*	rt	a	*Terminalia mollis*
7	*mujofu*	bk	a	*Khaya* sp.
8	*mukole*	bk	c	*Grewia mollis*
9	*munyonyi*	bk	a	*Bridelia micrantha*
10	*musongati lukugha*	rt	a	?
11	*mutobho*	bk	c	*Azanza garckeana*
12	*mutungulu*	bk	a	*Pseudolachnostylis maprouneifolia*
13	*mwesiya*	rt	a	*Gymnosporia senegalensis*
14	*sitobhagha*	rt l	a	*Ricinodendron heudelotii* var. *tomentellum*
KABHANGA（頭痛）				
1	*ilale*	rt	h-2	?
2	*ikonti*	fr	h-2	*Zea mays*
3	*isomang'ombe*	l	g	?
4	*kaghobhole*	l	h-2	*Ziziphus* sp.
5	*kamwisinge*	rt	h-2	*Musa* sp.
6	*kapendiya*	s	h-2	*Phaseolus vulgaris*
7	*ngolomole*	rt	h-2	?
8	*ntembotelemiya*	l	g	*Phytolacca dodecandra*
9	*sitaliya*	bk	f-1	*Zanha golungensis*
SILONDA（外傷）				
1	*ikombelonda*	l	f-2	?
2	*ilale*	l	j	?
3	*itesa*	l	f-2	a species of Commelinaceae plants
4	*kabhumbu*	l	g	*Lannea schimperi*
5	*kaghobhole*	bk	f-2	*Ziziphus* sp.
6	*kampakampaka*	l	f-2	*Sida rhombifolia*
7	*muko*	bk	d-1	*Erythrina abyssinica*

（次ページへ続く）

	トングウェ名	使用部位	加工法と投与法	学名
8	*nkaka*	l	k	?
9	*ntembotelemiya*	l	f-2	*Phytolacca dodecandra*
10	*lufila*	rt	g	*Annona senegalensis*
11	*luhulula*	l	f-2	*Boerhavia diffusa*
		rt		
12	*sifufumila*	l	e	*Ageratum conyzoides*
LUTANGA（足にできる湿疹）				
1	*ifunsikulu*	rt	a	?
2	*ikuku*	rt	d-2	*Ficus* sp.
3	*kaghobhole*	fr	h-1′	*Ziziphus* sp.
4	*kankolonkombe*	rt	h-1	*Ficus asperifolia*
5	*kasakula*	rt	a	? *Cassia* sp.
6	*lutolotolo*	rt	h-1′	*Aspilia africana* subsp. *magnifica*
7	*mulengelele*	rt	h-1	*Aeschynomene leptophylla*
			i	
8	*musiji*	rt	h-1	*Dalbergia nitidula*
9	*musongati lukugha*	rt	a	?
			i	
10	*ntonkole*	rt	h-1	*Hypoestes* sp.
11	*siponda*	rt	a	*Commiphora* sp.
NSEMBE（性病）				
1	*ibhutubhutu*	rt	d-1	?
2	*ifungwa*	l	h-1	*Kigelia africana*
3	*ikalamalungwe*	rt	a	*Rhynchosia luteola*
			c	
4	*ilale*	rt	b	?
5	*itesa*	l	f-1	a species of Commelinaceae plants
		tr		
6	*kabhamba*	bk	b	*Brachystegia allenii*
7	*kandajisi*	rt	c	*Acalypha* sp.
8	*kangululungululu*	bk	h-1	*Psorospermum febrifugum*
9	*kasemele*	rt	b	*Acacia hockii*
10	*kasolio*	bk	b	*Garcinia huillensis*
		rt		
11	*katwala*	rt	c	*Indigofera* sp.

（次ページへ続く）

	トングウェ名	使用部位	加工法と投与法	学名
12	*libhwaje*	rt	b	*Strychnos cocculoides*
13	*lukungwisa*	l	i	*Asparagus* sp.
		rt		
14	*lwasi lwa silala*	l	h-1	?
15	*mubhanga*	bk	b	*Pericopsis angolensis*
16	*mufula*	fr	b	*Isoberlinia angolensis*
17	*mukubhwa*	rt	c	? *Hexalobus* sp.
		bk		
18	*musilantumbalo*	bk	b	*Scolopia* sp.
19	*musubhu*	rt	a	(*Azanza garckeana*)*
20	*mutimpu*	l	d-1	*Antidesma* sp.
21	*mwesiya*	rt	b	*Gymnosporia senegalensis*
22	*ng'ombebhanda*	rt	h-1	*Corchorus olitorius*

rt：根　bk：樹皮　l：葉　fr：果実　tr：木本体　s：種子

〔ムティの加工法と投与法の類型〕
a　：土鍋に入れて煮たムティを、カンコテコによって肛門から注入する。
b　：ムティを土鍋に入れ、水につけておきそれを飲む。
c　：ムティをそのまましがむ。
d-1：ムティを水の中につけておき、その水で患部を洗う。
d-2：ムティを土鍋に入れて煮、その湯で患部を洗う。
e　：ムティを手でもんで柔らかくし、それを患部にこすりつける。
f-1：ムティを木臼で搗き、その汁をしぼり出して患部にすりこむ。
f-2：ムティを木臼で搗き、柔らかくして患部にはりつける。
g　：ムティを石にこすりつけ、その粉を患部にぬりつける。
h-1：ムティを燃やして炭にし、石臼でひいて粉末にし、患部にぬる。
h-1′：ムティを燃やして炭にし、石臼でひいて粉末にし、それに油を加えて患部にぬる。
h-2：ムティを燃やして炭にし、石臼でひいて粉末にする。患部にカミソリで傷をつけ、そこに粉末をぬり込める。
i　：ムティを木臼で搗き、乾燥させ、さらに石臼でひいて粉にし、それを患部にぬる。
j　：ムティを少し火にあぶり、それを患部にあてる。
k　：2枚にさいて、それを患部にあてる。

*編者注：*Dombeya rotundifolia* の可能性あり。

(a) 材料から見たムティ

素材として用いられる植物は、木本、草本、蔓性植物等すべてにわたっている。利用される部位も、根、樹皮、葉、果実、種子、木本体と多様である。いまここでとりあげた病が、ランダムなサンプリングによると仮定して、利用される部位の全体に対する比率を計算してみると表2-7のようになる。つまり、根の利用率がもっとも高く、ついで葉、樹皮の比率が高いということになる。比率はともかくとして、根、葉、樹皮がムティとしてもっとも頻繁に利用されるという傾向は、ひとつの特徴として指摘できる。逆に果実、種子、木本体は、特異性をもったムティとして利用されているということもできる。

表2-7　ムティとされる植物の利用部位

根	48.6%
葉	25.7%
樹皮	18.9%
果実	4.1%
幹	1.4%
種子	1.4%
全体	100.0%

(b) 加工法と投与法

病の種類とムティの加工法、投与法との関連に注目しながら、その主要な処方について検討してみよう。

腹痛（ムンダ）の場合、ムティの処方には三つのタイプが認められる。第一は、根、樹皮、葉を土鍋に入れ水につけておき、それを飲むタイプである。第二は、ムティを土鍋に入れて煮、それをカンコテコ（*kankoteko*）という道具に入れ、肛門から注入するタイプ。第三が、根や樹皮をそのまましがむタイプである。カンコテコはヒョウタンの先端部を切りとり、そこにアシ（*ibhano, Phragmites mauritianus*）を突き差して作る。幼児の場合には、母親がムティを口に含み、カンテントゥワ（*kantentuwa, Beckeropsis uniseta,* 現在 *Pennisetum unisetum*）の茎を使って直接幼児の肛門に注入する。

頭痛（カバンガ）に対しては、根やインゲンマメ・トウモロコシの芯等を焼いて炭にし、さらに石臼でひいて粉末にし、その粉末をとくに痛む部分に剃刀で傷をつけ塗り込める。あるいは、葉を木臼で搗き、その汁をしぼり出すようにして頭に塗る。

傷（シロンダ）の場合は、根を石にこすりつけてとった粉末を傷口に塗り、あるいは葉を木臼等で搗いて柔らかくし、それを傷にあて、布で縛りつけておく。あるいはその液をしぼり出しその液で傷口を洗う。ときには樹皮を水の中につけておき、その水で傷口を洗う。

足にできた湿疹ルタンガ（*lutanga*）の場合、根や果実を乾燥させ、燃やして炭とし、それを石臼で摺ってできた粉末を足に塗ったり、油と混ぜて軟膏状にし、それを足に塗る。同時にカンコテコによる投薬も行なう。

性病（ンセンベ）には、根や葉を水につけておき、その水で尿道を洗浄する。あるいは、炭にして粉状にしたムティを塗り、また、葉を木臼で搗いて柔らかくし、その液体をしぼり出して患部に塗る。同時に、土鍋につけておいた薬を飲み、カンコテコによる投薬も行なう。

以上、例示した病の治療に用いられるムティの加工法、投与法について概観した。実際に治療するときにはこれらのムティをすべて用いるというわけではなく、適宜、組み合わせて投与するのである。

多様な治療法に一貫して見られる原則は、西田（一九七三b）も指摘しているように、その「直接性」であろう。つまり、傷や皮膚病あるいは頭痛に対しては、薬を患部に塗りつけ、性病には、薬で尿道を洗浄し、患部に薬を塗り、消化器系の病には薬を飲み、あるいは肛門から薬を注入するといった方法がとられている。

しかし、この「直接性」に従った投薬法のほかに、たとえばルタンガ、ンセンベ等の場合、同時にカンコテコを用いた投薬法や、薬を飲むといった治療法も併行してとられている。数多い治療法のうちで、土鍋にムティを漬けそれを飲むという投薬法と、カンコテコを用いる投薬法がもっとも頻繁に用いられる治療法であることも考え合わせると、トングウェは、病気の多くが部分的ではなく、全身的な関連性があると考えているように思われる（西田　一九七三b）。

ここでは、いくつかの病をとりあげて、その具体的な治療法を示すという形で論を進めてきた。西田（一九七三b）は、このカテゴリーに属する治療法について、概括的な分析を試みているが、根を材料として用いる場合、それを処理して薬として投与に至るプロセスは全部で三七種あり、樹皮、葉では、それぞれ一九種数えられると述べている。

トングウェはみずからをとりまく植物的世界について熟知し、その多様な利用を通して、数多の病に対処してきたのである。

その他のダワ

これまで主としてブフモの儀礼時に用いられるダワ、病の治療に用いられるダワを中心に記述、分析を行なってきた。しかし、トングウェが日常的に用いるダワについていえば、これがすべてではないのである。ムフモは、媚薬、幸運をもたらすダワを調合することができる。また人びとは悪意に満ちた邪術から身を守り、あるいは精霊や祖先霊の加護を願って、さまざまなダワを用いている。

子供を欲する若妻や妊婦は、特定の木の根を削って作った木片に、樹皮の繊維でできた紐を通してお守り（*mbaale*）を作り、腰や頭に巻く。子供もお守りを腰に巻き、あるいは胸にぶらさげる。

魚をとる網についた浮きには、ムレント（*mulento*）と呼ばれるダワをつめる。また、狩猟用のマスキット銃の銃身は、クスブラ（*kusubhula*）と呼ばれるダワで洗い清められる。動物を追跡し、それがなかなか捕まらないときにはムレントを調合し、銃床部に吹きかけ、また動物の足跡にも吹きかける。新しい刳《く》り舟の進水時にもダワを調合し、舟の一部に封じ込める。ムジンガ（*muzinga*）と呼ばれる蜂箱にもダワを塗り、あるいはダワを燃やしてその煙で燻す。ムロシの悪意や盗人からムジンガを守るためである。畑に作物を植えつけるときには豊作を願い、またムロシの悪意から作物を守るため、ダワとともに種子を蒔く。

新しく家を建てるときにも、多くのダワを各部屋の地面の下に埋める。これらのダワはムフモに頼んで調合してもらう場合もあれば、祖先から伝えられた処方に従って、人びとがみずから調合することもある。司祭は、ブジェゲ、ブワミ、カシンディエ、マハサ等の儀礼をとり行なうときに、多くのダワを駆使する。トングウェはダワによって超自然的存在をコントロールし、また、さまざまな方法によって邪悪な力を行使しようとするムロシから生活を守るため、ダワを網の目のように張りめぐらしているのである。

8　総括と討論

ムフモの世界の特性とその構造

ウッドランドに住むトングウェ族は、トウモロコシ、キャッサバを主要作物とした焼畑農耕と、狩猟、漁撈、蜂蜜採集など、強く自然に依存した生業を営む人びとであった。原野の中で営々と生活を送る彼らがもっとも恐れるのは、さまざまな不幸、とくに怪我や病である。これらの不幸の根本原因は、多様な超自然的存在であると彼らは信じている。

不幸と超自然的存在とを占いによって関連づけ、不幸の根本原因を取り除き、病の治療を行なうのがムフモの役割である。ムガボの乗り移った者が、ブフモ儀礼を経、かつ多様なダワに習熟して初めて一人前のムフモとなる。

トングウェの信仰体系の中心に位置するのは、ムガボおよびムシムである。これらの超自然的存在は、いわば中立的であり、トングウェが常軌を逸せず営々と暮らすかぎり、彼らを守り、加護を加える。しかし彼らがこれらの超自然的存在を忘れたり、ないがしろにすると、ムガボやムシムはその不満の意を伝えるために、彼らに不幸をもたらすのである。

一方、現実の人間界に跳梁するムロシは邪悪な存在であり、重い病気やときには死に至る病の原因となる。ムングーはこの世で起こるさまざまな現象を窮極的に受け入れる原理であり、「運命」といったニュアンスに近い。病と超自然的存在は、図2-1のような構造的連関を示すのである。

D・ビッドニイ（Bidney 1963）は、病の原因を超自然的存在に求めるさまざまな民族の中で、一方の極には、インドのサオラのように、精霊や神にほとんどの原因を帰すものがあり、他方の極には、アザンデやドブのように妖術者や邪術者に帰すものがあると述べている。これらの諸民族と比較すれば、トングウェ社会では病の重さの程度によって、その双方のタイプが構造的に組み合わされているといえる。

病の重さがひとつの重要な判断基準となる傾向性は、特定の症候群に対応した病名の命名法にも色濃くあらわれている。病名はタブーの侵犯や、特定の超自然的存在が関わった少数例を除けば、一般にその病根とは関連づけられていない。しかし、ひとつの病の進行度に応じて、異なった病名が与えられている例が上述の少数例を除いた病の二七・八パーセントを占めているのである。

病の根本原因および病名の分類に見られた特質は、病の治療に見られる諸特徴と密接に関わっている。治療は個人の体内に巣くう誘引を排除する側面、原因となった超自然的存在をなだめ、あるいは除去する側面、それに症状に応じた対症療法の三側面からなっている。特定の症候群を伴う病名がほとんどの場合、病根と一対一の対応を示さないという特徴は、病根としての超自然的存在に対する治療とは別に、対症療法が行なわれることと密接に結びついているのである。この特徴は、一方で近代医薬を積極的に利用しつつ、他方伝統的なムフモに強い依存を示す現代のトングウェの諸傾向を解明するひとつの鍵であるといえよう。

これまで詳述してきた彼らの医術の体系は、表2-8のように模式化することができる。原則的に言えば、病には、特定の症候あるいは症候群に対して個別の病名が与えられている。ムフモはこれらの病の病根を、精霊憑依による占いや、聖なる呪薬の力による占いによって確定する。結果的にみれば、病根は、病の症状の程度によって類別できた。こうして明らかとなった病根に対応して、一定の治療が施されるのである。症状、病根、治療法は、このように有機的に結びついており、全体としてひとつの構造体をなしているといってよいであろう。

ムガボ、ムフモ、ムロシ

ムフモの世界は上述のような体系のもとに、トングウェ社会において特異な一領域を形成していた。このムフモの世界を根底で支え、その権威の源のひとつとなっていたのは、ムガボの存在である。通常、ムフモはムガボ憑依者であり、ブフモ儀礼も多くのムガボの参加と加護のもとに行なわれ、占いや治療の際にもムガボの力を借

表 2-8 病の症状・病根・治療法の相互関係

病根		症状				治療法				
		病状と病根との間に対応関係のない病								
		軽微な病	激しい症状は呈するが、一定期間後に快癒する病	長期にわたる病や、死に至る病	病状と病根との間に、対応関係がある病	イフボ	儀礼	ブワフロ	ムフモが特別におこなう治療法	対症療法
イガンボ			○					○		○
ブロシ	イスワ		○	○	○	○			○	○
	ムクリ		○	○	○	○			○	○
	ムロシ		○	○		○			○	○
イニュウェレ			○			○	○			○
ムシム			○			○	○			○
ムガボ	リャンゴンベ		○	△		○	○		○	○
	イジーニ		○		○	○			○	○
	ムグンバグウェスク		○		○	○			○	○
	イシゴ		○		○	○			○	○
	ムガボ		○			○				○
	上記を除く		○			○	○			○
ムングー		○	△	△						○
ムシロ（タブー）			○		○					○

○：該当する　△：まれに該当する

りる。

ムフモは多くの病を適切に処理してゆくのであるが、その本領は、ムロシによってひきおこされた病の治療において発揮される。多様なダワや方法を用い、人に不幸をもたらすムロシに対抗して、ムフモもまた多彩な治療法を駆使する。

ムガボによってその力と権威を保証されるムフモの世界は、ムロシとの対決をひとつの軸として展開しているといえるのである。

一方、大ムフモはまたムロシでもあるといった見解や、ムコニコニという存在、それに人骨などのシコメロを扱うムフモの行動特性がムロシのそれでもあるという見解は、ムフモの世界とムロシの世界とが微妙に重なり合っていることを示している。つまり、ムフモの世界は、ムガボの世界とムロシの世界にまたがる両義的な意味を担っており、この性格がムフモの世界に特異な風貌を付与しているのである。

ダワの世界

ムフモは多くのダワを熟知しており、それによって病の治療を行なう。ダワには植物性のムティと動物性のシコメロとがあり、シコメロはムティを活性化させる機能をもっていた。ムフモはダワについて集約的かつ体系的な知識を有するのであるが、とくにシコメロについての知識が深く、それを自由に駆使できる存在であった。

ムティについてはこれまで約二七〇種程度資料が得られており、それらは生活形でみても、木本、草本、シダ植物、蔓植物とあらゆる部門にわたり、利用部位も、根、葉、樹皮を中心としつつも、果実、種子、木本体と多面的に利用されていた。シコメロとして用いられる素材も、人骨、多くの哺乳動物、鳥類、爬虫類、昆虫と多彩であった。

「すべての植物は、それぞれダワとなる」という言葉や、ブフモ儀礼の際、地面に描かれる絵に示されているように、トングウェは自然に対して畏怖と信頼の念をもち、また動物や植物、さまざまな自然現象を注意深く観察し、それらの知識を背景として多様なダワを駆使していたのである。

ダワは単に病を治療する薬としての意味だけではなく、超自然的存在をコントロールする物質であり、ムロシが人に呪いをかける呪薬であるとともに、ムロシの邪悪な意図から身を守る呪薬でもあった。

トングウェは、生活のあらゆる側面にわたって、ダワを網の目のようにはりめぐらしていたのである。ダワ抜きでは、彼らの生活は円滑に営まれえないといった印象さえ受けるほどであった。あるいは、自然と人、人と人、人と超自然的存在という諸関係の結び目には、つねにダワが介在しているといってもよい。

ムフモはこのようなダワの世界の中心に位置する存在なのである。

シンボリズム

多彩なダワの世界は、トングウェ族にとっての自然科学、いいかえればエスノサイエンス（ethnoscience）の領域でもある。彼らのエスノサイエンスは、一方で草木がその性質に応じて、食用、住居用、家財道具用などに使いわけられている側面、つまりきわめて客観的な観察にもとづいた利用法につらなっているが、他方では彼らの世界観、あるいは象徴的思考法と不可分な関係を保っているように思われる。

それぞれの草木や動物が、なぜ特定の病に効くと信じられているのか、という問いかけは重要である。彼らは、たとえば、ムシランテンジェラという木は、多くの木の中でももっとも堅い木であり、このムティを与えられた患者はムシランテンジェラのように強く元気になるのだと説明する。また、イフミヤという木蔓の名は、「追い出す」という意味をもつ動詞 *fuma* の派生語であり、それゆえこのムティはムロシの仕かけたダワを排除するのに用いられるのだという。

もちろんすべてのダワについて、このような説明づけがなされるわけではない。試してみたところよく効いたという、きわめて経験主義的な言葉がかえってくるダワも多い。

シコメロとしてとくに鳥類が多く用いられるという傾向性は、一方で、伊谷（一九七六b）が「このカテゴリー（トングウェの俗信）には、鳥のほうがよく登場するのであるが、彼らの日常生活にとっては、鳥のほうがけものよりも身近だということなのかもしれない」と述べている傾向性と軌を一にする可能性とともに、他方で世界の多くの民族に見られるように（吉田　一九七五）、超自然的存在と人という二項的な対立を結びつける媒介項として鳥が表象されている可能性もある。さらにムティとシコメロという二分法そのものも、このような象徴的思考の産物なのかもしれない。

このような観点からムフモの世界を眺めるとき、そこには多くの象徴的思考法が潜在していることに気づくのである。

ブフモ儀礼の際、地面に描かれる絵は、白・黒・赤の三色の粉が用いられている。筆者が屋内での儀礼を終えて屋外に出るとき、体に赤・白の斑点がつけられた。また、ムガボや祖先霊の供物として用いられるのは、白布、白いビーズ玉、白い羽毛の混じったニワトリであるのに対して、ムロシに派遣されたリャンゴンベ、イシゴ、ムグンバグウェスク、ムクリ、イスワ等の邪悪な超自然的存在に対しては、黒布、黒いビーズ玉、黒い羽毛の混じったニワトリが用いられる。

このようなカラー・シンボリズムは、たとえば、ターナー(Turner 1967)が明らかにした、ンデンブー族(Ndembu)のそれによく似ている。

また、ブフモ儀礼の際に描かれる絵の内容もダワの場合と同様、トングウェの象徴的思考の産物として、さらに深く解析する必要があろう。

このようにムフモの世界は豊かな象徴的思考に彩られており、その深い理解は、トングウェ文化の解明にとって不可欠のものであろう。しかし、この象徴的世界について、筆者はまだ断片的な資料しかもっていない。今後の重要な課題としたい。

謝辞

本研究のもととなった調査は、ウェンナー・グレン人類学財団の基金を得て、一九七一年四月から一九七二年一〇月にかけて行なわれた。

調査は、ダルエスサラーム大学のリサーチ・アソシエートの資格を得て遂行された。

タンザニア国において、ダルエスサラーム大学のA・S・ムサンギ教授、I・N・キマンボ教授には、調査許可取得の諸手続きをはじめとして、いろいろとお世話いただいた。

ダルエスサラーム大学植物学教室のリサーチ・アソシエート、R・C・ウィングフィールド氏およびイースト・アフリカン・ハーバリウムには、植物標本の同定をお願いした。

伊谷純一郎博士からは、調査の全過程および本報告をまとめる過程において、常にはげましと助言をいただいた。西田利貞博士には現地においていろいろと御指導いただいた。池田次郎博士をはじめ、京都大学自然人類学研究室の皆様からは、討論を通じて、多くの有益な助言をいただいた。できの悪い弟子を相手に、懇切丁寧にムフモの知識を伝授してくださった師カソンタ老をはじめ、トングウェの友人たちには本当にお世話になった。記して謝意を表したい。

注

(1)「ダワ」はスワヒリ語であるが、筆者がフィールドで使い慣れた言葉であり、それに対応するトングウェ語を用いると少しニュアンスが異なる。本論では、とくにことわらないかぎり、「ダワ」を用いて記述する。

(2) トングウェ語は、初出のときにのみイタリックの表語を付す。

(3) 文字どおりに訳すと、「臍の名前」となる。

(4) 鳥類の同定は、主として、伊谷（一九七六b）による。

(5) ムワフィを試罪のために用いる慣習は、広く中央アフリカ・東アフリカに見られるようである。しかし、ムワフィという言葉は、必ずしも特定の植物種を指すものではないらしい（Mair 1969）

(6) トングウェ族の親族名称は、原理的に日本語のそれと異なっている。したがって、*muisua* を甥・姪、*mufala* を従兄弟と訳すのは、必ずしも適切ではない。いわば、便宜上の処置であることをことわっておきたい。

(7) 性別で言えば、ブジェゲとブフモの司祭は男性であり、マハサとカシンディエのそれは女性である。しかし、ブフモの場合には、男・女による区別は、基本的には存在しない。ちなみに、ムロシにも男・女の区別はない。

(8) ブフモ儀礼については、他に二例を観察しており、それらと筆者のために行なわれた儀礼とはほとんど差異がなかった。儀礼の観察記録は、主として、妻の英子と助手を務めてくれた Rhamadhani Nyundo に負っている。

(9) カソゲは、京都大学の野生チンパンジー観察基地がある周辺の地域名である。本論中に述べられる地名については、掛谷

（一九七四［本著作集第1巻第5章］）を参照されたい。
(10) すべて、精霊の名である。
(11) 通常は、客に贈り物として与えられるニワトリを指す。
(12) 黒い粉に対しては、他の二種のように単一名がなく、これを指す場合には、*kalola mgongo kubhela* と呼ばれる。
(13) 正確には、ムクウェトゥ（*mukuwetu*）、つまり「母方のオジの所に逃げても」という意味であるが、ここではその意を汲んで訳出した。
(14) ムクロは、安山岩質の凝灰岩でできている。
(15) ンペンバは、流紋岩質の凝灰岩でできている。
(16) この酒造りは、儀礼的に行なわれるだけであり、人の飲用とはならない。
(17) 同じイブフィ、つまりメジャー・リネージ内の年少者が、年長者に対して行なう挨拶。詳しくは（伊谷・西田・掛谷　一九七三、掛谷　一九七七ａ）を参照せられたい。
(18) 後述するように、これは吉相である。
(19) 精霊への呼びかけに用いられる慣用語である。

第3章　私はトングウェの呪医
――不幸の原因を探り治療

「ルアンペンバ・ルアンパシ・ノマジェンベ」こんな呪文を、私は唱えてみる。トングウェ族のムフモ（呪医）が、儀礼の際や、患者に治療を施すとき唱える呪文だ。土地の精霊や祖先霊への呼びかけの言葉である。簡潔なリフレインが私の心をトングウェの国へ運んでくれる。私はムフモの教えを思い出し、原野の中で埋もれるようにして暮らすトングウェの友人達の顔を思いうかべる。私はトングウェの国で調査を行なった人類学徒であり、トングウェ公認のムフモなのである。

トングウェ族は、西部タンザニアに広がるウッドランド（乾燥疎開林）に住む焼畑農耕民である。川に沿って発達した森林の一部を切り払い、火を放って開墾した焼畑にトウモロコシやキャッサバを植えつける。男たちは、マスキット銃や多種類の罠《わな》で野生の動物を狩り、川や湖（タンガニイカ湖）で魚を獲り、原野に蜜箱を据えつけて野生の蜂蜜を採集する。トングウェは強く自然に依存して生活する人びとなのである。

ウッドランドにおける自然と人との関係―それが私の調査のテーマだった。生業活動の生態学的研究とともに、トングウェが自然についてもっている知識も重要な調査課題だ。実際、彼らは素晴らしい動物学者・植物学者だった。そんな知識の中でもっとも私の関心を引きつけたのはダワつまり薬についての知識だった。ダワとして認知されている植物は優に三〇〇種を超えるだろう。多種の動物も、重要なダワの素材である。このようなダワについて、集約的で体系的な知識をもっているのがムフモだった。

一方、トングウェとのつき合いが深まるにつれ、私の関心は徐々に彼らの精神生活に向かっていった。広大な自然の中で大らかに営まれる日々の生活が、彼らの社会の表面であるとするなら、その裏面には、親しい隣人が人を呪い殺す邪術者ではないかと疑う猜疑《さいぎ》の念が渦まく世界があった。この二つの世界に脈絡をつけ、さまざまな不幸の原因を探り出す役割を担う人、それがムフモだった。こうして私の関心はムフモの世界へと収斂《しゅうれん》していったのである。

◇・・・・・・・・◆・・・・・・・・◇

第一回目の調査（一九七一～一九七二年）が終わりに近づいたころ、私は顔見知りのムフモ・カソンタ老の家を訪れ、思いきって呪医入門を乞うた。はじめは困惑していたカソンタ老も、私の熱意に感じるところがあったのだろうか、ついに私の願いを快諾してくれた。

ムフモになるためのブフモ儀礼は、夜を徹して行われる。私のブフモ儀礼はカソンタ老の住む湖岸の村シンシバで催された。師のカソンタ老のほかに、数人のムフモが手伝いにやって来た。噂《うわさ》を聞いて、近くの村の人びともシンシバに集まって来た。

夜のとばりがおり、儀礼が始まった。白・赤・黒の三色の粉で地面に描かれる絵とともに儀礼が進行する。それがムフモの教えだった。

「ムフモは、ダワにのみ頼って生活してはいけない。畑仕事にも精を出さなければならない。治療にやって来る患者にひもじい思いをさせるようなことがあってはいけないから」

「川の淵や深い水溜り《みずたま》には精霊が住んでいる。そばを通るときには注意せよ。」

「ムフモにとってもっとも重要なダワはムニャンガラとルゴラだ」――このような教えがえんえんと続く。

参集した人びともカソンタ老の言葉に耳を傾け、太鼓やガラガラの音に合わせて、絵にちなんだ歌を合唱する。真夜中、精霊がムフモの体に乗り移り、激しく体をふるわせて踊る。太鼓の音や歌声が一段と高くなる。儀礼は夜の白むまで続く。

正式な儀礼を経てムフモとなった私は、カソンタ老の家に通い、時には森へ一緒に入って、さまざまなダワについて教えてもらった。患者がやってくれば、私はカソンタ老の助手として治療を手伝い、病の種類、その原因、治療法などを学んだ。

◇………◆………◇

原野の中で営々と暮らし続けるトングウェだが、一面では彼らの人生もまた、多くの不幸の積み重ねの上に築き上げられている。作物の不作、野獣による畑荒し、不漁、子宝に恵まれない人、妖怪や病、死。トングウェはこれらの不幸のほとんど全てが、偶然の結果ではなく、何らかの神秘的存在の意志のあらわれだと考えるのである。

突然、重い病に見舞われた人は、その原因を求めてムフモのもとを訪れる。祖先霊や土地の精霊をなおざりにしたためだろうか。あるいは邪悪な意図をもった邪術者に呪いをかけられたのだろうか。ムフモは占いによってその根本原因を探る。

こうして病因が明らかになれば、ムフモはその病根と症状に応じて治療する。病因が邪術者の呪いなら、ムフモは患者をブッシュに連れて行き、治療儀礼を行う。土鍋《どなべ》に水を満たす。そこへ、多種類の草根木皮からとったダワと動物性の秘薬を入れ、沸騰させる。その蒸気を患者にあて、体内の邪気を除く。患者の身替わりにしたてた黒い羽毛のニワトリを、呪文とともにしめ殺し、邪術者の悪意を封じこめる。そして村へ帰り、秘術をつくしたダワを調合し、患者に飲ませる。ムフモは、邪術者の悪意と闘い、祖先霊や精霊をなだめ、症状に応じて薬を調合して病を治療する。

トングウェにとって、病とは、単に個人の身体の損傷を意味するだけではない。それは社会的な事象であり、世界観・宇宙観と深く結びついた現象なのである。

ムフモは、自然と人、人と人、人と神秘的存在という諸関係の中心に位置して、原野に息づくトングウェ文化の深奥を支える存在なのである。

著者は福井大学助教授・人類学。主にアフリカでのフィールドワークをしており、トングウェの調査は一九七一～七二年にかけての一年半と一九七六年に一ヵ月間おこなった。

第4章　呪医の世界
――トングウェ族の伝統医術

1　呪医入門

東アフリカ、タンガニイカ湖畔の村カソゲに住む、トングウェ族の呪医カソンタ老に入門を志願したのは、一九七二年五月だった。それまでの一年間、私はトングウェ族の生活を生態学的に把握することを目的として、調査を続けてきた。

彼らは、タンザニア国の西部に広がるウッドランド（乾燥疎開林）に、せいぜい二～一〇戸の家屋からなる集落を形成して住み、トウモロコシやキャッサバを主作物とした焼畑農耕と、狩猟・漁撈・蜂蜜採集で生計を営む

写真 4-1　祖先霊を祀った集落の一角

人びとだった。
　ウッドランドに適応して生きるトングウェの生活の根幹には、彼らをとりまく自然についての緻密な知識の体系が潜んでいた。そのもっとも見事な例が、ダワ、つまり薬についての知識だった。原野に自生する植物の草根木皮や多種類の動物が、ダワの素材として、自在に駆使されていたのである。ダワの体系の要に位置する人、それがムフモ（呪医）だった。自然についての知識の宝庫であるムフモの世界には、また、トングウェの価値や信仰の表象である精霊や祖先霊、それに人を呪い殺す邪術者などの神秘的存在が深く関与している（写真4-1）。トングウェ文化の深奥に触れるカギのひとつは、呪医の世界にある――それが一年間の調査の帰結だった。
　期待と不安の入り交じった心に踏ん切りをつけるため、私はカソンタ老の家の門を力強く叩いた。勧められた座椅子に腰をおろし、私はカソンタ老に語りかけた。「この一年間、私はあなたがたトングウェと一緒に暮らし、あなたがたが草や木、動物について多くの知識をもち、それをダワとして用いていることを知って本当に驚いた。多くの病やその原因について、あなたがたムフモは熟知していると聞いている。しかし、これらの豊かな知識も、あなたがた自身が心配しているように、大きく変わりつつある世の動きとともに忘れ去られるかもしれない。あなたがたがもっている素晴らしい知識は、あとあとの時代にまで残されるべき宝だ。私はムフモになって、それらの知識を学びたい。私はひとりのよそ者にすぎないが、トングウェの生活や心を愛している。何とかそれを書き残す能力もある。私は、あなたがたのもっている豊かな知識を書きつづるペンになりたい。」私は心をこめてカソンタ老に説いた。

うつむき加減の姿勢で話を聞いていたカソンタ老は、顔をあげ語り始めた。「おまえの話はよくわかった。私も、おまえを呪医《ムフモ》にしてやりたい。しかし、ひとつだけ困難なことがある。私たちトングウェが呪医になるのは、精霊のお告げによってなのだ。おまえの精霊はどこにいるのか?」とっさに私は、日本の南島で調査をしていたときの体験を思い出した。離島に住む男の巫術者と仲良くなり、彼に憑依した島の神様がそのお告げで、旅に出ている私を守ってくれると言ったことだ。この体験を、私はカソンタ老に話した。しばらく考えこんでいたカソンタ老は「よし、それならおまえを呪医《ムフモ》にする儀礼をやろう」と言ってくれた。こうして私は呪医への道を歩み始めたのである。

2　ブフモ儀礼

ムフモになるための儀礼ブフモは、夜を徹しておこなわれる。私のブフモ儀礼は、一九七二年六月六日夜八時

写真 4-2　ブフモ儀礼に集まったムフモたち。左端がカソンタ老

半に始まった。

儀礼の会場となる家には、導師を勤めるカソンタ老とそれを助ける数人のムフモ、それに噂を聞いた多くのカソゲ住民が集まってきた（写真4-2）。儀礼は、ムフモたちが地面に白・赤・黒の三色の粉で、次つぎに描く絵とともに進行する。それぞれの絵柄を前にして、カソンタ老は呪医となるための教えを説いていく（写真1-2）。

「精霊は、山の稜線から流れ落ちる川筋にできる水溜りや淵に住んでいる（写真2-6a）」「ムフモが原野に出かけるときには、精霊の使者であるジェネットの毛皮を持参しなければならない（写真2-6b）」「呪医《ムフモ》は、力ずくで女を犯してはならない。もしこの教えを破れば、マンバヒリという恐ろしい毒蛇が呪医を咬み殺すだろう」「いろいろな教えを守り、大きな畑を耕す呪医の集落は栄える。何かといえば薬《ダワ》にばかり頼り、小さな畑しか耕さず、畑の周囲に柵をめぐらさない呪医の集落はさびれてしまうだろう」「呪医《ムフモ》のもつ呪薬《ダワ》の中でも特に重要なのは、ムニャンガラとルゴラだ。どんな病の治療にも不可欠の呪薬だ」……。

深夜、精霊が乗り移ったムフモたちは、体を激しく震わせて踊りを舞う。参集した人びとはガラガラを打ち鳴らし、太鼓を叩き、大声をはりあげて歌う。儀礼は最高潮に達する。

夜が白みはじめたころ、屋内での儀式は最終段階を迎えた。ムフモたちだけを残して、村人は全て屋外に出る。私は多種類の聖なる呪薬《ダワ》の入った水で体を洗い清め、力の源泉となる秘薬を飲みこむ。全身に、白と赤の斑点がつけられる。白色は清らかで健康な体と心を象徴し、赤色は活力を示すのだという。カソンタ老から与えられた薬籠や槍・斧にも白・赤の斑点が塗りつけられる。用意は万端整った。

扉が開き、私はまばゆい陽光が照りつける屋外に出る。マスキット銃の号砲がつづけざまに鳴る。人びとは私をとり囲み、踊りながら歓声をあげる。

白・赤の斑点のついた座椅子に座った私は、師のカソンタ老や村の長老たちから、祝福と忠告の言葉をうける（写真1-3）。村人たちは私の前にひざまずき、彼らの伝統的な挨拶の様式である柏手を打って祝福してくれた。

ブフモ儀礼の最後は、占いの能力を授けるセレモニーだった。カソンタ老は、カミソリの刃で私の左手の掌に少し傷をつけ、そこに聖なる薬《ダワ》を塗りこんだ。こうして徹夜でおこなわれたブフモ儀礼の全過程が終了した。

正式な儀礼を経てムフモとなった私は、カソンタ老の家に通って教えを受け、森や山に一緒に出かけてダワを採集した。患者が治療にやってくると、私は弟子として師の仕事を手伝い、病の種類、原因、治療法などを学んでいった。

3　病と神秘的存在

社会における役割という観点からムフモの仕事を評価するなら、それは近代社会における医師とほとんど変わらない。その主たる仕事は、病気の原因の診断とその治療である。しかし、近代医学とトングウェの伝統医術は、その病因論において根本的な相違を示すのである。トングウェは怪我や病、それに死などの不幸のほとんど全てが、何らかの神秘的存在の意志のあらわれだと考えるのである。病の原因となる神秘的存在は、神、精霊、祖先霊、動物、邪術者、長老の言葉など多彩である。ここでは、トングウェの信仰体系や世界観を概観する意味も含めて、これらの神秘的存在について簡単に述べておこう。

神　多くの神秘的存在のなかで、もっとも性格が曖昧であり、位置づけの困難な存在である。この世の森羅万象の創造者としての性格をもっているのだが、いわゆる唯一至高神といった存在ではない。むしろ、「運命」といったニュアンスを表現していることが多い。かつての太陽崇拝につながる存在として認知されているように思われる。

精霊　彼らの信仰体系のなかで、中心的な位置を占めている。一般に、山、川、大木、大石に住むと信じられている。集落や親族集団の守護霊は、供物が捧げられず、ないがしろにされると人びとに病をもたらし、その怒りを表明する。原野に住む巨人の精霊であるムティミは、ゾウを飼育しており、大の煙草好きだという。ムフモや狩人のなかには、このムティミもちが多い。イジーニは、土着化したイスラム教に由来すると思われる精霊だ。

イジーニがとりつくと、スワヒリ語やコーランを知らない人でも、スワヒリ語で喋り出し、コーランを唱えるという。川の淵や水溜りには、女性にとりついて不妊などの原因となる悪霊が住んでいる。双子や逆子は精霊の生まれ変わりであると、トングウェは語る。彼らが死ねば、再び精霊となって子孫を見守るのだという。

祖先霊　精霊と並んで、トングウェの信仰の中核部を占めている。通常は父系のラインを辿る祖先霊が信仰の対象となる。これらの祖先霊は、その子孫によって、枯れ草でできた小さな円錐形の家に祀られている（写真４-１）。人びとによって祀られない祖先霊は原野をさまよっており、子孫に病や不幸をもたらして、不満の意を伝えることがある。ムワミあるいはムトゥワレと呼ばれる首長や小首長の霊は、その子孫の全てが崇拝しており、共同祭祀の対象となる。

動物　ゾウ、エランド、ダルマワシ、アフリカニシキヘビなどの動物は、ムクリ（悪霊）をもっているという。これらの動物を撃ち殺した狩人は、このムクリの祟りを避けるため、ある種の儀礼的行動をとらなければならない。とくに、ゾウのムクリは強力であり、ゾウを撃ちとった狩人は、一週間も続くブジェゲと呼ばれる儀礼をおこなわなければならない。ブジェゲ儀礼を受けた人はムジェゲと称され、真の狩人として尊敬される。ムジェゲの資格は子孫によって相続されなければならず、それを怠ると子孫は不幸に見舞われる。

森には、架空の動物だと思われるのだが、ムヒギとリジョンブェがいる。ムヒギは四本の足をもった蛇のような動物であり、リジョンブェは三本の尻尾と、長い角をもった恐ろしい動物だという。これらに出会うと、狩人みずから、あるいはその近親の者が、大病や死などの不幸に襲われるという。

邪術者　現実の人間界に跋扈する邪悪な存在であり、妬みや嫉妬からダワを自由に操って他人を呪い、重い病を患わせ、ときには呪い殺すこともある。原野のなかで、つつましく、大らかに生きるトングウェだが、その裏面の世界には、親しい隣人さえもが邪術者ではないかと疑う、猜疑の念が渦まいているのである。

邪術者は夜毎に全裸で集会を開き、村の中を歩きまわって寝ている人を外に連れ出したり、人糞を食べさせたりするという。バナナの幹の髄で人形をつくり、呪詛の念をこめて針でつきさして人を呪う。小型のアンテロープの角にダワを入れ、呪いの言葉とともに、ミニアチュアの槍を何度も角の中に刺し込んで呪う方法もあるという。ライオンやワニ、毒ヘビを飼っている邪術者がいて、これらの動物を人に差し向け危害を加えることもできる。あるいは食物のなかに呪薬をまぜて呪い、道に呪薬を仕掛けて人に病をもたらすこともできる。

このような邪術によって呪い殺された人は、ムクリつまり死霊となって、みずからを呪い殺した邪術者をつけ狙い、とりついて死に至らしめて復讐するのだという。しかし、熟達した邪術者は、このムクリをさえある程度自由に操ることができ、みずからにとりついたムクリを近親者にふり向けることもできる。多くの病や不幸は、この邪術者のせいだとトングウェは語る。

長老の言葉　年長者が近親の人びとの行為に立腹して、人のいない片隅でぶつぶつと恨みごとをつぶやくと、ときにこの恨みごとが対象の人にとりつき、病になることがある。また、長老の遺言を守らなければ、その子孫は数かずの不幸に見舞われるという。

以上が、彼らの日常生活の背後にあって、さまざまな不幸や病の原因となる神秘的存在の大要である。これらの神秘的存在は、可能性としては、あらゆる病の病根となりうるのであるが、実際には、ほぼその症状の程度に応じて、図2-1のような傾向を示す。

軽い腹痛や頭痛など、二～三日で快癒するような病を、トングウェは「神の病」と呼ぶ。この場合は、安静にしているか、自分たちが知っている草根木皮を調合して服用するにとどまる。症状が激しくなったり、長びくと、人びとはその真の原因を求めてムフモのもとを訪れる。ムフモは占いによって病根を探るのであるが、結果的には、激しい症状を呈しはするが一定期間後に快癒するような病は、精霊や祖先霊がその原因となることが多い。長期にわたる病や死に至る病は、そのほとんどが邪術者に帰せられる。

4　占　い

ムフモの重要な仕事のひとつは、占いによって、不幸や病の原因を明らかにすることである。占いの方法にはいくつかのバラエティがあるのだが、主要なものは精霊憑依による占いと、聖なる呪薬の力による占いである。
人がムフモになるのは、みずからの意志ではなく、精霊のお告げによるのが原則である。体に変調をきたし、突然震えが襲うという症状を示した人は、ムフモのもとに駆け込む。ムフモが占って、その震えが精霊憑依に由来すると判明すれば、幾晩もかかってガラガラを鳴らして精霊を呼びだす。精霊が、ムフモとなることを憑依者に要求すれば、前述したブフモ儀礼をおこない、ムフモとなる。

不幸の原因を知るために患者がムフモを訪れると、ムフモはみずからガラガラを打ち鳴らして精霊を迎え入れる。ムフモに乗り移った精霊が患者と対話して、その不幸の根本原因を明らかにするのである。

聖なる呪薬による占いは、ブフモ儀礼のところで述べたように、左手の掌につけられた傷口にしみこんだ秘薬の力による方法である。患者がやってくれば、ムフモは炉の灰を取って左手首と掌にこすりつける。薬籠の中からシロロと呼ばれる、芳香を発するダワをとり出し、それを少しかみくだいて左手の掌に吹きかける。それから、当日の朝に汲んできておいた水で右手を濡らし、その水を左手にかける。心の中で「もし病根が祖先霊なら、手よ止まれ」と念じ、左手の掌の上に右手を重ね、前後に何度もこする。病根が祖先霊なら、数回こするうちに、右手は左手にピタリと吸いついて止まる。もし、その予想がはずれていれば、何度こすっても右手は止まらない。この所作を繰りかえすことによって、真の病因を明らかにするのである。

5　治療の基本構造

占いによって病根が明らかになれば、ムフモはその病根に応じて治療を施す。ここでは、私が一九七六年にトングウェの地を再訪した際、カソンタ老を手伝って治療した例をあげて説明しよう。

患者は中年の女性だった。体全体に倦怠感を覚え、特に首筋が硬直するような感じがするという。彼女の近親者に邪術者がいて、彼を追いまわすムクリが彼女にふり向けられ、まとわりついているというのが占いの結果だった。

カソンタ老と患者それに私の三人は、村はずれのブッシュに入り、カゴボレと呼ばれる木とシロアリ塚のある場所に着いた。カゴボレという木の名前は、「追放する」という意味をもつ動詞「クゴボラ」に由来しており、ムクリを追い出すには、必ずこの木が立っている場所で治療を施すものだという。シロアリ塚は邪術者のムフモ（首長）の座る椅子であり、ムクリを説得するにふさわしい場所だという。

カゴボレの木に、供物としてキャッサバの粉をふりかけることから治療が始まった（写真4-3）。師は、近く

写真4-3　カゴボレの木に供物を捧げるカソンタ老

写真4-4　イフボ療法

の小川へ行き、土鍋に水を満たす。私は薪を拾い集める。土鍋に植物の草根木皮からつくったダワを入れる。合わせて三〇種近いダワだ。それにシコメロと呼ばれる動物性の呪薬をほんの少し入れ、燃えさかる薪の上に置く。土鍋が沸騰するのを待って、それを木組みの腰かけに座った患者の両脚の間に置く（写真4-4）。そして、大きな布ですっぽりと患者を覆う（写真4-5）。イフボという一種のサウナ療法だ。ダワの入った蒸気は、患者の体内から、不幸を招いた邪気を取り除く。

その間、師は泥で人形をつくり、黒い羽毛のヒヨコの首をナイフでかき切って、その血を人形に塗りつける。ヒヨコの心臓をとり出し、それに数種のダワをふりかけ、呪文を唱えてからイフボ治療を終えた女に食べさせる。女の手足の爪と髪を切り、供犠として捧げた黒い羽毛のヒヨコとともに、木の根元に掘った穴に入れる。この一連の行為は、泥人形を患者の身替わりに仕立て、女にと

写真 4–5　イフボ療法

りついたムクリを人形に移し変える治療儀礼なのである。このあと、カソンタ老は患者の額や首の後ろ、胸部など体の数ヵ所にカミソリで傷をつけ、アンテロープの角に入っている呪薬を傷あとに塗りこむ。この呪薬は、多数の秘薬をヒマの油で練りあげた強力なダワである。患者が再びムクリに狙われないよう、予防の効果も兼ねた施薬である。最後に、泥人形と黒い羽毛のヒヨコを入れた穴を埋め、その側の立木に、白い羽毛のヒヨコを生きたまま紐でつないでおく。もし、ムクリが穴から出てくればこのヒヨコに取りつき、ヒヨコは獣に食べられ、ムクリは原野に迷いこむことになるという算段だ。

村へ帰ったカソンタ老は、数種の植物性のダワを調合し、患者に手渡した。全身の倦怠感と首筋の硬直感とを和らげる対症療法用のダワである。

この事例で示された治療過程は、病根の種類や症状に応じて、細部ではさまざまな変異がみられるのであるが、治療の基本構造はほぼどの病にも共通している。つまり、病の治療法は原則として三つのプロセスを含んでいるのである。ひとつめのプロセスは、病に見舞われた患者の体内に巣食う不幸の源、あるいは邪気を除去することを意図しており、誘引に対する治療ということができる。事例での「サウナ療法」つまりイフボがそれである。

次のプロセスは、病根である神秘的存在に対応した治療である。事例では、泥人形を患者の身替わりに仕立て、ムクリをそれに移し変える治療儀礼のプロセスである。アンテロープの角に入ったダワの施薬も、このプロセスに含まれる。

病根となる神秘的存在が多様なため、必然的にこの治療過程は多くのバラエティをもつ。ムフモがその本領を発揮するのは邪術者および悪霊に対するときである。ムフモは占いによって明らかになった邪術者の呪いの手法に対応して、能力と知識を総動員し、ダワを駆使して治療にあたる。病因が精霊や祖先霊の怒りなら、その要求にしたがい、白布やニワトリ、ヤギなどの供物を捧げて、怒りをしずめる儀礼をおこなう。

治療の最後のプロセスは、病の症状に対応した対症療法である。トングウェは約一〇〇種の病に病名を与えて認知しており、ムフモはそれぞれの症候群に応じたダワを熟知している。

6　ダ　ワ——呪薬の論理

これまでの記述で明らかなように、ムフモの世界は、多彩なダワについての知識に支えられている。ムフモたちが知っている植物性のダワは、優に三〇〇種に達するだろう。これらの植物性のダワの効力を増し、活性化する力をもつとトングウェが語る動物性呪薬シコメロは、調べえた範囲内でも、一〇〇種を越える。

このように多彩なダワは、いかなる理由によって、特定の病に投与されるのであろうか。シコメロに例をとって、呪薬の論理をときほぐしてみよう。カンムリワシの羽毛や骨はイフボ療法に用いられる。カンムリワシが獲物を捕えて空高く飛んで行くように、このシコメロもしっかりと病巣や邪気を捕え、患者から離れて遠くへ運び去るのだという。淡水産のフグは邪術よけのシコメロだ。邪術者が悪意をもって近づいてきても、危急の際にフグが体を脹らませるように、体に異変を感じて危険が回避できる。このフグは、その習性の故に男性の性的能力の回復剤としても用いられる。ジャッカルは、歩行時には常に臭いをかぐ注意を怠らない周到さの故に、また、キリンは大きくて首が長く見渡しがきく動物であるという理由で、邪術者よけのシコメロになる。

このように、主として動物の習性や生態と、病の症状や病根とを連合させる知的操作がシコメロの論理の根幹である。あるいは、異なった対象の間を類似によって連合する隠喩の論理が、縦横に駆使されているといってもよい。

植物性の呪薬の場合にも、例えばムバンガという木がその硬さの故に健康保持のダワとして用いられる。つまりシコメロとほぼ同様の論理が働くこともある。治療の事例中、カゴボレの木で解説したように、民族語源論とでも呼ぶべき論理も重要である。また、植物体のもつ色や香り、しがんだ時の苦さの程度も重要な選択基準となる。

呪薬は、時の試練を前提としつつ、緻密で具体的な自然観察と「野生の思考」のもつ象徴的論理が結びついて産みだした結晶であるといえるのではないだろうか。

7　おわりに

トングウェ族の医術は、その根源に象徴思考を内蔵した宇宙論、世界観を基礎として成立していた。この原点を承認するなら、トングウェにとっての病のほとんど全てが、サイコソマティックな色彩を帯びていることが了解できるであろう。もちろん、多くの植物性呪薬、特に対症療法用のそれがある程度自然科学的分析に耐える効用をもっているであろうことは間違いない。しかし近代化という特殊な道を歩み続けてきた文明人の視角からのみ、トングウェ医術の効用を論じても、それのもつ本質的性格は明らかにしえないのではなかろうか？

トングウェにとって病は、自然・人・神秘的存在が有機的に結びついたコスモスでの出来事なのである。そしてムフモは、平穏な日常生活の背後に潜む不条理に挑み、コスモスのもつれをときほぐす存在なのである。

第5章　自然・呪医・精霊
——トングウェ族呪医の昇位儀礼の体験

タンザニア西部のウッドランドに生きる民族、トングウェ。その文化の理解への鍵の一つはムフモ、呪医がもっている。一九七二年にムフモに入門した筆者が、いよいよ昇位儀礼をうけ、奥義に達した。

1　呪医修業

トングウェ族は、西部タンザニアに広がるウッドランド（乾燥疎開林）に、ひっそりと埋もれるようにして暮らしを立てている。原野に築きあげられたトングウェ文化。その核心部に迫る一つのカギは、ムフモ（呪医）の世界にある。このように狙いを定め、タンガニイカ湖畔のカソゲ村に住むムフモ、カソンタ老に頼みこんで、呪医入門儀礼を受けたのは、一九七二年五月のことだった。

　それから約半年間、私はカソンタ先生の許に通い、呪医としての修業を続けた。病の原因を探る占いを試み、先生とともに山や森へ出掛けて呪薬を採集した。また、患者の治療儀礼に同行し、助手として働きながら病の種類や治療法について学んだ。

　トングウェ医学の根底を支えているのは、彼ら独特の疾病観であるといってよいであろう。彼らは、病などの不幸が窮極的には精霊や祖霊、悪霊、それに悪意をもって他人を呪う邪術者などの神秘的存在に由来すると考えているのである。ムフモは、占いによって病の原因を調べ、それぞれの病因に応じて治療儀礼を施し、病の症状に対応したダワ（呪薬）を施薬する。彼らは、原野に自生する植物の草根木皮や多種類の動物を素材にしてダワを調合し、それらを自在に駆使して病の治療にあたるのである。

　カソンタ先生の教えや実習を通じて、私はトングウェ医学の概要を知ることができた。しかしムフモの世界は複雑で奥深く、私はその一部にふれ得たにすぎない。多彩なダワについては、ごく断片的に知りえたのみであり、実習も限られた回数を体験しただけであった。それに、真のムフモとして人びとから充分に認められるためには、クフィンブラと呼ばれる昇位の大儀礼を受けなければならない。ムフモの奥義に達する道は遠い。

2　クフィンブラ儀礼

一般に、精霊が憑依し、その促しによってムフモ入門儀礼を受けたトングウェは、一定年月の後にクフィンブラ儀礼に臨まなければならない。一週間以上も続くこの大儀礼は、それに参加する人びとへの食糧や、儀礼に不可欠なニワトリやヤギその他の物品の調達、大呪医たちへの謝礼など多くの出費を必要とする。細々と原野で暮らしを立てるトングウェにとって、それは容易なことではない。

しかし、精霊のお告げに逆らうことはできない。もしも、時期が到来したのに儀礼をいたずらに延ばすようなことがあれば、ムフモは大病を患うことになるだろう。

クフィンブラ儀礼を終えたムフモは、ンパシと呼ばれるクラウンを授けられる。それはインド洋産のイモガイと野獣の王ライオンの毛皮とでできている。トングウェの伝統的な首長ムワミが身につけるクラウンと同種のものだ。クフィンブラ儀礼は、少なくとも象徴的には、ムワミと同格の大呪医となる資格を付与する儀礼なのである。

3　トングウェ・ランド再訪

昨年の秋、私は文部省科学研究費補助金による「熱帯アフリカにおける比較生態人類学的研究」（代表者：伊谷純一郎博士）に参加して、トングウェ・ランドを再訪する機会を得た。多くの課題を抱えた調査ではあったが、私は心中秘かにクフィンブラ儀礼を受けることを最大の目的としていた。呪医の入門儀礼を受けてから八年を経過している。そろそろ私にも、その時期が到来しつつあると予感していたからである。

精霊たちの坐すマハレ山塊を背にした湖岸の村ンコンクワに、カソンタ先生は住んでいた。先生はここ五〜六年の間に大きく変容した生活の影響があってか少しやつれているようではあったが、私の再訪を喜び、いろいろと手をつくして歓迎してくれた。「カソゲに住んでいた頃とは、本当にいろいろと変わってしまったよ！」昔の思い出話が途切れたとき、ポツリと先生は語った。

アフリカ型社会主義を主張するニエレレ大統領の指導のもと、タンザニア政府はキジジ・チャ・ウジャマー（同朋の村）政策を強力に押し進めてきた。それは、散在して生活する人びとを一つの村に集め、共同労働を基礎とした村づくりを一つの目標とする政策だった。

カソゲの住民も全員、湖岸のウジャマー村ンコンクワに移住した。人びとは綿づくりの共同耕作に精を出し、子供たちは全員学校に通うようになった。村には、トングウェのほかに北方のハ族など他の部族の人びとも混住するようになった。村人が少しずつ出資しあって設けた生協の店もある（先年のウガンダとの戦争の後遺症もあって、店にはほとんど品物が無かったけれど）。いろいろと苦難には満ちているが、トングウェもタンザニア国民としての新たな歩みを始めていたのである。

生活の変容が、心まで大きく変えてしまったのではないか。それが少し心配だった。しかし、トングウェの心は健在だった。ンコンクワ村では、ここ一ヵ月ほど、ゾウの悪霊払いの儀礼（ブジェゲ）や双子の儀礼（マハサ）があいつぎ、ンゴマ（太鼓）の音が途切れることがなかったという。

私はカソンタ先生に、できればクフィンブラ儀礼を受けたい旨を伝えた。先生は即座に許可を与えてくれた。そして、儀礼をともに司どる大呪医スウェディに手紙を出し、私には必要な物品の調達を命じた。こうして、儀礼の準備が動きだした。

4　儀礼の開始

儀礼は一二月二日開始と決まった。場所は、両親の役をやってくれるアリマシ夫妻の家である。カソゲにあるチンパンジー調査基地に勤めているアリマシは、運良く休暇で、家族の住むンコンクワ村に帰っていたのである。入門儀礼の際にも親代わりになってくれた彼は、当然のこととして今回もその役を引き受けてくれた。大量のトウモロコシやキャッサバの粉、供犠用のニワトリやヤギを入手するために、テキパキと動いてくれた。多くのトングウェの好意に恵まれて、なんとか儀礼にこぎつけることができたのだった。

*

カソンタ先生の指揮で、クフィンブラ儀礼が始まった。「ムロバ（ウの一種）が魚を釣りに湖に出掛けたよ。」女性のムフモがこんな歌をうたいながら、大きなヒョウタンに水を汲みに行く。儀礼用の酒造りに用いる水である。別の一団のムフモが手にいろいろな植物を持って入ってくる。「サルレ、ルガンガ、オーグウェ（さあ呪薬を選び出しましょう）！」それらの植物を撚《よ》り合わせ、酒壺の台座とその口に置く丸い輪を作りあげた（写真5-1）。「お前は精霊の眼を描くのかぇ！」と合唱しながら、酒壺に赤・白の呪薬で図柄を描いてゆく。ムフモたちは、すべて定型化した歌とともに振舞うのである。

家の一角に、多種類の植物で飾られた酒壺が据えられた。これらの植物は、酒壺を清め、邪悪な心をもった邪

写真 5-1　多様な植物を撚り合わせて酒壺の台座を作る

術者の悪意をはねつけるために選ばれた呪薬なのだ。

儀礼は、この壺に仕込まれるトウモロコシ酒の醗酵とともに進行する。トウモロコシの発芽から酒の醗酵するまで八日間もかかる。間、儀礼を司るムフモたちは、カソンタ先生・大呪医スウェディの指示のもと、昼間は酒造りに専念する。夜には赤・白の呪薬で地面に絵を描き、ガラガラを鳴らして合唱し、ムフモの教えを説く。これらの教えは、いわば予行演習にあたるものであり、すべての教えはもう一度徹夜儀礼の日に繰りかえされる。

5　徹夜儀礼

一二月九日、酒がころあいに醗酵した。これからが儀礼の本番だ。酒壺は再び、新しく採集された草木のダワで飾られる。

「ゾウの腹の中、そこに全部の物を入れてしまったぞ。もしお前が邪悪なことをしたならば、すぐにお前は死んで

写真5-2　呪薬を罠状に仕掛けた酒壺

しまうだろう。」「御覧なさい。皆が罠を仕掛けているのを。この罠のことを忘れてはいけないよ。」「皆の衆、さあクワレ（フランコリン）を罠にかけようぜ。」暗喩に満ちた歌とともに、ムフモは酒を浄化し邪術者を排除するためのダワを内部に仕掛け、壺の口をザルで覆う。ヒモで結びつけられたダワの木は壺の口で支えられ、そのヒモはザルを通ってスプリングとなる木につながれる（写真5-2）。ちょうど、フランコリンなどの動物を仕掛ける罠に似ている。こうして、精霊用の酒造りも最終段階に入った。

夜もすでに八時を過ぎた。手伝いに駆けつけたムフモは一五人を越えている。噂を聞いた村人が、屋外に燃えている薪のまわりに集まっている。優に二〇〇人はいるだろう。

6　ムフモの教えⅠ

徹夜の儀礼の中心は、地面に描かれるムフモの教えの絵だ。複数のムフモたちが、白・赤の呪薬で丁重に絵柄を描いてゆく。それぞれの絵柄には歌があり、それを合唱してムフモの教えを説くのである。

夜に入って初めて描かれたのは、太陽や星と一緒に、ムフモの世界を支える精霊たち——ムティミ（原野を支配する巨人の精霊）・マハサ（双子の霊）・カシンディエ（逆子の霊）・リャンゴンベ（危機の際にその助けを求める霊）——についてだった（口絵2）。

「太陽が沈んでしまった。あれはムティミの太陽だったのだ。」「お星さん出ておいで！皆の衆、さあ星を見よう。」「星と月とは仲が悪い、いつも喧嘩しているのだね。」「私の子供の双子たち、ごくろうさんだったね。」「カシンディエはね、産まれるときにお尻が先に顔を出すんだよ。」「ムティミがここを通ったよ。あれ、塩を置いていってくれたんだね。」「私のリャンゴンベさん、もしも私が治ったら、あなたにお金を差しあげます。毎日お供えものを捧げます。」………。

一通り歌い終わった後に、先生が解説してくれる。「お聞きなさい。今日こうして始まったのが、貴方が望んでいたブフモです。ここに描かれているのは太陽・星・月。カシンバ（ジェネット）の毛皮、ガラガラ、木の根を掘る鍬、樹木を切り倒す斧《おの》、樹皮を削るナイフ、原野に出るときに忘れてはならない槍。これらはムフモの必携品だよ。大精霊のムティミは、これらのカシンディエやマハサ、リャンゴンベの産みの親だよ。ムティミのそばにあるのはカモガ（大麻）の煙草だ。ムティミの愛用品なのだ。一番前に描かれているのは、私たちが『新しく子供が生まれたよ！』と歌ったように、貴方自身なのです。もし貴方が運に恵まれれば、これらの精霊が後にいつもついていて、貴方の仕事を助けてくれるだろう。」

この解説のあと、先生とスウェディ老は絵の前に立ち、供犠に捧げるニワトリを手にして精霊に呼びかけ、今日のこの儀礼が無事に終わるよう願う。そしてニワトリの首にナイフが入れられ、そのまま地面に放り出される。

ニワトリの死に方を見て、精霊の意向を占うのである。儀礼の節目ごとに、このようにニワトリが屠られ、そのつど精霊におうかがいを立てるのである。ニワトリが仰むけになり、脚や首をまっすぐに伸ばして死ねば、吉と判断される。私の場合、合計一二羽のニワトリが供犠されたが、そのすべてが吉相だった。スウェディ老は言う。「トングウェでも、こんなにすべてのニワトリが吉相で死ぬのは珍しい。お前がトングウェの地で開業すれば多くの人が押し寄せ、大繁昌するだろうに！」

7　精霊が憑依するムフモたち

すでに真夜中の一二時を過ぎていた。ムフモたちは手にガラガラをもち、屋外に出る。空は満天の星だ。太鼓の音が一段と高まる。円い座椅子に坐ったムフモの一人の体が、上下に激しく揺れる。精霊が乗り移ったのだ。屋外にいた人びとは踊るムフモをとり囲み、大声で合唱する。バチさばきもあざやかな太鼓の音。激しく鳴りひびくガラガラ。人びとの熱気に囲まれ、精霊が憑依したムフモは、この儀礼を祝って踊りまくる。次つぎにムフモに精霊が乗り移る。精霊の踊りの競演だ。人びとの興奮は最高潮に達する（口絵3）。

写真5-3　ムフモの教え。手前がカボチャのツルがのびた畑

8　ムフモの教えⅡ

カソンタ先生やスウェディ老は屋内に戻り、再び地面に絵を描きはじめる。ダワ（呪薬）やムフモに関係深い鳥たち、畑などの絵柄だ（写真5-3）。この絵柄について先生は私にこう説いた。「ムニャンガラとカフンビラの木はムフモにとって欠かせないダワだ。三つ目のこの木は、貴方が得ることになるンパシ（クラウン）を吊り下げておく木だ。これは畑。ムフモはまず畑を耕すことに精を出しなさい。こうして儀礼を続けることができるのも、十分に食べ物を食べているからだ。畑には野獣の見張り小屋を建てなさい。そうして十分に管理しなさい。カボチャの種子を播くことを忘れてはいけません。カボチャの成長は早く、他の作物が稔る前に成熟し、飢えを救ってくれる作物なのだから。」「これはカティエンティィエ（ハジロハクセキレイ）。もしこの鳥が鳴けば、それは貴方の所にお客さんがやって来ることを知らせているので

す。この鳥はンセーレ（アフリカチュウノガン）。よく〝セセーレ、セセーレ〟と鳴いているだろう。この鳥は、乾季が間近かになったことを知らせてくれる。これは、ムフモの仕事に不可欠なニワトリ。」「これはマンバヒリという毒蛇だ。ムフモが原野に出て、白アリ塚に生えているダワの木を掘ろうとすると、よくこの蛇が飛び出してくることがある。十分に気をつけなさい。」「ここに二本あるのはペンベ（動物の角）だ。ペンベは重要なダワの容器だ。」

9　ムフモの教えⅢ

午前三時をすぎた。屋外では、ずっとムフモの踊りが続いている。先生と数人のムフモが第三の絵を描く（口絵4）。タンガニイカ湖とそれをめぐる動物たち。それに雷などが描かれる。トングウェの自然観をうかがうのに興味深い絵柄である。ここでは解説は省略し、それぞれの絵柄についての歌を紹介しよう。

ンクワシ（サンショクウミワシ）：あれあれ、また風の向きが変わったよ。ンクワシがそれを教えてくれる。

カンパラ（ヒメヤマセミ）：私はカンパラ。私は自分の力で餌をついばむのだよ。

ワニ：ワニが水を飲んでいるよ。私たちムロバ（ウの一種）は失礼しましょう。

サソリ：サソリに噛まれてしまったよ。ウシをしばっているおかた、薬を捜して下さいな。

タンガニイカ湖：湖は、どこかへ歩いて行くようだ。でも、どこへ行くのかわからない。ただ波が見えるだけだよ。
イシゴ（川の黒く濁った淵などに住む悪霊）：お前さんがた、どこかへ行ってしまいなさい。川がどこかへ流れ去ってゆくように。
山の尾根：山の尾根に、ほら、円く曲がっているように見えるもの、あれはノブタの罠だよ。
雨：雨が降ってきた。もう踊れなくなってしまったよ。本当に雨には困ったものだ。
雷：雷よ光れ！見せてもらおうじゃないか。
これら以外に、湖の魚とカエルが描かれているが、歌は歌われなかった。

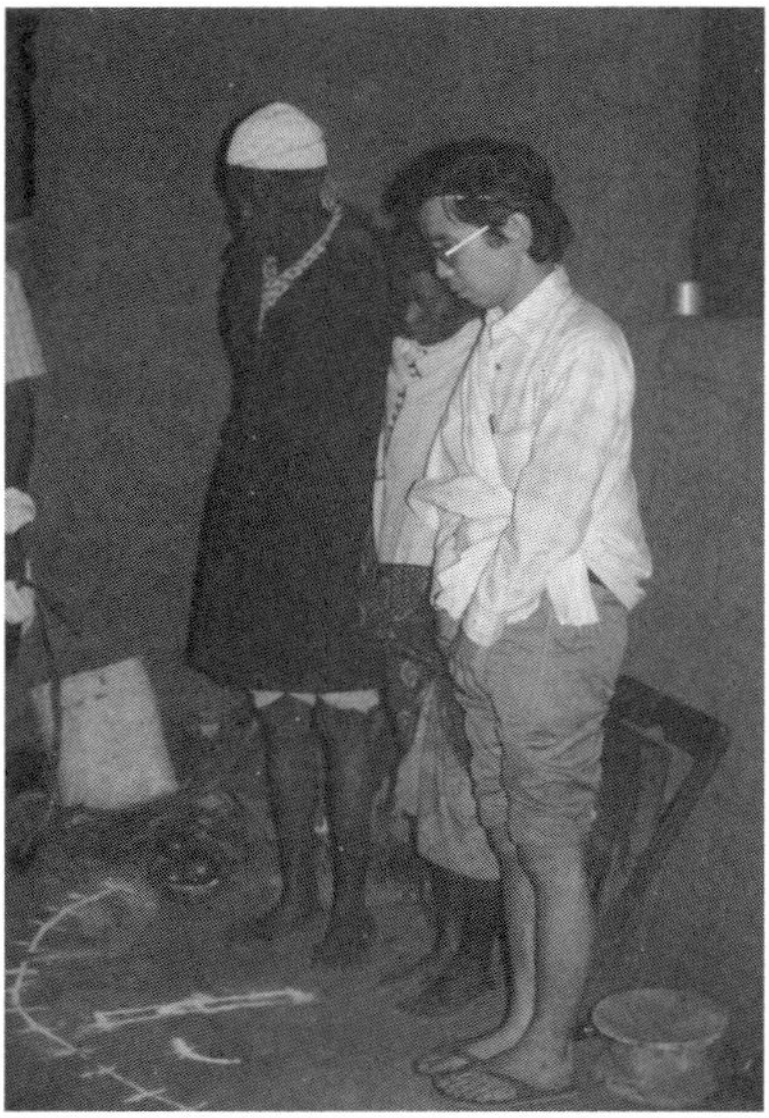
写真 5-4　ムフモの教え。柵とンパシと儀礼台。手前に立っているのが筆者

10　ムフモの教えⅣ

朝五時、そろそろ夜が明けようとしている。太陽が出るまでに、やってしまわねばならぬ儀礼がある。スウェディ老は手早やに、立って並ぶ私と私の両親（アリマシ夫妻）を囲む柵、ンパシ（クラウン）と儀礼台の絵を描く（写真5-4）。スウェディ老が語る。「ここに

建てたのは、貴方を守る柵です。邪悪な心をもった人びとが、今度のムフモは本当に力があるのかどうかを確かめに、つまり呪いにやって来る。このダワで描いた柵が貴方を守ってくれるだろう。これが、貴方が明日授かるンパシだ。」

こうして絵によるブフモの教えは終わった。

11　ンパシ（クラウン）の授与

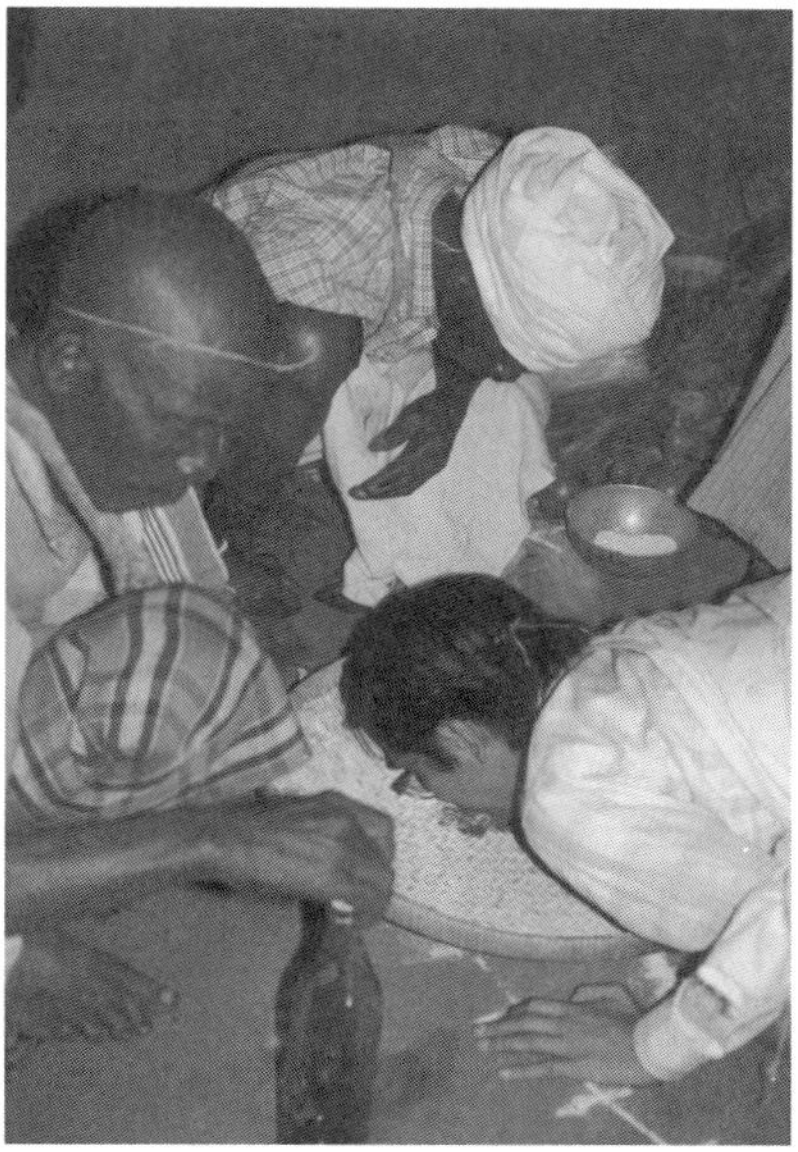

写真 5-5　箕の上の呪薬を飲む筆者

朝六時。陽の出は間近だ。私は、先生の前で、ルーヘ（箕）の上に置かれた聖なるダワを飲みこむ（写真5-5）。それはムシランテンジェロという名の樹木の根からとったダワだった。この木は非常に硬く、雷も受けつけない木だという。その名は、「嫌う」を意味するクシラという動詞と、「身をよける」という意味のクテンジェラという動詞に由来する。ムシランテンジェロは、私の身体を丈夫にし、邪術者などの悪意から身を守るダワなのだ。

この後、私たちは急いで屋外に出る。人びとの数は減ったけれど、呪医の踊りは賑やかに続いている。踊りの中を素通りし、私たちは藪の中に消え、杭のように立てられたムクングムウェルの木の前に止まる。そして、その木に吊り下げてあったンパシ（クラウン）をスウェディ老が取りあげ、私の首にかける。上から白布で覆ってンパシを隠し、再び私たちは儀礼の家に戻る。

屋内で、私は聖なるダワ入りのお湯で水浴し、身体を清める。ムフモたちは、赤・白の斑点を私の身体に塗りつける（口絵5）。赤は血の色であり活力を、白は健康と清浄を象徴する色なのだ。円い座椅子、薬籠、槍にも赤・白の斑点をつける。そしてライオンの毛皮とイモガイでできたンパシを身につけて正装し、屋外に出る準備を整える。

12　屋外での祝福

朝八時、まばゆい陽光が差しかける屋外に出る。今日は快晴だ。女たちがホロホロホロと口を鳴らして迎えてくれる。私は木で組まれた儀礼台に向かう、精霊に捧げるヤギの供犠だ。先生とスウェディ老がヤギをしっかりと押さえ、私に槍で突き刺せと命ずる。胸の高鳴りが私を襲う。しっかりと槍を握りしめ、思いきってヤギの心臓部を目がけて突く（写真5-6）。硬い。槍先がシャープでなかったためでもあるのだが、容易には突き刺さらない。しかし、先生の手助けを得て、何とか目的を果たす。若いトングウェがヤギを片隅に運び、ナイフで止どめを刺した。

写真 5-6　ヤギを槍で一突き

私は儀礼台から降り、妻役のかわいいトングウェ娘と並んで、円い座椅子に腰をおろす。女たちが祝いの踊り、コソコソを舞う。「私の子供が立派に仕事をやりとげた。どうなることかと本当に心配だったけれど、彼は立派に仕事をやりとげた！」「私は本当に幸福者だわ。私はライオンのように強い子供を産んだ。私はハイエナのような子供は産まなかった。」

アリマシが口に酒を含み、それを儀礼台に吹きつけながら、祝福の言葉を述べる。「マコトは、トングウェの国に戻ってムフモの仕事を続けようと考えた。彼の心は、トングウェの国には父親と母親がいることを知っていた。そして、私、アリマシに出会った。私こそお前の父親だ。カソンタやスウェディ、それに多くのムフモがここに寄り集まった。今日、お前はクフィンブラの仕事を終えた。」「ンクングウェ、ムラングワ、カボゴ、マハサ、カシンディエ、リャンゴンベ、それに諸々の精霊たちよ。今日、われわれは仕事を終えた。……。私はお前にカルンディミヤ（かつての首長の名前）という名を与える。」人びとはホロホロホロと口を鳴らし祝福する。

母親のザイナブも心から祝ってくれた。私は、トングウェ風に柏手を打って両親に挨拶する。次つぎに人が入れ替わり、祝いの言葉をかけてくれる。カソンタ先生もスウェディ老も、無事に仕事を終えたことを喜び、祝辞を述べる。すっきりと晴れ渡った、清々しい早朝の儀礼だった。

13　原野での儀礼

屋内で一服してから、私たちは原野に向かった（写真5-7）。目指すはムクングムウェルの木。白い樹皮をもったこの木は、別名ムロレルワハレ、つまり「遠くから見える」木と呼ばれる。その白さは精霊の世界に通ずる力を示しているという。先生は「木の中のムワミ（首長）だよ」と教えてくれた。

写真5-7　ムクングムウェル（別名、ムロレルワハレ）の木に向かう。

ムフモたちはこの木の下に精霊の絵を描き、清める。突然カソンタ先生に精霊が乗り移り語りはじめた。「ありがとう！ありがとう！貴方たちは本当に良く仕事をしてくれた。……。私は仕事の最中、多くの邪術者たちが邪魔をしようと試みたのを知っている。しかし、彼らは貴方がたが作ったダワのために近寄れなかった。

写真5-8　ムクングムウェル（別名、ムロレルワハレ）の木に柏手をうつ。手前がスウェディ老、右がカソンタ先生

私たち精霊も、入れ替わり立ち替わりして監視していた。本当に仕事がうまくいって良かった。ありがとう。……」。感謝の言葉を残して精霊は立ち去った。

先生は、口に酒を含み、木にそれを吹きかけ、今日、無事にクフィンブラ儀礼を終えたことを報告する。スウェディ老、私が続いて報告する。それから全員が跪ずき、柏手を打って挨拶する（写真5-8）。原野での儀礼は、本当に厳かだった。

14　おわりに

邪悪な意図をもった邪術者との緊張をはらんだ対峙を内包しつつ、諸精霊の参加と加護によってクフィンブラ儀礼は進行した。それは、二〇〇種を越える定型化した歌、地面に描かれる多彩な絵、多様な植物性呪薬、犠牲に供せられるニワトリとヤギ、ライオンの毛皮とマキガイでできたクラウンなど、多くの象徴を介して、意味と力を秘めた、自然と呪医と精霊が織りなすコスモスの構造を開示するものであった。

多くのトングウェの好意と良き師に恵まれ、私はクフィンブラ儀礼を無事に終えることができた。真剣な眼差しで語りかけられたムフモの教え。激しく体を震わせて踊る、精霊が憑依したムフモ。声を限りに合唱してくれた村人たち。みごとなバチさばきで、一晩中華やかなリズムを演出してくれた太鼓の名手たち。原野に立つ白い樹皮をもったムクングムウェルの木。これらの一場面、一場面が今もクッキリと私の心に残っている。

第6章　アフリカにおける呪と医
——トングウェ族の事例から

さきほど綾部先生からご紹介いただきましたように、私自身が結果的にですが正式な儀礼を経て、トングウェ族公認の呪医になってしまいましたので、その修業過程で得ました観察体験、または知識に基づいてお話させていただきます。

一般に、トングウェ社会では、人が呪医つまりムフモになりますのは、精霊憑依を契機としています。そういう意味でトランス型のドクター・マジシャンということになりますが、その憑依いたしました精霊のお告げによって、ある人が呪医になるというのが原則でございます。その場合、他のムフモが、憑依した精霊の意向を確かめたうえで、呪医入門の儀礼であるブフモ儀礼をとり行います。このブフモという儀礼を経て、ムフモは呪医としての道を歩んでいくわけですが、一定の期間を経た後、通常これは五年から一〇年といった幅のようでございますが、再度、クフィンブラと呼ばれます昇位儀礼を受けなければなりません。

私の場合は、一九七二年にこの入門儀礼を受け、一九八〇年に調査にまいりました時に、昇位儀礼を受けました。一応、儀礼を受けたという意味では、トングウェ族の呪医の奥義に達したということになっているのですが、内実ははなはだ心もとないというのが実状でございます。少し恥ずかしいのですが、私自身が受けました儀礼の場面を見ていただき、トングウェの呪医の世界にご案内申し上げたいと思います。

呪医入門の儀礼は徹夜で行われますが、この時には私の先生が導師になりましてこの儀礼を開催してくれました。この儀礼は、主として、地面に白、赤、黒の呪薬で絵が描かれ、呪医となるための心構え、あるいは呪医として知っておかなければならない知識などが説かれます。儀礼は、オープンというか住民も自由に参列して、ともに祝うということになりますので、秘密の儀礼ではございません。これはその儀礼の場面で描かれた絵の一つですが（写真1-2）、よい呪医と悪い呪医を対比しまして、少し道徳的なお説教でございますが、呪医は薬を使うことにのみ血道をあげ、畑を耕すことを忘れるようではいけないという教えを説いております。こういった図柄が続々と出てまいりまして、呪医となるための心構えや知識が説かれます。

こうして夜が明けまして、白、赤の斑点を体につけ、屋外に出て人びとの祝福を受けるというわけでございます（写真1-3）。これは、まだ若かりし頃の私でございます。一〇年前の入門儀礼の際の場面でございました。

一九八〇年に再度まいりまして、この時に、クフィンブラと呼ばれます昇位儀礼を受けました。この場合、一週間ほどにもわたる長い儀礼でございました。この儀礼は、呪医の奥義を究めるものということになっておりますので、多くの呪医が集まり、儀礼をとりしきりました。クライマックスはやはり、呪医の入門儀礼と同じでございまして徹夜の儀礼であります。このクフィンブラの場合には、トウモロコシとモロコシ（*Sorghum bicolor*）を原料とした酒づくりの進行とともに儀礼が進みまして、それが醗酵した日に、徹夜の儀礼を行うというパターンをとっております。

この儀礼でも、地面に絵柄が描かれ、ムフモつまり、呪医たる者の守るべき教えが展開してまいります。このスライドは、諸精霊が私を加護するという意味の図柄でございます（口絵2）。儀礼は、他の多くの呪医たちが次つぎにトランスにかかりまして、祝いの歌を歌い、踊りを舞い、最高潮に達します。

次のスライドは、明け方近くになり、屋外にでる前の儀礼の場面を示しております（写真5-4）。右側におりますのは、擬制的な父親と申しますか、私の父親代わりをしてくれているトングウェです。地面には、私を狙ってやってくる邪術者から身を守るための垣根を象徴した絵が描かれています。

その後、私は呪医としての霊力を増すといわれる聖なる呪薬を飲み、諸準備を整えたうえで屋外にでます。屋外での儀礼は、犠牲獣の供犠と、一般住民へのお披露目を中心に展開いたします。まず、私の守護霊、あるいは呪医の守護霊に対して、ヤギを屠ります。鉄のみでできた槍で、ヤギの心臓を一突きし、それを諸精霊に供物として捧げ、この儀礼を祝います。

そうして、昇位儀礼を無事に終えたということで、村人からの祝福を受けます（口絵6）。ここで少し注目していただきたいのは、私が首にさげている一種のクラウンでございまして、ライオンの毛皮でできております。実は、このライオンの毛皮を用いますクラウンはトングウェ社会の首長候補者たちが、儀礼を受けて首長に就任した時に、授けられるものと同種のものでございます。このライオンの毛皮は、長であることを証するシンボルであり、これが私にも与えられたというわけです。トングウェ社会は、一方で、首長にまつわる政治的システムを中心に回転しておりますが、他方で、呪医をめぐるシステムが、社会の中に大きく根をはっていることを象徴しているのであると申し上げてよいと思います。

こうして社会的に公認されて呪医になった人は、どのような仕事をするのかと申しますと、病気を含む不幸や災いのもとを診断し、それらに対処することであります。呪医が対処いたしますのは、人びとの身体の異変として表われます病が、中心ではありませんで、例えば、作物の不作や野獣による畑荒し、野獣や魚の不漁、あるいは妻となるべき女性にめぐり合わないこと、それに子宝や財産に恵まれないなど、災厄一般が含まれております。

これらの不幸や災いは、彼らの平穏な日常生活にしのび込む不条理と呼べるものでございまして、彼らの日常的思考を越えた出来事であります。その不条理は、いわば精霊や祖先霊、邪術者らの神秘的存在が投げかけるメッセージだと、彼らは受けとめていると申し上げてよいのではないかと思います。つまり、トングウェ社会には固有の災因論ともいうべき体系がございまして、ムフモはその体系に従って行動していると考えることができます。ここではテーマに即するという意味で、病に限りましてお話したいと思います。

トングウェが公に認知しております病因は、実に多様であります。ここで少しあげてみますと、まず神（ムングー）、次に諸精霊（ムガボ）がいます。三つめは祖先霊、四つめが動物霊です。五つめが年長者の怒りや怨念のこもった言葉であり、それらが人にとりついて病の原因になります。いわば人類学でいう、ウィッチクラフトあるいは妖術に近いものであるといえます。六つめがソーサリー、つまり邪術です。

このような病因と病の程度との間には、結果的にみまして、図2-1に示すような関係が想定できます。Aと書いておりますのは、軽い病、つまり二、三日で快癒する病、Bと書いておりますのは激しい症状は呈しますが一定期間後に快癒する病、Cと書いておりますのは長期にわたる病あるいは死に至る病であります。

通常、軽い病については、彼らはだいたい「神の病」と申しまして、これはしかたがないもの、あるいは運命的なものと考えております。呪医のところへ行かず、自ら知っている家伝の草根木皮を用いて治療いたします。

ところが、少し激しい症状を呈しますと、これはだめだということで呪医の所に駆け込み、占ってもらって病因を探るわけです。結果的にみますと、精霊とか祖先霊、動物霊、年長者の言葉が原因となっている場合には、比較的激しい症状は呈するけれど一定期間後に快癒します。

それから非常に激しい病、死に至る病というのは大半が邪術者の行為に帰せられます。

神というのは、非常にあいまいな存在で、最高神と考えられているのですが、それほど深く人間の現実世界とかかわりがあるわけではなく、ニュアンスとしては運命つまり究極的にこの世に起こる現象を受け入れる原理であると考えていいわけです。それゆえ論理的にはすべての病の原因になりうるわけです。例えば、人の死も老衰として彼らが認知すれば、「神の病」として死んだことになるのですが、そういうことはほとんどないと申し上げてよいと思います。

このような分析から病因は「神の病」、Bに属します神秘的存在の懲罰としての病、それに呪詛による病の三つの大きなカテゴリーでとらえることができるのではないかと思います。このような災因論の中でなによりも呪詛が大きな部分を占めるということに、ここでは注目していただきたいと思います。

さきほど綾部先生から、私は生態人類学を専攻しているとご紹介いただきました。生態人類学が何故呪医の世界を扱うのか、不可思議に思われるかもしれませんが、トングウェ社会に見られる生態学的特質と呪医の世界が密接なかかわりを持つというのが、私の調査の一つの帰結でございました。

彼らはウッドランド（乾燥疎開林）という環境の中で、焼畑農耕や狩猟、漁撈、蜂蜜採集といった自然に強く依存した暮らしを立てている人びとなのですが、彼らの生活維持機構を調べてまいりますと、そこに二つの基本的特性が潜んでいることが判明いたしました。それを私は、つたない言葉ではございますが、「最小生計努力の傾向性」と、「平均化の傾向性」ということで総括いたしました。最小生計努力と申しますのは、身近かな環境においてできるだけ少ない努力で、安定した食物を確保しようとする傾向性というように定義いたしました。平均化の傾向性と申しますのは、集落を訪れた人びとに食事を提供する、いわば接客の文化でございますとか、あるいは食料が底をつきますと、付近の村に援助を乞う相互扶助システムという形で表われる食物の平均化の傾向性を指しております。この二つの傾向性が微妙に重なり合いながら、トングウェ社会のサブシステンス・エコノミーの特性を形づくっているというのが私の分析の結果でございました。

これらの傾向性に反する行動は、社会的歪みを生じて、そこに呪詛の情念がうずまき邪術者が跋扈するわけです。こうして彼らの生計維持にみられる基本的特性と、呪詛の観念行為がフィードバック・グループを形成しまして、彼らの社会が維持されていると考えることができます。

このような意味合いを含む災因論を背景として、ムフモの治療行為が展開するわけでございますが、次にその治療のプロセスをスライドを見ていただいてご説明申し上げたいと思います。

病因を確定いたしますのは、占いでございます。占いにもいくつかのタイプがあるのですが、大きく分けますと精霊憑依による占い、手に聖なる呪薬をぬり込めその呪力に依存する占い、あるいは夢見やニワトリによる占いがあります。

治療法は、病因と症状によって多様な展開を示すのでございますが、ここでは、不妊症の女性の事例をとりあげたいと思います。かつて、子供を一人出産したにもかかわらず、ここ四、五年子宝に恵まれない女性の事例でございます。彼女の病いの原因は三つあると占われました。主要な病根は川の淵などに住むイシゴと呼ばれる悪霊だという占いでございました。イシゴは水汲みにやってきます女性などに取りついて、不妊の原因となる悪霊であります。イシゴを彼女にしむけたのは、彼女に怨みをいだく人、つまり邪術者であり、それが今一つの病の原因であるということです。三つめの原因は、マイナであると呪医が推定いたしましたが、彼女の怨念のこもった言葉であります。彼女が第一子を生んだ時、実は夫がそれを望まなかった。あるいは喜ばなかった。それで彼女は立腹し、こんな苦労をするくらいならもう死んでくれたほうがましだ、というようなことを言ってしまった。そういう彼女の怨念が不妊の原因になっているんだという占いでございました。ここでは主要な病因であるイシゴの除去を中心にお話いたします。

治療はイシゴが住むという川筋にでかけるところから始まります。呪医は村からバナナの木を一本取ってまいりまして、川岸に植えつけ、その下にイシゴつまり彼女に取りついている悪霊を象徴する絵柄を描きます（写真6-1）。この場所で、彼女に取りついているイシゴを取り払い、イシゴが本来住むべき場所、つまり川岸に帰す。その棲み家を象徴するのがバナナだというようなわけです。

写真6-1　呪医は村から持ってきたバナナの木を立て、患者に取り付いている悪霊の絵柄を描く。

治療の核心部の一翼をになうのは、多くの植物性呪薬と動物性呪薬であります。呪薬は、それらの呪薬を水の入った壷の中に投入して沸騰させ、その蒸気を患者の体にあてて、彼女の体に取りついている穢れ（彼らはムコシと呼びます）を祓うというプロセスをとります。

この一種のサウナ療法に似た治療の前に、呪医は、黒い羽毛のニワトリを屠り、悪霊のイシゴに供犠します。呪医は呪文を唱えながら、患者の頭上にニワトリをかかげ、彼女の頭から背中を通って足の方まで、そして足から腹部を通って頭のほうへなぞり、そのあとニワトリを殺します。

いろいろな場面で呪文が唱えられますが、この時の呪文は以下の通りです。「カシハ、カムニェンゲシャ！もろもろの精霊たちよ！皆、そろってこの仕事にウシを貸して下さい。ここに集まって下さい。私たちは健康と子宝と財産を求めています。もし、本当にイシゴが彼女に取りついているのなら、この場所に残りなさい。この人は、もうお前のものではない。彼女の体から離れてしまえ。」

写真 6–2　患者は、悪霊の描かれている場所に坐わる。

次に患者の女性は、イシゴの描かれている場所に坐わりその足もとに沸騰した壷（呪薬の入った壷）が置かれます。そうして毛皮または布で患部を覆い、蒸気を体にあてて、彼女の体内に潜んでいるムコシ（穢れ）をすべて排除いたします（写真6−2、6−3）。この時にもまた、呪医は次のような呪文を唱えます。「もろもろの精霊よ！今日、ここでイシゴを祓《はら》います。本当にイシゴなら、お前はこ

写真6-3　毛皮や布で患部を覆い、蒸気を体にあてて、体内に潜んでいる穢れを排除する。

こに残りなさい。再度、彼女の体に取りつき家までついていってはいけない。お前の食物であるニワトリは、ここにある。これを持って立ち去りなさい。そうしてムコシ（穢れ）はここに残りなさい。もし、お前が誰かに派遣されたものなら（つまり、邪術者によってイシゴが派遣されたのなら）その人のところに戻りなさい。もし、彼女がお前の棲み家にやって来て、お前を踏みつけたなら、彼女はここでお前を捨てる。ここはおまえの棲み家なのだから。出ていきなさい。たとえ、お前が好きで彼女に取りついているのだとしても、ここで断ち切りなさい。」

その後、同じような呪薬が入りました壺の水（冷水）で、患者は体を清めます。ここで、ご注目いただきたいのは、熱い壺と冷たい壺というように対比されている点です。熱い壺の呪薬によって活性化され、体内から除去された穢れは、この冷たい壺の呪薬で体を洗うことによって、除去され鎮められるわけです。

こうして治療は最後のフェイズに入っていくわけですが、呪医は彼女の分身である爪の先と頭髪を切りとった後、彼女の体に一〇ヵ所くらい、かみそりで傷をつけ、そこに強力な呪薬をぬり込めます。これが病根に対する根本的治療ということになります。

写真6-4　供犠されたニワトリ、患者の爪や髪を壺で覆って悪霊を封じ込める。

その後、供犠された黒い羽毛のニワトリであるとか、彼女の分身である爪や髪の毛を壺で覆い、その場に封じ込めるわけです（写真6-4）。こうして一応、彼女に対する基本的治療が終わり、後に対症療法が施されます。

これら一連の治療儀礼を支えておりますのは、神秘的な存在の加護と助力とを背景とした三本の柱であると、私は考えております。

一つは、呪文でございます。病因をあばきだして、それを言葉に表出し、呪文によって治療の方向を指し示すということが基本の柱の一つです。

もう一つは、イシゴの絵柄を地面に描き出すという例で示されておりますように、病因を顕在化させ、操作可能な対象とする象徴的技術ということでございます。ここでは、例えば、川のほう、つまり原野へ出て行くというように、村／原野という象徴的対比がみられます。また、呪薬の蒸気による治療法では熱い／冷たいという対立がございます。白・黒・赤のカラーシンボリズムも重要な象徴的技術の一つであります。また治療の場を離れます時には、一種の境界線が引かれまして、その境界線を渡ることによって、彼女はいわば浄化された村のほうへ帰ることになります。つまり通過儀礼の特性をも含んでいるといってよいかと思います。

それから、もう一つの重要な柱は、ダワと呼びますが、呪薬でして、これには多種類の動物性呪薬と植物性呪薬が含まれております。この治療儀礼の場合、壺に入れられた植物性呪薬は一二種類でございます。動物性呪薬は、五種類使われています。その呪薬の選択の論理には、緻密な自然観察に裏うちされた象徴的思考が貫徹しております。例えば、カゴボレという木は衣服をひっかける大きな刺をもっているが故に、呪薬として選択されております。カゴボレという木の名前でございますが、この語源（トングウェ流の語源論ですが）「クゴボラ」つまり「引っぱる」という動詞に由来しています。刺をもつという樹木の性質に、カゴボレの名前が由来し、その名前が、病の治療に用いられる場合には、精霊を「呼び出す」、あるいは病根を「引きずり出す」ことを意味しております。ここで用いられた一二種類の呪薬については、全てこれに似た説明が呪医から得られました。それから、動物性呪薬ですが、それは植物性の呪薬を活性化するのに必要であると考えられております。例えば、ここで用いました呪薬の中に、メクラヘビが含まれています。このヘビを見いだすのはきわめて稀なことであり、見つけえた人は運のいい人であると一般に信じられております。このヘビは前と後に頭を持っておりまして、自在にどの方向にも逃げることができる。だから、あらゆる方向からしかけられる邪術者であるとか、あるいは悪霊の呪いから逃れて、メクラヘビのように新しい道を突き進んでいけるのだというのが、呪医の説明でございます。

こういうふうにして見てまいりますと、植物性呪薬は、樹木の形態・特性と結びつけて理解され、それが一種のエスノ・エティモロジーとでも呼ぶべき領域、つまり民族語源学と結びついて駆使されている。同時に、動物性呪薬も、動物の習性や生態と、その病の症状や病根を、隠喩や換喩によって連合させ、自在に呪薬として駆使しているのだといえるかと思います。つまり、呪薬に示される世界は、きわめて具体的で緻密な自然観察と、隠喩や換喩、それに語源論的な知の技術が結びついた彼らのエスノ・サイエンスの体系であると考えることができるのではないでしょうか。

三つの柱を持ちながら展開するトングウェの呪医の世界、ここから私どもは何を読み取るかということについて少し述べさせていただきます。オーバーなスペキュレーションかもしれませんが、結局これは、過剰な象徴能力を身につけてしまった動物であるヒト、あるいは霊長類学者の河合雅雄氏が言うように、「自然が生んだ反自然」であるヒトが、それゆえ不可避的にみまわれる不条理を納得する説明の体系として、「呪」を含む神秘的存在を創り出した。その中で「呪」は、フェイス・トゥー・フェイスの関係を本質的に抱え込んだ社会的存在であるヒトの、エスノ・ソシオロジーとでもいうべき世界の根底に潜む原理として機能するのではないかと考えているわけです。そして、人は災厄を取り除く呪力をもった言葉や象徴的な技術、そして自然によって思考し、自然によって治療する論理をもって、「医」の世界を構築したのではないかと考えたわけでございます。

トングウェの呪医の世界が、私たちに示しているのは、このような「呪」と「医」の体系でございまして、それは今もなお、人類が抱える根源的課題の所在を示しているのではないかと深読みした方が、討論を活潑にする刺戟になるかと思いまして、大胆なことを申しましたが、以上が私の報告でございます。

第7章　伝統的社会
──トングウェの事例を中心に

1　はじめに

一九六〇年代、植民地時代の負の遺産を抱えつつも、新興の意気に燃えて独立と近代化の道を選んだアフリカ諸国家は、一九七〇年代には経済危機に揺り動かされ、一九八〇年代の現在、飢餓に示されるように、カタストロフィーといってよい状況に直面している。それは熱帯アフリカの大地が、中緯度温帯地域で形成されてきた技術・知識・価値の体系──つまり近代文明──と折り合わず、身もだえしながら自己主張をはじめた姿であるようにもみえる。

保健や医療など、人の健康にかかわる慣習や制度も、このような流れと無縁ではありえない。古い伝統的な保健・医療のシステムから脱し、西洋医学の思想に裏うちされた近代的なシステムを確立することが、重要な国家的政策のひとつとされたのであるが、伝統的なシステムは急激な変容の圧力のもとで歪みを露呈しながらも根強く存続している。近代的なシステムは、大半の人びとが住む末端の集落レベルにはとうてい届かず、ここでもほぼシナリオ通りに事態が進んでいる。私たちはいまいちど、具体的な人びとの暮らしのレベルに帰って、アフリカの真の実態を探る必要がある。

かつて伊谷（一九八〇）は、アフリカ諸民族の人びとの暮らし方について、ふたつの基本的なタイプが見出せることを指摘した。ひとつは、自然のなかに埋没し、いわば生態系の一員として生活する「自然埋没型」であり、他方は積極的に自然を開発し、交換経済に身を投ずる「開拓型」、あるいは「開発型」である。ともにアフリカ大陸に広くみられる生き方なのであるが、とくに前者は、その社会・文化のなかに深く自然の影響が刻印されている。私たちはそこに、アフリカの自然・社会・文化が一体となって育んできたアフリカ的伝統のエッセンスを読みとることができる。

私はこの小論で、一九七一年以来つきあってきた西タンザニアに住むトングウェ族をとりあげ、私自身が正式な入門儀礼を経てトングウェの呪医となった経験を基礎にして、その「医」のシステムについて論じようと思う。トングウェは、伊谷も指摘しているように、典型的な「自然埋没型」の暮らしをおくる人びとである。私たちはそこに、自然と人、そして精霊や祖霊などの神秘的存在が織りなすしなやかなシステムの一部として、伝統的な「医」の慣習や制度が機能している実態をみることができるであろう。

しかし、一方でトングウェ社会もまた、先に述べた歴史の流れのなかにあることも忘れてはならない。アフリ

図7-1　トングウェとナンデの居住域

カの大地に深く根をおろした伝統的な「医」の慣習や制度が、国家に代表される大きな社会システムに組みこまれていくときに生ずるであろう問題についても考えておく必要がある。ここでは、私が一九八〇年に伝統医術について集中的な調査に従事した、東北ザイール（現在のコンゴ民主共和国）に住む「開発型」のナンデ族に言及しながら、その問題についての考察を試みたい（図7-1）。

2　原野の暮らし

西タンザニアの疎林帯に住むトングウェ族は、人口にして五～三〇人、戸数では二～一〇戸からなる小規模な集落を形成し、それらの集落が互いに距離を隔てて散在する居住様式をもっている。彼らはこの集落を根拠地として、トウモロコシ、キャッサバを主作物とする焼畑を開墾し、同時にマスキット銃や罠による狩猟、タンガニイカ湖や河川での漁撈、蜂蜜採集などの生業を営んでいる。

このような自然に強く依存した原野の暮らしは、「最小生計努力」、「食物の平均化」と呼んでよい、ふたつの基本的傾向性に支えられている——これが生態人類学的な調査の結論であった。

小規模な集落の住民が一年間食べていけるぎりぎりの量の作物を耕作し、それぞれの生活環境に応じて身近かな範囲内で入手の容易な湖魚・川魚・野獣の肉を副食とする、集落単位のつつましやかな自給的生産指向、それが「最小生計努力」と私が呼ぶ生計経済の原理である。このようにして生産された食物は、集落の住民のみによって消費されるのではなく、頻繁に集落間を往来する客人によっても消費される。しかし、村人もふらりと旅に出て、客人が消費する量に見合うだけ、他集落で食事の饗応をうける。食物の貯蔵が底をつけば、近隣や親族の人びとを頼って食物を乞えばなんとか暮らしていける。原野に散在する集落の住民は、洗練されたホスピタリティの慣習や相互扶助機構を媒介として、食物消費にかんして互いに強い依存関係を保っている。つまり、集落間にはつねに「食物の平均化」を促す社会的メカニズムが働いていたのである。そしてこのような生産と消費にまつわるふたつの基本的傾向性は、相互に他方を前提とする原理でもあった。

大らかでしかも節度のある原野での生活は、一方では社会化され制度化された「妬み」や「恨み」によっても支えられている——それが長期にわたってトングウェとともに暮らした、私のもうひとつの結論であった。他人よりも大きな畑を耕作し、豊かな暮らしをおくる人は、人びとの妬みの対象となる。客人を十分にもてなさなければ、根深い恨みの感情が発生する。そして、妬みや恨みは、彼らがもっとも恐れる他者からの「呪い」を誘発することになる。こうして、ソーサラー（邪術者）が徘徊する裏面の世界が、彼らの生計経済を制御する隠された影響力をもつのである。

自然に強く依存した生業形態をとりながら、人間の表と裏の世界、あるいは明と暗の生活が相互に強くかかわり、自然の開発を最小限に抑え、自然の改変をできるだけ回避する暮らし方がトングウェでの生活原理であった。そして、伝統的な「医」にかかわる慣習や制度も、この生活原理と深く結びついていたのである。

3 トングウェの病気観――病因論を中心に

病に対する不安・恐れは、「文化をもった動物」としてのヒトに普遍的な現象だと考えてよい。それゆえ、各々の文化は病に対処する独特の知識・技術を練りあげてきたのであるが、その理解のためには、病因をも含めた病についての考え方・感じ方（病気観）を探る必要がある。

トングウェの場合、病が、畑の不作、野獣や魚の不猟・不漁、結婚相手や子宝に恵まれないことなど、ほかの多くの不幸と連続した出来事として捉えられている点が重要である。多くの不幸は対自然、対人、対神秘的存在との関係性の歪みに由来しており、それが心身の不調和や異常として顕現化したものが病なのである。

山や川、大石・大木などに住むムガボ（精霊）やムシム（祖霊）は、人びとがそれらを丁重に祠り、平穏に暮らすかぎり、彼らに助力を与え加護を加える。しかし、それらをないがしろにしたり、あるいは平穏をみだす行為が目にあまると、諸霊は人びとに病などをもたらし、懲罰を与え、それらの意志を伝えるのである。あるいは川の淵に住む悪霊のイシゴや、呪われて死んだ人のムクリ（死霊）がとりついて病になることもある。

原野に住む動物のうち、ゾウ・ライオン・ヒョウ・エランド・アフリカニシキヘビなどは霊力をもっており、それらを撃ち殺せばそのムクリにとりつかれないように、ある種の儀礼的行動をとる必要がある。とくにゾウのムクリは強力で、それを撃ちとった狩人は、一週間も続くブジェゲ儀礼を受けなければならない。この儀礼を経た人はムジュゲと呼ばれ、真の狩人として尊敬される。しかし、彼が死ねば一族のだれかがその地位を相続しなければならない。それを怠れば、一族の多くの者が不慮の死や病にみまわれることになる。ダルマワシも特殊な霊力をもっており、幼児がこのワシににらみつけられると、高熱がでて意識不明になる。

長老たちの怒りや恨みの言葉が人にとりつくことがあり、また長老たちが死にぎわに残した遺言を守らなければ、それらが原因で病になることもある。子供が生まれ、その子が歩きはじめる前に妻と性交渉をもち、彼女が妊娠してしまったり、あるいは夫がほかの女性と浮気をし、そのあとで子供を抱きあげると、子供はルカタあるいはトゥコシと呼ばれる病にかかる。ときにはそれが原因で死に至ることもあるという。

しかし、人びとが何よりも恐れるのは、他者からの呪いである。妬みや恨みをもった、ごく親しい近親者や隣人たちが、ムロシ〔邪術者〕に変じて人を呪い、重病に陥れる。ムロシは、小型のアンテロープの角にダワ〔呪薬〕を入れ、呪詛の言葉をはき、小さな槍で角を突いて人を呪う。バナナの幹の髄を使って人形を作り、針で突き刺す呪法もあるという。あるいは地面にダワで人形を描き、槍で突く。トウモロコシやキャッサバの粉を熱湯でねりあげた主食のウガリのなかに、呪いの言葉とともにダワを仕込ませたり、道にダワを仕掛けて呪いもする。ムロシは呪文とダワによって、縄をヘビに変え、あるいはライオンやワニやジェネットを自在にあやつり、使い魔として派遣し人に危害を加えることもできる。ムロシは一人前になるために、手始めに親・兄弟などの身近かな親族を呪い殺すという。ムロシは恥知らずであり、平気で近親相姦を犯し、夜ごとに全裸で集会をもつ。強力なムロシはハイエナやダルマワシを乗り物として使いこなし、どんな遠い所へでも一晩のうちに到達することができるという。

病の原因を個人の心身内の異常に限定して考えがちな私たちの文化とは異なり、トングウェにとって病とは、精霊や祖霊のメッセージであり、人間関係の歪みが身体化したものでもある。つまり病は自然・人・神秘的存在が複雑に関連しあったコスモスの歪み・不調和を示す出来事なのである。それゆえ、病への不安・恐れは、人びとの行動を根底で規定し、さきに述べた生計経済の特質とも深く関連することになる。

4　病の診断と治療

ムフモ（呪医）

人が病（およびほかの不幸）にみまわれるに至った因果の糸を、占いによってたぐりよせ、その原因となったさまざまな不調和や歪みを修復する存在——それがトングウェ社会におけるムフモである。

ムフモになるのは、ムガボの憑依が契機だといってよい。私の師のカソンタ老は、浜辺で小石を拾いあげたところ、突然からだに震えが襲ってきたという。急いでムフモの所へ行き、占ってもらったところ、それはムガボの憑依だった。連日、ムフモがガラガラと鳴らしてムガボを呼びだす儀礼を続けたところ、ムガボは自らシラフの精霊であると名のり、カソンタ老がムフモとなることを要求したのだという。このように、ムガボの恩寵を受けることが、ムフモとなるための条件である。ムフモの能力は、修業の積み重ねや知識の質・量に左右されるのであるが、憑依するムガボの力に負うところも大きい。たとえば、トングウェ中にその名を知られた大呪医ユスフには、山中に住む強力な精霊ムラングワが乗り移る。あるいは、呪医や狩人の守護霊である原野の精霊ムティミが憑依するムフモも多い。ムガボによってムフモになることを要求された人は、ブフモ儀礼（呪医入門儀礼）を受け、正式な呪医として活動を始めるのである。

トングウェの場合、ムフモになるのに男・女の差異はない。しかし女性のムフモは、占いのみに従事する者が多い。治療を施すには多くのダワ（呪薬）が必要であり、ダワ採集のために原野に赴かねばならぬことが、その理由の一部であろう。

トングウェの集落は疎林帯のなかに散在しているのだが、ほぼ三〜四の集落群にひとりずつ程度はムフモが居住している。だから人びとは、危急の際には近くに住むムフモの診断をあおぐことができる。しかし、とくにムロシなどが病因である可能性が高いときには、人びとはより遠くに住むムフモを訪ねることが多い。

占い

病にかかった人は、それがたとえば軽い腹痛や頭痛なら、原野の草木を採集し、自ら煎じて服んだり、浣腸薬として用いたりして対処する。このような軽い病のことを、トングウェは「神の病」と呼ぶ。「神」は運命・宿命といったニュアンスで語られ、すべての出来事を甘受する窮極的な原理であるといってよい。しかし症状が激しくなったり、長びくときには、人びとはその原因を尋ね、治療を依頼するためにムフモのもとを訪れる。

ムフモの占い法の第一は、精霊憑依である。強力なムガボもちのムフモの場合には、患者が訪問したときには、すでにムガボが乗り移って待っているという。患者は精霊との会話によって病の原因やその基本的対処法を知る。

しかし多くのムフモは、ムレメと呼ばれる方法をとる。左手の掌に水をふりかけ、右手を重ね合わせて前後に何度もこすりあわせる。適切な病因を心のなかで念じれば右手はピタリと止まる。ブフモの際に、師のムフモは、入門者の左手の掌に剃刀で傷をつけ、そこに聖なるダワを塗り込めて、ムレメの能力を授けるのである。ムフモは占いの結果に従って患者に治療を施す。

治療儀礼

ムフモの真価は、悪霊やムロシなどの邪悪な存在が病因のときに発揮される。ひとつの事例にそって、その治療法を概観してみよう。

患者のMは、結婚後すぐに第一子を出産したが、それ以後の六~七年のあいだ子宝に恵まれない。占いの結果、その主要な原因は、彼女に恨みをもつムロシが悪霊のイシゴをそそのかし、彼女にとりつくよう仕向けたことがわかった。

ムフモは、イシゴをその棲み家である川に追い返すため、治療の場として川岸を選び、カゴボレの木（*Ziziphus abyssinica*）の立つ場所を捜して、そこへ患者を連れてゆく。その場に、村から持参したバナナの株を植え、地面にダワで人形を描く。諸々の精霊や祖霊に加護と助力を祈り、イシゴが、バナナの株と人形を描いて示した棲み家に戻るよう呪文を唱える。

水のはいった大小のふたつの土鍋に、ムフモは次つぎにダワを放り込む。呪文とともに、供犠用の黒い羽毛のニワトリをとりあげ、その首をかき切る。大きい方の土鍋を石組みの炉にかける。患者のMは手足の爪を少しずつ切り、髪の毛とともに葉の上に置く。土鍋の薬水が沸騰する。Mはバナナの前に置かれた石の上に坐る。その足もとに沸騰した土鍋が運ばれる。Mは身をかがめ土鍋を覆う姿勢をとる。ムフモはMと土鍋をすっぽりと布で覆う。上半身裸になったMは、ダワの湯気をたっぷりとからだにあて、体内に巣食ったイシゴや悪運のもとを取り除く。これが「熱いイフボ」と呼ばれる治療法だ。そのあとMは、小さな土鍋に入った薬水で水浴し、からだを洗い清める。それは、「冷たいイフボ」と呼ばれる。そしてMは身につけていた下着を脱ぎ捨て、新しい布に着換える。

ムフモは、供物として捧げたニワトリの心臓にダワをふりかけ、斧の刃先にのせてMの口先に運び、呑みこませる。このあとムフモは、Mの額や頭頂部、胸部など一〇ヵ所に剃刀で傷をつけ、小型アンテロープの角に入った強力なダワを塗り込める。イシゴを追い払い、再びムロシや悪霊に取りつかれないようにするための秘薬である。

こうして川のほとりでの治療が終わり、Mはいちもくさんに家へ向かう。ムフモは患者が脱ぎ捨てた下着の断片を切り取り、ニワトリ、黒布、Mの爪と髪の毛とともにバナナの株の下に置く。残ったイフボのダワを注ぎ、呪文とともに土鍋でそれらすべてを覆い、土を寄せて固定する。こうしてMの体内から取り除いたイシゴや悪運のもとを封じこめる。帰宅後ムフモは、膣内に投与する対症療法用のダワを調合し、患者に手渡した。

ムフモは諸々の精霊や祖霊の加護と助力を祈り、呪文によって治療の意図・目的を明らかにしながら、多彩な象徴的所作によって目に見えない病因を操作して除去し、多種類のダワを駆使して治療を試みるのである。このような治療儀礼によって病の真の原因を取り除いたあと、ほぼ一〇〇種の病名を与えられて認知された、病の症状に応じた、対症療法用のダワを投与するのである。

ダワ

ムフモが駆使するダワは実に多彩だが、その基本はムティ、つまり植物の草根木皮である。トングウェは「すべての植物は、それぞれダワとなる」と語る。私が調べ得た範囲内でも、三〇〇種の植物がムティとして用いられていた。ムティを活性化するダワが、動物性呪薬のシコメロだ。その素材には、軟体動物・環形動物から、昆虫・魚類・鳥類・哺乳類、そして人骨にいたるまで多くの種がある。人骨のように、ムロシの持ち物と間違えられそうな素材もあるが、このシコメロについての知識が、ムフモの存在を際立たせてもいる。

それぞれの素材がダワとして用いられる論理は、彼らの病気観・自然観ひいてはコスモロジーを知る上で、きわめて興味ぶかい。二～三の事例をひきながら、その論理を追ってみよう。事例中、患者の治療の場に登場し、ダワとしても使われたカゴボレの木は、バラのように、鋭いトゲをもっている。このトゲが人の服をひっかけるように、病根をひっかけてひきずり出す。それがムフモの説明だった。木の名前はゴボラ、つまり「ひっかける」という動詞に由来している。ムセケラの木（*Antidesma venosum*）は、多くの小さな実をつける。それは多くの人びとが集まってきた状態や、多産に通ずる。木の名前は、セカ、つまり「笑う」という動詞の派生語だ。人びとが喜んで集い、多くの子供に恵まれ、幸福になれるのだという。タンガニイカ湖産のフグは貴重なシコメロだ。それは男性の性的能力増進剤として、また畑の豊作を祈願する呪薬として、あるいは邪術よけの呪薬としても用いられる。いずれもその効力は、フグが陸に釣り上げられたときに大きくからだを膨らませる性質に由来している。

ダワは、きわめて具体的で緻密な自然観察を基礎にしつつ、その効用や働きと、植物や動物の形態・生態とを連合させる隠喩的な象徴的思考の産物である。木の名前が呪薬についての知識の収蔵庫であり、きわめてすぐれた記憶・伝達の手段であることも興味深い。同時に、とくに対症療法用のダワは、木や樹液の色、臭い、樹皮の断片をしがんだときのにがさやしびれの感じなど、植物の化学的性質につらなる特性がその選択の理由となっていることもあわせて指摘しておく必要がある。ダワの世界は、原野を舞台にした「野生の思考」（レヴィ＝ストロース　一九七六）の独壇場である。

精霊や祖霊などの神秘的存在についてのコスモロジー、彼ら自身の社会学（邪術者の社会学）、そして自然についての彼らの科学（エスノ・サイエンス）を基礎として、ムフモは病者の治療にあたるのである。

ムフモと近代医療

調査中、人びとはことあるごとに私たちのところにやってきて、からだの不調を訴え、薬を乞う。私たちは限られた知識の範囲内でその要求にこたえ、持参した薬を分け与えた。それが隣人のマナーでもあると考えたからだ。トングウェたちは、私たちが持参した薬品の効き目をしきりに賞讃する。村から遠く離れた湖畔の町キゴマまで、病院にいく人たちもいる。しかし、一方で、ムフモ通いにも熱心だった。

ムフモの治療システムは、真の病因除去の部分と、対症療法の部分とに大きく二分できることを前に述べたが、トングウェたちはその伝統的パターンにのって、対症療法として西洋医学の効用を積極的に認め、それをとりこみつつ、一方で真の病因除去のためにムフモのもとに通うのである。また、西洋医学になじむことによって、「神の病」の領域が広がりつつあることも指摘できよう。トングウェたちは、ごく乏しい病院や医療施設という条件のもとではあるが、複数の医療システムの共存を大らかに認め、柔軟に対処していると評価してよいであろう。

5　伝統と近代化の相克

一九八〇年、私はムフモとの比較研究を意図して、トングウェとはいろいろな点で対照的なナンデ族の調査に従事した。東北ザイール〔現在のコンゴ民主共和国〕の山地帯を根拠地とするナンデは、積極的に自然を開発し、あるいは商人として活躍する人びとであった。近年には、その分布域をイトゥリの森にまで広げ、大規模な焼畑を開墾し、森の狩猟民ムブティのハンティング・キャンプに出掛けて肉を買い占める。奥地に陣どる雑貨物の商店は、ほとんどがナンデの経営だった。ブッテンボというナンデの町に住む大商人は、ウガンダ・ケニア・スーダンにまで出向いて交易に精をだし、事業家はコーヒーや紅茶のプランテーションを経営する。ナンデは、「開拓型」、「開発型」の人びとであった。

調査の途上で私はふたりのナンデ出身の研究者に出会い、共同研究を進めることになった。彼らの助力も大きかったのだが、私たちが訪れる町や村では、まるで地下から湧き出してくるように呪医たちが集まり、一ヵ月足らずの間に実に多くの呪医に会うことができた。優に一〇〇人はこえていただろう。アバクムと総称されるナンデの呪医たちは、精霊もちのアバリーム、ハーバリストのオムサキなどのスペシャリストの複合体であった。それぞれの呪医は証明書を持っており、そこには治療のできる病名が、ナンデ語のほかにフランス語やスワヒリ語で書かれていた。トングウェのムフモと較べると、彼らの知識はすでに断片化が進み、特殊化の傾向性をもっているように思えたが、それでも基本は精霊や祖霊の憑依によって得た霊力を基礎としながら、多くの悪霊や邪術者などの病因と対決し、植物性・動物性の呪薬を用いて治療にあたるというパターンであった。

面接調査でもっとも強く印象に残ったのは、ナンデの呪医たちが、植民地時代以来、白人の為政者やキリスト教の牧師たちから迫害や弾圧を受け、大きな歪みをかかえこんだ存在であることだった。私たちは呪医の知識の重要性を説き、その教えを乞うたのだが、多くの呪医たちは猜疑の念に揺れ動く表情を隠さなかった。個別に話を聞いた呪医たちのなかには、奇跡的な治療法を強調し、からいばりともみえる態度を示すものも少なくなかった。

ナンデ社会には深くキリスト教がくい込んでいる。敬虔なクリスチャンとなったナンデは、アニシスティックな土着宗教を振り払い、商人や実業家として開発の道を歩む。しかし、多くのナンデはキリスト教と土着宗教との間で揺れながら、貧困ゆえの労苦や病から逃れるため、為政者・キリスト教・成功者から圧迫されて歪みをかかえこんだ呪医を頼る。

明瞭な階層構造をもつナンデ社会を背景とした呪医たちは、貧困の影をひきずり、おびえを隠しながらも、強く自らの存在の有用性を誇示しようとする。調査当時、彼らはアソゲトラ（ASSOGUETRA）と略称される伝統医組合結成の動きのなかにいた。それはオータンティシテ（真の伝統）の復帰を強調しはじめた国家政策に応じた動きと考えてよいが、役所間あるいは呪医たちの間でも利害やおもわくが複雑にからまりあい、錯綜した状況であるようにみえた。呪医たちは困惑しつつも、このアソゲトラ運動に希望を托しているように思えた。

6　おわりに

あるいは、トングウェとナンデの呪医たちの違いを強調しすぎたかも知れない。その意図は、伝統的な医療システムがもっていた適応的性格をいま一度確認しつつ、為政者や大宗教が権力を行使して、早急に「近代化」を強制した結果についても考えてみたかったからである。もちろん、括弧つきの用法であるが、「未開」と「貧困」とは、根本的に異なることを私たちは知らなければならない。「未開」を「貧困」に置き換えていくメカニズムこそ、本質的に問われるべき課題である。

第8章　病気と治療
――根底に潜む諸々の霊／伝統医術と民間薬で対処

平穏な日々を生きることを願う生活者が、潜在的にもつ大きな不安の源泉のひとつは病気である。それは、アフリカの奥地で暮らす人びとにとっても、最先端技術で武装した高度情報社会で暮らす私たちにとっても、変わるところがない。病気への対処は、すべての人間社会が共通して抱えてきた根源的な課題であり、それゆえ、どのような社会も独自の医療をめぐる文化をはぐくんできたといってよい。

多くの民族が住むアフリカ大陸は、多彩な伝統的医術の宝庫でもある。ここでは、筆者が長年にわたってつき合いを続けてきた西タンザニアのトングウェ社会を例にとりあげ、病気と治療をめぐるアフリカ文化の特色を概観してみたい。

1　すべての木は薬をもつ

トングウェの病気への対処は、彼らをとりまく自然についての豊かな知識と、それへの信頼を基礎としている。たとえば、軽い頭痛や腹痛など、日常的な病気に対しては、彼らは草根木皮を主とした民間薬を服用して治療する。トングウェは、一人ひとりが応用植物学の知識を身につけているといってよい。小学生ぐらいの子供に尋ねれば、どの木の根が腹痛に効くのか、たちどころに教えてくれるだろう。「すべての木は、それぞれのダワ（薬）をもつ」と彼らは語る。私がトングウェ医術にのめり込んだきっかけも、このダワについての膨大な知識に驚いたからである。

病気への対処のもうひとつの基盤は、諸々の精霊や祖先霊を不可欠の存在とする彼らの世界観にある。トングウェは、病気の根本的な原因がなんらかの神秘的存在と深く関係していると信じている。祖先霊や精霊をなおざりにし、その怒りにふれたのかも知れない。運悪く、悪霊にとりつかれたのかも知れない。あるいは、妬《ねた》みや恨みをもった隣人や親族の者がムロシ（邪術者）に変じ、呪《のろ》いをかけたからかも知れない……。

病気が軽症であるかぎり、彼らは民間薬によって治療する。しかし、その症状が激しくなり、あるいは長びいてくれば、彼らはムフモと呼ばれる伝統医のもとを訪れる。精霊もちのムフモは、患者の依頼に応じて、憑依《ひょうい》状態に入って精霊の判断を告げ、あるいは占いによって病気の根本的な原因を示してくれる。そして、その病根に応じて、ムフモは治療を施す。つまりトングウェ医術のエッセンスはムフモの世界に集約されているといってよい。私はこの世界に魅せられ、正式な儀礼を経てトングウェ公認のムフモとなり、いわばその内側から治療の論理と方法を学ぶことになったのである。

ムフモの治療法は、病根となる神秘的存在に対応して多様なのであるが、その本領は、人を呪って病におとしいれるムロシや悪霊などの邪悪な存在が原因となって発病した病気の治療において発揮される。

ムフモは、患者を村から離れたブッシュへ、川岸へ、あるいはシロアリ塚のある場所へ連れ出す。それは、精霊のお告げや占いに従った行動なのであるが、病根の特性に応じて場所が選択されている。川の淵に住む悪霊のイシゴが病根なら川岸で、ムロシの呪いが原因なら、ムロシの隠れ家であり、溜《たま》り場であるシロアリ塚で治療を行うのである。治療の場に着くと、ムフモは水の入った土鍋《なべ》に多種類の呪薬を加えて沸騰させ、その蒸気で患者の体内に巣食うけがれや呪いを流し落とす。そして、泥人形や呪薬で描いた人形を患者の身替わりにしたて、それに呪いや悪霊を封じこめる。黒い羽毛のニワトリを供犠に捧《ささ》げ、邪悪な存在の御機嫌をとる。治療儀礼の最後には、患者の体に剃刀《かみそり》で傷をつけ、アンテロープの角に入った強力なダワを塗りこめる。

2　動植物性の呪薬駆使

それぞれの所作には独特の象徴的意味が秘められており、その所作には常に呪文がともない、治療の意味が開示され強調される。こうして根本的な病因をとり除く治療儀礼が終わり、ムフモはそれぞれの病状に対応した対症療法用のダワを調合し患者に手渡す。ムフモは、精霊や祖先霊の加護と助力のもとで、多彩な象徴的所作に基づいた技術や呪文、そして三〇〇種に及ぶ植物性呪薬や一〇〇種を超える動物性呪薬を駆使して、邪悪な存在と対峙《たいじ》し、患者の治療にあたるのである。

トングウェにとって、病は、単に個人の身体の不調・損傷を意味するだけではない。病気という現象の根底には、日常の人間関係の病理が潜んでおり、神秘的存在の行動として表象される世界観・宇宙観が深く関与している。つまり病気は、人間の全存在様式にかかわるできごとであり、自然・人・神秘的存在が有機的に結びついたコスモスの歪《ゆが》みを伝えるメッセージなのである。

3　近代化への悩み深刻

精緻《せいち》な自然についての知識と象徴の論理に支えられた彼ら自身の自然科学（エスノサイエンス）、彼ら自身の社会学（邪術者の社会学）、そして精霊や祖先霊などの神秘的存在への信仰を背景として、コスモスの歪みを修復することこそ、ムフモの仕事なのである。

トングウェ社会のみならず、多くのアフリカの伝統社会で、病気はほぼこのように位置づけられていると考えてよい。しかし、この医療をめぐる文化も、大きな変化の時代の中で根本から揺らぎつつある。もちろん現代のアフリカの趨勢《すうせい》は、近代医療システムの全面的導入に向かっている。しかし、ここでも、伝統と近代化の調和という課題が深刻であり、一方で、伝統医療を再評価しようとする動きもあることを記しておかなければならない。

第9章　呪医の修業
——トングウェの地にて

1　呪医の術はチョウチョ

大学の研究室の一角に、白と赤の斑点で彩られた薬籠《やくろう》が鎮座している。それは、正式な儀礼を経てトングウェのムフモ（呪医）となったことを証する薬籠である。

仕事の合間にふと思いたち、薬籠の蓋をもちあげ、ムフモが精霊に呼びかける呪文を唱える。「ルアンペンバ・ルアンパシ・ノマジェンベ」。そして呪薬の入ったヒョウタンを取りあげ、少量の呪薬を出してそれを頭頂部になすりつける。呪医入門儀礼の最中に歌われる歌詞が、ふと頭に浮かび、それを口ずさむ。「ブフモ・ニ・

リベーベ・ブカクルベ・ブカグルケ（呪医の術はチョウチョのようなものだ。ヒラヒラと飛びまわり、逃げてゆく）」。トングウェの呪医に入門したのは、一九七二年のことだった。そして、呪医の奥義を伝える昇位儀礼を受けたのが一九八〇年だった（口絵6）。それ以後七年間、トングウェの地を訪れていない。私のチョウチョは、まだ遠くに飛び去ってはいないだろうか？

2　日本社会とトングウェ社会

トングウェは、西部タンザニアの疎林帯に住む焼畑農耕民である。「疎林帯における自然と文化の諸関係の解明」という生態人類学的研究を進めるために、私は一九七一年から一九七二年にかけて約一年半、トングウェの人びとと生活をともにした。それは私にとって、かけがえのない体験だった。

当時、日本は高度経済成長期のただ中にあり、同時に、その負の側面が公害問題・環境問題として、はっきりと露呈しはじめた時期でもあった。過剰な勤勉をあおりたてる世情や、多量の物質・商品の消費を美徳とするような世論操作が横行していた。一方では、大規模なステューデント・パワーが全共闘運動として爆発し、科学技術の無限の進歩・発展という神話に根本的な疑義が提出されもした。

広大な疎林帯を生活の場とするトングウェは、そのような日本の状況とは対照的に、自然の中に埋没して暮らしをたてる人びとだった。五～三〇人程度の成員からなる小さな集落が、相互に距離を隔てて散在し、人びとはその集落を根拠地としながら、トウモロコシやキャッサバの焼畑耕作・狩猟・タンガニイカ湖や川での漁撈・採集など、強く自然に依存する生業によって生計を維持していた。彼らは、ほぼその集落の住民が年間に消費するであろう量に見合った作物を焼畑で耕作し、野獣の肉・湖魚や川魚・野菜類など、それぞれの身近な生活環境内で入手の容易な副食に依存して生活を営んでいた。これらの食物は、もちろん住民自身が消費するのだが、頻繁に集落を訪れる客人にも供される。集落の住民も、旅に出て他集落を訪れれば、そこで食事の供応を受ける。ときに食糧の貯蔵庫が空になれば、近隣や親族の人びとを頼って食物を乞う。トングウェは、洗練されたホスピタリティの慣習や相互扶助システムによって、社会的なきずなや最低限の生存を保証する体制を確保しつつ、集落単位での、つつましやかな自給的・自律的な生産指向を基本とするライフ・スタイルを熟成させてきたのである。

彼らの生計経済は、最小生計努力とでも呼ぶべき生産原理や、食物や財が平準化する方向へと流れる原理に支えられていた。それが、自然の開発を最小限にとどめ、環境の改変を押しとどめてきた、と言ってよい。そこでの暮らしは、生産脅迫症にとりつかれ、環境に激変を加え、他者との、あるいは他の集団との差異の拡大とその落差にエネルギー源を求めるかのような、日本の状況を相対化させてくれる経験であった。

常に何かに追い立てられるようにして生きることを強いられる日本を離れ、原野の中で営々と続いてきた暮らしに接した私は、深くトングウェの世界に魅了されたのである。そして、心をも含めたトングウェ社会・文化の深奥を支える原理を知りたいと願うようになったのだが、その一つの帰結が呪医入門であった。

3　表の世界・裏の世界

タンガニイカ湖畔のカソゲ村が私の調査の根拠地であったが、日常的に寝起きする私の家は、本村から少し離れたところに位置していた。そこでは、私の日常の暮らしを手助けしてくれる、サディとラマザニの二家族とともに住んでいた。夜、夕食後にはランプの明かりを囲んで、この二家族の人びとと毎日のように談笑を楽しみ、いろいろなことを教えてもらった。

村の人びとについてのうわさ話は楽しい話題であったが、ときに病や死にみまわれた村人に話が及ぶことがある。そんなとき、サディやラマザニは真剣な表情で不幸の原因を詳しく語ってくれる。精霊・祖先霊・悪霊・霊力をもった動物・邪術者などが主要なものだが、とくに彼らがその恐ろしさを強調したのはムロシつまり邪術者だった。日ごろ隣人や親族としてつきあっている人が、妬みや恨みの念にとりつかれ、人の心を捨てて他者を呪い、病などの不幸をもたらし、ときには死に至らしめる場合もあるという。ムロシは、たとえば呪詛の念をこめて呪薬を食物にしのばせ、狙った人が通りそうな道に呪薬を仕掛けるのだという。

当初は言葉の問題もあってそれほど突っ込んだ話も聞けず、ムロシの存在にもあまり迫真性を感ずることができなかった。しかし、調査が進むにつれて、あるいは人びととのつきあいが深まるにつれて、彼らの日常生活の背後にはムロシが横行する世界があり、それへの恐れが彼らの社会生活に深い影響を与えていることに気づいたのである。

一人ひとりのトングウェとつき合っていると、喜怒哀楽の感じ方やその振舞いなど、ほとんど私たちと変わるところがない。実際、彼らとともに暮らした大半の時間、彼らがトングウェであることを、ことさらに意識することはなかったように思う。しかし、そんな彼らが生きる社会では、私たちには非現実的であるように思われる呪いが、確かなリアリティをもって語られていたのである。

明るくおおらかで、しかも節度のある原野の暮らしを表面とするなら、その裏面では、呪う呪われるという黒い情念が渦まいている。そして、表面と裏面とは分かちがたく結びついていたのである。呪医志願の契機となり、また呪医の修業の過程で強く印象づけられたのは、まさにこの事実であった。

4　ムフモの治療法

頭痛や腹病などの軽い病を、人びとは「神の病」と呼ぶ。やむをえない病といったほどの意味だが、人びとはそれに対しては父祖伝来の草根木皮を自ら調合して服用し、治療する。しかし、その症状が激しくなり、あるいは長期化してくれば、人びとはムフモのもとを訪れる。ムフモは自らの守護霊を呼びだし、憑依状態に入って判断を告げ、あるいは占いによって病根を探り出す。病根は、先に述べたように多様なのだが、重症や慢性病など厄介な病の場合には、ムロシや悪霊が原因であることが多い。実際、私が師のカソンタ老や同僚のムフモとともに治療にあたった患者は一〇人をこすが、それらの病因には何らかの形でムロシや悪霊が関与していたのである。つまり、ムフモの医術の本領は、ムロシや悪霊などの邪悪な存在によってもたらされる病や不幸への対処にあるといってよい。

こうして病根が明らかになれば、ムフモは日を定めて、患者を村から離れた原野に連れ出し治療儀礼をほどこす。病因が川の淵に棲む悪霊のイシゴなら、治療の場には川岸が、ムロシの呪いが原因なら、その隠れ家でもあり溜り場でもあるというシロアリ塚が選ばれる。治療の場につくと、ムフモは患者が持参した土鍋に水を注ぎ、多種類の植物性や動物性の呪薬を投入し、それを火にかける。土鍋の呪薬が沸騰する合い間に、神秘的存在の形《かた》代《しろ》として、地面に呪薬で人形《じんけい》を描き、あるいは泥をこねて人形《にんぎょう》を造る。また、供犠に捧げる黒い羽毛のニワトリの首をかき切る。形代のそばに石を据え、患者を座らせ、その足もとに沸騰した土鍋を置き、布や毛布でスッポリと患者を覆う。聖なる呪薬の蒸気で、患者の体内に巣食うけがれや邪気をとり除き、流し落とすのである。そして、斧の刃先にニワトリの心臓をのせ、それに呪薬をまぶして患者に食べさせる。患者の身体の各所に剃刀で傷をつけ、アンテロープの角に仕込んでおいた強力な呪薬を塗りこめる。こうして一連の治療儀礼を終え、最後に、患者の着物の断片、供物としての黒い布、黒い羽毛のニワトリ、患者の毛髪の一部と手足の爪の細片などを形代とともに土鍋で封じ込め、村に戻る。ムフモは、この後、病状に応じて対症療法用の薬を調合し、患者に手渡す。

5　治療の構造と論理

治療儀礼における一連のムフモの行為は、独特の象徴的意味を表現する場所・物・所作とそれに伴う呪文、そして多彩な呪薬をその要件としている。集落（人の住む空間）／原野（野獣や邪悪なものが住む空間）、という対比を背景として、病根の特性にふさわしい治療の場が選ばれる。神秘的存在を形代によって形象化し、斧の刃先にニワトリの心臓をのせて患者に食べさせることによって、その病根を斧で断ち切ることを象徴する。黒い羽毛のニワトリや黒い布によって邪悪さを象徴し、それを封じ込める。呪文を唱えて、諸々の精霊や祖霊の加護と助力を祈り、病根である神秘的存在に呼びかけ、治療行為の意味を開示する。それらは、目には見えない神秘的存在を具象化し、操作可能な対象とする象徴的技術であるといってよい。

三〇〇種をこえる植物性呪薬と、それを活性化する機能をもつとされる一〇〇種をこえる動物性呪薬は、ムフモの世界を支える礎石に喩えることができよう。ムフモは、病根や病の症状に対応した呪薬を駆使して、治療に全力を尽くす。

特定の植物や動物を呪薬として選択する論理は、「野生の思考」の結晶である。たとえば、カゴボレの木は、ムロシの呪いや体内の病毒を除去する重要な呪薬だ。それはバラの木のような鋭い棘をもち、服などを引っかけるように、病根や病毒を引っかけて除去することができる。カゴボレという名前は、ゴボラ、つまり「引っかける」という動詞に由来している。カンムリワシの羽毛も重要な呪薬だ。それは、獲物をしっかりと捕えて空高く飛び去るように、病根を捕えて遠くに運び去る力をもつ。

呪薬の論理は、植物や動物の形態・生態・名前などと、病根を除去し病を癒す効力とを連合させる象徴の論理に彩られている。それは発見の論理であり、無文字社会における重要な記憶の方法でもある。他に、植物の色・臭い・毒性や、断片をしがんだときの苦さ・しびれ、なども、その選択の理由に含まれることも指摘しておく必要がある。呪薬は精緻な自然観察、長年にわたる経験の蓄積、そして象徴的思考の産物なのだ。

病や不幸という現象の根底には、日常の人間関係の病理が潜んでおり、神秘的存在の意志が秘められている。ムフモは、自然・人・超自然的存在の諸関係の歪みを解読し、精緻で具体的な自然観察や、象徴的な論理・技術に支えられた治療法を駆使して、その歪みを修復する存在なのである。

6　生の体験としての病い

トングウェは、病という受苦の体験によって、隠されたもうひとつの現実、深層の現実を深く感知しているのではないだろうか。あるいは、トングウェ文化は、その社会の根源的な構造を個々人に開示するために、病を運用しているといってもよい。病は、重層的で多元的な世界の構造を感得する契機となり、生に対する姿勢や社会についての感受性をはぐくむ機会でもある。病は、マルセル・モースのひそみにならって表現するなら、全体性にかかわる社会的・文化的事実なのである。それは、病や悪（呪い）や死が、人間存在にとって、あるいは人間社会にとって不可避な現象であり、排除し得ないものだとする根本的な了解を前提としている、と言ってよいであろう。病や悪や死を排除し、拒絶するのではなく、むしろそれらを社会の必須の要素として内部にくり込み、文化的に飼いならしてきたのだと考えてもよい。

このようなトングウェの病の文化を、現代医学から取り残された、マイナーな哀れむべき「未開」の表現と位置づける人もあろう。しかし、四〇〇万年の歴史的深度をもつ人類史を背景とするなら、トングウェの病や医をめぐる文化こそ、その本流の表現であり、近代医学やそれを支えるシステムは異様な特殊化であると言うこともできる。一度はそのような視点に立って、現代という時代、近代的な医のシステム、私たちの病についての感じ方・考え方を再検討してみることも、あながち無意味なことではあるまい。

第10章　アフリカの呪医の世界

ただいまご紹介いただきました、京都大学の掛谷でございます。本日は「アフリカの呪医の世界」ということでお話させていただきます。科学技術を専門とされる皆様の前で、遠いアフリカの、しかも呪術とか呪医といった、おどろおどろしい世界について語ることに、どんな意味があるのかについて少し考えてみることから、話を始めさせていただきたいと思います。

今後、ハイテク化あるいは高度情報化が進展してゆき、その中で科学技術が果たすべき役割は大変大きく、ますますその重要性を増していくことは明らかなことであろうと思います。しかし、一方で北の豊かな国と、南の貧しい国という構図がはらむ諸問題、つまり南北問題ですとか、あるいは地球的規模の環境問題など、世界は大変大きな問題を抱え続けていかなければならない。そういう状況の中で科学技術そのものが、その存立基盤を問われることになってくるであろう。人間にとって科学技術というのは何なのか。あるいは科学技術に基礎を置いた文明というのは一体何であるのか。そういう根源的な問いかけが、その高度な進歩にともなって、同時に深く問われることになるであろうと考えられるわけです。

科学技術を職業とする人びと、あるいは科学技術者も、より深く人間性についての洞察を深め、かつまた多様な異なった文化についての理解が求められるような時代がやってくるであろうと考えられるわけです。そういたしますと、繁栄する日本、それを支える科学技術という世界とは全く正反対といいましょうか、対極に位置するかに見えるアフリカの呪医の世界についてお話することも、あるいは人間とは何か、異なった文化とは何なのかということについて、思索していく一つの契機になるかも知れない。そのような願望を込めて、本日のお話を進めさせていただきたいと考えたわけです。

先程、高山先生からも少しご紹介いただきましたが、東アフリカのタンザニア国に住むトングウェという人びとを対象にした研究の結果をお話させていただくわけですが、一九七一年にこのトングウェの所に私は初めてまいりました。今からちょうど二〇年前ですから、ここにおられる皆さんは、生まれるか生まれないかの時期であろうかと思います。その調査の過程で、「縁があって」と申し上げておきますが、トングウェの伝統的なお医者様と言ったらよろしいでしょうか、呪医、英語で言いますと「マジックドクター」、あるいは「ウイッチドクター」といった呼ばれ方もいたしますが、そういう世界に、いわば巻き込まれたというか、自分で巻き込まれていったと言えばいいでしょうか、その世界に魅せられまして、結局、私自身が呪医に入門して、一応形式的にですけれども、トングウェの呪医の免許皆伝を許されました。その体験から学んだことがらを皆様に聞いていただこうと思います。

そもそも、このトングウェを調査の対象にするまでの前史がございます。高山先生もふれられましたが、私どもの先輩、今西錦司先生、あるいは伊谷純一郎先生らが、人類の起源を求めてという問題意識に支えられながら、アフリカの野生のチンパンジーの研究を進められたわけです。その野生のチンパンジーの住む地域が、きょうお話しするトングウェの住む地域でもあったということなんです。当初、伊谷先生はじめ若い研究者たちは、無人の原野をさまよい歩き、野生のチンパンジーを探し求めて調査を進めたわけですけれども、その案内人、トラッカーの仕事をしていたのがトングウェの人びとなんです。伊谷先生などの関心はチンパンジーにあったのですけれども、トラッカーとしてのトングウェと長い間付き合っているうちに、伊谷先生の言葉を使いますと、「惚れる」と言いますかね、素晴らしい人たちだと思うようになってきたわけです。彼らは、原野の自然、それは動物・植物を含めた世界ですが、それについて大変深い知識を持ち、野生の中を縦横に動き回って、チンパンジー調査の一翼を担って作業を進めてくれた。こうして、チンパンジー研究者はトングウェの人たちに対して深い尊敬の念を抱くようになりました。そして、チンパンジー調査が一段落すれば、次はトングウェについても調査をしてみたい、トングウェがどういう人たちなのかを調べてみたいと思うようになったわけです。そのころに私は大学院に入り、縁があってトングウェの調査を手掛けることになりました。

私自身のテーマは、自然と文化の関係を明らかにするということでした。どのような自然環境の中で、どのような暮らし方をしているのか。そして、その社会の構造はどうなっているのかといったようなことを調べていたわけです。そのプロセスで、人間と自然との関係の核心部に、きょうお話するような呪医の世界がかかわっていることを見いだすに至りました。この世界がわからなければ、彼らの自然と文化のかかわりもついにわからないという思いがつのり、ある日、日ごろから親しく付き合っていた呪医に「弟子にしてくれ」と頼み込みました。そして、なんとかそれを受け止めてもらい、呪医入門が許されて儀礼を受け、以後、その先生について私は呪医

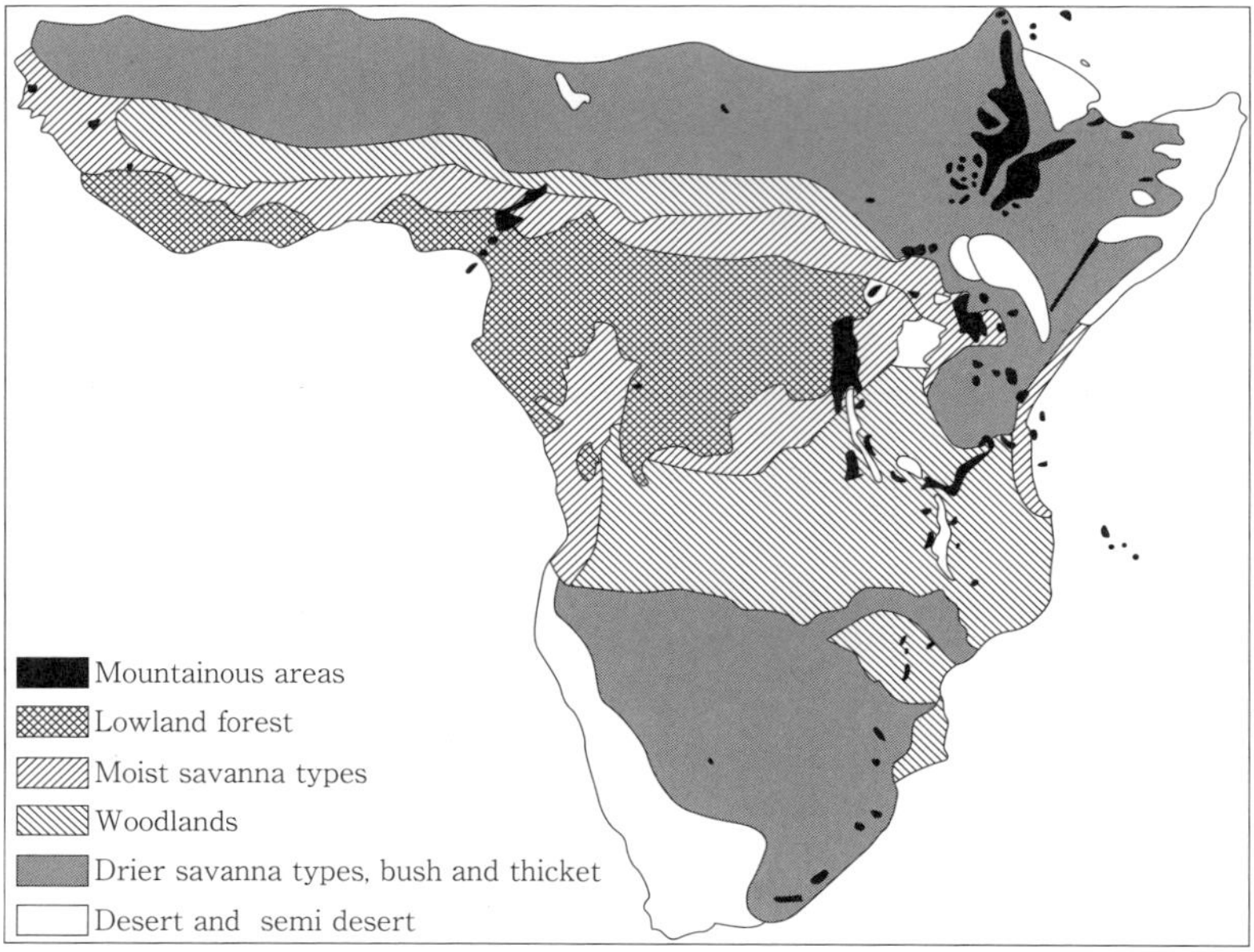

図 10-1　アフリカ大陸の植生図
（[Kingdon 1972: p. 22] による）

の勉強を進めてゆきました。

それではスライドに基づきながら、お話させていただきたいと思います。

これはアフリカの植生帯を描いたものです。アフリカは大きく、その心臓部と言われます熱帯降雨林から外側に向かって、いわば同心円状に、だんだんと乾いた環境に移行していきます（図10−1）。よく諸君がテレビなどでご覧になる草原、草が卓越して、その間にトゲの生えたアカシアの木々が散在しているような景観をサバンナと言いますが、そのサバンナと熱帯降雨林帯のちょうど中間地帯に、私たちが「ウッドランド」と呼ぶ植生帯が広がっています。トングウェは、このウッドランド、乾燥疎開林帯の住民です。彼らはこの乾燥疎開林帯にどのように適応して生活しているのかということが、私の主要な研究テーマであったわけです。タンザニアという国の西の端に南北に広がるタンガニイカ湖が位置していますが、その湖畔から東方に広がる地域にトングウェが住んでいます。

これがタンザニアという国で、その西の端のほうに住んでいるのがトングウェです（口絵図1）。最近、私は「トングウェとの比較研究」を意図して、その南側にあるザンビア国に入りまして、ベンバという人びとを調査しているんですが、時には私の古巣ともいうべきトングウェの世界に帰りながら、乾燥疎開林帯における人間と自然との関係について比較研究を進めています。

これは私が一九七一年に入りました当時の状況です。トングウェ・ランドに入りますには、この船外エンジン付きボートに乗り、ほぼ半昼夜かかって、ひたすらタンガニイカ湖を南下し、トングウェの地にまいります。

これが、乾燥疎開林帯の景観ですが、乾季と雨季の境目の時期には木々が色づき、ちょうど日本の紅葉の山を見るかのような景観が展開いたします（口絵7）。私たちに本当になじみ易い自然景観です。

その背後に二〇〇〇メートルを越すマハレ山塊という山並みがあり、その山並みと湖岸べりの間、あるいはその山並みを越えた所に、トングウェの集落が展開するわけです（写真10-1）。これはこの湖岸べりのトングウェの一集落です。

これは乾季の疎開林の状態です（写真10-2）。熱帯降雨林ほど樹木

写真 10-1　マハレ山塊とタンガニイカ湖畔の集落

写真 10-2　乾季の疎開林。葉を落とした木の間にタンガニイカ湖の潟をのぞむ。

写真 10-3　山地林や川辺林を開くトングウェの焼畑

が密に生えているわけではなくて、木と木の間が三メートルから五メートルぐらい、すけた林を疎開林と言うわけです。向こうに見えますのが、タンガニイカ湖の潟です。

彼らの主要な生業は焼畑農耕です（写真10-3）。こういう斜面に生えた山地林、あるいは川に沿って発達した森林帯を切り払い、それに火をつけて畑地とし、そこにトウモロコシ、あるいはキャッサバなどの農作物を植え付けるというのが、生活の根幹を支える生業の一つです。

彼らは狩猟もおこないます（口絵8）。マスキット銃——かつてのリビングストン、スタンレーなどが活躍したアフリカ探検時代にもたらされたものですが——、先込銃を用いて野生の動物を狩ります。大はゾウ、バッファロー（アフリカスイギュウ）から、中・小型のカモシカ類、羚羊の仲間、それからサル類などをこのマスキット銃ですとか、あるいは罠で動物を獲るというのも、彼らの重要な生業の一つです。

これはヒョウを捕る仕掛け罠です。原野を旅しております時に、こういう大きな罠に出会いました。

写真 10-4　原野のなかに点在する小さな集落

原野に、木をくり抜いて作った蜜箱を据えまして、野生のミツバチの蜜を採集するのも、重要な生業の一つです。

そのほか、川や湖で魚を捕る。今はナイロン製のネットを使います。魚捕り、フィッシングも男の重要な生業の一つです。

そういう生業を基本としながら、彼らはウッドランド、原野の中に点々と小さな集落をつくって暮らしている（写真10-4）。人数にしますと、大体三人から三〇人程度、戸数にいたしますと、二～三戸から一〇戸程度。非常に小さな集落であり、なおかつ、その集落と集落の距離が非常に離れている。場合によっては一日歩いてやっと隣の村にたどり着く場合もあります。極度に人口密度が低く、かつ、小さな集落が散在して分布するというのが、トングウェの社会の大きな特徴の一つです。

こういう暮らしのもとで、どのようにして彼らの社会が成り立っているのだろうかということが、私の基本的な関心でした。そして彼らの暮らしを支える経済の原理を調べていき、二つの原理を見いだしました。一つは、「最小生計努力」です。彼らは自給的に必要とする量以上の、過剰な余剰をつくりださない。日常的に人びとが要求する量のみをつくりだす。そして、身近の範囲内で捕れる魚や肉などの副食源に依存しているわけです。このような自給志向のつつましやかな経済原理のことを、私は「最小生計努力」と呼んだわけです。同時に、そういうふうにして得た食物は、単にその集落の人びとが食べるだけではなくて、その村を訪れる人びと、客人に対しても分与される。食物の動きを見ておりますと、持つ者から持たない者へ常に流れていくような、流れていって全ての人になんらかの形で行き渡るような、もう一つの原理がある。それを私は「食物の平均化の傾向性」と呼んだわけです。

これは大変に見事な原理です。例えば私どももこの原野の村むらを訪れて、徒歩で旅行してまいりますが、その場合はこのトングウェの経済原理にのっとりまして、「たかりの旅」をやることになります。つまり、一〇日、二週間とリュックだけを背にして、二〜三人のトングウェの友人とともに原野の村むらを訪れますが、それらの村むらではほぼ間違いなく食事が提供されるわけです。村に入りますと、まず美しい少女、これは美しい少女でなければならないのですが、素焼きの壺に入っていた水を恭しく捧げ持ってきてくれます。それで喉のかわきを癒し、そして村の人びとと話しております。ころあいになると「食事ができました」という呼びかけがあり、食事をご馳走になる。その後、「お湯が沸きました」ということで、バケツ一杯の水を沸かしてくれます。それで旅の汚れを落としなさいというわけですね。それから家を一軒貸し与えられまして、そこで眠りをとる。翌日は、私たちの行く目的地を聞いて、途中まで道案内に立ってくれる。見事なホスピタリティの文化と申しますか、接客の文化がございます。

このように村を訪れて来るお客さんに食物を供応するホスピタリティの伝統がある。しかし、年間でならしてみますと、村の人が食べるのにぎりぎりの程度の作物しか作っていない。なおかつ小さな村である。そこにお客さんがたくさん来る。原野の中に孤立しているかに見えるのですけれども、案外多くのお客さんが訪れて来るわけです。その人たちに全部食事を出していますと、だんだんと村の人びとが食べる分が減ってくるわけですね。どうなるんだろうかということですが、ここは大変微妙な、おもしろい構造なんです。三ヵ月にわたって、どれだけのお客さんがあったかを調べまして、同時に今度は村の人びとがどういう行動をしているかをチェックしますと、ちょうどお客さんがやって来て食べるのと同じぐらい、村の人びとも外に出て行って食べているんです。(笑い) 微妙なバランスを持っています。しかし、いつもそういうバランスがうまくとれているわけではありません。時にはそのバランスを欠いて、村の食糧が底をつくことがあります。そういう時にどうするかといいますと、彼らは自分の親族の村、あるいは近隣の村を訪れて、食物の分配を乞うわけですね。トングウェの文化では、そういうふうに食物に困った人びとが分配を要求してきますと、それを断ることができない。それも、「食物の平均化の傾向性」のあらわれです。

この最小生計努力の傾向性と、食物の平均化の傾向性は、相互に密接な関係のある原理であります。一方でこういう生計原理は、人を呪う、あるいは呪われるという世界とも、深く結びついているわけなんです。つまり、ひとよりも大きな畑を作って、たくさんの食物を収穫する人びとに対しては、激しい妬みの感情が発生いたします。その妬みの感情は、トングウェの社会では人びとを呪うという形をとって表れるわけです。あるいは「食物の平均化」と申しましたが、村を訪れても食物の供応を受けられない場合は、その人に恨みの感情を抱くことになります。そして、そのような恨みの感情も、トングウェの世界では人を呪うという行為へと結びついていくわけです。つまり、最小生計努力とか食物の平均化の傾向性という、経済的なプリンシプルは、背後で、人びとから呪われるのではないかという呪いへの恐れによって裏打ちされているのです。人間が社会生活を行う上で、根源的に抱え込んでいる妬み、あるいは恨みつらみを、どう制御するかということと、彼らの経済原理は裏表の関係にある。当初、私は、どういう作物をどの程度に作っているのかという、即物的な調査を進めていき、彼らの生活を成り立たせている構造を探ろうとしたわけです。しかし、その原理を探ろうと思えば、ついに人を呪う、呪われるという世界がわからなければ、結局、どういうふうにして日々の暮らしが成り立っているのかという部分も見えてこない。こうして、呪医の世界に入門したというわけです。

それでは、これから呪医の入門儀礼のスライドを幾つか見ていただいて、呪医の世界のイントロダクションにしたいと思います。呪医になるための儀礼は、徹夜で行われます。そこには、村むらの人が寄り集まり、私の先輩の呪医たちが寄りつどいまして、儀礼が進行していきます。ここに集まっている方々は、私の先生や先輩の呪医たちです。彼らが聖なる植物を集めて儀礼の準備をしているところです。

部屋の中に呪医たちと村むらの人びとがつどいまして、儀礼を進行させていくわけです（写真4-2）。この右端に写っている方が、カソンタさんといいまして、私の先生です。

真夜中に、地面に白、赤、黒の三色の粉で絵柄を描いていく形で儀礼が進行します（写真2-3）。

このように、地面にさまざまな絵柄を描きまして、いわば呪医が知っておかなければならない知識、あるいは呪医が守らなければならないルールを説いていきます（口絵4）。これは、彼らを取り巻く自然を表象したものです。山の尾根筋に大木が生えており、その尾根からずっと川筋が展開している。こういう大木とか川筋、あるいは淀みといった所は、精霊たちが住む場所だということです。精霊の居場所を示す図柄でもあるのです。これは、雷だというんです。上のほうに見えておりますのはタンガニイカ湖と、その湖畔に住む動物たちを示しています。私たちの仕事といいますか、呪医の仕事が展開する自然的背景、及び私たちが強くそれに依存する、その加護のもとで呪医としての仕事をするわけですが、精霊たちの住む場所が表現されているわけです。

これは、ちょっと説教くさい話ですが、良い呪医と悪い呪医を対比した図柄です。これが悪い呪医、これが良い呪医ということなんです。良い呪医というのは、自分の畑をしっかりと耕して、周囲には野獣に荒らされないように柵を設ける。そして、自分の所にやって来た患者さんに空腹を感じさせないように、自分の畑で取った作物を供応しなければならない。ところが悪い呪医というのは、何かあるとすぐに薬のみに頼って、自分の畑を満足に耕すこともしない。もちろん周囲に柵を設けることもしないで、ただ薬のみに頼る呪医もいる。結局、人びとはそういう呪医のもとを離れて行くし、訪れる患者さんも少なくなってくる。だから、彼は一人で寂しく住まなければならない。自分の畑をしっかりと耕して、やって来る患者さんにも食物を分け与えるような呪医がいる村は栄える。すべからく呪医は自らの畑を一生懸命耕しなさいというような、倫理的な話が展開していくわけですね。ここに見えておりますのは、呪医が必要とする諸道具を表した図柄です。

これは、私たち呪医を守ってくれる諸精霊を表した図柄です（口絵2）。一体は原野を支配する、「ムティミ」と呼ばれる精霊です。原野で薬草を採集することが重要な私たちの仕事の一つなんですが、原野を支配する精霊が、この「ムティミ」というわけです。そのほか、双子や逆子は精霊の生まれ変わりと言われておりまして、それらの精霊は私たち呪医の守護霊である。これは「リャンゴンベ」と呼ばれる一種の精霊なんですけれども、その危機の時に助けを呼べば、時に応じて力をかしてくれる精霊です。これは私自身を示した絵柄ですけれども、その背後にこういう精霊たちがいる。私自身が呪医としての道に励めば、これらの精霊たちがしっかりとお前を守ってくれるであろうということを、この図柄を描きながら、私に説いていくわけです。

　真夜中になりますと、精霊たちが呪医にのりうつります（口絵3）。最初に申し上げるべきでしたが、トングウェの呪医は、基本的には精霊もちといいますか、精霊がとりついて、とりついた精霊の要求に従って、人びとは呪医になるのです。そういう呪医たちが集まって来て儀式が展開するわけでして、真夜中になりますと、呪医たちの精霊がお祝いにやってまいります。呪医にとりついて、激しくダンスを舞い、この儀礼を祝福してくれます。人びとはガラガラを打ち鳴らし、あるいは歌を歌って、精霊とともに遊び、そして、この儀礼が無事に進んでいくことを願ってくれます。

　徹夜で儀礼は進んでいくのですが、ちょうど明け方近く、儀礼が終わりになるころ最終段階になります。これが若かりしころの私でして、その隣にいるのが、私の父親、母親役をやってくれたトングウェの友人夫婦です。私たちは部屋の隅に立ち、その周囲に、邪術者といいますか、呪おうとする者から私を守る垣根が描かれています。これは、ライオンの毛皮でできた一種のクラウンなんですが、呪医の最高位を象徴しています。ここに描かれているのは、呪いを防御する強力な薬が入った動物の角を象徴しています。こういう強力な薬で、私を襲ってくる邪術者の呪いの意図を取り除くことを表した図柄です。

　その後、聖なる薬、つまり人びとの呪いの悪意から守り、呪医としての聖なる力を増すようにするために、特別の薬を飲みます。この二人が私の入門儀礼全体を先導してくれていました先生です。その先生たちの前で聖なる薬を飲みます。

　この後、私の体に、白、赤の斑点をつけます（口絵5）。白は健康とか清浄さを象徴する色です。赤は血の色というわけで、活力を象徴する色なんです。そういう斑点をつけて、外で待つ村人たちの所に、おでましということになります。

夜が明けまして、村人が取り囲む中で、新しい呪医が誕生したことを、人びとに告知するわけです。ここにいる少女は私の妻の役割をしてくれているのですが、新しく誕生した呪医の夫婦が屋外に出て、人びとから祝福を受け、あるいは古老からいろんな忠告を受ける場面です。首には、先程申しましたライオンの毛皮でできたクラウンをつけております。

その後、諸精霊に対して、新しい呪医が誕生したことを報告し、ヤギ一頭を屠ります。この槍一本でヤギの心臓を一突きにしなければなりません（写真5-6）。

思いのほか、心臓の部位は堅くて、なかなか一突きで刺すわけにいかなかったのですが、なんとか先生方の助けを借りて、ヤギを屠ります。

その後、私ども呪医にとって聖なる木とされている原野の木のもとにまいりまして、新しい呪医が誕生したことを報告いたします（写真5-7）。

地面に絵柄を描き、聖なる木の前で柏手を打って、新しい呪医が誕生したことを報告するという流れになっております。

こうして呪医が誕生していくわけです。ところで、現代の医者とトングウェの医者の、一番大きな違いは何かといいますと、私どもは「災因論」と言いますか、つまり病とか不幸というものが、なぜ人びとを見舞うのか、その原因は何なのかという、そういう世界観に大きな違いがあるわけです。トングウェの場合はいろんな病の原因があるのですが、例えば風邪をひいたとか、頭痛がするとか、腹痛であるとか、軽い症状の病は、彼らは「神の病」と分類し、これは仕方がないものだと認識します。そういう場合には彼らが知っている民間薬、原野の草根木皮を採集してきて対処する。軽い病は「神の病」と受け止められているわけです。

そのほかの原因として、「イガンボ」と書いてありますが、「長老の怒りの言葉」があります。長老の怒りに触れますと、人はなんらかの不幸に見舞われることになるという信仰があるわけです。また、「イニュウェレ」、つまり動物の悪霊が人にとりついて病のもとになるという考え方があります。それから、「ムシム」、祖先霊です。事あるごとに食物とお酒を供えて、祖先霊を祀らなければならないのですが、祖先霊をないがしろにすると、祖先霊は自らの怒りを伝えるために、メッセージとして人びとに病をもたらします。あるいは「ムガボ」と書いてありますが、これは諸精霊です。精霊そのものは中立的な存在で、人びとの生活を見守っているわけです。しかし、社会的に逸脱した行為であるとか、精霊をないがしろにするような行為がありますと、精霊はその怒りを表すために、人びとに病などの不幸をもたらします。もう一つは、「ブロシ」と書いてありますが、これは人びとの呪いです。先程も申しましたようなさまざまな理由があるのですけれども、ひとよりも多くの財を持つ人への妬みであるとか、あるいはそれが自分たちに分与されないことへの恨みとか、そういう思いを持った者が人びとに呪いをかけるわけです。その呪いによって、人びとは病などの不幸に見舞われるということです。

多くの事例を見てみますと、激しい症状を呈するけれども、一定期間のうちに治るような病は、精霊、祖先霊、あるいは動物霊、長老の怒りなどが原因になる場合が多い。しかし、長期にわたる病ですとか、死に至る病の多くは、人びとの呪いによってもたらされると考えられています。あるいは一定期間後に治る病も、邪術によってもたらされることもある。実際に私自身が先生と一緒に治療した患者の事例のことごとくは、なんらかの形で人に呪われたことが原因になっていました。こういう呪医の経験を通して、邪術者といいますか、呪いへの恐れが、彼らの社会を動かしている非常に大きな隠された軸になっていることを、私は深く実感しました。

では、呪医が患者をどういうふうにして治療するのかを、これから見ていただこうと思います。これは私の弟弟子にあたる呪医です（写真10-5）。彼には「ムティミ」という原野の精霊がついているのですけれども、その精霊が私を歓迎するためにダンスをしているところです。真夜中の歓迎パーティの一場面です。

精霊が乗り移って舞う呪医を子供たちが見守っているのですが、中にはそれらにつられて、一種の憑依状態に入る子供もいるんですね。日本では、巫女になる気質のことを「ミコケ」と呼びますが、そういう「ミコケ」のある子供たちがいます。彼らは将来の呪医の候補者だと言ってよいでしょう。

写真10-5　新しい呪医（筆者）を歓迎するダンス

さまざまな病気とか不幸に見舞われた人は、呪医のもとを訪れて、なぜそういう不幸に見舞われたのかを占ってもらいます（写真10-6）。占いにもいろいろな方法がありますが、例えば呪医についている精霊が出て来て、精霊との対話の中で不幸の原因を探っていく占いがあります。手に占いの能力を授ける薬を埋め込み、その力を借りて占う方法もあります。私がやれるのは、この方法なんですけれども、聖なる薬の入った水を振りかけ、手と手をこすり合わせて、例えば、「精霊なら、この手よとまれ」というふうに心の中に念じます。そうすると、しかるべき病の原因にいきついた時には、ぴたっと手が止まるわけです。こうして病の原因を探っていきます。

これから、一人の患者の治療法を見ていただこうと思います。この患者はいわば一種の不妊症でして、第一子が生まれてから何年も経つのに

写真 10-6　病気の原因を占う呪医

子供が生まれない。呪医に占ってもらったところ、彼女に悪意を持つ村の人が、川の淵に住む「イシゴ」と呼ばれる悪霊をそそのかし、彼女にとりつかせたという結果が出た。その悪霊が原因で不妊症になっているという占いが出たわけです。この不妊症を治療するために呪医は悪霊が住むという川に患者を連れて行く。簡単に申しますと、彼女についている悪霊をその住処である川に帰すという儀礼になるわけです。村で取ってきましたバナナの株を手にしているところを、ちょっと注目しておいてください（写真10-7）。今は乾季の最中で水無し川になっていますが、川のほとりに出掛けて行きます。

患者さんは女性です。彼女のそばにいる子供が第一子です。この子が生まれてから何年も経つのに第二子が生まれないということで、呪医のもとへ行ったわけですね。

呪医は二つの壺に水を入れて、そこに聖なる薬をたくさん投入します（口絵9）。大体、三〇種類を超える草根木皮、そして動物の爪とか骨などの動物性の呪薬をここに入れます。

一つの壺を火にかけて沸騰させます。その間に、彼女にとりついている悪霊に捧げるために、ニワトリを一羽屠ります。そして、ニワトリの心臓に薬をまぶして、患者に食べさせる。その時に、こういうナイフの先に、薬のついたニワトリの心臓をのせて食べさせます。つまり、ナイフで巣くっている病根を断ち切ることを象徴しております。ニワトリの心臓そのものには、悪霊に旅に出てもらうための一種の「お弁当」といいますか、あるいは力づけの食物という意味があります。

呪医は持ってきたバナナの株を川べりに植え付け、その下の地面に人形を描きます。人形は彼女にとりついている悪霊そのものを象徴しております。バナナの株は、ここが悪霊の住処だということを表すための象徴です。その前に石を置き、患者が座ります。

沸騰した薬水の入った壷を彼女の足もとに運び、その上からすっぽりと毛布で覆います。彼女はその中で裸になり聖なる湯気を体に浴びる。一種のサウナ療法ですね。そうして彼女に巣くっている病の源、あるいは呪いの源を追い出します。

彼女は湯気を浴びた後、今度はもう一つの壷に入った冷水で体を洗います。

写真10−7　悪霊の住処である河原で悪霊を祓う。

こういうふうにして、聖なる薬の入った水で洗い流す。つまり、彼女の体に巣くっている病の源、呪いの源を、聖なる薬の入った湯気で追い出し、その後、聖なる冷水で洗い流すというわけですね。

その後、少しずつ、患者の手足の爪、そして髪の毛を切り取って、それを身代わりとして悪霊に捧げます。

それから、動物の角に入った強力な邪術者よけといいますか、呪いよけの薬を彼女

写真 10-8　呪いよけの呪薬を患者の体に塗る。

の体に塗りつけます（写真10－8）。剃刀で体に一〇ヵ所ほど傷をつけ、そこにこの強力な呪薬を塗り込める。トングウェは注射のようなものだと言いますが、この強力な呪薬を体に塗り込めることが、大変重要な治療の一環です。

その後、悪霊の絵柄の上に黒い布を置き、そこに彼女の爪とか毛の一部分を置きます。先に屠ったニワトリも全部ここに捧げます。薬を煮た壺ですっぽりと覆い、彼女の病の源になった呪いをここに封じ込めてしまう。

こういう形で原野での儀礼といいますか、彼女の体にとりついている悪の源、あるいは病の源を取り除く作業をするわけです。そして村に帰った後、今度は病の症状に応じた、対症療法用の薬を調合し、彼女に投薬します。根源的な病の原因を取り除く治療儀礼を行って、その後、今度はそれぞれの病の症状に対応した薬を投与します。

このような呪医の治療は、幾つかの原理によって支えられています。その一つに、先程から何回も言っておりますが、薬があります。彼らは、私が調べた範囲だけでも四〇〇種類を超える草根木皮を、薬として認知しています。動物についても、一〇〇種類を超えるものを薬として認知しています。その中の一種ですが、「カゴボレ」という木があります。この木にはバラのように鋭い刺がついています。これが病よけの薬として使われる。「カゴボレ」という木の名前は、トングウェ語の動詞で「クゴボラ」、つまり引っ掛けるとか、引っ張るという意味あいをもつ言葉に由来しています。この木が生えた薮の中に入ると、刺に衣服が引っ掛けられ、あるいは引っ張られる。その刺の性質に由来するわけですが、これが今度、病の治療に用いられると、病根とか呪いの源を引っ張りだすための薬として使われるわけですね。つまり、木の特性と木の名前が結びつき、それが薬としての役割をも示している。木の名前を覚えることを通して、病の対処の方法を考えていく。木自身の性質そのものを木の名前と連合させ、それで記憶もし、それを駆使して治療していくのです。動物についても同じような原理があり、その知識たるや、大変に膨大です。

こうして多くの呪薬を駆使して、象徴的な治療儀礼を行い、あるいは呪文を唱えて、不幸の源を取り除いていく。同時に対症療法用に多種類の薬を駆使して治療にあたる。

彼らをとり囲む自然、人間、そして神秘的存在が織り成す全体世界を「コスモス」とするなら、そういうコスモスの歪みを伝えるメッセージが、病、不幸なのです。そして、コスモスの歪みの核心部にあるのが、人間関係の病理ですね。それは呪い、呪われるという関係として表れてくるのですけれども、このような人間関係の病理が身体化されたものが、病である。そういう論理を背景にして、コスモスの歪みを是正してゆく、あるいは癒していく役割を担った人びとが呪医だと言ってよいかと思います。

トングウェは、病あるいは不幸などの受苦体験を通して日常生活の背後に、もう一つの世界、隠された世界があるのだということを、深く感知していると言ってよいと思います。トングウェにとって、病とか悪、つまり呪ったり呪われたりということですが、あるいは恨みとか妬みといった感情は、人間という存在にとっては不可避なもので、それは人間である限り必ずつきまとってくるものである。このような人間観に基づいて、その上で、それに馴染み、それを文化的に飼い慣らしていくシステムが、呪医の世界の構造なのです。人間存在が、まさに人間ゆえに持っている悪そのものを、いわば飼い慣らして、それと上手に共存していく。排除の思想ではなくて、むしろ共存の思想の中に悪の問題を取り込み、その悪に由来する病に対しては、自然そのものが持つ特性に従って考えて、自然そのものによって治療していく。このような思考法が、トングウェの呪医の世界の根幹を成している。

人間が人間として成立して以来四〇〇万年の歴史がありますが、妬みや恨みなどは、人類の誕生とともに人間が担った感情ではなかろうかと、私は考えております。四〇〇万年の人類の歴史というのは、ある意味では、そのような妬みとか恨みといった、大変奥深い、根深い、心の奥底に巣くう感情と、いかに付き合っていくか、あるいはいかにそれを飼い慣らしていくかということの歴史であったと思える部分があるわけです。人間性の奥に根差す、妬み、恨みという感情は、何もトングウェの世界のみに固有なことではありません。実は私たちが日常的にたたかっている感情でもあります。

最初に私は、「最小生計努力」とか「食物の平均化の傾向性」ということをお話いたしました。彼ら自身の文化の論理あるいは経済の論理で、過剰な開発を制御していくことによって、ああいう深く自然に依存した生活が成り立ってきたわけです。焼畑に見られるような生業のシステム、あるいはそれを支える技術といった局面が、社会的存在としての人間に根源的につきまとう黒い情念のコントロールと結びつくことを通して、彼らは自然との共存とでも言えるような暮らし、あるいは野生を繰り込んだ暮らしを維持し続けてきたわけです。

皆さんは、トングウェ社会が、括弧付きですが、原始的な社会、未開の社会であると思われるかも知れませんが、私には、きわめて人間的な社会であるように思えます。例えば呪いといったような問題も、私たち自身が持っております妬み、恨みなどの日常的な感情を媒介にして見ますと、これは何も不思議な世界のできごとではなく、深い人間性に根ざした世界のできごとであることが実感できます。あるいは、病というものは深くコスモスの全体にかかわったできごとなんだと考えますと、今、私たちが現代社会の中で抱えているさまざまな問題を逆照射してくれるようにも思えてくるわけです。

私たちは、高度情報社会、ハイテク社会で生活していますが、心の奥底ではさまざまな悩みとたたかっています。つまり、一面的に合理的な存在としてのみ人間や社会を理解するだけでなく、表層的な合理性を超えた、例えば悪の問題と上手に付き合ってきた人類史の蓄積にも目を向ける必要がある。そういう局面の理解を抜きにした論理というのは、ついには大きな歪みを抱えて、自滅してしまう可能性をはらんでいるのではなかろうか。そういう意味で、今日お話しした、現代の日本の状況とは対極的に見えるかもしれないこの呪医の世界は、人間とは何かについて、あるいは異文化とは何かについて私たちに多くを語りかけてくれているのではないでしょうか。

どうもご静聴ありがとうございました。（拍手）

質疑応答

司会者　大変興味深い話で、病というものを、コスモスの歪みとか人間関係の病理として深いところでとらえるという、われわれが考えさせられることが非常にたくさんございました。

質問を毎回受け付けております。会場にマイクを回しますから、お聞きになりたいことを質問してください。

質問者　ほかにないようですので、質問させてもらいます。どうもきょうは興味深いお話をありがとうございました。

非常にわれわれが反省させられるように私は聞きました。一つお尋ねしたいのですが、先生は呪医になる儀礼を受けられたのですけれども、それにはトレーニングとか知識の勉強とかが必要なのか、必要ないのか。そういうことをやられたのかということが一つと、もう一つは、近代医学も入っていると思うのですが、そういうものに反発があるのか、あるいは取り入れていくのかということなのですけれども。

掛谷　私の場合は、要するに先生が治療に行く時に必ず一緒についていき、助手をつとめました。「その薬を出せ」「この薬を出せ」という指示に従いながら、治療の仕方について学んでいくというプロセスをとりました。先生はそれを全部記憶しているんですが、私はなかなか覚えられません。一生懸命に薬の特徴などをノートに書いていくんですが、すぐ忘れるんですね。そのたびに「お前はなんと頭が悪いんだ」と怒られながら、それでも一緒に治療をともにして、助手として働く中で、いろいろと学んでいきました。

近代医学との関係ですが、もちろん今はそういう近代医療がどんどん入り込んでおります。基本的にはトングウェはそれに対して大変受容的です。どんどん取り入れています。大変プラグマティックな考え方で受け入れていくのです。先程申しましたように、彼らの治療のシステムは二つの層から成り立っていて、根本治療に対応する部分と、対症療法に即応する部分がある。彼らは、近代医療を対症療法に属する部分として、むしろ積極的に取り入れていっている。しかし同時に、その病をもたらす根本的な原因の部分については、彼らの医のシステムに従っている。ですから、一方で病院へ治療に行き、他方で呪医の治療も受けるという併存の状態といいますかね、二つの医療のシステムが共存している状況です。それについてトングウェ自身はほとんど矛盾を感じていない。むしろそういう共存できる論理が、トングウェの伝統的な病気観、あるいは医療システムの中にあったと、私は考えております。

司会者　学生諸君、何かお聞きになりたいことはありませんか。

質問者　ケーススタディとして、女性の不妊症の人が呪医の治療を受けたという例がありましたが、あれは結局、呪医の治療は役に立ったのですか。結果はどうなのでしょう。

掛谷　あの治療の後、どうなったかというのは、ちょっと確認していません。多くの場合、こういう呪医の治療で治るのかという質問をよく受けます。それは当然なことです。私は、そういう場合、基本的には「治ります」とお答えすることにしています。もちろん細菌性の病や、抗生物質を投与しなければならない病は、呪医のシステムではやっぱり治らないと思います。ですから、もちろん全部の病が呪医で治るというわけではない。逆に言いますと、「プラシーボ・エフェクト」、にせ薬効果というのをご存じだろうと思うんですが、医者をやっている私の友人に聞きますと、私たちが飲んでいる薬も、大体はプラシーボ・エフェクトが多いんだそうです。つまり体の調子が悪いので病院へ行き、歯磨き粉を薬だと言われて医者から渡されて飲むと、治ってしまう。（笑い）そういうのをプラシーボと言うんですが、現在の日本でも五割以上の薬の効能はプラシーボだそうです。そういう意味で、病というのは一方で物質的基盤を持っているわけですけれども、他方で非常にサイコソマティックな世界とつながっているということです。

きょうはお話できなかったのですが、トングウェが住む地域に野生のチンパンジーが共存しています。最近、チンパンジーが薬を使うらしいということが、私どもの仲間の研究で明らかになってきました。下痢をしたり、一日中、木の上に寝そべって元気のないチンパンジーが、その時にのみ特定の葉っぱを食べるわけです。これはトングウェ語で「ムジョンソ」という木の葉っぱなんです。それは私ども呪医の世界では、非常に苦くて、薬の代名詞に使われるような植物なんですね。それを下痢をして体の弱ったチンパンジーが食べているというので、持ち帰りまして化学分析をしますと、驚くべきことに、多くの寄生虫に大変よく効く薬だということが、ごく最近明らかになってきました。どうもその葉は、それ以外にも抗がん作用というか、ガン化をおしとどめる効能もあるらしいということがわかってきまして、今、非常に注目を浴びております。ですから、薬学的な、化学的な側面でも大変効果のある薬が、この呪医の世界で使われていることは確かだろうと思います。同時にまた、人間が心を持った社会的存在であるという局面に対応したサイコソマティックな効果を持ったものが、トングウェにとってのお薬でもあります。物質的な側面とメンタルな側面とが、いれこ構造のような形でつくりあげられている世界が呪医の世界であり、その論理に従う限り、基本的に文化に形どられた病は、この治療のシステムによって癒されていくのだと、私は考えております。

質問者　もし学生諸君が誤解すると困りますので、実は私は去年まで、医学部で、まさに呪医の世界とは対極的な細菌学とか免疫学をやってきた者なんですが、確かに先生のおっしゃるように、心身医学といいますか、心理的な面で治る場合はあると思います。例えば九大の池見先生が心身医学の面で盛んにやっておられますね。それと同時に、例えばそういう村に、コレラやエイズが入ってきたら、これは呪医では治らない。それははっきりしているわけですね。先生が今おっしゃったことも、われわれがそういう精神的な世界に学ばなければならないという、それは確かにそういう面はあるんですが、今の日本のような異常な精神社会でも、怪しげな宗教と絡んだような、例えば「こういうお祈りをするとガンが治ります」とかいう、怪しげなものが随分あるわけですよ。先生が強調されようとするのはそういうことではなくて、人間には別のメンタルな面があるということだったと思うのですが、それがそういうものとごっちゃになってしまってはいけないと思う。もう一つは、心身医学で医学の世界で認められている部分と、インチキ宗教的な部分と、両方あると思うんです。その辺の境目をはっきり見極めることが、非常に大事じゃないかと思いますけれども。

掛谷　おっしゃるとおりだと思います。基本的に病というものが、治るとか治らないという水準のところでは、先生のおっしゃったことを見極めることが大変大事なことだと思います。ただ、私が申し上げたかったのは、インチキ宗教とか、そういうような問題を、つい求めてしまうのも人間性の一部であるということです。合理性でどんどん包囲していっても、結局それからずれてしまう側面を、人間は持ってしまっている。実はそこのところに人間の人間らしさの一面がある。これまで悪とか、一見、負の価値とされてきたものが、実は深く人間性に根差しているのではないだろうか。

そういう局面、そういう部分までも含む人間観といいますか、人間像といいますか、そういうとらまえ方をしないと、ついに私たちの文明は、とてつもない暴走の道を走っていってしまうのではないでしょうか。きょう、お集まりの皆さんは多分、合理的な思考には充分にお慣れになっているだろうし、そういう意味で、あえて反対の世界を持ち出すことで、人間が持ってしまっている、どうしようもない深さというようなものを、少しでもお伝えできればと考えた次第です。

司会者　大変興味深いお話をしていただきました。まだ議論のタネは尽きないわけですが、時間を過ぎてしまいましたので、これで終わらせていただきたいと思います。先生に最後にもう一度拍手をお願いします。（拍手）

第Ⅱ部——自然と社会の接点

ブジェゲの儀礼で弓矢をもって踊るイコタ（司祭）（1980 年）

第11章　呪薬としての動物
——トングウェ族の呪医の論理

1　原野の人

トングウェ族は、東アフリカ・タンザニア国の西部に広がるウッドランド（乾燥疎開林）に住む焼畑農耕民である。その居住地は、南北に長くのびるタンガニイカ湖の湖岸部から、標高二〇〇〇メートルの山地にまで達する（口絵図1、口絵図2）。彼らは、トウモロコシ、キャッサバを主作物とする焼畑農耕のほかに、マスキット銃や多種類の罠による狩猟（口絵8）、湖や河川での漁撈、蜂蜜採集など強く自然に依存した生業を営んでいる。自然に密着して生活する彼らの村は、人口で二〜四〇人、戸数にすれば一〜一〇戸程度の規模であり、それらの小さな村が互いに距離を隔てて、ウッドランドに点在している。トングウェは、原野の中で埋もれるようにして生きる人びとなのである。

原野の人・トングウェの心を知りたいと思うなら、なによりも広大なウッドランドの徒歩旅行、つまりサファリに出掛けることだ。最小限に切り詰めた荷物を背に、気心の知れたトングウェとともに、雨季なら背丈ほどに伸びた草をかきわけて、乾季ならまばゆいばかりの陽光を浴びて、細く連なる一本の踏み跡をたどる。

心地良いピッチで歩むトングウェも、道に動物の糞を見いだせば立ち止まり、それがハイエナやヒョウやライオンあるいはブッシュバック（中型の羚羊）のものであることを教えてくれる。木の葉隠れにチラリとでも動物の姿が見えれば、彼らは肩からマスキット銃をおろし、風の方向を確かめ追跡を始める。川辺林にたどり着き、一服しているとき、目の前に立つ巨木の名前を尋ねれば、たちどころにそのトングウェ名が返ってくる。その木がどんな用途に用いられているかも、細かく教えてくれるだろう。

原野の心に至る道の一つは、彼らの自然に対するまなざしに、私たちのそれを重ね合わせていく努力の中にあるといってよいであろう。

2　呪医入門

私は、ウッドランドにおける自然と人との関係の解明という主題のもとに研究を続けていたのだが、調査が進むにつれて次第にその関心は一つの領域へと収斂《しゅうれん》していった。それは、多くの植物や動物を素材として用いる

「ダワの世界」とでも呼ぶべき領域であった。

ダワというのはスワヒリ語で薬を意味している。しかしダワは単に病を治療する薬という意味だけではなく、邪術者《ムロシ》が人を呪いにかける呪薬でもあり、あるいは邪術者の邪悪な意図から身を守る呪薬をも意味している。それはまた、さまざまな超自然的存在をコントロールする物質でもある。トングウェは、生活のあらゆる側面にわたって、ダワを網の目のようにはりめぐらしていたのである。ダワなしでは、彼らの生活は円滑に営まれえないという印象さえ受けるほどであった。

「ダワの世界」への強い関心は、必然的に、その中心に位置するムフモつまり呪医へと向かっていった。

原野の中で、明るく陽気に、日々営々と暮らしつづけるトングウェの世界を表面とするなら、その裏面には、人が人を呪う呪詛の念が渦巻き、精霊や祖先霊が徘徊する世界がある。この二つの世界に脈絡をつけ、ダワを駆使して、もつれてしまった因果の糸をほぐし、病などの不幸の源を除去する役割を荷う人、それが呪医《ムフモ》だった。

呪医の世界は自然についての知識の宝庫だ。しかし、秘儀的な性格がかなり強い。この世界を解明することが、トングウェ社会の本質に迫る一つの道であることは明瞭なのだが、その入り口には厚い扉が閉ざされている。

調査が後半にさしかかったある日、私は思いきって、日頃から比較的親しくつき合っていたカソゲ村の呪医カソンタ老に呪医入門を志願した。私の主張にじっと耳を傾けていたカソンタ老は、最後に、「おまえの話はよくわかった。おまえを呪医にする儀礼をやろう」といってくれた。私は、厚い扉を開ける鍵を手に入れたのだ。

こうして私は正式な儀礼を経て、いわばトングウェ公認の呪医となり、多くのことがらを学んだのである。ここでは、呪医の修業過程で得た知識のうち、複雑な呪医の世界で活躍する動物たちに焦点を合わせ、呪医の論理の一端を紹介することにしたい。

3　呪医《ムフモ》の世界

呪医の最も重要な仕事は、現代社会における医師と同様、病の原因の診断とその治療である。近代医学を背景とした医師とトングウェの呪医との最大の相違は、後者の医術の背景にさまざまな超自然的存在が深く関わっているということであろう。重病を患ったトングウェは、それが偶然の結果ではなく、なんらかの超自然的存在の意志のあらわれだと考えるのである。

病とその根本原因としての超自然的存在とは呪医の占いによって因果づけられるのであるが、結果的にみて、それらの間には症状の程度に応じてほぼ図2-1に示したような相関がある。

頭痛や腹痛など、通常二〜三日で快癒する軽い病のことを、トングウェは「神の病《ムングー》」と呼ぶ。神は、いわゆる唯一至高神ではなく、その位置づけは定かではないのだが、運命といったニュアンスに近い存在だと考えてよい。神は、原理的にはあらゆる病の原因となりうる。しかし通常は、軽い病の原因であるとされる場合が多い「神の病」に対しては彼らはそのまま放置しておくか、あるいは簡単な民間薬を自ら調合して服用するだけである。

病状が激しくなったり長びいたりすると、はじめて彼らはその根本原因を求めて、呪医《ムフモ》のもとを訪れる。呪医は精根を傾けて、病因となった超自然的存在が何であるかを占う。

病状はかなり激しいが一定期間後に快癒する病は、（B）のカテゴリーに含まれる超自然的存在、つまり精霊《ムガボ》・祖先霊《ムシムム》・動物《イニュウェレ》・言葉《イガンボ》などが病因とされることが多い。

精霊《ムガボ》は、トングウェ領内の山、川、大木、大石などに住んでいる。この中には、首長《ムワミ》やその一族の人びとの守護霊や、精霊の生まれ変わりと信じられている双子や逆子の霊も含まれる。また、川の淵などに住んでいて、水汲みにやってきた女性にとりつき不妊症などの原因になる悪霊もいる。

それぞれの家族は、主として父系のラインをたどる祖先霊《ムシム》を信仰しているのだが、首長《ムワミ》や小首長《ムトゥワレ》の霊は、その一族の人びとが共通に崇拝の対象としている。

動物《イニュウェレ》としては、ゾウが代表的である。ゾウは強力な霊力をもっており、これを撃ち殺した狩人は、一週間も続くブジェゲと呼ばれる儀礼を行ない、悪霊払いをしなければならない。ブジュゲ儀礼を受けた狩人はムジェゲと呼ばれ、真の狩人として尊敬される。しかし、もしこの儀礼を怠ると、ゾウの悪霊にとりつかれて重い病にかかる。ムジェゲはその子孫によって相続されなければならない。また動物の中には、四本の足をもった蛇のようなムヒギや、森に住むといわれる異様な姿をしたリジョンブウェなど、架空と思われる動物も含まれる。

言葉《イガンボ》は、長老がそれと意識せずに漏らす不平、不満や、死に際に残した遺言であり、それらの言葉が人にとりついて病の原因となることがある。

精霊や祖先霊は、存在自体としては中立的であり、人びとがそれらを敬い心をこめて祀り、日々営々と暮らすかぎり、人びとを守り、村が繁栄するのを喜んでくれる。しかし、もし人びとが自堕落になり祀ることを忘れ、悪しき行為に走ったりすると、精霊《ムガボ》や祖先霊《ムシム》はこらしめのために人に病などの不幸をもたらすのである。

病因となる超自然的存在の中で人びとが最も恐れるのが邪術《ブロシ》である。邪術《ブロシ》を駆使する邪術者《ムロシ》は現実の人間界に跋扈《ばっこ》し、人に重い病を患わせ、ついには死に至らしめることができる。邪術者は恥知らずであり、平気で近親相姦を犯し、夜ごとに全裸で集会をもつ。邪術者は、ハイエナやイヌやダルマワシをいわば自家用車として自由に操り、一夜のうちにどんな遠い所へでも一気に到達できるのだと、トングウェは語る。

邪術者《ムロシ》の用いる邪術は多様だ。ピグミーアンテロープなどの小型羚羊の角に呪薬を入れ、呪詛の言葉とともにミニアチュアの槍を角の中に突き刺して呪いをかける。バナナの髄で人形を作り、それに針を突き刺して呪う。あるいは、食物の中にダワを仕掛け、道にダワを仕掛ける。術にたけた邪術者は、ライオンやワニ、毒ヘビを飼育しており、それらの動物を人に差し向けて危害を加えることもできるという。このような邪術者の黒い意志こそが、大部分の重病や死に至る病の根本原因なのだとトングウェは語る。

呪医は、このように多様な超自然的存在に対応して多彩な治療法を行使するのであるが、その本領は邪術に対処するときに発揮される。ダワや邪術を用いて人を不幸におとし入れる邪術者に対抗して、呪医も多種類のグワを駆使して治療にあたる。

これらのダワは、大別して二群に区分される。一つは植物の草根木皮であり、トングウェはそれらをムティと総称する。もう一つは、これらの植物性呪薬《ムティ》に力を付与し、活性化する働きをもつ動物性呪薬シコメロである。呪医以外のトングウェは、「われわれも、草根木皮からとるダワについてはかなり知っているが、シコメロを熟知し、それを自在に用いることができるのは呪医だけなのだ」と語る。植物性の呪薬についても、呪医は他のトングウェたちよりも豊富な知識をもち、また普通手に入らないような貴重なムティを持っている。しかし、「ダワの世界」の中心人物である呪医の呪医たるゆえんは、シコメロについての知識に求められるのである。

シコメロの素材は、昆虫、蛇、鳥類、哺乳類、それに人骨にいたるまで多種多様だ。どのような動物が、いかなる理由によってシコメロとして選ばれるのであろうか。それがこの小論のメイン・トピックである。

4　呪薬としての動物――シコメロ

これまでに、トングウェが方名を与えて識別している動物は三〇〇例以上が知られている。これらの方名種と動物分類学上の種との対応関係は一口では言いあらわせない。たとえば哺乳動物の場合には、ほぼ一方名種が一種に対応している。他方、蝶や蛾など、あれほど多彩な種類を含むものを、彼らは、ただひとつの方名種リベーベとしてまとめて呼称している。ここでは、方名種に基づいて記述してゆくことにしたい。

これらの動物は、トングウェ語では、昆虫を中心としたリムジェ、魚類に対応するイセンベ、鳥類を中心としたイニョニ、それに哺乳類を中心としたイニュウェレの四つの上位分類単位に分けられている。蛇類はンソカとして、独立した類型と認める者もあるが、一般には既述の四類型よりも下位の単位と考えられていると見てよさそうだ。シンプルな四類型分類法ゆえに、たとえばチンパンジーが人と獣の、コウモリが獣と鳥との中間的な存在とみなされるというように、この分類法におさまりきれない動物も多い。

これまでの調査で、一〇五種類のシコメロを知ることができたのであるが、以下の記述では、便宜的に、既述の四類型に、蛇を含む両棲類、爬虫類のグループと人とを加え、それぞれの類型の中からいくつかの例をとり出して解説してゆくことにしたい。

リムジェ（虫類）

ナナフシ（ガンガミシ）は、呪医《ムフモ》が占いに用いるジャバラ、カンサララに不可欠だ。患者の前で呪医は、竹と蔓草でできたジャバラの一端を片手に持ち、他方の手でそれを閉じる。そして呪文を唱えて片手を離す。このカンサララの動きで、病の種類やその予後を占うのである。カンサララが縦に振れれば、それは墓を掘る動作を暗示しており、患者は死に至るだろう。ゆっくりと横揺れすれば、それは元気な人の歩みを示しており、患者の病は快癒する。つまり、カンサララの微妙な揺れ動きが、この占いの鍵である。それは、ナナフシの体をふるわせる性質に負うところが多い。

アワフキムシ（シフアマテ）は、癲癇《てんかん》症のように口から泡を吹いて倒れるシフーサという病のためのシコメロだ。アワフキムシの幼虫が分泌する泡は、シフーサのそれに酷似している。この泡が徐々に地面に垂れ落ちていくように、病は次第に回復に向かうだろう。

淡水産の二枚貝（イコンベレレ）は、もろもろの病の誘因を除去する治療に用いられる。呪医の治療法は、原則的にいえば、誘因を除去する側面、病の根本原因である超自然的存在に対処する側面、それに、症状に応じた対症療法の三側面から成っている。このうち、誘因に対する療法は、患者の体内に巣くう不運の源や邪悪な物質を取り除く療法であり、一種のサウナ療法（イフボ）である。大きな土鍋に水を満たし、それに多種のダワを入れ沸騰させる（写真11-1）。患者は、沸騰した土鍋を足もとに置き、上半身裸になって土鍋を体で覆う姿勢をとり、その上から大きな布ですっぽり覆われる（写真11-2）。患者は、聖なるダワの入った蒸気を体中に浴び、病

写真 11-1　イフボ用のダワを用意する呪医

写真 11-2　土鍋を足許においた患者に呪医が布をかぶせる（イフボ療法）。

の誘因が除去される。この療法は、トングウェ語でイフボと呼ばれる。イコンベレレの貝殻の粉末は、このイフボ療法用のシコメロの一種なのだ。イコンベレレは、水の澄んだ、汚染されていない水中に住む。毒素に汚された患者の身体が、イコンベレレの生息場所のように澄んで汚れのないようになる願いがこめられているのである。ミノムシ（リシセニヤ）は、妊娠祈願のシコメロだ。ミノムシの蓑《みの》は子宮であり、その中に巣くうミノガの幼虫が胎児ということになる。蓑ごと乾燥させたものをシコメロにする。

通常の病に対するダワと少し異なるが、ンサンバつまり媚薬にもシコメロは欠かせない。リムジェの仲間では、ヒル（ムスビコ）とゲンゴロウ（ニェンゲレブエ）が重要だ。ヒルが人の身体に吸いついて離れないように、思いをよせた女性は、その男から離れないのだという。また、同じ場所をグルグルと回りつづけるゲンゴロウのように、恋人は自分のまわりだけをまわり続けるのだという。どんな文化でも、男女の仲は、薬に願いを託さなければならないほど、ままならぬものであるらしい。

ンソカ（蛇）および両棲類、爬虫類

カメ（イティリ）は、邪術者から身を守るためのダワ、シンディコ〔注　邪術者よけに用いる呪薬〕の素材として重要なシコメロだ。カメは、敵に攻撃されたり危険に出会うと、頭や手足を甲羅の中に引っ込める。こうなれば、普通の動物は何とも手の下しようがない。もし邪術者が人に呪いをかけようとして近づいても、甲羅に身を潜めたカメを前にした野獣のように、邪術のかけようがなくなるのだという。シンディコには、カメの頭を乾燥させて用いる。その甲羅は、同様の原理によって、原野のただ中で寝る時、猛獣よけのダワとして使用される。

ヤモリ（イフルムラ）は、曲げていた脚を伸ばすときに強烈な痛みを覚えるカフニャという病に用いる。ヤモリは自在に体を曲げ伸ばしできるのだから。

オオトカゲ〔注　正確には「ナイルオオトカゲ」〕（シブル）は奇妙な習性をもっていると、トングウェは語る。捕獲したオオトカゲの皮を剥ぎそこに放置しておくと、知らぬ間にその死体は場所を変えてしまい、前あった所にはなくなるのだという。このような習性のゆえに、オオトカゲの体の一部は邪術者よけのシンディコに使用される。つまり、オオトカゲの死体が移動するように、邪術者《ムロシ》の仕掛けたダワや悪霊が、狙われた人の身体を離れていくという。

ブラックコブラ（シコマ）やスピッティングコブラ（シフィラ）などの毒蛇は、その獰猛さと強烈な毒ゆえに、その身体の一部がシコメロとしてシンディコに混ぜられる。他の植物性呪薬が、毒蛇の毒のように強力なダワとなって、人が邪術者の餌食となることを防ぐというのである。

術にたけた邪術者は、ワニ（シグウェナ）を人に差し向け、危害を加えることができる。あやうくワニに襲われそうになった人が、運良く難をのがれることができれば、その足で呪医を訪れるであろう。呪医は、薬籠の中から、保存しておいたワニの頭や尾の一部を取り出し、他のダワと混ぜる。そして、患者の体にカミソリで傷をつけ、そこにダワを塗りこめる。「眼には眼を、歯には歯を」というわけだ。

イニョニ（鳥類）

カンムリクマタカ〔注　原著では「カンムリワシ」。編者が訂正〕（シジュイバ）の骨や羽毛は、シンディコ用に、また病の誘因を取り除くイフボ療法に用いられる。カンムリクマタカが獲物をつかまえるように、ダワがしっかりと病根を捕え、カンムリクマタカが空高く飛んでゆくように、病根も患者から離れて遠くへ飛んでいく。

カンムリクマタカと同じワシタカ科に属するサンショクウミワシ（ンクワシ）〔注　原著では「アフリカスナドリワシ」。編者が訂正〕は、幸運をもたらすダワ、ンサンバのシコメロになる。サンショクウミワシの羽毛は白い。白色は健康や幸運を象徴する色なのだ。

サンショクウミワシが魚を捕まえたまま死んでいるのに出会った呪医《ムフモ》は幸運だ。魚をガッチリとつかんだままの脚を切りとり、乾燥しておく。それは、豊漁のためのダワのシコメロとして貴重である。サンショクウミワシが魚を上手に捕獲するように、人も豊漁まちがいなしだ。

アフリカコビトウ〔注　原著では「オナガウ」。編者が訂正〕やヘビウ（ムロバ）の喉頭部は、魚の骨をよくノドにひっかける人に必要なシコメロだ。ムロバは、魚をまるごと、するりと飲み込んでしまうのだから。

エボシドリ（シクルクル）は極彩色の美しい鳥だ。その赤い羽毛は、シンディコ用のシコメロだ。真紅の羽の色は血の色を象徴している。血は動物の活力の源だ。また、初潮の遅れている女性のために、月経を促すダワを調合するとき、同様の原理で、エボシドリの赤い羽毛が使用される。

ハジロハクセキレイ〔注　原著では「マダラセキレイ」。編者が訂正〕（カティエンティエ）やクイナの仲間〔注　原著では「シロクイテンナ」。編者が訂正〕（シクウィンビ）の尾羽は、男性としての能力の衰えた人には重要なシコメロだ。これらの鳥は、道をチョコチョコと歩くとき、必ずその尾羽をピンピンと立てる。

イセンベ（魚類）

トングウェは、まことに原野の人なのであろうか。魚類はシコメロとしてほとんど用いられない。その例外は淡水産のフグ（シカカムシ）だ。このフグの皮は、貴重なシコメロとして珍重される。陸に釣り上げられたフグはみごとに身体を脹《ふく》らせる。つまり、危急存亡のとき、フグは体を脹らせるというのがトングウェの説明だ。この性質のゆえに、フグは邪術者《ムロシ》よけのシコメロとなる。また、男性能力の回復のためのシコメロとしても用いられる。賢明な読者諸氏は、トングウェと同じ理論をすぐさま脳裏に浮かべることができるであろう。

イニュウェレ（獣類）

ブチハイエナ（イタナ）は、邪術者の乗り物としてすでに登場している。しかしこのハイエナも、使い方によっては貴重なシコメロになる。大呪医は、ハイエナが通常夜行性であることを利用して、シンディコの素材に用いることができる。邪術者《ムロシ》がその悪意に満ちた邪術を行使するのは夜が多い。夜に注意を怠らないために、ハイエナの頭骨をシコメロとして用いる。また呪医は、邪術に対抗するカウンター・マジックとして、ハイエナの糞を使わなければならないこともある。邪術者は、嫌われ者のスカベンジャー・ハイエナの汚物である糞を用いて人を呪い、人からの嫌われ者となり、特に異性からつまはじきにされるように仕向ける。この邪術にかけられた人の呪いを解くため、呪医もまたハイエナの糞を使う。

ライオン（シシンバ）やヒョウ（ングウェ）は、その強力な肉食獣としての習性のゆえに、シンディコのダワを強力にするシコメロになる。また狩りに臆病なイヌの性質を鍛え直すためのダワにも、シコメロとして使われる。

ブッシュダイカー（カシヤ）の蹄《ひづめ》は、頭が激しく痛む病、ンカシのシコメロだ。この病名とブッシュダイカーのトングウェ名カシヤが類似しているから、シコメロとして使われるのだという。また蹄の硬さと、人の頭が丈夫になることとが相関するというのが、彼らの説明である。

同じく頭痛に似ているが、特に目の周囲から額にかけて激痛を覚える病はシミニィと呼ばれる。この病を治療するダワには、アフリカスイギュウ（ンボゴ）の額の部分の毛皮が必要だ。スイギュウの額は頑丈で、木に激しくぶつけてもびくともしない。病にかかった人の頭も、このように丈夫になるようにというのが、シコメロとして用いられる理由である。

難産の際、出産を促進するために用いるダワにはカバ（ングフ）の糞が必要だ。乾燥した糞を他のダワとともにいぶし、その煙を局部にあてる。カバは、ドドーッとばかりに勢いよく脱糞する。このように、子供が元気に早く出産するようになるという。

原野で眠らなければならないようなサファリに出掛けるときには、野獣よけのダワとして、センザンコウ（ンカカクボナ）の鱗を持参するのが望ましい（写真1-4）。硬い鎧のような鱗で覆われたセンザンコウの体には、ライオンやヒョウの鋭い爪も歯が立たない。つまり野獣よけにはもってこいというわけだ。

ピンと尾を立ててサバンナを駆け抜けるイボイノシシ（ンジリ）は、例によって男性能力回復の妙薬の一種だ。もちろん、その尾をシコメロとして用いる。

ムントゥ（人）

特異な、しかし強力なシコメロとして人骨がある。首長《ムワミ》の人骨は、シンディコ用のダワを強力にするシコメロだ。首長は、その即位儀礼時に多くのダワの投与を受けているからである。また、双子や逆子の人骨は、それらが精霊の生まれ変わりであると信じられているがゆえに、シコメロとして珍重される。少し変わったところでは、盲人が使用していた杖がシンディコに使用される。邪術者《ムロシ》が盲目のようになって、目的と狙う人を見失うのだとトングウェは語る。

5　意味をもつ自然物

これまで、多彩で豊富なシコメロの世界をできるだけ生き生きと伝えることを願って、具体例を挙げて紹介してきた。ここで述べた例は、まだシコメロの一部にすぎないのではあるが、呪薬として用いられる動物の広がりと用途およびその原理のおおよそは概観していただけたことと思う。ちなみに、便宜的に分けた六つのカテゴリーに含まれる動物が、それぞれどのような用途に使われているかを表11-1に示しておいた。一つの種類が複数の用途に用いられる場合には、それぞれを独立した用法として数え上げたので、用例としての総数は一四六となっている。それぞれの動物群で用途は多様であることを知ることができるが、特に顕著なのは、獣の仲間の用

表 11-1　動物群とその用途

用途 / 動物群	邪術	特定の病	ンサンバ	生産呪術（農耕・狩猟・漁撈）	イヌ用	その他	計
リムジェ（虫類）	4	14	2	0	2	2	24
両生類・爬虫類	12	5	0	1	0	2	20
イニョニ（鳥類）	13	10	3	4	0	0	30
イニュウェレ（獣類）	23	16	1	2	4	6	52
イセンベ（魚類）	1	3	0	1	0	0	5
ムンドゥ（人）	8	3	0	4	0	0	15
計	61	51	6	12	6	10	146

例が多いこと、また使用目的では黒い邪術と特定の病に対して集中していることであろう。

各動物が、どのような理由によってシコメロとして選ばれているのかという原理については、生態を含めた動物の習性、形態や体の器官の性質の類似、色彩とその象徴的意味との連関、名前の類似等々、一様ではない。これら個別的な原理の中に一貫して流れる論理は、異なった対象の間を類似によって連合する隠喩と、隣接性に根拠を置いた換喩の論理であることを見いだすのは、それほど困難なことではない。それは、フランスの社会人類学者レヴィ＝ストロースが、その名著『野生の思考』でつとに強調し、また近年の象徴機能についての研究において、人の知的メカニズムの最も基本的な属性として強調されている点と共通している。

ここでは一切述べなかったが、植物性のダワについても、シコメロの場合とほぼ同様な論理が存在しており、その一部のものについては、現代の科学分析によって確かな薬効ありと認められたものもある。とすれば、このような象徴的思考法は、一方では、「発見の方法」として創造的な知性に直接つながるものであることが指摘できるのである。

無意味な物の氾濫のただ中で、茫然とたたずむわれわれ文明の住人とは異なって、身近な自然物が豊富な意味を持つ世界に住むトングウェは、多彩な象徴の論理を駆使して、人が動物や植物とともにコスモスの一員であることを主張しているといえないであろうか。

第12章　シコメロの素材と論理
――トングウェ族の動物性呪薬

1　序

西部タンザニアに広がるウッドランド（乾燥疎開林）に住むトングウェ族は、トウモロコシ・キャッサバを主作物とする焼畑農耕と、マスキット銃や多種類の罠を用いた狩猟、湖や河川での漁撈、蜂蜜採集など強く自然に依存した生業を営む人びとである。

トングウェ族を調査対象とした京都大学アフリカ学術調査隊の研究者に共通した視点の一つは、トングウェと自然との関わりの諸相を追求することに置かれていたと言ってよい。この視点は、一方で生活の基礎的側面の分析としてエコロジカルな研究を要請していたのであるが（掛谷　一九七四、Kakeya, 1976; Takeda, 1976）、他方、エスノサイエンスあるいはエピステモロジーの研究へと展開する契機をも含んでいた。

主として後者の立場から、伊谷（一九七七a、b）は、一〇数年にわたるトングウェとのつきあいの中で得た資料をもとにして、動物に対する彼らの認知、理解、意味づけ、捕獲の手段、利用等を『トングウェ動物誌』として画きあげた。同様の問題意識をもちつつ筆者がとったアプローチは、植物や動物についての知識の宝庫であり、伊谷が、専業的・特技的な色彩が濃厚であると指摘した呪医つまりムフモ（*mufumo*）の世界に直接切り込む方法であった。筆者は正式な儀礼を経て、いわばトングウェ公認の呪医となり、その修業過程で得た知識をもとにしてムフモの世界の内側からその構造を把握することを試みた（掛谷　一九七七b）。

ムフモの世界は豊かな象徴的思考に彩られており、その深い理解はトングウェ文化の解明のために必須のものであると言えるのであるが、前稿ではその問題点を指摘するにとどまった。本論稿は、前稿の限界を一歩越えるために、主として動物性呪薬をとりあげ、どのような動物が、いかなる理由によって呪薬として用いられるのかを明らかにすることを目的としている。この記述、分析を通して、トングウェのエスノサイエンスやエピステモロジーの根底に潜む象徴的思考法の一端の解明を試みたい。

本論稿は、一九七一年から一九七二年にかけて行なった調査結果を基礎としつつ、一九七六年度海外学術調査「赤道アフリカ森林地域におけるエスノサイエンスと生態人類学の研究」（研究代表者、米山俊直）に参加して得た資料にもとづいている。一九七六年度の調査は、筆者のムフモ研究にとって、特に二つの点で重要であった。ひとつは、ここで論述する動物性呪薬について多くの資料を得たことであり、他方は、ザイール（現在のコンゴ民主共和国）側のタンガニイカ湖畔に住むタブワ族（Tabwa）を研究するアメリカの人類学者ロバーツ夫妻（Allen and Christopher Roberts）に出会ったことである。タブワ族は、歴史的・文化的にトングウェと密接な関係をもつ部族であり、この部族を対象として、とくにロバーツ夫人は呪医の研究を進めていたのである。ロバーツ夫妻は、V・ターナー（V. Turner）の教えを受けた人類学徒であり、ターナーは、後述するように、アフリカにおけるエスノメディスンの研究において、きわめてすぐれた業績を残しているのである（Turner, 1967）。本論の展開に先立ち、ロバーツ夫妻のフィールドでともに調査し討論を深め、そこから多くの知識やヒントを得たことを、ここに特記しておきたい。

2　シコメロ（*sikomelo*）

トングウェは、さまざまな病の根本には、邪術者をはじめ多くの超自然的存在が関与していると考えている。これらの超自然的存在がもたらす病を、多彩な呪薬を駆使して治療するのがムフモの重要な役割の一つである。治療は、原則として、体内に巣くう悪運の源もしくは邪悪な物質を、イフボ（*ifubho*）と呼ばれる一種のサウナ療法で取り除く側面、つまり誘因除去の側面、病の根本原因である超自然的存在に対処する側面、それに病の症状に応じた対症療法の三側面からなっている[1]。呪薬は、このいずれの側面においても不可欠である。

ムフモが駆使する呪薬は、トングウェ語でムティ（*muti*）と総称される。このムティは大きく二つに類別されている。ひとつは、呪薬の総称であるムティの狭義の用法なのであるが、植物の草根木皮を素材とする呪薬である。もうひとつは、動物性の呪薬であり、シコメロ（*sikomelo*）と呼ばれる。植物性の呪薬ムティに力を与え活性化する働きをもつ呪薬、それがシコメロなのである。

呪医以外のトングウェは、「われわれも、草根木皮からとるムティについてはかなり知っているが、シコメロを熟知し、それを自在に用いることができるのはムフモだけなのだ」と語る。ムティについても、ムフモは他のトングウェたちよりも豊富な知識をもち、また普通では手に入れることが難しい貴重なムティを所持している。しかし、呪薬に関する知識においてムフモの世界を際立たせているのは、このシコメロについての知識なのである。

シコメロの素材として用いられる動物は、環形動物・昆虫から鳥類・哺乳類それに人骨に至るまで実に多彩である。超自然界と人間界が織りなす因果の文脈に、これらの動物たちがいかなる論理によって関与し、病の治療薬として活躍するのであろうか。このテーマをめぐり、これまでに知ることができた一〇五種類のシコメロの全てについて記載し、その上で、自然によって思考し、自然によって病を治療する、呪医の論理の分析を試みることにしたい。

動物の方名種と民俗分類

トングウェは、彼らをとりまく動物について、どの程度に認知し識別しているのであろうか。この問題は、シコメロの分析にとって基礎的で不可欠なのであるが、すでに伊谷（一九七七a、b）が詳細な記載と分析を報告している。ここではそれを要約して紹介するに留めたい。

これまでに、彼らが方名を与えて識別している動物は三〇〇例以上が知られている。このうち、より正確な情報が得られたものとして、伊谷が具体的に記載している方名種(2)は二七五種である。その方名種とそれに対応する生物種の学名、それらの動物についてトングウェから与えられた知識を記号化した情報が、系統分類に従ってリスト・アップされている（伊谷　一九七七b：四五三～四七〇頁）。シコメロとして利用される動物は、ほぼこのリストに含まれているのであるが、軟体動物一種、節足動物四種、両生類一種、蛇類二種、鳥類二種、哺乳類一種、合わせて一一の方名種が新たに加えられなければならない(3)。つまり、本稿の分析は、トングウェが名前を与えて識別した二八六の方名種を背景としているということになる。

トングウェ名が与えられた方名種と、動物分類学でいう生物種との対応関係は一様ではない。例えば哺乳類や魚類はほぼ一方名種一生物種という対応を示すのであるが、一方、蝶々や蛾などあれほど多彩な種を含むものを、彼らは、ただひとつの方名種リベーベ（*libheebhe*）として、まとめて呼称している。ここでは、方名種を、トングウェの動物的世界に対する認知の基本要素と考え、この方名種に従って記述を進めることにしたい。

これらの動物は、さらに四つの上位分類カテゴリーに分類されている。すなわち、昆虫類を中心としたリムジエ（*limuje*）、魚類に対応するイセンベ（*isembe*）、鳥類を中心としたイニョニ（*inyoni*）、哺乳類を中心としたイニュウェレ（*inywele*）である。蛇類はンソカ（*nsoka*）という総称をもち、上記の四分類と並ぶ類型を認める者もあるが、一般的には、より下位の単位と考えられていると見てよさそうである。

しかし、シンプルな四分類法ゆえに、なかにはチンパンジーのように人と獣の中間的存在と考えられる動物や、コウモリのように鳥と獣の中間に位置づけられるものもある。また雷も動物だと考えられているが、フォーク・カテゴリーでの位置づけは中間的である。ちなみに、伊谷に従えば、各上位カテゴリーが内包する動物分類群は表12－1のようになる。

表 12-1　トングウェの動物上位カテゴリーの内容

	内包される動物群	境界または外延をなす動物群
limuje	軟体動物、環形動物、節足動物、両生類、爬虫類	腔腸動物、魚類・両生類・爬虫類の一部
isembe	魚類	両生類の幼生
inyoni	鳥類	翼手類、（雷）
inywele	哺乳類、爬虫類	両生類・爬虫類の一部、翼手類、（雷）、類人猿

（伊谷、1977b: p. 450）

記載

個々の動物がシコメロとして用いられる論理は、その具体的な記述によって、もっとも生き生きと伝えられるのであるが、できるだけ簡潔に記載するため、以下に述べるような記号化をおこなう。それは同時に、伊谷（一九七七a、b）が画きだした『トングウェ動物誌』や、タンガニイカ湖西岸部のウッドランドに住むトゥンブウェ族（Tumbwe）についての民族動物学の研究（松井　一九七七）との比較がより精密におこなえるよう、記載のベースをできるだけ揃えるという意図をも含んでいる。

シコメロとして用いられる動物が、トングウェのフォーク・カテゴリーと、生物種の系統分類のそれぞれにおいて、ほぼどのような位置づけが与えられているかを示すため、次のような操作をほどこす。

トングウェの上位分類カテゴリーとしては、前述のように四つの包括名があり、それぞれ *limuje*（虫類）をJ、*isembe*（魚類）をB、*inyoni*（鳥類）をN、*inywele*（獣類）をWと略記し、かつ松井（一九七七）の記載に揃えるため、*nsoka*（蛇類）を独立させてSと略記する。また *muntu*（人）に直接関係するものを含むカテゴリーを設け、Tと略記する。さらに、J、B、N、W、S、Tの六群に含まれない動物群のためにZと略記するカテゴリーを設ける。Zに含まれる動物群は、[4] 明確なトングウェのフォーク・カテゴリーに収まりきれず、上記の六群のカテゴリーの中間に位置するとみなされる動物たちである。この記号化は、Zを除いて伊谷（一九七七b）のそれに等しい。

系統群については松井の提起にほぼ従い、哺乳綱をM、鳥綱をA、爬虫綱トカゲ目ヘビ亜目をS、S以外の爬虫綱をR、両生綱無尾目をF、硬骨魚綱をO、節足動物門をI[5]、環形動物門をN、軟体動物門をLと記号化する。人およびその関係物、それに動物と考えられている雷については、系統群記号を設けず、フォーク・カテゴリーの略号のみとする。

記載の順序は、伊谷による動物リスト（伊谷　一九七七b：四五三〜四七〇頁）に従い、リストに含まれない動物については、リスト中の動物分類に最も近い所に挿入する。かつおおまかに、トングウェのフォーク・カテゴリーの内容を概観することを意図して、トングウェの五つの基本的上位のカテゴリー（J、B、N、W、T）のほかに、特に多くのZを含む両生類、爬虫類（Sを含む）をまとめて独立した小節とし、虫類（J）、魚類（B）、両生類・爬虫類（Sと多くのZ）、鳥類（N）、獣類（W）、人（T）のそれぞれを一つの小節にまとめてこの順序で記載する。

個々のシコメロについては、まず、それぞれのフォーク・カテゴリーの略号に系統群の記号を付し、それに通し番号をつけて整理記号とする。シコメロの用途が複数あるときには、（a）・（b）・（c）の符号によって区別する。この整理記号の次に、トングウェ語の動物名を単数形で記し、次に和名を示す。ラテン名については、煩雑さを避けるため記載の中では省略し、付表に整理して示す。シコメロの内容は、その用途、それがシコメロとして用いられる理由についてのトングウェ自身の説明、使用部位と投与法などについて記す。使用部位の記述がない場合は、身体の部位を選ばないことを示している。

伊谷（一九七七b）も四一種のシコメロについて記載している。しかし伊谷自身が指摘しているように、シコメロはいわばムフモの秘技に属することがらであり、その用途・論理の記載については充分ではない点もある。とはいえ事例としては貴重なものも多い。ここでは、シコメロの全容を明らかにするという方針にもとづき、筆者が採集しえなかった事例は文頭に［I：五一六頁］のように記し、その引用頁を示してほぼ全文を記述する。筆者の資料と重複するものについては、文末に［I］の記号を付す。

記述の内容が筆者の前稿（掛谷　一九七七〔本書第2章〕）と重複する場合には、必要最少限の説明にとどめ、［K：四二三頁］のような記号を挿入してその参照箇所を示す。

本論の最後には、動物の学名、トングウェ名、整理記号、それに伊谷が記載した情報の記号、さらに、松井が記載したトゥンブウェ族の民族動物学の参照番号を記した付表をつけ、整理を試みている。

i　虫類（*limuje*）

ここでは、*limuje* と総称される昆虫を中心とした動物について述べる。ＪＬ、ＪＮ、ＪＩと記号化される動物たちである。

ＪＬ-1　*lijonga*：湖産のマキガイおよび陸産のマイマイ類

耳の病（*kutwi*）に用いる。この貝殻が耳の形に似ているからだ。貝殻に他の薬物を入れ、この薬液を耳孔に注ぐ。［I］

ＪＬ-2　*nsimbi*：タカラガイ

kubhoko という肩のつけ根が痛む病に必要である。タカラガイは海産であり、トングウェ・テリトリーにはもちろん産しないが、海岸地方から交易品としてもたらされる。シコメロとして用いられる理由は不明。*mondo*（ヤシの一種）の繊維を細くよった紐にタカラガイを通し、それを患部にまきつける。

JL－3　*ikonbelele*：ニマイガイ

（a）*mukosi* と呼ばれる病の誘因を除去するのに用いる。この療法は、イフボ（*ifubho*）と呼ばれるのであるが、土鍋に水とともに多種類の薬物を入れ、沸騰させ、その蒸気を患者の体にあてる。一種のサウナ療法である［K：四二三頁］。*ikonbelele* は、水の澄んだ汚染されていない水中に住む。毒素に汚された患者の身体は、*ikonbelele* の生息場所のように清らかになる。貝殻の断片を、イフボに入れる。

（b）［I：五一六頁］「火傷には、*ikonbelele* の貝殻を焼いて粉にし、それをつけるとよい」。火傷は、できるだけ早く傷口を乾燥させることが、回復の近道であり、ニマイガイの細かい粉末がそれを助長するというのが、トングウェの説明である。

JN－4　*muspiko*：湖および河川のヒル

（a）*nsamba* と呼ばれる媚薬用のシコメロである。ヒルは人の身体に吸いつくと容易には離れない。だから男が、みそめた女を手離したくないときに用いれば効果てきめんだと、トングウェは語る。女と性関係をもつ際、乾燥して粉末状にしたヒルに他の呪薬を混ぜ、それをペニスの先端部に塗りつけ、交わる。

（b）［I：五一六頁］「腹がさし込んでひどく痛むとき、それを薬草にまぜ、皮膚に剃刀で傷つけ瀉血したところにすり込む。生きたヒルに血を吸わせるという療法もあるらしい」。ともに、ヒルが血を吸うという習性に由来するのであろうが、理由の詳細については不明である。

JⅠ-5　*nkalaje*：ホイップスコーピオン

［Ⅰ：五一六頁］「イヌを狩りに連れていっても、もしイヌが動物を恐れたら、ホイップスコーピオンをキャッサバの団子の中に練り込んでそのイヌに食べさせると、イヌは強くなり動物を恐れなくなる」。理由の詳細は不明。

JⅠ-6　*lyongolo*：ヒメヤスデ類

tukosi という特異な病に投与する。男が他の女と浮気をし、その後で病を患ったとき、浮気の相手の女が男に会いにやってくると、その病は急激にひどくなる。この状態を、*tukosi* と呼ぶ。ヒメヤスデが死ぬとき、その体節はバラバラになる。このように、病も断片化して快癒に向かうというのがトングウェの説明である。ヒメヤスデを乾燥し、粉末状にして用いるが、投与法は病状によるので一定しない。［Ⅰ］

JⅠ-7　*isisi*：大型のバッタの一種

［Ⅰ：五一六頁］「*kusomi* というのは神のなせる病で、胸が痛む。胸の皮膚を剃刀で傷つけ、そこに *isisi* や *ihaso* などのバッタを焼いて粉にしたものをすり込む」。理由の詳細は不明。

JⅠ-8　*ihaso*：バッタの一種

右記のJⅠ-7、*isisi* と同じ。

JⅠ-9　*lighwankumbo*：赤い体色をしたバッタの一種

邪術者は、使い魔としてバッタを人に差し向け、呪詛の念をこめた呪薬を運搬させたり、危害を加えることがある。この邪術がかけられた人を治療し、あるいは予防するとき、ムフモは邪術者が使った動物と同種のものをシコメロとして用いる。つまり、同種の動物を仲立ちにして、邪術者が派遣した動物をなだめ排除するのである。体の数ヵ所に剃刀で傷をつけ、乾燥させて粉末状にしたバッタをすりこむ。（邪術者は多くの動物を、使い魔として操ることができる。使い魔の用例の場合、その治療の原理や投与法はほぼ同様である。以下の記述では、特別な例を除き、使い魔に対処する治療の原理や投与法の記載は省略する。）

JⅠ-10　*ng'angamisi*：ナナフシ類

ムフモが占いに用いるジャバラ、つまりカンサララ（*kansalala*）に必要とされる。占いを依頼されたムフモは、患者の前で、竹と蔓草でできたカンサララの一端を片手で持ち、他方の手でそれを閉じる。そして、呪文を唱えて片手を離す。このカンサララの動きで病の種類やその予後を占う。カンサララが縦に振れれば、それは墓を掘る動作を暗示しており、患者は助からないだろう。ゆっくりと横揺れすれば、それは元気な人の歩みを示しており、患者は快癒する。勢いよく振れて、カンサララの先端部が背中に届けば、子供が授かるだろう。カンサララの動きは、子供を腰に抱く姿を暗示しているのだから。つまり、カンサララの微妙な動きがこの占いの鍵なのである。それは、ナナフシの体をふるわせる性質に負うところが多い。ナナフシの体の一部を、カンサララの両端の竹に封じ込める。

JⅠ-11　*ihese*：ゴキブリ類

外耳炎の症状に似た*mbulukutui*という病に用いる。理由は不明。ゴキブリの頭部や尾部を乾燥させ、粉末にして投与する。

JⅠ-12　*musua*：小型のイエシロアリ

（a）女が子供を出産しても母乳が出ないとき、このシロアリの巣を粉末状にし、水に溶かして乳房に塗る。シロアリの巣の中には小さな幼虫がたくさん住んでおり、これらの白い幼虫が巣からはい出すさまは、乳房から母乳がしみ出るさまに似ているというのがトングウェの説明である。

（b）［Ⅰ：五一六頁］「頭痛をともなう *kabhanga* という病気の薬で、頭の正中線とそれに頭頂で直角に交わる十字に髪を剃り落とし、剃った部分の皮膚を細かく傷つけて、このシロアリをつぶしたものをすり込む」。理由の詳細は不明。

ＪⅠ-13　*sifuamate*：アワフキムシ

癲癇症《てんかんしょう》のように口から泡を吹いて倒れる *sifuusa* という病に必要である。アワフキムシの幼虫が分泌する泡は、*sifuusa* のそれに酷似している。この泡が徐々に地面に垂れ落ちてゆくように、病も快方に向かうという。アワフキムシの体の一部を乾燥し、粉末にしたものを飲みこむか、水に溶かしその水で水浴する。

ＪⅠ-14　*lisisenya*：ミノムシ

妊娠祈願のシコメロである。ミノムシの蓑は子宮であり、その中に巣くうミノガの幼虫が胎児なのだと、トングウェは語る。蓑ごと乾燥させたものの一部を、他の薬物とともに飲みこむ。

ＪⅠ-15　*nyengelebhwe*：ゲンゴロウ類

異性を引きつけておく媚薬（*nsamba*）のシコメロである。同じ場所をグルグルと回り続けるゲンゴロウのように、恋人は自分のまわりだけを回り続け離れない。投与法は、ＪＮ-4と同様である。

ＪⅠ-16　*lisendamafi*：ダイコクコガネ類

［Ⅰ：五一七頁］「*lisendamafi* を殺し、その荷物つまり糞の球とともに、木炭およびある薬草の根とをまぜ合わせる。これを、悪霊 *mukuli* にとりつかれた人の皮膚を瀉血して、そこに塗り込む」。理由の詳細は不明。

ＪⅠ-17　*limpanti*：カミキリムシの幼虫

カミキリムシの幼虫が巣くっている木の幹の部分を切り出し、それをシコメロとする。*siminyi* と呼ばれる激しい頭痛に用いる。この病は、あたかも頭の中に虫が住みついているかのごとくに思われるふしがあり、それは、カミキリムシの幼虫が木に巣くった状態に似ている。投与法としては、木ごと燃やした *limpanti* を粉末状にし、患部に剃刀で傷をつけ、他の薬物とともにすりこむ。焼け死んだカミキリムシの幼虫のように、頭の中の虫も死に絶えるのだという。

JⅠ-18　*sifamukanka*：ゾウムシ類

邪術者が多様な手法で、呪いをかけた呪薬や害物を、狙った人の体に撃ち込む邪術は *sipande* と総称される。ゾウムシは、この *sipande* の害をこうむった患者を治療する際のシコメロとして用いられる場合がある。人がゾウムシに触れると、ゾウムシは瞬間的に仮死状態になる。このように邪術者が患者の体内に仕掛けた害物も、ムフモが治療にとりかかれば、瞬間的にその効力を失い、体内からとり出される。アフリカスイギュウや牛の角を用いた瀉血療法、*silubhiko* 療法［K：四二六～四二七頁］のシコメロである。

JⅠ-19　*litembo*：スズメバチの類

［I：五一七頁］［*litembo* と *katembosasi* の巣を *nsaka* と呼び、*pinsi*［K：三八九頁］という病気の治療に用いる。この症状は *kasomi* に似るが、これは神のなせる病ではない。肋間の皮膚を傷つけ、そこに *nsaka* の粉をすりこむ］。理由の詳細は不明。

JⅠ-20　*nondo*：スズメバチの類

虫を狩った *nondo* をその状態で殺し、それをウガリに混ぜ、狩りに臆病なあるいは下手なイヌに食べさせる。イヌは、*nondo* のように狩りが上手になり、獲物を逃がさなくなるのだと、トングウェは言う。

JⅠ-21　*katembosasi*：小型のアシナガバチ類

伊谷が記載したもので、上述のＪⅠ-19に同じ。

ＪⅠ-22　*likabhumba*：ジガバチの仲間

［Ⅰ：五一七頁］「*likabhumba* は腰の黄色いジガバチで、家の壁などに土の巣をつくる。この巣を *ifimbo* という病気の治療に用いる。腕が痛む病気だが、巣を粉にして水に溶かし肩部に塗る」。理由は不明。

ＪⅠ-23　*ihula*：ハリナシバチの一種

［Ⅰ：五一七頁］「*ihula* の黒いゴム状の蜜蝋を *mufumbo* と言い、これにいろいろな薬をまぜて丸薬として飲む。*mufumbo* 自体も薬だとされている」。丸薬とするため、粘着力のある蜜蝋を用いるのであろうが、呪薬として用いられる理由は不明である。

以上で、虫類のシコメロの記載は終わる。方名種にして二三種ある。一方名種が複数の用途に用いられる場合、それぞれを別個に数えて用例数⑥と考えると、それは二六になる。

ⅱ　魚類（*isembe*）

タンガニイカ湖およびそれに流れこむ河川には、およそ一九科二三〇種の魚類が生息しているといわれている（Poll 1956; Kawabata & Doi 1972）。トングウェはその多くを識別していると考えられるが、これまでに方名種として確認されているものは五六種（伊谷　一九七七b）である。多種類の魚類は、その大半が食用としてトングウェに利用されているにもかかわらず、シコメロとして用いられるのは、わずか三方種、用例数にして五種類にすぎない。

ＢＯ-24　*nsinga*：オオナマズ

［I：五一七頁］「オオナマズの脂肪は、スナノミ *nfunsa* がたくさんわいたときに足にぬる。スナノミはこの脂肪を嫌う」。

BO－25　*nbebha*：デンキナマズ

［I：五一七頁］「デンキナマズの腰には鋭い骨がある。腰が痛いとき、腕が腫れたときに、この骨を刃物のように用いて局部を傷つける。この治療のあと扉にもたれることはタブーとされる」。その理由の詳細は不明である。

BO－26　*nkakamusi*：淡水産のフグ

フグの皮は貴重なシコメロであり、以下の三用途がある。

（a）インポテンツおよび男の性的能力増進のためのシコメロである。フグが陸に釣りあげられたときに、大きく体を膨ませる性質に由来する。臍の下部とその背側に剃刀で傷をつけ、他の薬物とともに粉末状にしたフグの皮をすりこむ。

（b）邪術よけの呪薬 *sindiko* として用いる。患者の体の数ヵ所に剃刀で傷をつけて、他の薬物とともにフグの皮の粉末を塗りこめる［K：四一九頁］。（*sindiko* には別の形態もあるが、多くはこのタイプである。以下の記述で、用途が *sindiko* とされる場合には、特記しないかぎり、これと同様の投与法が用いられている。）邪術者が悪意をもって近づいてきても、危急の際にフグが体を膨ませるように、体に異変を感じて危険が回避できる。

（c）畑の豊作を祈願する呪薬となる。フグが体を膨ませるように、作物も豊かに実り、かつ（b）同様、邪術者の悪意の防禦《ぼうぎょ》にもなる。他の呪薬とともに、畑に埋める。［I］

ⅲ　両生類・爬虫類

蛇類を含むこの動物群は、フォーク・カテゴリーにおいて位置づけの困難なものが多い。ZF、WR、ZR、SSと記号化される動物である。

ZF－27　*katanta*：ヒキガエル

お腹が大きく膨れ、嘔吐感を催す *musosi* という病に用いる。ヒキガエルは、人に触れられると大きく腹を膨ませ、乳白色の液体を出してから再び腹をへこませる。このように病人の腹も病根を排出し、腹がへこんでくるという。ヒキガエルの腹部の皮膚を乾燥させ、粉末状にして他の薬物とともに飲む。

WR－28　*itili*：カメ類

（a）邪術者よけの *sindiko* に用いる。カメは、敵に攻撃されたり危険に出会うと、頭や手足を甲羅の中に引っ込める。こうなると、普通の動物は手の下しようがない。もし邪術者が悪意をもって人に近づいても、甲羅に身を潜めたカメを前にした野獣のように、邪術のかけようがなくなる。亀の頭部を乾燥させて用いる。

（b）猛獣よけのシコメロにもなる。理由は（a）とほぼ同じで、邪術者のかわりにライオン等の野獣が想定されている。この場合には、カメの甲羅を用いる。

ZR－29　*lilunfu*：カメレオン

邪術者は、使い魔としてカメレオンを人に差し向け、悪意をこめた呪薬を仕掛ける。こうして呪われた人の身体は、カメレオンのように色が変わり、黄色に変色する。ムフモはこの邪術の予防、あるいは治療に、シコメロとしてカメレオンを用いる。

ZR－30　*ifulumula*：ヤモリ類

曲げていた脚を伸ばすときに強烈な痛みを覚える *kafunya* という病気に使用する。ヤモリは体を自在に曲げ伸ばしできるというのがその理由である。局部に少し傷をつけ、他の薬物とともにヤモリの体の一部を乾燥して粉末にしたものを塗り込める。

WR－31　*mbulu*：ナイルオオトカゲ

（a）邪術者よけの *sindiko* に用いる。捕獲したオオトカゲの皮を剥ぎそこに放置しておくと、知らぬ間にその場所を変えてしまい、前あった所にはなくなるのだという。つまり、オオトカゲの死体が移動するように、邪術者の仕掛けた呪薬や悪霊が、狙われた人の身体から離れていくというのが、彼らの説明である。オオトカゲの心臓や頭部を乾燥させておいて、用いることが多いという。面白いことに、このシコメロを投与された人が死んだ時、まだその効力が持続していれば、その死体を土中に埋めても、翌朝には土の上に出ていることがあるという。

（b）オオトカゲの腹腔中の脂肪も *sindiko* に加えられる。脂肪としての性質と、上記の習性とが考慮されている。伊谷によると、この脂肪は、塗り薬として、ムフモのみならず一般人もよく用いるという［I：五一七頁］。

（c）［I：五一八頁］「オオトカゲの舌は、子供がよくかかる頭の毛が抜ける *nsasa* という病気に特効がある。乾燥し粉末にしたものを瀉血したあとに塗りつける」。理由は不明。

SS－32　*nsabhwaka*：アフリカニシキヘビ

［I：五一七頁］「ニシキヘビの頭は万病の薬だと言われる。乾燥後粉末にし、熱湯に投じてその蒸気を浴びる」。この記載から、病の誘因を除去するイフボ療法用のシコメロと考えられるが、詳細は不明である。

SS－33　*insato*：ニシキヘビの一種

邪術よけの *sindiko* として用いられるが、これには二種類の説明が得られている。

（a）このヘビの頭と心臓を用いる。ニシキヘビは巨大であり、大きな動物も一口に飲みこんでしまうほど強力な蛇である。だから、*sindiko* に加えられる他の薬草も、このニシキヘビのように強力になる。

（b）ニシキヘビは一種の悪霊をもっている。邪術者はこのヘビを使い魔として派遣し、人に危害を加えることがある。このヘビの悪霊にとりつかれた人は、体が弛緩してしまい、脚にも力が入らない。ムフモは、この蛇の頭や心臓、脊椎骨をシコメロとして使う。〔Ⅰ：五一七頁〕

ＳＳ－34　*nkoma*：ブラックコブラ

sindiko に加える。この蛇は獰猛で、その毒も強烈である。咬まれると人は数歩進まないうちに死に至ると彼らは言う。この故に、*sindiko* に含まれる他の薬草の効力を強力にする。

ＳＳ－35　*nfuila*：スピッティングコブラ

ＳＳ－34と同様 *sindiko* に加えられる。理由も同様である。

ＳＳ－36　*nfufi*：水棲のヘビ

ＳＳ－34、ＳＳ－35に同じ。

ＳＳ－37　*ndolaliubha*：非常に長いヘビ

多くの病に用いられるが、特に癲癇症に似た *sifuusa* の特効薬である。手に入れることが非常にむつかしいシコメロだという。この蛇は、朝は地面に横たわっているが、陽が昇るにつれて体を起こし真昼には直立し、夕方再び地面に横たわるのだという。病も、このように徐々に快癒に向かうのだと、彼らは語る。

ＳＳ－38　*ndabhaghonsi*：樹上性のヘビ

長大なヘビであり、万病に効くシコメロだと言われるが、詳細は不明。伊谷は、「その骨は豊作の薬として畑に

埋める」という情報を得ている。［Ⅰ：五一七頁］

SS-39　*katebhokamukubho*：小さな赤いヘビ

邪術者は、このヘビを使い魔として派遣し人に危害を加える。同種のヘビをシコメロに用いる。

SS-40　*mambabili*：毒蛇

SS-34、SS-35、SS-36と同様である。

WR-41　*nguena*：ナイルワニ

邪術者の中にはワニを飼育している者がいて、それを使い魔として派遣し、人に危害を加えることができる。ムフモは、ワニの歯を石ですって粉末にしたものや頭部や尾部を、ワニよけの*sindiko*として、体の数ヵ所に傷をつけ塗り込める。［Ⅰ：五一八頁］

以上が、両生類・爬虫類のシコメロの内容である。方名種にして一五種、用例数では一九種である。但し、これら以外に、全てのヘビ類の頭骨が、ヘビに咬まれないための薬物のシコメロとなるという情報がある。また、伊谷は、ヘビ類の心臓が外傷の化膿止めとして用いられるという用例を記している［Ⅰ：五一七頁］。これらの例は、方名種に即して考察するという原則からはずれるので、ここでは一応除外して考えることにしたい。

iv　鳥類（*inyoni*）

ここでは*inyoni*と総称される鳥類について述べる。NAと記号化される動物である。

NA-42　*mulobha*：アフリカコビトウ〔注　原著では「オナガウ」。編者が訂正〕やヘビウ

*mulobha*の喉頭部は、魚の骨をよくノドに引っかける人に必要なシコメロである。*mulobha*は、魚をまるごとスル

リと飲みこんでしまうからである。喉頭部の近辺に小さく傷をつけ、そこに乾燥した後粉末状にした *mulobha* の喉頭部をすりこむ。

ＮＡ－43　*musinjie*：シュモクドリ

邪術者は、この鳥の巣を、悪意をこめた他の呪薬とともに、嫌いな人の家に仕掛けることがある。狙われた人は、その家に入りたくなくなり、また仕事を放棄して他の場所に移り住みたくなるのだという。というのは、シュモクドリは、大きな巣をつくるのだけれど入口は小さく、一度巣に入ることに失敗すればその巣を捨て、新たな巣をつくり始めるのだという。このように、人も、家を捨て他所に移りたくなるのだという。ムフモは、邪術者の意図に対抗し、この鳥の頭部や巣をシコメロとして、イフボ療法や、体の数ヵ所に傷をつけて薬物を塗りこめる治療法をとる。〔Ⅰ：四七六頁〕

ＮＡ－44　*kalimba*：ハゲワシの仲間

邪術よけの *sindiko* に用いる。*kalimba* は、雨季が始まったころ、乾季の羽毛を脱ぎ捨て、新しい羽毛に変わる。このように、邪術者もその心を変えて、邪術を解くようになるかも知れないのだと言う。*kalimba* の頭部や心臓を用いる。

ＮＡ－45　*njwibha*：カンムリクマタカ〔注　原著では「カンムリワシ」。編者が訂正〕

邪術よけの *sindiko* や、病の誘因を取り除くイフボ療法に用いる。カンムリクマタカが獲物をつかまえるように、このシコメロはしっかりと病根を捕え、カンムリクマタカが空高く飛んでゆくように、病根も患者から離れて遠くへ飛び去るのだという。カンムリクマタカの羽毛や骨が用いられる。

ＮＡ－46　*lusalabhanda*：マダガスカルチュウヒダカ〔注　原著では「アフリカチュウヒ」。編者が訂正〕

狩猟用のシコメロである。マスキット銃の銃床部に、この鳥の爪や頭部の一部を含んだ呪薬を吹きかける。この鳥は、狙った獲物は逃さず、一度捕まえればそれを離すことはないというのが、トングウェの説明である。

NA-47　*nkwasi*：サンショクウミワシ〔注　原著では「アフリカスナドリワシ」。編者が訂正〕

（a）人に幸運をもたらす薬 *nsamba* のシコメロである。この鳥の羽毛は白い。白色は、健康や幸運を象徴する色なのである。体の数ヵ所に傷をつけ、そこにサンショクウミワシの羽毛・脚・頭部の一部を含んだ薬物を塗りつける。

（b）豊漁を祈願する呪薬になる。サンショクウミワシが魚を捕まえたまま死んでいるのに出会ったムフモは、その脚を切りとり乾燥して保存しておく。これを魚網にとりつける。サンショクウミワシが魚を上手に捕獲するように、人も豊漁まちがいなしだと、トングウェは言う。

NA-48　*ipungu*：ダルマワシ

ダルマワシは悪霊もちである。この鳥が集落に舞いおりて脚を伸ばした姿を子供が見れば、その子供は *bhukangue* という病にかかるという。子供は突然ばったりと倒れ、意識不明の状態になるのだという。ムフモは、子供がこの病にかかるのを防ぐため、カウンター・マジックの原理によって、ダルマワシの羽毛か脚部の一部を含んだお守りをつくり、それを身につけさせる。運悪く *bhukangue* にかかった子供の治療にも、もちろんこのシコメロが入用となる。［I：五四八頁］

NA-49　*kakosi*：アフリカチゴハヤブサ

（a）右記の *bhukangue* と同様。

（b）JI-6で述べた *tukosi* の場合とおなじく、シコメロとして用いられる。これらの病に共通する性質の一つは、それらの症状が急に激しくなることだとトングウェは語る。アフリカチゴハヤブサは、獲物に目をつけると、突如急降下してそれを捕え、また素速く去ってゆく。そのさまは、これらの病が人を急に襲うさまに似ている。だから、このシコメロを用いれば、鳥が獲物を捕えて立ち去るように、病も患者から立ち去るというのである。アフリカチゴハヤブサの羽毛や爪が使われる。

NA-50　*nkwimbi*：クイナの仲間

インポテンツもしくは男の性的能力増進の呪薬に用いられる。この鳥は地面を歩行するとき、その尾羽をピンピンと立てて進む。このように、ペニスも勃起するようになるという。尾羽を使用するのだが、投与法はBO-26の（a）と同じである。

NA-51　*nkulukulu*：エボシドリ類

（a）邪術者の中にはエボシドリの真紅の羽毛を使って雷（*nkubha*）を起こし、その落雷によって人に危害を加えることができる者もいる。呪詛の念とともに、他の呪薬を混ぜたエボシドリの羽毛に火をつける。その煙は天に昇って雲となり、雷を招来する。真紅の羽毛は、あの雷光の色だというのである。この邪術に対抗するため、ムフモは同種のマジックを用いて、患者を守り治療する。

（b）この真紅の羽毛は、*sindiko* 用のシコメロである。つまり他の薬草の働きを強化するのである。真紅は血の色を象徴しており、血は動物の活力の源だからだ。

（c）原理は（b）と同様であるが、初潮の遅れている女性のために、月経を促すシコメロとなる。他の薬物とともに羽毛の一部を膣内に挿入する。

NA-52　*mukuwe*：マミジロバンケン〔注　原著では「マユジロコウカル」。編者が訂正〕

（a）*sindiko* 用のシコメロである。この鳥の巣を見つけ、巣の中にいる雛を紐で結びつけておく。親鳥は巣に戻ってくると、その紐をあっというまに解いてしまうという。このように、邪術者の呪いを解く効力をもっているのだというのがトングウェの説明である。この鳥の巣をシコメロとして用いる。

（b）右記の原理と同様であるが、官憲に捕えられ縄をかけられるのを防ぐシコメロとしても用いられる。〔I：五一八頁〕

NA-53　*kampala*：ヒメヤマセミ〔注　原著では「コガタマダラカワセミ」。編者が訂正〕

呪医が、イフボ療法のシコメロとして、この鳥の体の一部を使用している現場を観察したが、その原理の詳細は不明である。

NA-54　*lituu*：ミナミジサイチョウ〔注　原著では「ジサイチョウ」。編者が訂正〕

邪術者が、嫌いな人びとをその集落から追い出すときに、ミナミジサイチョウの糞を使うという。ミナミジサイチョウは脱糞した後、その糞を足でバラバラにし分散させてしまう。このように、人も集落を出て分散してしまうのだという。ムフモは、邪術者の悪意を排除するため、同種のマジックを用いて対抗する。

NA-55　*kaseghu*：ノドグロミツオシエ〔注　原著では「オオミツオシエ」。編者が訂正〕

仕事を捜し求めている人に与える呪薬のシコメロである。幸運をもたらす呪薬 *nsamba* の一種である。ノドグロミツオシエは蜂蜜を捜し出す能力をもっており、また人にそのありかを教えてくれる。人はノドグロミツオシエによって蜂蜜のありかに導かれるように、仕事にもめぐり会える。ノドグロミツオシエの体の一部を他の呪薬に混ぜ、体の数ヵ所に傷をつけ塗り込める。

NA-56　*kantamba*：ツバメの類

ツバメが家に巣をつくると、人びとは、幸運の印として喜ぶ。しかし、邪術者は、この鳥が風を切り早い速度で飛ぶ性質を利用して、使い魔として使う。ムフモも、ツバメをシコメロにして、予防、治療をおこなう。

NA－57　*katientie*：ハジロハクセキレイ〔注　原著では「マダラセキレイ」。編者が訂正〕

（a）NA－50の*nkwimbi*と同じく、インポテンツ、男の性的能力増進のシコメロである。原理も同様。しかし、このシコメロに使う目的でこの鳥を罠にかけて捕えても効力はないという。罠にかかったハジロハクセキレイに遭遇したとき、その尾羽を一本抜き、逃がしてやる。こうして得た尾羽がシコメロとなる（*nkwimbi*の場合も同様）。

（b）ハジロハクセキレイは集落の繁栄を象徴する鳥だとされている。集落にハジロハクセキレイが飛来していないと、人びとはお祓いをして、この鳥を待ち望む。幸運の鳥ハジロハクセキレイの巣を、幸運の薬*nsamba*として、特に難産に苦しんでいる時に出産を促すシコメロとして用いる。その用法は後述のWM－88の（a）を参照。

（c）この巣はまた、*mukuli*や*ijini*という悪霊にとりつかれた人の治療にも用いる。*mukuli*は邪術者に呪われて死んだ人の死霊であり、*ijini*は、イスラム教起源と考えられる悪霊である［K：三八五～三八六頁、三九〇頁］。人にとりついた悪霊を呼び出し、その要求を語らせるときに、ハジロハクセキレイの巣を用いる。例の呪薬とともにこの巣を燃やし、その煙を患者にかがせる。ハジロハクセキレイはいつも、うるさい程さえずっている。このように、悪霊たちも多くを語りだすというのである。また、この鳥の巣は、いろいろな樹木や獣・魚の骨など多様な素材でできているので、珍らしい貴重な薬物が含まれている可能性が高いのだと、トングウェは語る。

NA－58　*nmumminsa*：マミジロツグミヒタキ〔注　原著では「マユジロウタドリ」。編者が訂正〕

歌が上手になりたいと思う人は、背側の首筋に少し傷をつけ、この鳥の体の一部を乾燥させ粉末にしたシコメロをすり込んでもらう。こうすれば、マミジロツグミヒタキのように美声の持ち主になれるという。

NA–59　*limombo*：シロエリオオハシガラス〔注　原著では「シロクビオオガラス」。編者が訂正〕

（a）邪術者は、このカラスを使い魔にして人を呪いにかけることがある。カラスの羽毛は黒く、黒色は、不運や邪悪な心を象徴する。つまり、邪術者の悪意を顕現化させるのにもってこいというのである。ムフモは、カラスの頭部、心臓、脚部を用いて、カウンター・マジックを行使する。

（b）乳房が炎症をおこして腫れる病には、シロエリオオハシガラスの爪を使う。炎症をおこしている乳房の上に、この爪を紐でくくりつけておく。カラスは趾で物をかき分けたり、しきりに趾を開閉したりする。つまり、カラスの爪は、腫れた乳房を揉みほぐし、病の源をかき出してくれるというのである。［I：五一八頁］

（c）大漁を祈願する呪薬のシコメロとして、シロエリオオハシガラスの心臓や頭部を用いる。この鳥が鳴くと、時として魚は水面にあがってくる。その魚を、シロエリオオハシガラスは容易に捕獲するのだという。このように、人も、容易に魚をとることができる。このシコメロは、魚網に仕掛ける。

NA–60　*sisiungu*：種名不詳

（a）邪術よけの *sindiko* や *mukuli* を追い払うために用いる。この鳥は止まる木を定めており、いくら遠くへ飛んでいっても必ずこの木に帰ってくるという。このように、邪術者の呪詛の念のこもった呪薬や *mukuli* は、その本来の場所つまり邪術者の所へ帰ってゆくのだと、トングウェは語る。足・羽毛の一部を、イフボ療法に使用したり、体の数ヵ所に傷をつけて塗り込める。

（b）妻がたびたび実家に帰るとき、このシコメロを他の呪薬に混ぜて食べさせる。*sisiungu* のように、妻はすぐに家に戻ってくる。

（c）［I：五一八頁］「*silunfua* という急病にかかったとき、この小鳥の頭を切りとって、その嘴を用いて瀉血するとなおる」。その原理の詳細は不明。

ＮＡ-61　*mbeesi*：種名不詳

呪医が *mbeesi* をシコメロとして用いているところを見たことがあるという情報を得たが、詳細は不明。

ＮＡ-62　*nyanda*：種名不詳

猟師が何度も猟に失敗したとき、この鳥の足、頭部、心臓などの一部を、マスキット銃の銃床部にこすりつける。この鳥は、獲物を狙うと確実に捕獲する。このように、猟師も獲物を得ることができるのだと言う。

以上が鳥類を素材としたシコメロである。方名種にして二一種、用例数では三二種ある。

v　獣類（inywele）

inywele として総称される哺乳類がここに含まれる。ただし、コウモリや動物と考えられている雷は、フォーク・カテゴリーでは、明確に位置づけの困難な中間的存在として認識されているが、ここに含めた。したがってＷＭ、ＺＭ、Ｚと記号化される動物について記載することになる。

ＷＭ-63　*kabheghe*：ヨツユビハネジネズミ〔注　原著では「ヨツユビエレファントシュリュー」。編者が訂正〕

sindiko や *mukuli* 除去のシコメロとなるという情報を得、かつ実際に用いられているのを観察したのであるが、その原理の詳細は不明である。

ＺＭ-64　*ilima*：コウモリ類

難産のとき、出産をはやめるために用いるシコメロである。コウモリには肛門がなく、食べたものは口からもどして排泄するという。ペニスを挿入した膣から子供は出産してくるのだから、それはコウモリの摂食、排泄行動と似ているというのが、彼らの説明である。コウモリの頭部、心臓、糞などの一部を含んだ水溶液を、体の上部から下部に流し落とす。

WM-65　*kajanda*：ベルベットモンキー〔注　原著では「ミドリザル」。編者が訂正〕

シロアリを除去するために用いる。ベルベットモンキーの掌や指を漬けておいた水を、穴をあけたシロアリ塚に流し込む。シロアリはその臭いを嫌うのだという。

WM-66　*linguje*：キイロヒヒ

インポテンツや男の性的能力増進のためのシコメロとなる。キイロヒヒは、頻繁にペニスを勃起させるからだと、トングウェは語る。キイロヒヒのペニスそのものを用いるのだが、その投与法はBO-26の（b）と同じである。

ZM-67　*insoko*：チンパンジー

（a）頭部を *sindiko* のシコメロに用いる。チンパンジーは、毎日巣をとりかえる。だから邪術者がある人の家を狙っても、翌日には気を変えて離れてゆく。あるいは、邪術者の心が、チンパンジーの毛のように黒くなる。トングウェは、精神状態がすっきりせず何もやる気がおこらないとき、「心が黒い」と表現する。つまり、邪術者は邪術を行使する気にならないというわけである。［I：五一八頁］

（b）チンパンジーの右手の筋は、腕力が強くなることを願う人に必要なシコメロである。チンパンジーは非常に強い腕力の持ち主だからである。

（c）豊漁祈願のシコメロとしても、チンパンジーの体の一部が使われる。チンパンジーはいつも群れをなしているし、上手に食物を捜し出して充分に食べている。このシコメロをくり舟に仕掛ければ、群れをなした魚にうまく出会うことができるのだと、トングウェは語る。

WM‒68　*nkakakubhona*：オオセンザンコウ〔注　原著では「ケープセンザンコウ」。編者が訂正〕この鱗は、猛獣よけのシコメロとして貴重である。硬い鎧のような鱗で覆われたセンザンコウの体には、ライオンやヒョウのような野獣の鋭い爪も歯がたたないからだと言う。原野の中で寝なければならないとき、呪文とともにこの鱗を焚火の中に投げ込む。

WM‒69　*kalulwe*：ケープノウサギ

子供が利発になることを願う親は、このウサギの尾を、子供の頭髪に結びつける。ノウサギは知恵者であり機転がきく動物だと、トングウェは語る（トングウェの民話の中では、ウサギは常に知者であると、伊谷は記している［Ⅰ：四九一～四九三頁］）。

WM‒70　*nsenji*：アフリカアシネズミ〔注　原著では「ケインラット」。編者が訂正〕

歩行時に激しいめまいを感じ、その場に倒れてしまう *lipitwi* という病に用いる。アシネズミは藪の中で木の枝を細かく折る習性をもっているという。細かく折りとられた木の枝は *isekeseke* と呼ばれる。この *isekeseke* を水に混ぜ、その水で毎朝洗顔する。病が、*isekeseke* のように細分されて効力をなくすという。

WM‒71　*sifuko*：シルバーデバネズミ〔注　原著では「メクラネズミ」。編者が訂正〕

sindiko に用いる。デバネズミは土中に住み、目が退化して見えない。邪術者も、この *sindiko* を身につけた人は見えなくなるのだという。

WM‒72　*nyungwa*：アフリカタテガミヤマアラシ〔注　原著では「タテガミヤマアラシ」。編者が訂正〕

邪術者は、ヤマアラシの針を *sipande* として撃ち込むことがある。ムフモはこの *sipande* を除去するため、*silubhiko* による瀉血療法をおこなう。ヤマアラシの針を石ですり、その粉を局部に塗る。［Ⅰ：五一八頁］

WM–73　*likabhua*：イヌ

邪術者は子イヌを用いて、その悪霊を人に乗りうつらせることができる。この呪いにかかった人は、イヌのように吠えるという。ムフモは、同種のイヌを使って、イヌの悪霊をなだめ排除する。

WM–74　*limbwe*：ヨコスジジャッカル〔注　原著では「ジャッカル」。編者が訂正〕

sindiko に用いる。ジャッカルは、歩行時には常に臭いをかいで注意を怠らない。また、異変を察すると、その尾は振れなくなる。邪術者が近づいてくると、人も、ジャッカルのように異変を感ずることができるようになる。ジャッカルの頭部、鼻部、尾を用いる。

WM–75　*ibhinga*：リカオン

（a）リカオンの心臓を *sindiko* に用いる。リカオンは強い動物であり、獲物を見つければ、それをかみ殺すまで執拗に追跡する。*sindiko* に入っている他の薬草は、その効力を増し、病根を徹底的に除いてくれるようになるという。

（b）リカオンの鼻部や脳ミソをウガリにまぜ、猟の下手なイヌに食べさせる。イヌは、リカオンのように狩がうまくなり、獲物の追跡も上手になる。

WM–76　*nkonda*：ツメナシカワウソ

（a）首筋が痛み、その一部が痙攣する *likijungi* という病には、ツメナシカワウソの毛皮を首に巻く。その理由は不明。

（b）子供が腹部の硬くなる *ihima* という病にかかったとき、ツメナシカワウソの肝臓の一部を食べさせる。*ihima* は肝臓の病であり、ツメナシカワウソの肝臓の成分が効くというのが、トングウェの説明であった。

（c）インポテンツおよび男の性的能力増進のシコメロとして、ツメナシカワウソのペニスを用いる。ツメナシカワウソのペニスは硬くて丈夫であるという。用法は、BO-26の（a）と同様である。

（d）［I：五一九頁］「ツメナシカワウソの皮で腕輪をつくり、子供の腕にはめ、魔よけや病気よけのお守りにする」。理由は不明。

WM-77　*kakonje*：ノドブチカワウソ〔注　原著では「ノドテンカワウソ」。編者が訂正〕

上述のWM-76の（c）と同様に用いる。［I：五一九頁］

WM-78　*sibhuli*：ラーテル

sindiko 用のシコメロである。シブリは性質が強暴だ。*sindiko* に含まれる薬草の効き目も強烈になる。

WM-79　*kasimba*：オオブチジェネット〔注　原著では「ジャコウネコ」。編者が訂正〕

（a）わき腹が痛み腫れてくる *ihima* という病は、子供がよくかかる。ジェネットの肛門部近辺を取り、少し乾燥し、そこから発するにおいを子供にかがせる。その強烈なにおいの故に、時に病が快癒に向かうと言う。

（b）火傷の傷口にジェネットの毛を貼付ける。火傷は早く乾燥させることが肝要であり、ジェネットの毛は水分を吸いとって、乾燥を早めるのだと言う。

WM-80　*itana*：ブチハイエナ

（a）頭部と心臓を *sindiko* に用いる。ハイエナは夜行性であり、また動物の死体を捜しだす鋭い嗅覚を持っている。邪術者が邪術を行使するのは夜が多い。つまり、ハイエナのように、夜におこる異変に対して敏感になるのだという。

（b）ハイエナの鼻部をウガリに混ぜ、獲物の追跡が下手なイヌに食べさせる。イヌは、ハイエナのように嗅覚が鋭くなり、獲物を逃がさなくなるという。
（c）邪術者は、嫌われ者のスカベンジャーであるハイエナの汚物つまり糞を使って人を呪う。この呪いにかけられた人は嫌われた者となり、特に異性からつまはじきにされるという。ムフモは治療のために、同じくハイエナの糞をイフボ療法に用いる。［I：二三五頁］

WM‐81　*kanyaaghui*：ネコ

邪術者は、ネコを使い魔として派遣し人に呪いをかけることがある。この呪いにかけられた人は、ネコのように体を丸めて寝、ネコのような泣き声を出すという。ムフモもネコ（特に子ネコ）を使って、邪術者に派遣されたネコの悪霊をなだめ追放する。

WM‐82　*ngwe*：ヒョウ

（a）頭部や腹腔中の脂肪を *sindiko* に用いる。ヒョウは猛獣であり、*sindiko* 内の薬草の効き目も強くなる。［I：五一九頁］
（b）ヒョウの心臓をウガリに混ぜ、臆病で狩の下手なイヌに食べさせる。イヌはヒョウのように、狩が上手になる。
（c）ヒョウのように勇敢で上手な狩人になりたい人は、右手の肘の部分に少し傷をつけ、ヒョウの爪・歯を石ですった粉と乾燥した心臓の細片を塗りこめ、歯の粉末をウガリにつけて食べる。

WM‐83　*nsimba*：ライオン

（a）、（b）ともに前述のヒョウWM‐82の（a）、（b）に同じ。
（c）邪術者はライオンを使い魔として派遣し、人に危害を加えることがある。この呪いを防ぐため、ライオンの頭骨や尾の細片を他の薬物に混ぜ、それをライオンの爪ですくって投与する。

（d）ムフモの力を象徴するのは、邪術や悪霊から患者を守る薬物を入れたブッシュバックの角（*ihembe*）である。この薬を患者に投与するとき、大ムフモはライオンの爪で薬をすくう。その際「この薬物をすくっているのは私ではないのです。ライオンなのです。薬物がライオンのように強力に働きますように」と唱える。

WM–84　*inyagha*：ツチブタ

川の流れを変え、あるいは大雨のあとに川ができるようにと願う人は、ツチブタの爪で好みの方向に土を掘る。ツチブタは、鋭い爪で土穴を掘るのが専門だからと、トングウェは語る。

WM–85　*nsofu*：アフリカゾウ

（a）*sindiko* にゾウの心臓を入れる。ゾウは巨大であり力も強く獰猛である。*sindiko* 中の薬物の働きも強くなる。

（b）邪術者はゾウを使い魔として派遣し、人に危害を加えることがある。この呪いを防ぐため、ムフモは、象の鼻の尖端部（*kabhiko*）と尾（*isambi*）の一部をシコメロとして用いて対処する。［I：五一九頁］

WM–86　*njiri*：イボイノシシ

（a）インポテンツあるいは男の性的能力増進のために、イボイノシシの尾を使う。イボイノシシは尾をピンと立てて走るのが特徴だと、トングウェは語る。投与法はBO–26の（a）と同じ。

（b）睾丸が腫れる *npuka* という病にはイボイノシシの脚の腱を使う。脚の腱を乾燥させ粉末状に砕いたものを、会陰部に少し傷をつけ塗りこめる。イボイノシシの睾丸は小さく、体内に引っこんでしまっているというのが、トングウェの説明である。睾丸を支えている筋のかわりに脚の腱を用いるのだという。

（c）幼児の頭蓋縫合不全は *njiri* の病と呼ばれる。その格好がイボイノシシの頭に似ているからだという。この治療には、イボイノシシの牙を石ですって粉状にし、局部に傷をつけてすり込む。このとき「わたしたちはイボ

イノシシを取り除く。この動物のような頭になるな。」と唱える。［Ⅰ：五一九頁］

WM‐87　*ngulubhe*：ノブタ

（a）ノブタの鼻部・耳・尾を *sindiko* に入れる。ノブタはいつも獲物や危険を察知するために、においを嗅いでいる。また危険を察知すると耳をピタリと止め、尾も動きを止める。だから、邪術者の危険が近づいたとき、すぐに察知できるのだという。

（b）*ijini* というイスラム教起源の悪霊を取り除くときに用いる。イスラム教では、ブタの肉を食べることは強い禁忌であり、それゆえ *ijini* もノブタを嫌うのだという。［Ⅰ：五一九頁］

WM‐88　*ngufu*：カバ

（a）難産の際、出産を促すためにカバの糞を用いる。乾燥した糞をハジロハクセキレイ（NA‐57）の糞などとともにいぶし、その煙を陰部にあてる。カバは、勢いよく大量に脱糞する。子供も、このように、勢いよく出産するのだと、トングウェは語る。

（b）足の象皮病 *matende* には、カバの足首の皮を燃やして粉末にし、局部に傷をつけてすり込む。*matende* にかかった人の足は、カバの足のように太く腫れるからだという。

WM‐89　*kasanga*：キリン

この頭部を *sindiko* に用いる。キリンは大きくて首が長く、見渡しがきき強い動物だから、*sindiko* 中の薬草の効力も増大するという。

WM‐90　*nsuja*：ブッシュバック

（a）この肉を食べるとジンマシン（*ilange*）ができる人がいる。そのときには、ブッシュバックの額の部分の毛皮を燃やして粉末にし、患者の額に少し傷をつけてすり込む。

（b）イフボ療法のシコメロに用いられるが理由は不詳。

WM-91　*kasiya*：サバンナダイカー〔注　原著では「ブッシュダイカー」。編者が訂正〕

頭が激しく痛む *nkasi* という病には、サバンナダイカーの蹄を使う。頭の毛を十字状に剃り、そこに、蹄を削って粉状にしたものをすり込む。*kasiya* という動物名と *nkasi* という病名が類似しており、蹄の硬さと人の頭が丈夫になることとが相関するというのである。［Ⅰ：五一九頁］

WM-92　*nkolongo*：ローンアンテロープ

大ムフモはローンアンテロープの立派な角を、薬を入れる容器に用いる。中に入っている薬物の効力を高めるという。この角は、意図的に撃ち殺して手に入れるべきではなく、原野に落ちていて偶然入手したものが望ましいという。

WM-93　*sikinda*：クリップスプリンガー

［Ⅰ：五一九頁］「（この）角は薬だが用途は不詳」

WM-94　*mbogho*：アフリカスイギュウ〔注　原著では「バッファロー」。編者が訂正〕

目の周囲から額にかけて激痛を覚える病は *siminyi* と呼ばれる。この病には、スイギュウの額の部分の毛皮（*kakobha kahabhusyu*）と脳が必要とされる。ムフモは、患者の眉の上部に剃刀で傷をつけ、額の部分の毛皮と脳を焼き粉末状にしてすり込む。スイギュウの額は頑丈で、木に激しくぶっつけてもびくともしないからだと、トングウェは言う。［Ⅰ：五一九頁］

WM-95　*ntama*：ヒツジ

激しい性質の持ち主で、ことあるごとに他人に突っかかってゆくような人に、他の薬物とともにヒツジの心臓を食べさせる。一種の *nsamba* である。ヒツジは頭を低く下げて歩く。ヒツジの心臓を食べた人は、ヒツジのように、他人の前では頭を下げるようなおとなしい性質になる。

Z-96　*nkubha*：カミナリ

トングウェは雷を動物の一種と考えており、伊谷によれば、鳥と獣の二種があるとする者や、鳥と獣の中間であると考える者がいるという［I：四四九頁］。ムフモは、雷の骨と称する物をシコメロに用いる。落雷によって焼け倒れた木のそばなどで入手することができるという。雷光と雷鳴の激しさ故に、*sindiko* に含まれる呪薬を強力にするためだという。

以上が獣類のシコメロである。方名種にして三四種、用例数では五四種ある。

vi　人 (*muntu*)

特異なシコメロとして、人骨および人が直接関係をもった物が使われることがある。Tと記号化されるシコメロである。

T-97　*muami*：首長

首長の頭骨は以下の三用途に使われるが、原理はほぼ同様である。

（a）*sindiko* 用のシコメロ。

（b）大漁祈願の呪薬。

（c）狩猟が成功するよう祈願する呪薬。首長は、その即位儀礼時（*bhwami*）に、首長となるため多くの呪薬の投与を受けており、その身体は強力な呪薬に満ちている。並の邪術者は、首長に呪いをかけることはできない。また、首長即位儀礼時には、お祝いのために人が参集してきた。それは喜ばしく幸福なことだ。つまり、首長の頭骨は、邪術者の邪悪な意図を阻止し、価値ある物を自然に入手できるような力を含んでいるのだと、彼らは語る。

T－98　*mahasa*：双子

彼らは、双子が精霊の生まれ変わりだと信じている。だから、双子の頭骨は精霊なみの霊力を備えており、*sindiko* に加えれば強力な呪薬となるという。

T－99　*kasindye*：逆子

上述の双子とともに、逆子も精霊の生まれ変わりだと信じられている。用法は、双子の場合と同様である。

T－１００　*mufu ghwa mwafi*：ムワフィ（*mwafi*）を飲んで死んだ人

ムワフィという、邪術者かどうかを調べる試罪用の薬物で死んだ人［K：三九〇頁］、つまり邪術者の人骨は強力なシコメロだという。邪術者の意図は、ムフモの手中に入った邪術者の骨がよく見抜くというわけである。邪術よけの *sindiko* に加える。

T－１０１　*iseya*：イセヤ（呪われて死んだ人）

ムロシは人を呪い、周囲の人びとには死んだように見せかけてその人を連れだし、奴隷のようにこき使うことができるという［K：三九〇頁］。このイセヤの心臓も、邪術者の骨と同様の原理で、強力なシコメロになるのだという。しかし、どのようにしてこのシコメロを手に入れることができるかは不明である。

T－１０２　*muhofu*：盲人

盲人の持っていた杖（*nkoni*）の一部は、*sindiko* および悪霊（*mukuli*）よけのシコメロとなる。邪術者や悪霊は、このシコメロを投与された人の前では、盲人のように目が見えなくなるという。

T－103　*muntu ghakekuli nkanga*：首吊り自殺者

首吊り自殺した人が使用した縄（*lukusa*）は、シコメロとして、以下の三用途に用いられる。

（a）*sindiko* および悪霊（*mukuli*）よけ。

（b）大漁祈願の呪薬。

（c）狩猟が成功するように祈願する呪薬。この縄は、人を殺しており、その血を吸っているから、強力なシコメロになるのだという。

T－104　*bhutale*：鉄クズ

鍛冶屋が、ふいごで鉄鉱石を処理したあとに残る鉄くず。血が少なくなり、やせ衰えてしまう *isafula* と呼ばれる病に投与する。鉄が真赤に燃えるように、病根も燃えつきるのだとトングウェは語る。

T－105　*kajinganbulu*：土器の破片

廃村に残された土器の破片は、（a）*kabhanga*、（b）*siminyi* といった激しい頭痛を伴う病のシコメロとなる。土器の破片を粉末状にして他の薬物と混ぜ合わせ、頭部に少し傷をつけてすり込む。土器が割れて破片となったように病根は分散する。また、人びとは村から去ったけれど、彼らが使用した土器が残ったように、病は立ち去り健康な体が残ると、トングウェは語る。

以上が、人およびその関連物から得られるシコメロである。種類数にして九種、用途数では一四種となる。

3　分析と考察

呪薬としての動物——選択の論理

トングウェのムフモはこれまでに述べてきたように、実に一〇〇種類を越える動物性呪薬シコメロを駆使して、多様な病に対処している。シコメロに用いられる素材の多様性、その論理の多彩さ、それを裏づける自然観察の緻密さは、ムフモの世界の広がりと深さを私たちに示してくれる。

特に魚類について不充分の感はまぬがれないが、一つの目安として、トングウェ名の与えられた二八六種の動物が、彼らをとりまき、彼らによって認知された全動物であると仮定してみよう。この中から、どのような分類群の動物がシコメロとして選ばれているのだろうか。記述にまとまりを与えるために設けた六カテゴリー、つまり虫類（*limuje*）、魚類（*isembe*）、両生類・爬虫類、鳥類（*inyoni*）、獣類（*inywele*）、人（*muntu*）に分けて、それぞれのカテゴリーに含まれる全方名種と、シコメロとして選ばれた方名種の数を比較したのが表12-2である。この六カテゴリーは、主として系統分類に依拠してはいるが、トングウェのフォーク・カテゴリーからも大きくずれてはいないという理由で採用したものである。表では、シコメロの方名種類数とともに、用例数、一方名種一用例・一方名種多用例に区分した方名種数をも記した。

人（*muntu*）のカテゴリーは別格として除けば、全方名種の三三・六パーセントに当たる九六種がシコメロと

表 12–2　動物の全方名とシコメロに用いられる方名種

動物群	全方名種 a	シコメロとして利用される方名種 b	用例数	シコメロとしての利用率 $\frac{b}{a}\times 100$	1 種 1 用例	1 種多用例 c	$\frac{c}{b}\times 100$
				方名種			
虫類（limuje）	67	23	26	34.3	20	3	13.0
魚類（isembe）	58	3	5	5.2	2	1	33.3
両生類・爬虫類	24	15	19	62.5	12	3	20.0
鳥類（inyoni）	75	21	32	28.0	14	7	33.3
獣類（inywele）	62	34	54	54.8	22	12	35.3
小計	**286**	**96**	**136**	**33.6**	**70**	**26**	**27.1**
人（muntu）	—	9	14	—	6	3	33.3
計	**286**	**105**	**150**	—	**76**	**29**	**27.6**

して利用されている。個別のカテゴリーに注目すれば、まず気づくのは、魚類のシコメロの絶対数の少なさと、それが魚類の全方名種に対して占める比率の低さであろう。それは、魚類自身の性質に由来する点が多いのであろうが、トングウェ文化が原野の生活に根をおろしたものであることをも示していると言ってよいであろう。

　魚類を除いた他の四カテゴリーでは、それぞれかなりの比率で、シコメロとして選択され利用されている。特に、両生類・爬虫類グループと獣類での比率が高い。各シコメロの記載に生き生きと示されているように、動物はその習性や形態の特性ゆえにシコメロとして採用されている例が多い。獣類はより身近かで目立つ存在であり、かつ複雑で多様な習性や形態ゆえにシコメロとして採用される比率が高いと考えられる。それは、魚類を除けば、一方名種多用例の種類の比率が虫類、両生・爬虫類、鳥類、獣類の順に高くなっている傾向性からもうかがえる。

　それでは、両生類・爬虫類グループの比率の高さは、どのように考えればよいのであろうか。分類の精疎に違いがあるので、この比率に大きな意味を付与するべきではないとするのも一つの見解であろう。もう一つの見解は、自然と人、あるいは自然と文化の関係の研究に焦点を合わせた市川（一九七七）や松井（一九七七）が、M・ダグラス（Douglas 1957）やE・リーチ（Leach 1964）に言及しつつ取り上げているように、ある動物がフォーク・カテゴリーにおいて異形であると見なされ、また境界領域あるいは中間に位置づけられている場合には、タブーや儀礼上の特別な取り扱いを受けやすいという理論との関連の可能性を考える立場である。確かに、両生類・爬虫類に含まれる種には、フォーク・カテゴリーにすっきりと収まりきらない中間的な動物が少なからず含まれている。異形性という特質も充分に持ち合わせている。しかし、具体的にシコメロとして採用される論理は、たとえばヒキガエル（ZF-27）が腹を膨ませ乳状の液体を分泌するという習性に由来し、ヤモリ（ZR-30）が体を自在に曲げ伸ばしできるという習性に由来するように、フォーク・カテゴリー上の境界性・中間性に依拠するというよりも、他の動物の場合と同様、各動物の個性的な習性そのものが問題となっているのである。つまり単純に、異形性・境界性・中間性という特質に結びつけて考えることはできないのであるが、これらの動物がシコメロの対象として選択される契機には、上述の特質に特別な意味を付与する心性が深く関わっている可能性がある。

シコメロの用途

各シコメロについての記載の中で詳述した用途を整理し、一〇の項目に分けて、それを表12-3に示した。また、それぞれの用途が、六つの動物群の中で占める数を表12-4にまとめた。個別のシコメロをどの用途に分類したかは、その原理、使用部位とともに、付表に記してある。以下で簡単に、各用途について考察する。

表 12-3 シコメロの用途

Ⓐ	対邪術	Ⓕ	漁撈
Ⓑ	*nsamba*	Ⓖ	農耕
Ⓒ	特定の病	Ⓗ	イヌ用
Ⓓ	猛獣よけ	Ⓘ	その他
Ⓔ	狩猟	Ⓙ	不明

表 12-4 動物群とシコメロの用途

	用途										
動物群	Ⓐ 対邪術	Ⓑ *nsamba*	Ⓒ 特定の病	Ⓓ 猛獣よけ	Ⓔ 狩猟	Ⓕ 漁撈	Ⓖ 農耕	Ⓗ イヌ用	Ⓘ その他	Ⓙ 不明	計
虫類（*limuje*）	6	2	14	0	0	0	0	2	2	0	**26**
魚類（*isembe*）	1	0	3	0	0	0	1	0	0	0	**5**
両生類・爬虫類	12	0	4	1	0	0	1	0	0	1	**19**
鳥類（*inyoni*）	12	2	10	0	2	2	0	0	3	1	**32**
獣類（*inywele*）	24	1	17	1	1	1	0	4	4	1	**54**
人（*muntu*）	7	0	3	0	2	2	0	0	0	0	**14**
計	**62** （41.3%）	**5**	**51** （34.0%）	**2**	**5**	**5**	**2**	**6**	**9**	**3**	**150**

Ⓐ対邪術：邪術者が行使する多様な邪術に対抗し、ムフモもまた多くのシコメロを駆使して治療にあたる。邪術者は、ピグミーアンテロープなど小型の羚羊の角に呪薬をこめ、呪詛の言葉とともに、ミニアチュアの槍を、角に入った呪薬に突き刺して呪い、バナナの幹の髄で人形を作り、針で突き刺して呪う。これらの *npinsi* と呼ばれる邪術や、ヤマアラシの針などを人に撃ち込んで危害を加える *sipande* には、スズメバチ（ＪＩ-19）の巣やゾウムシ（ＪＩ-8）、ヤマアラシ（ＷＭ-72）の針を使い、一種の瀉血療法である *silubhiko* 療法などで対処する。邪術者は、バッタ（ＪＩ-9）やカメレオン（ＺＲ-29）、カラス（ＮＡ-59）、ライオン（ＷＭ-83）など、一一種にもおよぶ使い魔を派遣して人に危害を加える。ミナミジサイチョウ（ＮＡ-54）やハイエナ（ＷＭ-80）の糞を用いて、人びとを集落から追いだしたり、あるいは嫌われ者にしようとする邪術者もいる。ムフモはこれらの邪術に対処するため、同種の動物をシコメロにして呪いを解かなければならない。このほかにも、道に呪薬を仕掛けたり、食物に呪薬をまぜて呪う邪術者もいるし、夜、相手かまわず呪いをかけて回る者もいる。*ijini* や *mukuli* などの悪霊もいる。多様な邪術に対処するため、ムフモは、邪術よけの *sindiko* に工夫をこらし、シコメロを駆使するのである。これらの邪術に対抗するためのシコメロが、全用例の四一・三パーセント、六二例を占め、最も多い。

Ⓑ *nsamba*（媚薬、幸運の薬）：異性を引きつけておく媚薬として、ヒル（ＪＮ-4）、ゲンゴロウ（ＪＩ-15）を用い、仕事・財産・健康などをもたらす幸運の薬として、サンショクウミワシ（ＮＡ-47）、ノドグロミツオシエ（ＮＡ-55）、ヒツジ（ＷＭ-95）が用いられる。

Ⓒ特定の病：特異な症状を示す特定の病の治療にも、シコメロが活躍する。この用途のシコメロは、用例数で五一あり、全用例の三四・〇パーセントを占め、対邪術についで多い。本論で記載した病につき、トングウェ名を付して解説したものはそのトングウェ名を、その他のものは簡単に要約した病状を記し、それに用いられるシ

コメロの整理記号とともにまとめて示したのが表12-5である。例えば、インポテンツあるいは男の性的能力増進のためのシコメロが実に七種もあるといったように、一つの病に対して複数のシコメロが対応するものもあり、全体としてシコメロを用いて治療する病は三四に達した。筆者が、これまでに知り得た病名はほぼ一〇〇種類あり（掛谷　一九七七）、現在のところシコメロを必要とする病は全体の三四パーセント程度ということになる。これらのシコメロを必要とする病は、その他の病と比較して、どのような性格をもつかの分析は、今後の課題の一つである。ともあれ、特定の病に対し、シコメロを駆使して治療にあたるのも、ムフモの重要な仕事なのである。

Ⓓ猛獣よけ：カメ（WR-28）、センザンコウ（WM-68）は原野に住む野獣に襲われないためのシコメロであり、特異なものとして注目に値する。

表12-5　シコメロが使われる病

	病名	整理番号
1	*bhukangwe*	NA-48, NA-49
2	*ifimbo*	JI-22
3	*ihima*	WM-76, WM-79
4	*ilange*	WM-90
5	*isafula*	T-104
6	*kabhanga*	JI-12, T-105
7	*kafunya*	ZR-30
8	*kubhoko*	JL-2
9	*kusomi*	JI-7, JI-8
10	*kutwi*	JL-1
11	*likijungi*	WM-76
12	*lipitwi*	WM-70
13	*matende*	WM-88
14	*mbulukutwi*	JI-11
15	*musosi*	ZF-27
16	*nfusa*	BO-24
17	*njili*	WM-86
18	*nkasi*	WM-91
19	*npuka*	WM-86
20	*nsasa*	WR-31
21	*sifuusa*	JI-13, SS-37
22	*silunfwa*	NA-60
23	*siminyi*	JI-17, WM-94, T-105
24	*tukosi*	JI-6, NA-49
25	インポテンツ	BO-26, NA-50, NA-57, WM-66, WM-76, WM-77, WM-86
26	腹痛	JN-4
27	腰痛	BO-25
28	小骨づかえ	NA-42
29	火傷	JL-3, WM-79
30	不妊症	JI-14
31	初潮遅れ	NA-51
32	難産	NA-57, ZM-64, WM-88
33	母乳欠除	JI-12
34	乳房炎	NA-59

Ⓔ狩猟、Ⓕ漁撈、Ⓖ農耕の三項目は、いわば生産呪術用のシコメロといえるものであり、生産とのかかわりで重要である。この用途に用いられるシコメロは、各家系で言い伝えられているものもあり、今後の調査次第で、さらに数が増すと思われる。

Ⓗイヌ用：狩りが下手な、あるいは臆病なイヌを矯正するためのシコメロであり、六用例を数えた。

Ⓘその他：占いに使うジャバラ用のもの（JI-11）、丸薬をつくるための蜜蝋（JI-23）、官憲に捕われの身となることを防ぐ呪薬（NA-52）、歌が上手になるためのシコメロ（NA-58）、実家に帰りがちな妻の性格を矯正するシコメロ（NA-60）、シロアリの殺虫剤（WM-66）、腕力をつけるシコメロ（ZM-67）、子供を利発にするためのシコメロ（WM-69）、川の流れを変えるためのシコメロ（WM-84）の八種があり、シコメロの用途の多様性を示唆している。その他、用途不明（Ⓙ）のものが三種ある。

以上の検討から、シコメロの用途は多彩であり、それらは生活の諸側面にかかわっているといえる。しかし、主要なものは、邪術と特定の病への対処であり、それは、ムフモの関心あるいは役割の焦点がどこにあるのかを示しているのである。

シコメロの論理

ある動物がシコメロとして用いられる場合、その動物の諸属性のうち、特にどのような特性が、またどのような論理が関与しているのであろうか。個別の動物について記載した諸特性と論理を分類すると、表12-6に示したように一一の項目に分けることができる。また、動物の各分類で、それぞれの項目に含まれる数を示したのが

表12-6　シコメロの原理

① 習性（生態）	⑦ 名前
② 体や器官の形態・性状	⑧ 使い魔
③ 色	⑨ 同種呪術
④ 糞	⑩ その他
⑤ におい	⑪ 不明
⑥ 脂肪	

表12-7　動物群とシコメロの原理

動物群	① 習性（生態）	② 体や器官の形態・性状	③ 色	④ 糞	⑤ におい	⑥ 脂肪	⑦ 名前	⑧ 使い魔	⑨ 同種呪術	⑩ その他	⑪ 不明	計
虫類（*limuje*）	8	5	0	0	0	0	0	1	0	1	12	**27**
魚類（*isembe*）	3	0	0	0	0	1	0	0	0	0	2	**6**
両生類・爬虫類	11	0	0	0	0	1	0	4	0	0	4	**20**
鳥類（*inyoni*）	21	0	5	1	0	0	0	2	4	1	3	**37**
獣類（*inywele*）	30	13	1	1	2	2	1	4	3	4	5	**66**
人（*muntu*）	0	0	0	0	0	0	0	0	2	12	0	**14**
計	**73**（42.9%）	**18**（10.6%）	**6**	**2**	**2**	**4**	**1**	**11**	**9**	**18**	**26**	**170**

表12-7である。一用例について複数の特性や論理が抽出されているものもあるので、総計は一七〇となっている。以下で、それぞれの項目について簡単に解説しておきたい。

①習性（生態）：各動物の記述を一読すれば明らかなように、主としてその動物の習性と病の症状・病根との類似に由来する用例である。ニマイガイ（JL-3）が、清らかな水中に住むが故にシコメロとされる例に示されているように、動物の生態に属する特性もここに含めた。全例数の四二・九パーセントにあたる六二例がこの項目に含まれ、最も多い。人（*muntu*）を除いた全ての動物群に見られる。

②体や器官の形態・性状：マキガイやマイマイ類（JL-1）の貝殻が、耳の形に類似しているが故にシコメロとなり、カワウソ類（WM-76、WM-77）のペニスが硬くて丈夫であるため、インポテンツ用のシコメロとなり、また、象皮病にかかった人の足がカバ（WM-88）の足のように太いが故にシコメロとなるといった例のように、動物の体や器官の形態や、性状にみられる特性と、病の症状、病根の類似に由来する用例である。理由不明⑪のものを除けば、習性（生態）についで多く、全例数の一〇・六パーセントにあたる一八例が含まれる。ただ、この用例は、例えばシロアリの塚が乳房に、その塚からはい出る白い幼虫が母乳に類比されている例（JI-12）のように、習性と形態の二つの特性に関わっているものが多い。この項目には、虫類と獣類しか含まれず、かつ獣類の例数が圧倒的に多い。獣類が系統的に人により近いことの反映であろうが、興味深い。

③色：サンショクウミワシ（NA-47）の羽毛がその白さの故に、エボシドリ（NA-52）の羽がその真紅の色の故に、またカラス（NA-59）の羽毛やチンパンジー（ZM-67）の毛の色が黒さの故にシコメロとして用いられる例であり、白・赤・黒のカラー・シンボリズムに依拠している。白は健康や幸運の象徴であり、赤は血の色であり活力を象徴し、黒は不健康・邪悪な心、心が澱《よど》んで活力が衰えた状態を象徴している。

④糞：汚物である糞に由来するものであり、ミナミジサイチョウ（NA-54）やハイエナ（WM-80）の糞は、邪術に用いられる。但し、同じ糞でもコウモリ（ZM-64）やカバ（WM-88）のそれのように、汚物としての属性が強調されないものは、ここには含めていない。

⑤におい：ベルベットモンキー（WM-65）の体臭とジェネット（WM-79）の会陰腺の臭いに由来する用例。これらの例の場合、象徴的な意味が含まれているのかどうか不明である。ここでは一切述べなかったが、植物性呪薬ムティの場合には、きわめて重要な特性となる。

⑥脂肪：動物の体の構成物の一つであると同時に、他の薬物に混ぜ軟膏状にするという実利的な意味が含まれている。

⑦名前：サバンナダイカー（WM-91）が、その名（*kasiya*）と *nkasi* という病名との類似の故にシコメロに用いられる場合で、この一例のみである。この特性もムティの場合には重要である。

⑧使い魔：邪術者はある種の動物を自由に操り、人に派遣して危害を加えることができる。この動物が使い魔であり、バッタ（JI-9）やワニ（WR-41）、カラス（NA-59）、ライオン（WM-83）など一一種の動物が数えられる。これに対抗してムフモも同種の動物をシコメロとして用い、邪術者に派遣された動物を手なずけ排除する。これらの動物が、なぜ使い魔となりうるのかは、文化的な恣意性の高いことがらであり、現在のところは説明不能である。

⑨同種呪術：ダルマワシ（NA-48）を見て *bhukangue* という病にかかった子供の治療に、同種の鳥をシコメロとして用いる例や、邪術者に撃ち込まれたヤマアラシ（WM-72）の針を、同じ針を用いて治療するという例のように、原理としては⑧と同様であるが使い魔ではない場合、ムフモが同種呪術を行使するとみなし、この項目

を設けた。

⑩その他：ハジロハクセキレイ（NA-57）が幸運の鳥と見なされてシコメロとなり、ケープノウサギ（WM-69）が利発な動物としてシコメロとなるという例、それに首長（T-97）や双子（T-98）、逆子（T-99）などの人骨がシコメロとして用いられるという例のように、トングウェ文化の文脈の中でしか理解しえないシコメロを含めた。また、ジェネット（WM-79）の毛を火傷に用いる例のように、より合理的な傾向性の強いものも含まれている。

⑪は、その原理を明らかにしえなかったものであり、二六例ある。

以上、動物をシコメロとして用いるムフモの論理を概観してきたが、最後に、シコメロとして使用される動物の体の部位についても簡単に言及しておきたい。体の部位が選択される原理は、次の五つである。（一）当該の動物の特性（シコメロとなる理由）を示す部位。（二）ハイエナ（WM-80）の糞を用いる例のように、ある特別な習性を持つ動物本体と、直接、隣接性によって関わる物質。（三）シコメロとなる理由とは一応無関係であるが、その動物の特徴をよく示す部位。（四）動物の生命の座としてトングウェがもっとも重要だと考える心臓と頭。（五）当該の動物の体の一部（部位を選ばない）。

これまでの検討で明らかになったように、自然によって思考し、自然によって治療するムフモの論理の特質は、なによりも、特定の動物をとりあげ、その諸属性の中から他の動物とは異なる特性を描出し、病の症状や病根とを連合させる知的操作にあると言える。各動物の諸属性の中から描出される特性は、圧倒的に習性（生態）が多く、ついで体や器官の形態や性状が多い。この二特性で、全体の五三・五パーセントを占めている。例数が少ないとは言え、その他の諸項目も、トングウェ文化の特質を示すものとして重要である。これらの特性と、病の症状や病根とを連合させる知的操作は、原則的に言えば、異なった対象の間を類似によって連合する隠喩の論理に基礎を置いていると言える。同時に、出産を早めるためにカバ（WM-88）の糞を用いたり、邪術者よけのシコメロに盲人（T-102）の使っていた杖を用いるといった例、あるいはシコメロとして使用される体の部位についての原理に示されているように、隣接性に根拠を置いた換喩の論理も深く関与していると言えるのである。また、ミナミジサイチョウ（NA-54）の糞によって呪いをかける邪術に対抗して、ムフモもその糞をシコメロとして使い、治療にあたる用例の場合、糞を細分して散らばらせるという鳥の習性とその糞としての属性、それに同種呪術の原理が関与している。このように、隠喩と換喩が複雑に組み合わさって現れる例もある。

緻密で具体的な自然観察を基礎にしつつ、隠喩・換喩の論理が錯綜するムフモの、あるいはトングウェの象徴的思考の論理は、レヴィ・ストロース（一九七六）が『野生の思考』でつとに強調し、また近年の象徴的機能研究において（例えばデュクロ・トドロフ　一九七五）、人の知的メカニズムのもっとも基本的な属性として強調されている点と共通していることが指摘できるのである。

比較研究の可能性

これまで、基本的に、トングウェという一部族のエスノサイエンス、エピステモロジーの研究という立場から論じてきた。しかし、人の知的操作の特質という問題にまで踏みこんだとき、この立場には明らかな限界がある。たとえば、シコメロの論理を、「意味するもの」と「意味されるもの」という記号の関係としてとらえるとき、その両者の関係が、有縁的であるのか、無縁的であるのかという問題に逢着する。つまり記号の恣意性という問題である。ここでは詳しく論及しないが、たとえば、市川（一九七七）や松井（一九七七）が少数であるが、文化のコンテキストが変われば同じ動物でも異なった意味に用いられる例を検討し、「意味するもの」と「意味されるもの」との関係の恣意性について論じているように、一部族の枠を越えて比較研究する必要性が強く要請されているのである。

このような問題意識に立って、次に、アフリカにおける動物性呪薬の研究について概観し、比較研究の可能性を探ってみたい。

V・ターナー（Turner 1967）は、前述したようにアフリカにおけるエスノメディスンについて先駆的な業績を残している。この研究の中で、彼は、ンデンブー族（Ndembu）やそれに隣接するルバレ族（Luvale）では、呪薬を明確に植物性呪薬と動物性呪薬の二種に区分していることを指摘している。しかし、植物性呪薬について、そのシンボリズムの奥深くにまでわけ入り詳細に分析しているにもかかわらず、動物性呪薬については、その存在を示唆するにとどまっている。

呪薬を二種類に区分する部族は、ターナーの指摘するように、ルバレ族やンデンブー族をはじめ、トングウェ族の南方に住むフィパ族（Fipa）（Robert 1949）、ロバーツ夫妻の調査対象であるタブワ族（Tabwa）など、タンガニイカ湖周辺の部族で確認されている。

これら以外の部族では、少数ながら（Loeb, *et al.* 1956）や（Cory 1949）、（Harley 1970）など、エスノメディスンについてのすぐれた報告はあるが、動物性呪薬についての資料はそれほど多く含まれていない。現状では、詳細な点にわたっての比較研究は困難であると言わなければならないが、まもなく発表されるであろうロバーツ夫人の研究との比較研究、あるいは、筆者自身が新たに他部族の資料を収集することによって、この状況の突破を試みたいと思う。

本論の目的の一つは、このような比較研究を可能にするための基礎として、とくにトングウェ族の動物性呪薬をめぐり、できるかぎり網羅的で体系的な資料を提供することにあった。

自然と人、あるいは自然と文化との関係を、人の象徴機能を問題にしつつ、明らかにしてゆくという課題にとっても、あるいはアフリカ文化の一つの重要な特性を明らかにするという目的においても、動物性呪薬の研究は重要な問題を多く含んでいると言えるのであるが、筆者はまだその一部をかいま見ただけである。今後を期したいと思う。

謝辞

本報告のもととなった資料は、一九七一年四月～一九七二年一〇月の調査を基礎としつつ、主として一九七六年七月～一九七六年一一月の調査で得たものである。前者は、ヴェンナー・グレン人類学財団の基金を得て、後者は、昭和五一年度文部省科学研究費補助金（海外学術調査）による調査隊「赤道アフリカ森林地域におけるエスノサイエンスと生態人類学の研究」（米山俊直隊長）の一員として研究に従事した。

米山隊長からは、計画の立案当初から本報告をまとめるに至るまで、いろいろと御指導いただいた。伊谷純一郎博士からは、終始かわらぬ激励と御指導をいただいた。本報告についていえば、各種動物、特に鳥類の同定に関する伊谷先生の御努力に負うところ大である。序にも記したように、ロバーツ夫妻からは多大の恩恵を受けている。谷泰氏を中心とする京都大学人文科学研究所の社会人類学研究班の方々からは、討論を通じて、有益な御助言をいただいた。

シコメロについての知識の大半は、師カソンタ老、大呪医ユスフ・ムリボ、マハレの呪医ジュマイネ、筆者の姉弟子ともいうべきサダ・ブネングワ、それに知的好奇心あふれる友人モハメディ・セイフに負っている。記して、謝意を表したい。

注

（1）詳細については、（掛谷　一九七七）を参照せられたい。

（2）ここでは、「彼らの命名を彼らの動物認知の基準と考え、それ以下に分割しえない方名を、トングウェの動物的世界を構成する基本的要素と考えて方名種と呼ぶことにする」（伊谷　一九七七b：四五〇頁）という定義に従う。

（3）それらの和名に、後述の整理記号を付して次に記す。タカラガイ（JL-2）、赤色のバッタの一種（JI-9）、アワフキムシ（JI-13）、ミノムシ（JI-14）、スズメバチの一種（JI-20）、種名不詳の二種のヘビ（SS-39）（SS-40）、種名不詳の二種の鳥（NA-61）（NA-62）、ヨツユビハネジネズミ（WM-63）。

（4）松井（一九七七）も、彼が認める五つの包括名以外に、どのフォーク・カテゴリーにも含まれない動物をXという略号でまとめて記述しているが、筆者の提起するZとは微妙な差異がある。

（5）松井は、Aと記号化しているが、鳥綱のAと同記号のため、あえてこのように記号を変えた。

（6）この定義に従い、以下の記述でも用いる。

付表

学名	トングウェ語方名 ( )内は複数形	和名および備考	整理番号		用途*	原理**	使用部位	食 + 非食 −	伊谷（1977b）の情報記号 俗信(Fb-), 歌謡(Fs-), 利用(U-), 民話(Ft), 薬用(D-), 禁忌(M-), 象徴的利用(S-), 悪霊をもつもの(E-), 精霊とのかかわり(T-), 犠牲(R-)	松井（1977）の 参照番号
GASTROPODA 足腹綱	*lijonga* (*ma-*)	湖産のマキガイと陸産のマイマイ	JL-1		C	2	貝殻	−	(U-4)	XL-258
	nsimbi (=)	タカラガイ	JL-2		C	11	貝殻	−		
PELECYPODA 二枚貝綱	*ikonbelele* (*ma-*)	ニマイガイ	JL-3	(a)	A	1	貝殻	−	(U-1, 2, 3)/(D-1)	XL-258
				(b)	C	2, 10	貝殻			
HIRUNDINEA ヒル綱	*muspiko* (*mi-*)	湖および河川のヒル	JN-4	(a)	B	1	体の一部	−		EN-135
				(b)	C	11	体の一部			
ARACHNIDA 蛛形綱										
Phrynidae										
Phrynicus sp.	*nkalaje* (=)	ホイップスコーピオン	JI-5		H	11	体の一部	−	(D-5)	
DIPLOPODA 倍脚綱										
Julidae										
Julus spp.	*lyongolo* (*ma+*)	ヒメヤスデ類	JI-6		C	1	体の一部	−	(Ft-9)	EA-84
INSECTA 昆虫綱										
Acrididae										
Nomadacris septemfasciata	*isisi* (*ma-*)	大型バッタの一種	JI-7		C	11	体の一部	+	(D-6)	EA-91~EA-97
?	*ihaso* (*ma-*)	バッタの一種	JI-8		C	11	体の一部	+	(D-6)	〃
?	*lighwankumbo* (*ma-*)	赤い体色をしたバッタ	JI-9		A	8	体の一部			〃
Phasmatidae	*ng'angamisi* (=)	ナナフシ類	JI-10		I	1	体の一部	−		
Blattidae	*ihese* (*ma-*)	ゴキブリ類	JI-11		C	11	頭､尾部	−		EA-87
Rhinotermitidae	*muswa* (*mi*)	小型のイエシロアリ	JI-12	(a)	C	1, 2	アリ塚	−	(D-7)	EA-98
				(b)	C	11	体の一部			
Cercopidae	*sifuamate* (*fi-*)	アワフキムシ	JI-13		C	1	体の一部	−		
Psychidae	*lisisenya* (*ma-*)	ミノムシ	JI-14		C	1, 2	体の一部､嚢	−		
Dytiscidae	*nyengelebhwe* (=)	ゲンゴロウ類	JI-15		B	1	体の一部	−	(M-2)	

（次ページへ続く）

学名	トングウェ語方名 （ ）内は複数形	和名および備考	整理番号	用途*	原理**	使用部位	食 ＋ 非食－	伊谷（1977b）の情報記号 俗信(Fb-), 歌謡(Fs-), 利用(U-), 民話(Ft), 薬用(D-), 禁忌(M-), 象徴的利用(S-), 悪霊をもつもの(E-), 精霊とのかかわり(T-), 犠牲(R-)	松井（1977）の 参照番号
Scarabaeidae									
Scarabaeus spp.	*lisendamafi* (*ma-*)	オオタマオシコガネ類	JI-16	A	11	体の一部、糞	－	(D-8)	
Gymnepleurs spp.	〃	タマオシコガネ類							
Copris spp.	〃	ダイコクコガネ類							
Cerambycidae	*limpanti* (*ma-*)	カミキリムシの幼虫	JI-17	C	1, 2	体の一部、木片	＋		EA-114
Curculionidae	*sifamukanka* (*fi-*)	ゾウムシ類（オオゾウムシを除く）	JI-18	A	1	体の一部	－		
Vespidae									
Belonogaster spp.	*litembo* (*ma-*)	スズメバチの仲間	JI-19	A	11	巣	－	(U-7)/(D-9)	EA-122
?	*nondo* (=)	スズメバチの仲間（?）	JI-20	H	1	体の一部	－		
Polistes spp.	*katembosasi*	小型のアシナガバチ類	JI-21	A	11	巣	－		
Sphecidae									
Sceliphron spp.	*likabhumba* (*ma-*)	ジガバチの仲間	JI-22	C	11	巣	－	(D-10)	EA-123
Aspidae									
Trigona sp.	*ihula* (*ma-*)	ハリナシバチの一種	JI-23	I	11	蜜蝋	＋	(Fb-8)/(D-11)	
OSTEICHTHYES 硬骨魚綱									
Clariidae									
Dinotopterus cunningtoni	*nsinga* (=)	オオナマズ（湖棲）	BO-24	C	6, 11	脂肪	＋	(U-8)/(D-13)	KO-215
Malapteruridae									
Malapterurus electricus	*nbebha* (=)	デンキナマズ（湖棲） 別名 nyika (=)	BO-25	C	11	骨	＋	(Fb-17)/(D-12)/(M-4)	KO-217
Tetrodontidae									
Tetrodon mbu	*nkakamusi* (=)	フグの一種（淡水産）	BO-26 (a)	C	1	皮	－	(Fb-21)/(D-14)	
			(b)	A	1	皮			
			(c)	G	1	皮			
AMPHIBIA 両生綱									
Bufonidae	*katanta* (*tu-*)	ヒキガエルの一種	ZF-27	C	1	腹部の皮膚	－		
REPTILIA 爬虫類									

Testudinata	*itili* (*ma-*)	カメ類	WR-28	(a)	A	1	頭	–	(FS-14)	XR-251
				(b)	D	1	甲羅			
Chamaeleonidae										
Chameleo spp.	*lilunfu* (*ma-*)	カメレオン類	ZR-29		A	8	体の一部	–	(Ft-7)	XR-252
Gekkonidae										
Gekko spp.	*ifulumula* (*ma-*)	ヤモリ類	ZR-30		C	1	体の一部	–	(Fb-9)	
Varanidae										
Varanus niloticus	*mbulu* (=)	ナイルオオトカゲ	WR-31	(a)	A	1	体の一部	–	(Fb-41)/(Fs-15)/(Ft-8)/(U-9)/(D-19)/(D-20)	XR-255
				(b)	A	6, 11	脂肪			
				(c)	C	11	舌			
Pythonidae										
Python sebae	*nsabhwaka* (=)	アフリカニシキヘビ	SS-32		J	11	頭	–	(Fs-16) / (D-16)	JS-242
?	*insato* (*ma-*)	ニシキヘビの一種	SS-33	(a)	A	1	頭、心臓	–	(U-9)/(D-17)/(S-4)	
		アフリカニシキヘビの小型のものの可能性もあり		(b)	A	8	頭、心臓、脊椎骨			
Elapidae										
Naja haje	*nkoma* (=)	ブラックコブラ	SS-34		A	1	体の一部	–	(Fb-10)	
Naja nigricollis	*nfuila* (*ma+*)	スピッティングコブラ	SS-35		A	1	体の一部	–		JS-244
Viperidae	*nfufi* (=)	不詳；長く、水棲という	SS-36		A	1	体の一部	–		
	ndolaliubha (=)	不詳；非常に長いヘビという	SS-37		C	1	体の一部	–	(FB-11)	
	ndabhaghonsi (=)	不詳；長く、樹上性という	SS-38		G	11	骨	–	(Fb-12)/(D-18)	
(Ophida)	*katebhokamukubho* (*tu-*)	不詳；小さな赤いヘビ	SS-39		A	8	体の一部	–		
	mambahili (=)	不詳；猛毒をもつという	SS-40		A	1	体の一部	–		
Crocodylidae										
Crocodylus niloticus	*ngwena* (=)	ナイルワニ	WR-41		A	8	歯、頭、尾	–	(Fb-15)/(Fs-17)/(Ft-8)/(Ft-10)/(D-21)/(T-2)	XR-256
AVES 鳥綱										

（次ページへ続く）

学名	トングウェ語方名 ( ) 内は複数形	和名および備考	整理番号		用途*	原理**	使用部位	食 + 非食 −	伊谷（1977b）の情報記号 俗信(Fb-), 歌謡(Fs-), 利用(U-), 民話(Ft), 薬用(D-), 禁忌(M-), 象徴的利用(S-), 悪霊をもつもの(E-), 精霊とのかかわり(T-), 犠牲(R-)	松井（1977）の参照番号
Phalacrocorachidae										
Phalacrocorax africana	*mulobha* (*mi-*)	アフリカコビトウ	NA-42		C	1	喉頭部	+	(Fs-17, 18, 19)	YA-138
Anhingidae										
Anhinga rufa	〃	ヘビウ	〃							
Scopidae										
Scopus umbretta	*musinjie* (*mi-*)	シュモクドリ	NA-43		A	1, 9	巣	+	(Fb-22)/(D-22)	
Accipitridae										
Neophron monachus	*kalimba* (*ma+*)	ズキンハゲワシ	NA-44		A	1	頭、心臓	−	(Fs-20)	
Neophron percnopterus	〃	エジプトハゲワシ	〃							
Trignocepus occipitalis	〃	ハクトウハゲワシ	〃							
Stephanoaetus coronatus	*njwibha* (=)	カンムリクマタカ	NA-45		A	1	羽毛、骨	−		YA-146
Polyboroides radiatus	*lusalabhanda* (*ma+*)	マダガスカルチュウヒダカ	NA-46		E	1	爪、頭	−		
Haliaeetus vocifer	*nkwasi* (=)	サンショクウミワシ	NA-47	(a)	B	3	羽毛、脚、頭	−	(Fs-21)	YA-144
				(b)	F	1	脚			
Terathopius ecaudatus	*ipungu* (*ma-*)	ダルマワシ	NA-48		C	9	羽毛、脚	−	(D-23)/(E-1)/(T-2)	
Falconidae										
Falco cuvieri	*kakosi* (*tu-*)	アフリカチゴハヤブサ	NA-49	(a)	C	1	羽毛、爪	−	(D-24)	
				(b)	C	1	羽毛、爪			
Rallidae										
Sarothrura purchra	*nkwimbi* (=)	シラボシクイナ	NA-50		C	1	尾羽	−	(Fb-26)/(Fs-24)	
Crex egregia	〃	アフリカヒメクイナ	〃							
Gallinula chloropus	〃	バン	〃							
Musophagidae										
Tauraco porphyreolophus	*nkulukulu* (=)	ズグロエボシドリ	NA-51	(a)	A	3, 9	羽毛	−	(Fb-28)/(S-1)	YA-162
				(b)	A	3	羽毛			
				(c)	C	3	羽毛			
Tauraco schalowi	〃	シャローエボシドリ	〃							
Musophaga rossae	〃	ムラサキエボシドリ	〃							

Cucculidae									
Centropus superciliosus	*mukukwe* (*mi-*)	マミジロバンケン	NA-52	(a)	A	1	巣	+	(Fb-29)/(Ft-12)/(D-25)	YA-161
				(b)	I	1	巣			
Alcedinidae										
Ceryle rudis	*kampala* (*tu-*)	ヒメヤマセミ	NA-53		A	11	体の一部	+	(Fb-31)	
Bucerotidae										
Bucorvus cafer	*lititu* (*ma-*)	ミナミジザイチョウ	NA-54		A	1, 4, 9	糞	−		YA-167
Indicatoridae										
Indicator indicator	*kaseghu* (*tu-*)	ノドグロミツオシエ	NA-55		B	1	体の一部	−	(Fb-33)/(Fs-28, 29)	YA-168
Hirundinidae										
Hirundo angolensis	*kantamba* (*tu-*)	ハイバラツバメ	NA-56		A	8	体の一部	−	(Fb-38)/(Fs-30)	YA-169~YA-170
Hirundo abyssinica	〃	コズアカコシアカツバメ	〃							
Hirundo smithii	〃	ハリオツバメ	〃							
Psalidoprocne holomelas	〃	クロツバメ	〃							
Psalidoprocne albiceps	〃	シロガシラクロツバメ	〃							
Mottacillidae										
Motacilla aguimp	*katientie* (*tu-*)	ハジロハクセキレイ	NA-57	(a)	C	1	尾羽	−	(Fb-34, 35, 36)/(M-6)/(S-3)	YA-171
				(b)	C	10	巣			
				(c)	A	1	巣			
Muscicapidae										
Cossypha heuglini	*nmunminsa* (=)	マミジロツグミヒタキ	NA-58		I	1	体の一部	+	(Fs-32)	
Corvidae										
Couvus albicollis	*limombo* (*ma-*)	シロエリオオハシガラス	NA-59	(a)	A	3, 8	頭、心臓、脚	−	(Fb-39)/(D-26)	YA-175
				(b)	C	1	爪			
				(c)	F	11	頭、心臓			
?	*sisiungu* (*fi-*)	不詳	NA-60	(a)	A	1	脚、羽毛	+	(D-27)	
				(b)	I	1	脚、羽毛			
				(c)	C	11	頭			
?	*mbesi* (=)	不詳	NA-61		J	11	不明			
?	*nyanda* (=)	不詳	NA-62		E	1	脚、頭、心臓			
MAMMALIA 哺乳綱										
Macroscelididae										
Petrodromus tetradactylus	*kaghebhe* (*tu-*)	ヨツユビハネジネズミ	WM-63		A	11	体の一部	−		NM-1
Chiloptera	*ilima*	コウモリ類	ZM-64		C	1	頭、心臓、糞	−	(Fb-42)/(U-)/(D-28)	YM-136~YM-137

（次ページへ続く）

学名	トングウェ語方名 ( )内は複数形	和名および備考	整理番号	用途*	原理**	使用部位	食 + 非食 −	伊谷（1977b）の情報記号 俗信(Fb-), 歌謡(Fs-), 利用(U-), 民話(Ft), 薬用(D-), 禁忌(M-), 象徴的利用(S-), 悪霊をもつもの(E-), 精霊とのかかわり(T-), 犠牲(R-)	松井（1977）の 参照番号
Cercopithecidae									
Chlorocebus pygerythrus	*kajanda* (*tu-*)	ベルベットモンキー	WM-65	I	5	掌、指	−	(Ft-13)	NM-5
Papio cynocephalus	*linguje* (*ma-*)	キイロヒヒ	WM-66	C	1	ペニス	−	(Fs-38, 39)/(D-28)	NM-9
Pongidae									
Pan troglodytes	*insoko* (*ma-*)	チンパンジー	ZM-67 (a)	A	1, 3	頭	−	(Fs-39)/(U-11)/(D-29)	NM-10
			(b)	I	1	右手の筋			
			(c)	F	1	体の一部			
Manidae									
Smutsia gigantea	*nkakakubhona* (*ma+*)	オオセンザンコウ	WM-68	D	1, 2	鱗	±	(Fb-46)/(D-30)	NM-11
Leporidae									
Lepus capensis	*kalulwe* (*tu-*)	ケープノウサギ	WM-69	I	1, 10	尾	+	(Ft-14, 15, 17)	NM-12
Thryonomyidae									
Thryonomys swinderianus	*nsenji* (=)	アフリカアシネズミ	WM-70	C	1	小枝	+	(Fb-47)	NM-15
Spalacidae									
Heliophobius sp.	*sifuko* (*fi-*)	シルバーデバネズミ（モールラット）	WM-71	A	1, 2	体の一部	±	(Fb-9, 48)/(D-31)	
Hystricidae									
Hystrix cristata	*nyungwa* (*ma+*)	アフリカタテガミヤマアラシ	WM-72	A	2, 9	針	+	(Fb-49, 50)/(D-31)/(T-1)	NM-28
Canidae									
Canis lupus familiaris	*likabhwa* (*ma-*)	イヌ	WM-73	A	8	体の一部	−	(Fb-52)/(T-2)	NM-30
Canis adustus	*limbwe* (*ma-*)	ヨコスジジャッカル	WM-74	A	1	頭、鼻、尾	−	(Fb-53, 54)/(Fs-40, 41)	NM-29
Lycaon pictus	*ibhingha* (*ma-*)	リカオン	WM-75 (a)	A	1	心臓	−	(Fs-41)/(D-28)	NM-31
			(b)	H	1	鼻、脳ミソ			
Mustelidae									
Anonyx capensis	*nkonda* (*ma+*)	ツメナシカワウソ	WM-76 (a)	C	11	毛皮	−	(D-32)/(S-3, 4)/(R-2)	
			(b)	C	2, 10	肝臓			
			(c)	C	2	ペニス			
			(d)	A	11	毛皮			

Hydrictis maculicollis	*kakonje* (*tu-*)	ノドブチカワウソ	WM-77		C	2	ペニス	–	(D-33)/(S-3)	NM-32
Mellivora capensis	*sibhulli* (*fi-*)	ラーテル	WM-78		A	1	体の一部	–	(Fb-55, 56)/(U-9)	NM-33
Viverridae										
Genetta genetta	*kasimba* (*tu-*)	オオブチジェネット	WM-79	(a)	C	5	肛門部	–	(Fs-42)/(U-16)/(D-23)/(M-9)/(S-4, 5)/(T-2)	NM-35
				(b)	C	2, 10	毛			
Hyaenidae										
Crocuta crocuta	*itana* (*ma-*)	ブチハイエナ	WM-80	(a)	A	1	頭、心臓	–	(Fs-57)/(Ft-14)/(D-34)/(D-35)/(T-2)	NM-38
				(b)	H	1	鼻			
				(c)	A	1, 4, 9	糞			
Felidae										
Felis silvestris catus	*kanyaaghwi* (*tu-*)	ネコ	WM-81		A	6, 8	体の一部	–		NM-39
Panthera pardus	*ngwe* (=)	ヒョウ	WM-82	(a)	A	1	頭	–	(Fb-49, 51, 58)/(D-36)/(M-10)/(S-1, 2, 4)/(E-3)	NM-43
				(b)	H	1	心臓			
				(c)	E	1	爪、歯、心臓			
Panthera leo	*nsimba* (=)	ライオン	WM-83	(a)	A	1, 6	頭、脂肪	–	(Fb-33, 46, 52)/(Fs-43)/(Ft-10, 14, 15, 16, 17)/(M-11)/(S-1, 4, 5)/(E-3)/(T-2)	NM-42
				(b)	H	1	頭			
				(c)	A	8	頭、尾			
				(d)	A	1	爪			
Orycteropodidae										
Orycteropus afer	*inyagha* (*ma-*)	ツチブタ	WM-84		I	1	爪	+	(Ft-1)	NM-53
Elephantidae										
Loxodonta africana	*nsofu* (*ma+*)	アフリカゾウ	WM-85	(a)	A	1	心臓	+	(U-9, 17)/(D-37)/(M-12)/(M-13)/(S-5)/(E-4)/(T-1)	NM-54
				(b)	A	8	鼻、尾			
Suidae										
Phacochoerus africanus	*njiri* (*ma-*)	イボイノシシ	WM-86	(a)	C	1	尾	+	(Fs-44)/(Ft-15)/(U-22)/(D-38)/(M-14)	NM-57
				(b)	C	2	脚の腱			
				(c)	C	2	牙			

（次ページへ続く）

学名	トングウェ語方名 ( )内は複数形	和名および備考	整理番号		用途*	原理**	使用部位	食 + 非食 −	伊谷（1977b）の情報記号 俗信(Fb-), 歌謡(Fs-), 利用(U-), 民話(Ft), 薬用(D-), 禁忌(M-), 象徴的利用(S-), 悪霊をもつもの(E-), 精霊とのかかわり(T-), 犠牲(R-)	松井（1977）の参照番号
Potamochoerus larvatus	*ngulubhe* (*ma+*)	ノブタ	WM-87	(a)	A	1	鼻、耳、尾	+	(Fb-52)/(Ft-16)/(D-39)/(M-14)	NM-58
				(b)	A	10	体の一部			
Hoppopotamidae										
Hippopotamus amphibius	*ngufu* (*ma+*)	カバ	WM-88	(a)	C	1	糞	+	(Ft-12, 17)/(U-22)	NM-59
				(b)	C	2	脚			
Giraffidae										
Giraffa camelopardalis	*kasanga* (*tu-*)	キリン	WM-89		A	1	頭	+	(U-17, 18, 19, 24)/(S-4)	
Bobidae										
Tragelaphus scriptus	*nsuja* (=)	ブッシュバック	WM-90	(a)	C	9	額の毛皮	+	(U-9, 10, 12, 20, 21, 23)	NM-74
				(b)	A	11	体の一部			
Sylvicarpa grimmia	*kasiya* (*tu-*)	サバンナダイカー	WM-91		C	2, 7	蹄	+	(U-9, 12, 13)/(D-40)/(R-1)	NM-71
Hippotragus equinus	*nkolongo* (*ma+*)	ローンアンテロープ	WM-92		A	1	角	+	(Ft-10)/ (U-9, 14, 15, 17, 18, 19, 24, 25)/ (S-4)/(R-1)	NM-65
Oreotragus oreotragus	*sikinda* (*fi-*)	クリップスプリンガー	WM-93		J	11	角	+	(U-23)/(D-40)/(S-4)	NM-64
Syncerus caffer	*mbogho* (*ma+*)	アフリカスイギュウ	WM-94		C	2	額の毛皮	+	(Fb-55)/(Ft-6, 16)/(D-41)/ (S-4)/(R-1)/ (U-17, 18, 19, 20, 21, 22, 24, 25)	NM-72
Ovis aries	*ntama* (=)	ヒツジ	WM-95		B	1	心臓	+	(Fb-9)/(R-3)	NM-69
	nkubha	カミナリ	Z-96		A	1	骨 (?)			
Hominidae										
Hommo sapience		（ヒトおよびその関連物）								
	mwami (*bha-*)	首長	T-97	(a)	A	10	頭骨			
				(b)	F	10	頭骨			
				(c)	E	10	頭骨			
	mahasa	双子	T-98		A	10	頭骨			
	kasindye (*tu-*)	逆子	T-99		A	10	頭骨			
	mufu ghwa mwafi (*bha-*)	ムワフィを飲んで死んだ人（つまり邪術者）	T-100		A	9	骨			

iseya (ma-)	イセヤ（呪われて死んだ人の心臓）	T-101		A	9	心臓
muhofu (bha-)	盲人	T-102		A	10	杖
muntu ghakekuli	首つり自殺者	T-103	(a)	A	10	縄
nkanga (bha-)			(b)	F	10	縄
			(c)	E	10	縄
bhutale	鉄くず	T-104		C	10	鉄くず
kajinganbulu (tu-)	土器の破片	T-105	(a)	C	10	土器の破片
			(b)	C	10	土器の破片

*用途
A：対邪術　B：*nsamba*　C：特定の病　D：猛獣よけ　E：狩猟　G：農耕　H：イヌ用　I：その他　J：不明
**原理
1：習性（生態）　2：体の器官の形態・性状　3：色　4：糞　5：におい　6：脂肪　7：名前　8：使い魔　9：同種呪術　10：その他　11：不明

第13章　ゾウの悪霊払い
――原野に生きるトングウェ族の心

「ロホ　イメクワ　ニェウシ（心が黒くなってしまった）」。一九七六年、四年ぶりにトングウェの地を再訪した時、あたらしく形成されたキジジ・チャ・ウジャマー（〝同朋の村〟）に移り住んだ旧知のトングウェが、わたしにこう語りかけた。それは、トングウェ特有の表現なのだが、心が塞ぎこんでなにもやる気が起こらない、という訴えであった。マハレの峨峨たる山容を背にしたタンガニイカ湖畔の村、ンコンクワでの出来事だった（口絵地図1、口絵地図2）。

写真 13–1　頭を地面につけて挨拶するトングウェ。これは結婚式の一場面で、嫁側の親族が夫の両親に敬意をはらっている。伝統にのっとった最高の敬意の表現だ。

1　ブジェゲ開催の知らせ

タンザニア政府は、アフリカ型社会主義を目指すニエレレ大統領の指導のもとで、分散して居住する人びとを集め、共同労働を基礎とした「同朋の村」づくりを強力に押し進めていた。原野のなかの小さな集落に住みつづけてきたトングウェたちも、時代の流れに抗することはできず、湖岸の村ンコンクワに移住した（写真10–1）。自然のなかに埋もれるようにして生きてきた伝統的なトングウェは、不安と戸惑いを内包しつつ、あたらしい時代のうねりに巻きこまれはじめていたのである。

一九八〇年、わたしは三度目のトングウェ・ランド訪問の機会に恵まれ、ンコンクワ村に住む友人たちと再会を喜びあった。かれらは、もはや「ロホ　ニェウシ」とは語らなかった。さまざまな困難を抱えつつも、タンザニア国民としての生き方を受け入れ、営々と暮らしを立てていた。

京都大学の野生チンパンジー観察基地の所在地であり、トングウェ調査の根拠地でもあるカソゲ村に落ち着いたわたしのところに、「近々、ブジェゲがひらかれる」という知らせが届いた。心が躍るうれしい知らせだった。

わたしはンコンクワ村に向かうボートを手配し、うきうきしながら寝袋や着替えなどをリュックに詰めはじめた。

タンザニア西部にひろがるウッドランド（乾燥疎開林）に住む焼畑農耕民トングウェは、ブンドゥキ（マスキット銃）や多種類の罠によって野獣を狩るハンターでもある。ウッドランドに棲息する多彩な動物が狩猟対象となるのであるが、なかでも、ゾウは強力な霊力をもつ特異な存在として認知されている。ゾウを撃ちとった狩人は、その悪霊払いのため、ブジェゲとよばれる盛大な儀礼をとりおこなわなければならない。この儀礼を終えた狩人はムジェゲとよばれ、人びとから尊敬される。ブジェゲはゾウの悪霊を払う儀礼なのである。

ムジェゲの誕生は一族の誉れなのだが、いっぽうで、それは子々孫々にまでつづく影響力をもっている。もしムジェゲが死ねば、一族のだれかがその地位を相続しなければならない。それを怠ると、一族の者が病や死などの不幸にみまわれる。わたしに届いたのは、このムジェゲを相続する儀礼の知らせだった。

暮らしの変化がトングウェたちの心を荒廃させてしまったのではないかと、わたしは案じていたのだが、原野の心は健在だった。

2　野生を象徴する動物

「なぜ、他の野獣ではなく、ゾウが特別に強力な霊力をもつと信じられているのか？」という問いに答えるのはむずかしい。しかし、わたしは、これまで経験してきた原野の奥の奥にあるトングウェの村をおとずれる徒歩旅行《サファリ》を通じて、ゾウに特別の意味を付与するかれらの心に触れえたように思う。

広大な疎林のなか、細くつづく道をたどって、わたしたちはひたすら歩む。動物の踏み跡や糞に出会えば、旅なれたアリマシやモハメディなど同行のトングウェが、どんな動物が、いつここをとおったのかを教えてくれる。ところかまわず刺すンドロボー（ツェツェバエ）や、汗がしたたる顔面にうるさくまといつくカーニョ（ハナバチ）は少しやっかいだが、木々の葉を揺らして吹き抜ける風が心地好い。夕陽が傾きはじめるころ、わたしたちは目指す村に到着する。

「ホディ　ホディ（こんにちは）！」わたしたちは大声であいさつしながら、せいぜい一〇戸前後の家が肩を寄せ合うようにして立ち並ぶ村にはいる。長老が走り出てわたしたちを迎え入れ、木陰に案内してくれる。円い座椅子《シテベ》に腰をおろし、水を一杯所望する。水を満たしたヒョウタン製の杓をもって子どもが歩み寄り、左手を右の手に添え、膝を曲げて挨拶し、うやうやしくさしだす。素焼きの水瓶にはいっていた水は、冷たくてうまい。それは、野獣の気配が漂う疎林帯のオアシスの味だ。

原野に散在する村むらをおとずれるサファリの途中で、廃墟と化した集落に行きあうこともあった。周囲の畑はゾウに踏み荒らされ、索漠とした光景が眼前にひろがっていた。疎林帯のひそやかに息づく集落は、そこだけが人間の棲み家であることを懸命に主張し、精一杯、自然に対峙する営みのあらわれであることを示していたのである。人が去れば、そこは自然の猛威にさらされるのみである。ゾウは、野生を象徴する動物なのだ。

3　酒の醗酵とともに進行

ボートがンコンクワ村の浜に近づきはじめたとき、太鼓の音が風に乗って聞こえてきた。ブジュゲがはじまろうとしていたのである。わたしたちは急いで、儀礼の主催者ハミシ・カボゴの家に向かう。ふつう主催者は当該リネージ（親族）の長がなる。

今回のブジェゲのイコタ（司祭者）は、マハレの山の住人カパガだった。かれは湖岸の「同朋の村」に移住することを拒否し、いまなおその強力な霊力で知られる山に住む、精霊ムラングワのもとにとどまる誇り高いトングウェだ。しわがれた声で「カパガ、イソンジェロ、マハレ（おれはマハレの住人、イソンジェロ村のカパカだ）」とさけぶかれは、伝統的なトングウェの威厳と快活さを備えたイコタだった。一九七一年から七二年にかけて、山住みのトングウェに焦点をあてて調査をつづけてきたわたしとは顔なじみである。イコタの助手としてブジェゲに参加したいというわたしの申し出を、カパガは快く許してくれた。「さあ、わたしはテンボ（ゾウ）の追跡に出かけるぞ」。カパガは力強く足でステップを踏みながら歌う。助手をつとめるムジェゲたちが、大きなつぼに赤・白の塗料でゾウの絵を描く。「これがゾウの眼だ。つぼの上にその印をつけたぞ」。ムジェゲもカパガの歌に唱和しながら小さな円を描く。プジェゲは、このつぼのなかに仕こまれるトウモロコシ酒の醗酵とともに進行するのである。

酒づくりは本当に手間のかかる仕事だ。まずモロコシ（*Sorghum bicolor*）を二日ほどかけて発芽させ、石臼です

写真 13-2　酒用のトウモロコシの穀粒を石臼でひく。

りつぶす。それができれば、次は、火で煎りあげたトウモロコシの穀粒を石臼で挽かなければならない。儀礼用に供された小屋に集まった男女が交代で石臼の前に坐る（写真13-2）。「さあ、石臼を挽きましょう。わたしは狩人のために石臼を挽く」。「トウモロコシをすりつぶす仕事を、手伝えと、姑がわたしを送りだした。でも、わたしは、石臼を挽くのはこれがはじめて。まだ一度も石臼を挽いたことがないのよ。」ムジェゲの歌に合わせて、女たちが大声で歌う。「雨が降ってきたわ。風も吹きはじめた。雨がお父さんに降り注いでいるわ」。「雨は火よりも強いのね。雨は天から降ってきて、火を消してしまうのだもの」。女たちはこんな歌を口ずさみながら、ゾウの絵が描かれたつぼに水を注ぎこみ、挽きあげた粉を入れる（口絵10）。こうして二日間、つぼのなかにねかせる。

すべての所作には独特の歌がともなう。ムジェゲたちは太鼓の音に合わせてエネルギッシュに踊り、雰囲気を盛りあげる。イコタの指揮に従い、助手のムジェゲや女たちは根気よく、一週間かけて丁寧に酒づくりのプロセスをたどる。

酒がころあいに醗酵した日の朝、ムジェゲたちは原野に向かう。きょうの夕方から、夜を徹したブジェゲの本番がはじまる。わたしたちイコタの助手は、その準備を秘密裏に進めなければならない。

作業の中心は、ブジェゲの教えを伝えるための泥人形の製作だ。イネ科の雑草で原型を作り、それに泥を塗り

写真 13–3　原野で儀礼用の泥人形づくりに励むムジェゲ（ゾウを撃ちとった狩人）たち

つけて人形を仕あげる（写真13－3）。祖先のムジェゲと、かれに撃ち殺されたゾウ、ウサギやハゲタカなどの動物。おばあさんや子どもの人形もある。切り落とされた腕や、頭に矢の刺さった像もある。べつのムジェゲは、男女の性器を模して、バナナの木の髄を器用に削る。

昼すぎに人形づくりを終え、ダワ（呪薬）の採集にうつる。「カリロカテンテンボ　カマフルビラ（ゾウは物をかまないで、飲みこむだけなんだよ）」と歌いながら、手当たりしだいに付近の草本をとる（写真13－4）。これが、クナミラにもちいられるダワの原料となる。こうして原野の作業を終えた。

写真 13–4　採取したダワ（呪薬）を村へ運ぶ。トングウェの儀礼には欠かせないものだ。

4　徹夜の儀礼のはじまり

「大きなゾウが、鼻で穴を掘っているよ」。イコタは歌いながら、儀礼小屋の隅に穴を掘り、この儀礼にもちいられる聖なる木カンクンドゥを立てる。歌はつづく。「わたしは兄弟の家に向かう道を歩んでいた。どうも、この道をゾウがとおったようだ。あれ、道がふさがってしまっているよ」。カパガはひものついた棒を酒つぼの口にかませ、つぼの口を覆うザルの底にそのひもをとおしてカンクンドゥの木に結びつける。儀礼小屋の天井に槍の柄を突き刺し、その刃先を酒つぼに向ける。ゾウ狩り用の罠ブジェラを模した仕かけである。これで屋内の準備も整った。

太陽がタンガニイカ湖の彼方に沈む。当該親族や近隣の人びとが儀礼小屋のまわりに集う。「野獣の棲む原野に通ずる広い道がある。さあ行こう」。「薪を集めて、原野で寝よう。夜がやってきた」。イコタたちは歌いながら、原野で採集したダワを戸板の上に乗せる。その戸板の上に助手のムジェゲの一人が乗る。他のムジェゲたちは戸板をもちあげる。「わたしの仲間よ。おまえは原野の奥の奥でわたしに出会うだろう」。戸板の上に乗ったムジェゲは右手を高くかかげる。ゾウを撃ちとり、槍でとどめを刺す場面の再現である。徹夜の儀礼の開始だ（第Ⅱ部扉写真）。

ブジェゲの主催者ハミシ・カボゴが、ニワトリを手にして口上を述べる。「さあ、これがカハサ（ムジェゲの祖先の名前）にささげられるブジェゲだ。あなたはゾウを撃ち殺した。わたしたちの上の世代の人びとは、何の災いも被ることなく長いあいだ暮らしてきた。ところがわたしたち孫の世代になって災いが頻発し、おおくの人びとが病にかかった。占ってもらったところ、(相続のための)ブジェゲをしなければならないという。きょう、わたしたちはカハサとその兄(かれもムジェゲだった)ムトゥンダのためにブジェゲをおこなう。このニワトリが脚と首をまっすぐに伸ばして死に絶えるように。そうすれば、わたしたちは、あなたがた祖霊が同意したことを知ることができる」。

つづいて司祭者カパガが語る。「人びとがやってきて、この仕事をひき受けて欲しいと頼んだ。わたしは故郷にいる精霊たちや大首長たちに『わたしは乞われて、ブジュゲの仕事に出かけます。どうぞ、わたしの道を開きお守りください』と頼んだ。さあニワトリよ。本当のことを教えてくれ。わたしが正しく儀礼を進めているかどうかを……」。ニワトリの首がナイフでかき切られる。血をしたたらせながら、ニワトリはバタバタと羽を動かしてはねまわり、首と脚を伸ばして息絶える。祖霊の同意が得られたのだ。

5　歌と踊りと太鼓の競演

夜のとばりがおり、大勢の人びとが儀礼小屋の内部に陣どる。太鼓の名手たちがバチさばきもあざやかに、ブジュゲのリズムを打ち鳴らす。夜陰に乗じて、ムジェゲたちは祖霊とゾウの人形を布で覆って運びこみ、酒つぼの側に据えつける。今夜一晩、祖霊とゾウは人びとともにブジェゲを楽しむのだ。

イコタとムジェゲは順ぐりに、手に人形をもって激しく踊る(写真13-5)。人びとはイコタの声に合わせ、大

写真 13–5　おばあさんの人形をもって踊るムジェゲ

声をはりあげて歌う。ひときわ高く太鼓が鳴る。踊りと歌と太鼓の競演だ（写真13–6）。

一人のムジェゲがなわを手に踊る。「おっかさんたちよ！わたしがおまえさん方を誘惑しても、みんな拒んでしまう。家に帰ればかかあもだめだ、と拒否をする。エイ、いっそのこと、このなわで首を吊って死んでしまおうか。うらめしいのは女のあそこ」。男たちは調子にのって大声で歌う。少女たちは恥ずかしげに顔をうつむけ、それでも大声で唱和する。ムジェゲはどっかと腰をおろし、人びとの前になわを差しだして口上を述べる。「これがブジェゲだ。踊り、太鼓をたたき、猥歌を歌う。ほかでもない、これがブジェゲなのだ。ここにあるなわは、女たちに拒まれて、やけになった男が首吊りに使ったものだ。そうなんだよ、おっかさんたち」。

べつのムジェゲはハゲタカの人形をもって踊る。「あっ、あそこに鳥がいる。どうも肉を食べているらしい」。――もし、ハゲタカが空高く舞うのをみたら、その鳥のあとをつけなさい。あるいは、ゾウが倒れている場所に行きつくかもしれない――そんな教えをこめた歌だという。

ウサギの人形にまつわる歌は無気味だ。「おまえはウサギと眼があってしまった。おまえの親父の死を、おまえはみてしまったのだ」――原野で出会ったウサギが後ろを振り向いたなら、それは不幸のおとずれを予告するものだという。

イコタや助手たちが手にもって踊る人形や物にはそれぞれの歌があり、口上をともなっている。ハゲタカやウ

写真13-6　ブジェゲのリズムを打ち鳴らす太鼓。人びとはリズムに合わせて合唱する。

サギのように、動物の生態やそれにまつわる俗信が歌われることもあるが、大部分は猥歌・猥談である。日ごろは慎ましいトングウェなのだが、祭りのときは特別だ。もう少し、おおらかな猥歌・猥談に耳をかたむけてみようか（写真13-7）。

棒切れをもったムジェゲが踊り、歌う。「わたしに突き刺さった棘を抜いてしまおう。ムバンガの木の棘かしら、それともカセメレの木の棘かしら」「ムバンガの木の枝が突き刺さったのかしら？いったい何の棘かしら？」ムジェゲは人びとに説明をする。「おっかさんた

写真13-7　女陰の模型をもち、猥歌を歌って踊るムジェゲ

ちよ。男と一戦まじえるときは、かならず男の一物の長さを確かめなさいよ。そうしなければ、長い一物が背中にまで突き抜けてしまうかもしれないよ。だから、ムバンガの枝が突き刺さったのかしら、と歌ったのさ」。

切り取られた腕をもって踊るムジェゲは声を荒げる。「他人の物を食うくせのあるおまえさん。腕を窓から差し入れて、腕を切られてしまったのだね」。その口上は、なかなか劇的だ。「この人は、本当に女たらしだった。かれは人妻を誘惑し、関係をもってしまったのさ。ところが、旦那にそれを知られてしまった。ある日、旦那は奥さんに、ちょっと旅に出るよと告げた。それが嘘だったのさ」。

「旦那は出かけたのだけれど、夕方になって家に戻ってきた。ところが、あの女たらしさん、旦那が旅に出るという知らせを受けとっていたんだよ。勇んで出かけたかれは、扉を叩くかわりに、腕を窓から差し入れて、女に合図しようとしたんだね。ベッドで寝ていた旦那がそれに気付き、腕をつかみ、山刀で切り落としてしまったのさ。だから、人妻を誘惑するときは、夜は避けなくちゃいけないよ。それに、窓から腕を差し入れるのも御法度だよ。」

人びとは笑いころげ、儀礼小屋には熱い興奮が渦巻く。この興奮と笑いこそ、ブジェゲのダワだという。つまり、ムジェゲの祖霊やゾウの悪霊によってもたらされた不幸の源を断ちきる呪薬というわけだ。

深夜、むかしのムジェゲのムワミ（首長）カルンデがやってきた。人びとは歓声をあげてムワミを迎える。興奮にまきこまれたムワミは、太鼓の音に合わせて踊る。もちろん、このムワミはムジェゲの一人が変装しているのだけれど。

「ルサガリカが遠いところからやってきた！」伝統的な美女ルサガリカが登場する（写真13-8）。しとやかに腰かけた美女のまわりを、男たちが取り囲む。われこそと思う男が名のり出て、言葉のかぎりをつくして口説こう

写真 13-8　伝統的な美女ルサガリカがやってきた。儀礼はクライマックスに達する。

写真 13-9　儀礼小屋の門戸でクナミラのダワを飲む親族。イコタが介添役をする。

とする。しかし美女の心は動かない。ムジェゲの一人がわたしに耳うちする。「カケヤ、あなたもやってみなさい。きっとルサガリカは同意するよ」。わたしはルサガリカの前に進み出て、精いっぱい口説きの言葉を並べる。「貴女はなんと美しい人だ。パパイヤの実のように大きな乳房。シマウマのように立派なお尻。ウシのような眼。貴女の眼をみつめていると、わたしの心はふるえる。もし貴方がうなずいてくれるなら、いっしょに日本へ帰ろう」。美女の顔がゆっくりと縦にゆれる。人びとが歓声をあげる。天下の美女が、わたしの誘いに応じたのだった。

こうして歌と踊りと太鼓は朝までつづく。

翌朝、儀礼小屋の門戸のところで、主催者の親族たちによってクナミラの儀礼がおこなわれた（写真13-9）。クナミラとは、地面にはいつくばって薬を飲むことをいう。入口の地面に斧で穴を掘り、そこに酒を注ぎ、クナミラにもち

写真 13-10　あたらしいムジェゲの誕生。体には、特別な石をすってつくった白・赤の塗料で班点をつける。白は健康を、赤は活力を象徴する。

いられるダワを入れる。人びとは地面にじかに口をつけ、ダワを飲みこむ。そのダワは、ゾウと仲良くなり、原野に出かけてもゾウに襲われないようにするためのものだ。イコタは、その穴に生きたニワトリの首を突っこみ、手で押さえこんで窒息死させ、首を切り取り、土をかけて埋める。サクリファイス（供犠）だ。こうして徹夜の儀礼は一段落する。

夕方、親族のなかから、あらかじめ選ばれた人がムジェゲを相続し、白・赤の斑点を体につけ、頭にンパシ（王冠）をかぶり屋外に出る。女たちはホロホロホロホロと口を鳴らし、踊りを舞ってあたらしく誕生したムジェゲを迎える（写真13-10）。村人から祝福を受けるムジェゲは、面映ゆそうに顔をほころばせる。

6　ムジェゲに活力を与える

翌日も、朝から儀礼はつづく。原野に祖霊のムジェゲとゾウを再埋葬し、あたらしく誕生したムジェゲに原野で生きぬく力を付与する儀礼へと至るプロセスである。それは、地面に白・黒・赤のダワの粉で絵を描くことからはじまった（写真13-11）。

ひとつの絵は、タンガニイカ湖やマハレ山塊、およびその周囲に棲む動物など、トングウェの自然観を表象する図柄である（写真13-12）。ムジェゲが絵を指さしながら歌った歌詞を列挙してみよう。「大きな湖。その波がわたしした

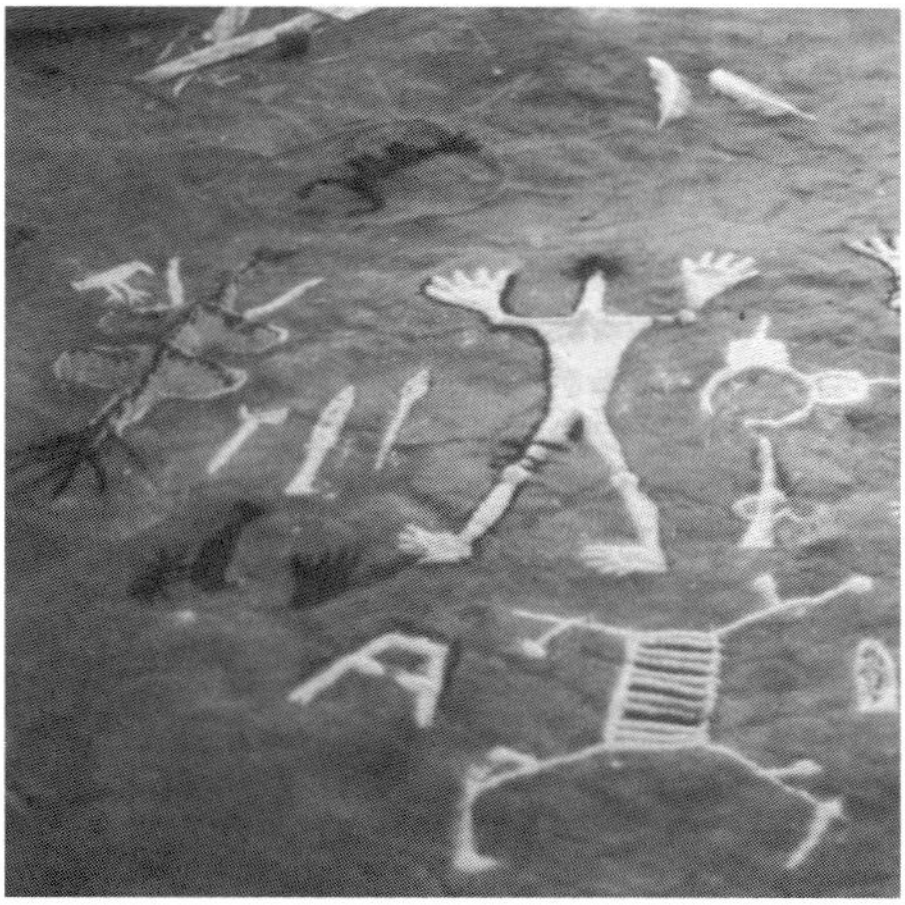

写真13-11　祖霊のムジェゲ（中央）とゾウ（左）が描かれる。これらの埋葬が、原野の儀礼の目的のひとつだ。

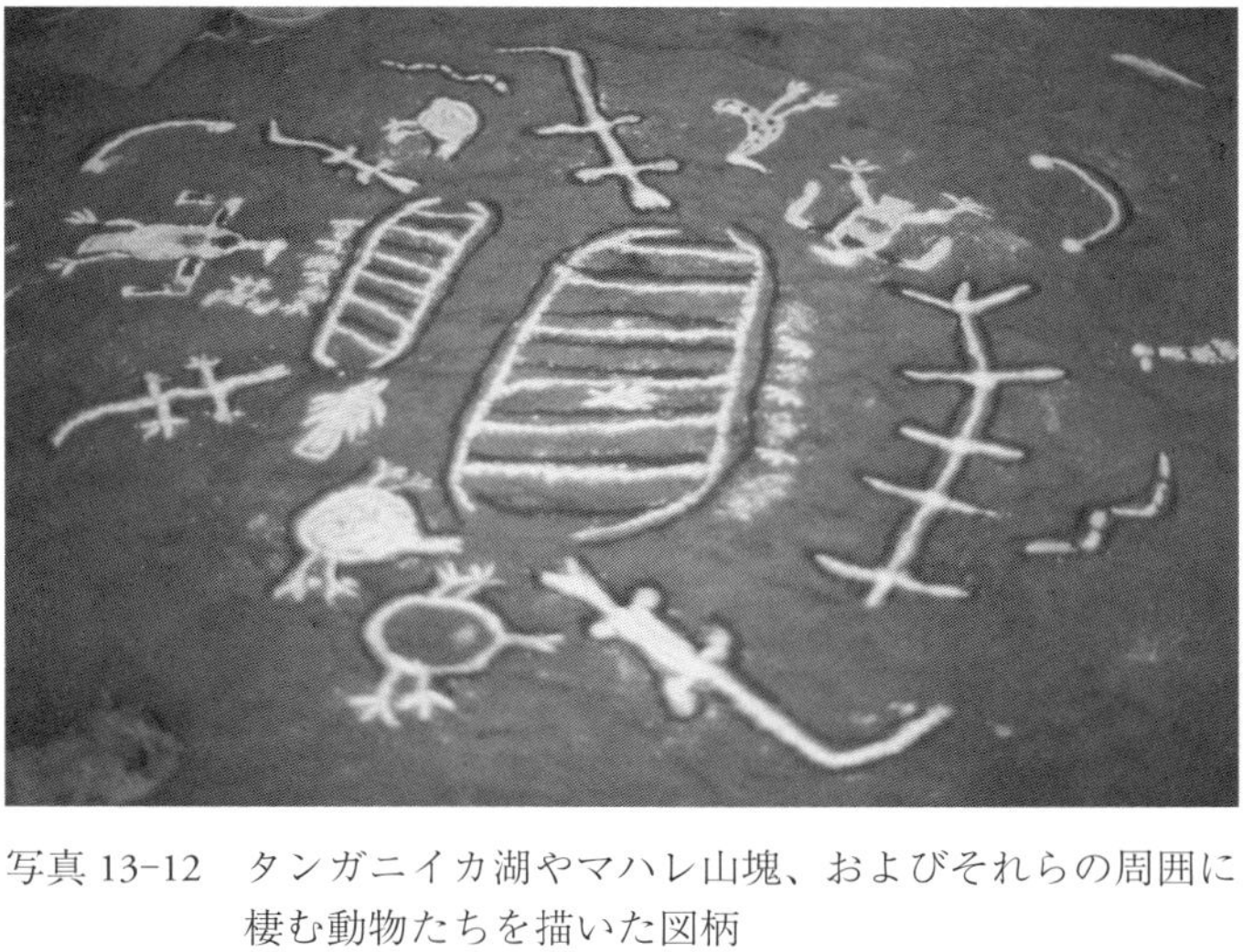

写真13-12　タンガニイカ湖やマハレ山塊、およびそれらの周囲に棲む動物たちを描いた図柄

写真 13-13　ブジェゲの聖なる木カンクンドゥのまわりに集う人びと

ちを驚かす」。「湖岸には、このワニが棲んでいるのだよ」。「カメさんよ、湖へ行っていっしょに踊ろうよ」。「魚の体はいつも清潔だ。毎日水浴しているんだものね」。「砂浜は美しい。それでカスウェレ（イソシギ）が好んでやって来るのだね」。「あっ、キロフィロフィ（ウォーター・コブラ）が川から流れ出て、湖へ泳いで行ったよ」。「湖にいるンクワシ（サンショクウミワシ〔注　原著では「アフリカスナドリワシ」。編者が訂正〕）さん。南の風が吹くのを感じたかい」。「カンパラ（ヒメカワセミ〔注　原著では「コガタマダラカワセミ」。編者が訂正〕）は、自分の力で魚をついばむのだよ」。「みなの衆。虹が道をつくったよ。」。「わたしはカエル。歩くことができないから、とり残されてしまったよ」。「さあ、ンクウィンビ（シラボシクイナ〔注　原著では「シロクイテンナ」。編者が訂正〕）を罠にかけようぜ」。「マハレは、本当にあがりさがりの激しい山だね」。

つぎに描かれた絵柄は屋内での儀礼の総括であり、同時に原野の儀礼に向けての準備でもある。祖先のムジェゲと、かれが撃ち殺したゾウが中心である。ムジェゲの必携品であるマスキット銃、弾丸入れとそれを腰につけるバンド、槍、斧、ナイフも描かれる。ムジェゲの生活を支えた畑や、主食であるトウモロコシもみえる。格好の猟場である動物のぬた場（沼や沼地）には、大物のバッファロー（アフリカスイギュウ）が遊んでいる。

イコタたちは、祖霊のムジュゲとゾウを描いたダワの粉を集めてカシンバ（ジェネット〔注　原著では「ジャコウネコ」。編者が訂正」）の毛皮に風呂敷のように包み、あたらしくムジェゲになった人びとを連れて原野に向かう。目指すはブジェゲの聖なる木、カンクンドゥだ（写真13-13）。

「ゾウの尻尾が地面を掃除するよ」。「ゾウが尻尾を振って、シャラシャラ音をだす」。「ゾウこそが、この原野に棲む主だ」。「このゾウは、原野のいたるところを歩き回り、どんな木でも倒して、その葉を食べてしまう」。

写真13-14　祖霊のムジェゲとゾウを埋葬する。

イコタたちは歌いながら、カンクンドゥの木の周囲を整地し、斧で地面に小さな穴を掘る。酒が注ぎこまれ、クナミラにもちいられるダワが加えられる。あたらしくムジェゲを相続した人は、腹ばいになって直接大地に口をつけ、そのダワを飲みほす。ダワはムジェゲに活力を与える。課されたタブーを守るかぎり、ムジェゲはゾウに襲われることはないだろう。

イコタはダワを飲み終えたムジェゲの肩や手に剃刀で傷をつけ、そこに鉄砲猟の名手となるための秘薬を塗りこめる。力を得たムジェゲは猟に精をだし、一族の人びとに大量の肉をもたらしてくれるだろう。

イコタは藪をかきわけてシロアリ塚にいたり、そこに、ダワで描かれた祖霊のムジェゲとゾウを丁重に葬る（写真13-14）。ふたたび目覚めて、人びとに災いをもたらすことのないよう、ダワをふりかけ、それらの霊を原野に埋葬する。こうして原野での埋葬儀礼は終

写真 13-15　ブジェゲの終結。最後にもう一度、絵を描く。死者は夜の世界（黒く縁どられたところ）に帰り、生者は昼の世界（白く縁どられたところ）に残る。

わった。

儀礼小屋に戻ったイコタたちは、ブジェゲの終結を示す絵を描く。カシンバ（ジェネット）の毛皮を敷き並べ、その上に白・黒・赤のダワで円を描く（写真13-15）。カシンバは精霊の使いであり、原野に赴くムジェゲが欠かすことのできない必携品だ。円は太陽を象徴する。黒の陽光で縁どられた側は、夜の世界、死者の世界を象徴する。白色の陽光で縁どられた側は、昼の世界、生者の世界を示す。人びとが集い、祖先のムジェゲとゾウの霊が参加し、歌と踊りと太鼓の音が響きわたり、笑いと興奮が渦巻いたブジェゲは終わった。祖霊たちは黒の世界、夜の世界に帰り、生者は白の世界、昼の世界に残った。ニワトリは、死者と生者の別れに捧げられたサクリファイスだ。

7　心象世界を投影した儀礼

ウッドランドの住人トングウェは、その心象世界を投影したいくつかの儀礼をもっている。その三本の柱は、ブワミ（首長即位儀礼）、ブフモ（呪医入門儀礼）、それにブジェゲである。かつて伊谷純一郎先生（京都大学教授）

は、ブワミを対祖霊、ブフモを対人、ブジェゲを対自然の儀礼と規定した（『チンパンジーの原野』一九七七年　平凡社）。確かにブジェゲは、その根底に、恵みと災厄という両義的な意味を担う自然と融和する、というテーマを秘めていた。しかしいっぽうで、親族の人びとのあいだに多発する不幸によって、ブジェゲを相続する必要性を知るという側面に示されるように、それは親族存続の危機を乗り越え、親族集団を再統合するという役割をも果たしている。

これらのテーマと役割は、再生した祖霊とゾウの悪霊と、現世の人びとの交流によって媒介され、猥歌・猥談がひき起こす笑いと興奮によって、より効果的に演出されているといえる。ブジェゲは、自然と人と祖霊の融和を大らかに謳いあげ、その活性化を図る原野の儀礼なのである。

8　ブワミ（首長即位儀礼）

トングウェ社会の秩序の要に位置する人、それがムワミ（首長）である。親族集団の長として、ムワミは守護霊を祀り、代々のムワミの霊を守る。

長年、空位であったムワミの座は、ブワミによって補充される。ブワミは首長即位儀礼であり、分離・過度・統合の三つの相を含む典型的な通過儀礼である。

高名なムフモ（呪医）であるユスフに、強力な精霊ムラングワが乗り移り、その精霊の指示によって儀礼は進行する。二日間、徹夜でおこなわれるブワミの中心は、朝から一日がかりでつくりあげられる儀礼小屋ルカンガ

写真 13–16　イコタが儀礼小屋ルカンガラを建てる場を清める。

写真 13–17　女は歌い踊って、山で建材を集めてきた若者たちを迎える。

ラでの秘儀である（写真13-16、17、18）。

一晩じゅう、司祭たちはルカンガラのなかで踊り狂い（写真13-19）、粗末な着物をつけてただ沈黙して坐るムワミ候補者に向かって、入れかわり立ちかわり説教する（写真13-20、21）。罵倒され、馬鹿よばわりされても、それに耐える精神をもつことこそ、権力を付与されるムワミの条件だ。

写真 13-18　ルカンガラは一日がかりでつくりあげられる。

写真 13-19　イコタたちは踊り狂い、ムワミ候補者たちに向かって説教する。

写真 13-20　ムワミ（首長）候補者は、ルカンガラのなかで、ただ沈黙して坐るのみである。

写真 13-21　小屋の外に出るときには、ムワミ候補者は布で覆われる。一般の人びとに姿をみせてはならないのだ。

明け方ちかく、ムワミ候補者たちは森のなかに消え、真のムワミとしての装束を整える。ムワミ候補者は川の水で身を清め、頭髪はそり落とし、全身に精霊の恩寵を示す白・赤の斑点が塗りつけられる（写真13-22）。頭にライオンの毛皮でできた冠をつけ、手には鉄だけでできた槍をもつ（写真13-23）。こうして立派なムワミとして生まれ変わり、ブンドゥキ（マスキット銃）の祝砲と、人びとの歓声に迎えられて村に帰る。

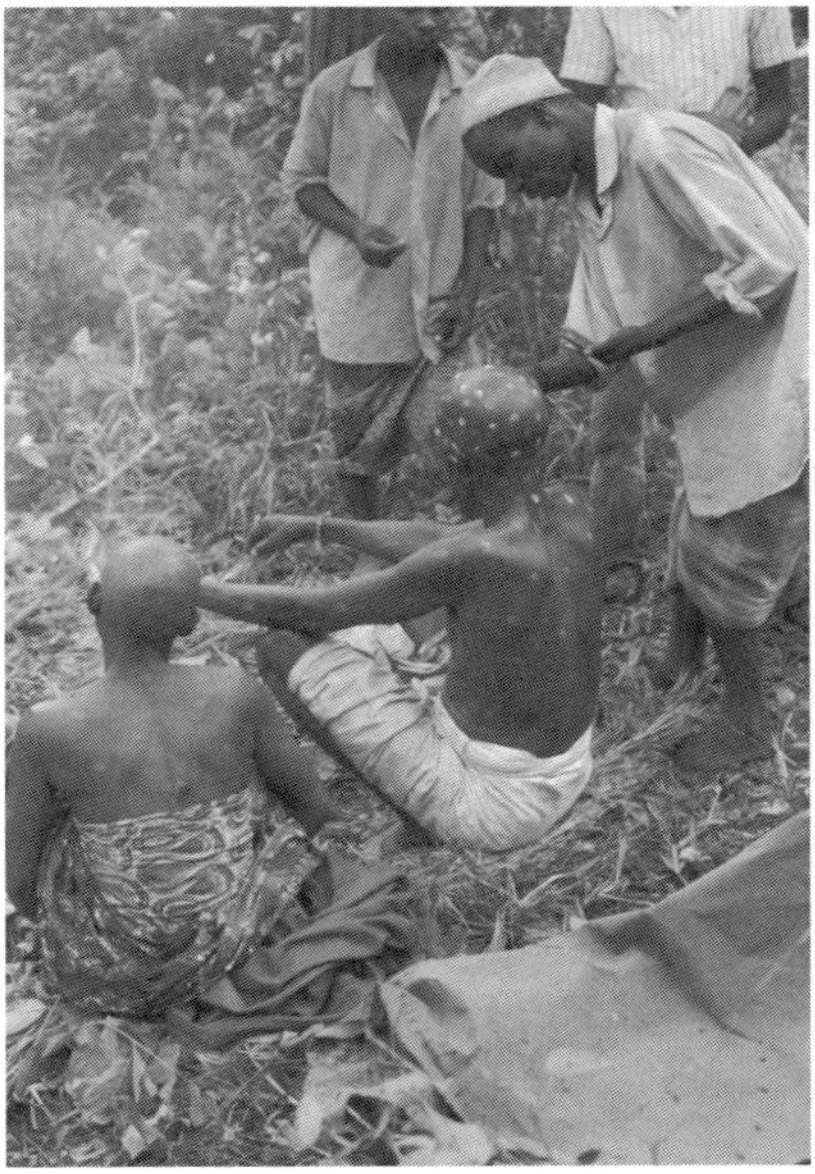

写真 13-22　森のなかで、真のムワミとしての装束を整える。左に夫人がつきそう。

写真 13-23　人びとの祝福を受けるムワミ（両端）。あたらしいムワミの誕生だ。

写真 13-24　人びとは、あたらしいムワミに敬意を表し、柏（かしわ）手をうって挨拶する。

人びとは太鼓を打ちならし、大声で歌い、踊りを舞ってあたらしいムワミを迎える（写真13-24）。まとまりの支柱を得た人びとの喜びの叫びが、原野にこだまする。

なお、写真の儀礼では、同時に二人のムワミが誕生した。

第14章　トングウェ族呪医の治療儀礼

——そのプロセスと論理

1　はじめに

一九七二年五月、正式な儀礼を経てトングウェ（Tongwe）族のムフモ *mufumo*（呪医）となった筆者は、呪医修業の体験をもとにして、ムフモの世界の概要を明らかにすることを試みた（掛谷　一九七七b）。しかし、その真髄に至る道は遠く、調査という局面に限っても多くの課題が残されていた。

一九七六年および一九八〇年に筆者はトングウェ・ランドを再訪する機会を得て、それぞれ短期間ではあったが呪医修業を継続し、多くのことがらを学んだ。多様なシコメロ *sikomelo*（動物性呪薬）の分析を通じて、ムフモの世界に通底する豊かな象徴的思考の一端を解明することができたのも、その成果の一部であった（掛谷　一九七八）。

本稿ではムフモ研究の一環として、患者の治療儀礼を取り上げ、事例の精密な記載とその分析にもとづいて、ムフモの治療のプロセスと論理を明らかにしたい。患者治療の具体例の一部については、すでに前稿で取り上げているが（掛谷　一九七七b：四一八－四二三頁）、本稿で記載する事例は主として一九八〇年の調査で経験したものであり、前稿では資料不足のため論述できなかった以下の諸点に留意して分析を進めたい。

①治療儀礼の過程は、いわば象徴的行動の連鎖であり、可能なかぎりそれぞれの象徴的行動の意味を解析する。

②ムフモが発する呪文も重要な治療行動の一部であり、治療の論理を解明する貴重な手掛かりとなる。トングウェは、ムフモの意図（あるいは邪術者の意図）が呪文化されると、それがダワ *dawa*（呪薬）の効力を増すと考えており、この意味でも不可欠の考察対象である。

③治療には多彩なムティ *muti*（植物性呪薬）やシコメロ *sikomelo*（動物性呪薬）が用いられる。どのような植物や動物が、いかなる理由によってダワとして選ばれるのかを明らかにすることは、治療の本質にかかわる重要な問題である。シコメロについては、その全体像をすでに分析したが（掛谷　一九七八）、ムティについてはこれまで素材に言及したのみであり、それらがダワとして用いられる理由についてはほとんど触れていない。本稿では、とくにこの側面の解明を試みたい。

なお、本稿ではトングウェ語の正書法は基本的に Nishida & Uehara (1981) に従うが、m-wa クラスの名詞についてはこれまで通り mu- と表記している。

2　呪医の活動

ここで取り上げる事例は、タンガニイカ湖畔の村カソゲ（Kasoghe）で、若い呪医カサカンペ（*Kasakampe*）と行動をともにして得た知見にもとづいている。京都大学野生チンパンジー観察基地の所在地であるカソゲ村は、筆者のトングウェ調査の根拠地でもある。現在カソゲ村に居住しているのは、チンパンジー観察基地に勤めるトングウェの男たちとその家族、および政府から派遣された官吏である。

アフリカ型社会主義を主張するニェレレ大統領の指導のもとで、タンザニア政府はいわゆる「同朋の村」（Kijiji cha Ujamaa）政策を強力に推し進めてきた。それは、散在して生活する人びとを集めて「同朋の村」を形成し、共同労働を基礎とした村づくりを目指す政策である。この政策によってカソゲ村の住人は湖岸のウジャマー村ンコンクワ（Nkonkwa）に移住し（一九七四年）、カソゲはチンパンジーの観察専用の村となったのである。

このような事情によって、カソゲ村は伝統的なトングウェの村落とは異なった住民構成を示しているのであるが、住民の主体はあくまでトングウェであり、かつ全住民と筆者はきわめて懇意な関係にある。この特殊な条件が、筆者のインテンシヴな調査を可能にしたともいえるのである。

筆者は、一九八〇年一〇月二一日から一〇月二八日までの八日間、呪医カサカンペとほぼすべての行動をともにした。原野を支配する巨人の精霊であり、ムフモの重要な守護霊であるムティミ（*mutimi*）が憑依するカサカンペは聡明な青年呪医である。彼は筆者の意図を深く理解し、すべての治療行動をともにすることを許してくれ、こみいった質問にも根気よく答えてくれた。カソゲの住民たちも、筆者がカサカンペに同行するのを自然なこととして受けとめ、筆者をムフモとして認めつき合ってくれた。

呪医の活動の諸相

筆者が行動をともにした八日間、呪医としてのカサカンペはきわめて多忙な日々を送った。このような日々が、一般のムフモの典型的な生活といえるわけではないが、その活動の諸相を知るには格好の事例を提供してくれる。因みに、この八日間にカサカンペが従事した治療活動を日誌風にまとめて表14-1に記す。これらの治療活動を、行動のまとまりとその相対的独立性を基準にして分類すると、以下のようになる。

①ダワ採集：薬籠に入れて常備しているダワの採集および特定の患者の治療を目的としたダワ採集を含む。

②占い：患者の依頼に応じて、病根を探るために占う。カサカンペの場合、精霊ムティミが憑依し患者との対話を通して病根を占う方法と、聖なる呪薬が施された左手の掌（ムレメ *muleme*）に右手を重ね、前後にこすり合わせて占う方法の二種類を行なう。

③治療儀礼：占いによって指示された場所・時間・方法に従い、治療を行なう。この八日間カサカンペは六人の患者に対し、一六回の治療儀礼を施した。本稿の主題であり、詳細については後述する。

④施薬：主として症状に対応したダワを調合して患者に手渡す。

⑤クラリキシヤ *kulalikisiya*：占いの一種であるが、病根を探るため患者と対面して行なう占いとは異なって、ムフモ自身が自らの治療の成否などを確認するために実施する。本稿では、治療儀礼の一部として取り扱い、後述

する。

⑥踊り：占いとは関係なく、突然に精霊（カサカンペの場合にはムティミ）が憑依して踊り出す。あるいは、祝いや酒宴の場で、人びとの要請に応じ精霊が憑依して踊る。ここでは、筆者を歓迎する酒宴の際、カサカンペにムティミが憑依し、祝いの踊りを舞った事例を指している。

ムフモの活動としては、これらのほかに、呪医入門儀礼や、クフィンブラ（*kufimbula*）と呼ばれる呪医の昇位儀礼に参加し司祭として儀礼をリードする勤めもあるが、それらは稀にしか催されない。従って上述の活動類型が、ムフモの日常活動のほぼ全貌を示しているといってよい。

本稿では、施薬やクラリキシヤを含めた広義の治療儀礼の事例分析を中心に論述するが、その背景を理解するという意味で、ダワ採集と占いについても言及することにしたい。なお以下の論述は、直接観察の記録とテープ・レコーダーに採録した呪文にもとづいているが、後に詳しく聞き込んで得た解釈や説明は〔　〕をつけて区別し記述する。

ダワ採集

ムフモのムセケ *museke*（薬籠）の中には、通常の治療に用いるダワが常備してある。それらのダワは大別すれば、ムティ（植物性呪薬）とシコメロ（動物性呪薬）に分類できる。ムフモが原野に出て採集するのはムティが主体である。シコメロは幸運に恵まれて原野で入手することもあるが、大半は師のムフモや他のムフモ仲間、それにシコメロの素材を偶然に手に入れた一般のトングウェから分けてもらう。

表 14-1　カサカンペの治療活動（1980 年 10 月 21 日～ 10 月 28 日）

月・日	時刻	活動	対象者	場所	備考
10・21	pm 5:15~6:05	イシゴを呼び出す治療儀礼	女 A	川のほとり、カゴボレの木のそば、三叉路	
〃	pm 8:00~11:00	ムティミが憑依して踊る	—	カソゲ村内	筆者を歓迎する酒宴での出来事
10・22	pm 5:30~6:40	イシゴを除去する治療儀礼	女 A	川のほとり、カゴボレの木のそば	
〃	pm 8:00~8:30	クラリキシヤ	（女 A、女 W）	家屋から少し離れたブッシュ	女 A、女 W はクラリキシヤの場所には立ち合わない。
〃	pm 9:00~9:30	占い	男 B、女 C	屋内	
10・23	am 7:00~7:20	クラリキシヤの結果確認	（女 A、女 W）	家屋から少し離れたブッシュ	女 A、女 W はクラリキシヤの場所には立ち合わない。
〃	pm 3:35~5:30	ムティ採集	—	カソゲ村周辺のウッドランド	8 種のムティを採集した。
〃	pm 6:40~7:30	体内に残ったイセヤの匂いを除去する治療儀礼	女 W	川のほとり	
〃	pm 7:58~8:43	ムコシを除去する治療儀礼	女 C	台所	
10・24	昼	リジョンガに入れるダワを調合	—	カソゲ村内	
〃	pm 7:25~7:33	夢見のための治療儀礼	女 C	川のほとり	
〃	pm 8:33~9:00	妊娠をもたらすための治療儀礼	女 W	三叉路	
10・25	早朝	占い	男 D	屋内	聞き込みによって知りえた活動である。
〃	pm 6:00	ムティを与える	女 A	屋内	

〃	pm 6:30	シコメロを与える	女E	屋内	女Eの子供の病に対するダワである。
〃	pm 6:35~7:30	ムクリを除去するための治療儀礼	男F	台所	
〃	pm 8:00~8:40	占い（ムティミが憑依）	女C、男D	屋内	
10・26	am 6:35	イルコ（下剤）を投与	女W	家の戸口	
〃	am 7:00~8:00	呪いを解くための治療儀礼	男D	台所	
〃	am 7:30~8:30	占い（ムティミが憑依）	女G	屋内	男Dの治療と重なるが、占いの間、代理人が治療
〃	am 8:55~10:10	ムロシの呪いを解く治療儀礼	男D	ムセケラの木の立つブッシュ、三叉路	
〃	pm 3:47~5:00	ムクリを除去する治療儀礼	男F	シロアリ塚のあるブッシュ	
〃	pm 5:30~6:25	体内を清めるための治療儀礼	男D	台所	
〃	pm 6:30	ムティの施薬	男D	屋内	
10・27	pm 2:30~3:35	呪いを解く治療儀礼	女G	ブッシュ、三叉路	
〃	pm 5:00~6:25	ムクリを除去する治療儀礼	女C	シロアリ塚のあるブッシュ	
〃	pm 8:00	産道を清めるムティの施薬	女H	屋内	
10・28	pm 6:10~7:20	男Fの寝室の穢れを祓う儀礼	男F	男Fの寝室	
〃	pm 7:30~8:40	ムコシを除去する治療儀礼	女G	屋内	
〃	pm 10:00~10:33	ムコシの除去と、夫婦の和解のための治療儀礼	女Aとその夫	台所	

ムセケの常備薬が底をつきはじめて補充する必要があるとき、あるいは特定の患者の治療に必要なムティを入手するため、ムフモは山や森や原野におもむき、ダワを採集する。

一〇月二三日の午後、カサカンペはムセケのムティを補充するため、ムティ採集に出かけ、約二時間かけて八種類のムティを採集した。ここでは三種類のムティをとりあげ、その採集法を概観することにしたい。

A　ムブンドゥ *mubhundu*（*Entada abyssinica*）[1]

この木の前に立ち、ブフ *mbufu*（トウモロコシの白粉）を右手にとってそれを木にふりかけ、呪文を唱える。「ルワンペンバ、ルワンパシノマジェンベ〔精霊などへの呼びかけに用いる慣用語〕。今日、どうか力を貸してください。私はお前を採集しにやってきた。というのは、お前は大呪医であり、なにごともお見通しだからだ。今日、私たちは健康と多産それに財産を求めてやってきた。今日、私はお前を採集しにやってきた。これが、お前の食べる食物だ。」こうして呪文を唱えた後、カサカンペは山刀で木の樹皮を剝ぎ、それを拾って籠の中に収めた。

B　ムセケラ *musekela*（*Antidesma venosum*）

ブフを木にふりかけるまではムブンドゥの場合と同様である。呪文は以下の通りである。「すべてのムガボ *mughabho*（精霊）よ。マハサ *mahasa*（双子の霊）、リャンゴンベ *lyangombe*（危機のときに救いを求めて祈りを捧げる精霊）、カシンディエ *kasindye*（逆子の霊）、ムシム *musimu*（祖先霊）よ！ルワンペンバ、ルワンパシノマジェンベ。今日、私たちはお前、ムセケラを採集しにやってきた。健康と多産と財産を求めて。体を苦しめる病にかかった人びとは、お前の助けを借りれば、その苦しみを鎮めることができる。人びとに子宝が恵まれますように。これが、お前の食べる食物だ。」「私が根を掘るたびに、その根がまっすぐに伸びていますように。そうすれば、お前が人びとの健康のために働くことに同意したと知ることができるのだ。」呪文を唱え終わったカサカンペは山刀で土を掘り、根の伸び具合を観察する。「ほれ、やはり根はまっすぐに伸びているよ。」と筆者に語りかける。実際に、ムセケラの根は曲がりくねることなく、すんなりと伸びていた。彼は斧で根を切り取る。

C　ムクングムウェル *mkungumwelu* (*Sterculia quiqueloba*)

「ムクングムウェルよ、大呪医よ！遠くのこともお前はお見通しだ。近くのこともお見通しだ。私は夢見のダワとしてお前の採集にやってきた。もし人が、何か邪悪なものを体に仕掛けられれば、いったいそれが何であるのか、夢見で知ることができますように。その物が、あたかも人間のように自ら語り出しますように。ムクングムウェルよ、お前は遠くのことをお見通しなのだから。さあ、私が治療する患者のすべての体が『白く』〔白色は健康や清浄さを象徴する〕清められますように。ムコシ *mukosi*〔人びとの体内に蓄積した穢れで、ンテシ *ntesi* ともいう〕がすべて退散しますように。多産と財産と健康に恵まれますように。」呪文を唱えつつブフを木にふりかけた後、彼は樹皮を剝ぎとる。

他の五種類の樹木の採集法もほぼ同様である。筆者がこれまでに見聞した範囲内では、例えば強力なムロシ *mulosi*（邪術者）に対抗するムティを採集する場合、全裸になって根を掘り、あるいは息を止めて根を掘る行動が必要なこともある。あるいは、きわめて特殊なムティの場合には、込みいった儀礼行動をとる必要がある（掛谷一九七七b：四一八頁）。このような特別なムティ採集時以外は、ほぼ上述の採集パターンをとると考えてよい。

ムフモは、必要なムティの木の前に立ち、諸精霊を呼びだして助力を願い、ブフあるいはペンバ *mpemba*（流紋岩質の白い石）の粉を木に捧げ、ムフモが願うムティの効用を呪文に託して述べる。ときには、樹木にお伺いを立て、その諾否を樹木の特定の形状によって知る。このようにして採集されたムティが、治療儀礼の際に用いられるのである。

占　い

ムフモの治療行為は、病をもたらした原因について占い、それによって適切な治療法を知ることから始まる。病の根本原因となる神秘的存在や、占いの諸法についてはすでにその概要を報告した（掛谷　一九七七b：三七九―三九一頁、四一二―四一六頁）。ここでは、治療儀礼の具体例をよりよく理解するために、ムフモに精霊ムティミが憑依し、患者と対話しつつ病根や治療法を語った事例をとりあげて記述したい。

一〇月二五日夜八時すぎ、カサカンペに精霊ムティミが憑依した。村人から知らせを受け、筆者が駆けつけたときには、すでにムティミと村人との会話が始まっていた。ムティミ（M）と会話をしていた村人は、カサカンペの妻Wとその娘、男B、男D、Bの妻であるCの六人であった。自らもムフモであるWは、カサカンペにムティミが憑依した場合、村人とムティミの仲介者の役割を果たし、後にムティミの言葉を夫のカサカンペに伝える。CとDはともに患者である。以下に、CとDの病根および治療法にかかわる部分の会話を記す。

A　Cの病根と治療法について会話

（Cは長年にわたって子宝に恵まれず、近頃、体の調子も悪い。男Bは、妻Cの治療をカサカンペに依頼していたのである。)

M：ニワトリを手に入れなさい。私が食べるニワトリではない。食べるのは別の者だ。あなた方はムウィサラ *muisala*（ブッシュあるいは原野）へ行きなさい。そして、シロアリ塚を捜しなさい。穴のあいたシロアリ塚だ。そこに着いたら、イフボ *ifubho*（後述するように、サウナ療法に似た治療法）を用意しなさい。イフボを終えたなら、イフボ・イフィーレ *ifubho ifiile*（ダワの入った水）を浴びなさい。そこを去って道に出なさい。そして道に仕掛けられたダワを跨ぎなさい。その後は一目散に家まで帰りなさい。

W：シロアリ塚の穴は塞いだままでいいのですか？

M：ムフモが後に残って穴を開く。

W：いつ頃やるのですか？

M：太陽が沈む頃だ。

W：彼女（C）の体には何が取り憑いているのですか？イシゴ *isigho*〔水の淵などに住む悪霊〕ですか、それとも……？

M：ムクリ *mukuli*（人の死霊）かも知れない！

W：えっ！ムクリ。

M：それはキネナ *kinena*（臍の下部）に巣くっている。

W：ニワトリは雄、雌どちらですか？

M：患者は女か？

W：ええ、女です。

M：雌のニワトリを持って行きなさい。

（以下は、Cが昨晩見た夢見の内容を、夫のBが報告する場面である。）

B：（妻Cが語るには）人びとが家の中で坐っていた。その内の一人が、見知らぬ人が近寄ってくるのを見つけた。その人は黒い服をまとっていた〔黒色は邪悪な存在を象徴する。この場合はムクリを意味していると、カサカンペは解釈している〕。その人は家に近づき、中にまで入ろうとした。そのとき、家の中にいる一人が「帰れ！」と叫んだ〔この人物はCに施されたダワを象徴しているのだという〕。その見知らぬ人は、「お前が拒否するのなら、私は戻る」と答えた。そして「でも、このバナナの房ぐらいは持って行こう」と言った。「帰れ！帰れ！」と人びとは叫んだ。「私は帰ります。でも私はこの家の中に入りたかったのだ。それなのに、お前は私を追い払う。それなら私はこのバナナの房を持って行こう」と言って、見知らぬ人は立ち去った〔「バナナの房を持ち去る」というくだりで、室内にいた村人は大笑いをした。強欲な人だということであるらしい〕。あの奇妙な人はまたやって来るだろうか、どうだろうか？

M：その人は追い払われたのだから、二度と戻れるはずはない。その人は、ほかの者に命じられて「物」〔この場合はBの妻Cを指す〕を取りにきたのだけれど、失敗してしまった〔暗に、ムロシによってムクリが派遣されたことを意味している〕。そこで、バナナの房でもいいから持ち帰ろうと考えたのだ。木の一本でもよかったのだが、そばにバナナの房があったものだから、それを持ち去ったのだ。

C：私は、本当に頭が痛かった。

M：お前と一緒に（家の中に）いたのは男かな、それとも女かな？

C：女よ、本当にこわかったわ。

W：（Bに向かって）ムティミは、ニワトリを、黒い羽毛の雌のニワトリを捜しなさいと言っているわよ。そしてブッシュへ行って治療しなさいって！〔Bは耳が遠い。Wは大声で、ムティミの語ったことを要約して彼に告げる。〕

B：（ムティミに向かって）ニワトリだけかね、布はいらないのかい？

M：布は必要だ。黒い色の布だ。

以上が、Cの病根と治療法に関する会話である。Cが子宝に恵まれないのは、ムクリが取り憑いているからかもしれないと示唆されている。

彼女の治療は、ほぼムティミのお告げ通りに行なわれた。この治療儀礼にも筆者は同行したのであるが、テープ・レコーダーに採録した呪文の翻訳と、それについての聞き込みを終えていないので、本稿での事例分析の対象とはしていない。ただ、会話中でも語られ、治療儀礼の重要な部分を占める穴のあいたシロアリ塚についてのみ解説しておくことにしたい。

シロアリ塚は、一般に、ムロシあるいはムクリの棲み家だと考えられている。ムロシが仕掛けたダワやムクリを患者から取り除き、それらを本来の棲み家に戻すことが治療儀礼の核心部を構成しているのである。Cの治療についていえば、穴のあいたシロアリ塚は彼女の子宮をも象徴している。治療の開始時に、シロアリ塚の穴は木の葉や草で塞がれる。それは、ムロシあるいはムクリが彼女の産道を閉じてしまった行為を再現しているのである。一連の治療儀礼（シロアリ塚の部分を除けば、その過程は後述するイシゴに取り憑かれた女性の治療法と共通している）を終えた後に、ムフモがそれらの葉と草を取り除く。つまり、治療によって産道が開いたことを象徴しているのである。

B　Dの治療法に関する会話

M：（Dに向かって）よくお聞きなさい。最初の治療は家でイフボを浴びることです。

D：夕方にですか？

M：そうだ、夕方だ。そのイフボには、一度外に運び出したもの〔Dの寝るベッドの下の土で、ムロシは、その土を使ってDを呪ったのであり、その呪いを解くため、いったんその土を屋外に捨て、それをイフボに入れる〕以外は何も入れてはいけない。

翌朝、イフボを浴び、それからイフボ・イフィーレで体を洗いなさい。もし人がいなければ、ごみ捨て場で洗いなさい。ごみ捨て場に人がいれば、少しブッシュに入り込みそこで水浴しなさい。

それから朝のうちにムウィサラへ行き、そこでイフボを浴びなさい。その後、別のイフボ〔イフィーレのこと〕で水浴しなさい。水浴を終えれば、次は、体にシンディコ *sindiko*（ムロシ除けのダワ）を塗り込んでもらいなさい。その治療は三叉路で受けなさい。ムフモは道に白と黒のダワを仕掛けるだろう。お前はそれを跨いで帰りなさい。

村に帰ったら、もう一度イフボを浴びなさい。それは、お前の体からムコシを取り除き清めるためだ。これらの治療で、お前の体に取り憑いているムコシの祓い清めは終わる。残っているのは、体内の汚物を除去し、体を「白く」清めることだ。あとは、自分でイフボを浴びなさい。イフボは冷たいイフィーレでよい。それからルフグロ *lufugulo*〔野原を人が通りすぎるとき、その人に触れる草で、邪術者はこの草を使って人を呪うことが多いという〕を忘れるな。それも一緒にイフボに入れて水浴しなさい。

D：ムフモが私にくれるダワは体に塗るのですか？それとも浣腸として使うのですか？

M：浣腸としてのダワと、油をまぜて体に塗るダワとが必要だ。

M：（Wに向かって）体に塗るダワが何か、お前も知っているだろう。私と一緒に採集に行って、私を助けてくれないか。お前はよく知っているのだから。

W：私は知りませんよ。彼（カサカンペを指している）を山の尾根にやって、根を掘らせなさい。尾根には、ダワがたくさんあるのだから。

Dの治療法に関する会話は以上である。Dは、早く良い妻を得て落ち着きたいのだが、近頃どの女性とつき合っても長続きがしないので不審に思い、この日の朝カサカンペを訪れて占いを依頼したのである。筆者は、この占いの現場に居合わせなかったのであるが、聞き込みで得た占いの結果は次のとおりである。

以前、比較的長期にわたってDと同棲していた女性が、離別後もDに思いを寄せており、彼女はDが他の女性と結婚しないようにダワを仕掛けたという。同時に、Dの家のあるンコンクワ村の住民が、村内でのDの振る舞いに腹をたて、呪いをかけたというのである。ムティミが会話の中で指示したのは、これらの呪いを解き、体を清めるための治療法である。治療儀礼の実際については次に取り上げることにしたい。

この事例で明らかなように、占いによってムフモは不幸や病の根本原因を探り、治療儀礼の日時・場所・治療方法を指示する。ときには夢見のダワを患者に与え、その夢見の内容の真偽を判定して真の病根を探り当てる。ここでは精霊憑依による占いを取り上げたが、他の占い法の場合も、その内容については同様である。

3　治療儀礼

患者の治療儀礼は、上述したような占いの指示に従って行なわれるのであるが、その大枠は、病や不幸の原因となる神秘的存在に対応して定まっている。それらは、いくつかのタイプに分けることができるのであるが（掛谷　一九七七b：四二四―四二七頁、四三四―四三五頁）、ムフモの本領は、ムロシや悪霊などの邪悪な存在がもたらした病の治療において発揮されるといってよい。実際、ムフモが依頼される治療の大半は、そのタイプに属しているのである。

ここでは、カサカンペが治療した五人の患者のうち、イシゴ（川の淵などに住む悪霊）およびムロシ（邪術者）を病根とする二人の患者の事例を取り上げ、その治療のプロセスを詳細に吟味することにしたい。

ここでの分析の焦点は、はじめに述べたように、一連の象徴的治療行動の意味解析と呪文およびダワの分析にあるが、ダワはほぼ二つの事例に共通しており、かつ多くの種類が含まれているので後に改めて検討することとし、ここではその素材を記述するにとどめる。

イシゴを病根とする事例（事例一）

かつて子供を一人出産したにもかかわらず、ここ四―五年、子宝に恵まれない女性Aの事例である。彼女の病の原因は三つあげられているが、主要な病根は川の淵などに住むイシゴだという。イシゴは、水汲みなどにやって来る女性に取り憑き、不妊の原因となる悪霊である。もう一つの病根はムロシである。彼女の親族の一人が、ダワを用いてイシゴをそそのかし、彼女に取り憑くよう仕向けたのだという。最後の一つは、マイナーな要因であるが、第一子の出産にまつわる夫に対する心のわだかまりと、思わず発してしまった嫌悪と怒りの言葉だという（ただし、この占いは、筆者がカソゲに到着する前に行なわれている）。

　彼女の治療儀礼は、三回に分けて実施された。一回目の治療の目的は、イシゴを呼びだしその要求を語るように仕向けること、および彼女の心のわだかまりを吐き出させることであった。二回目は彼女の体内からイシゴを追い払いムロシの呪いを解くためであり、三回目は、彼女の体を浄化し、体を「白く」清めること、および夫と真に和解することを目的としている。

A　第一回目の治療儀礼

治療日時：一〇月二一日一七時一五分～一八時〇五分
同行者：カサカンペ、A、Aの第一子、筆者。
場所：カソゲ村を流れるカシハ川のほとり。カゴボレ *kaghobhole*（*Ziziphus abyssinica*）の木のそば、および三叉路。

川のほとり、カゴボレの木のそばに行き山刀で治療の場を整地する。そこに白粉（トウモロコシの粉）で円を描き〔浄化し〕、その上にンカンダ *nkanda*（土鍋）を置く。ンカンダの横に、白粉で人形を描く〔イシゴ自身を示している〕。人形をムトゥングル（*mutungulu*）、ムトゥヌ（*mutunu*）の赤いダワでなぞる。

　ムフモが、以下の呪文を唱える。「明日、この女性に取り憑いているイシゴよ、出て行きなさい。イシゴよ、姿を現わしなさい。そして、何を要求しているのか、自ら語りなさい。このイフボは、イシゴのために用意される。姿を現わし、その要求と、私がいくら報酬をもらえばよいのかを語りなさい。」

つづいてA自身が語る。「私は、自分の夫に関して、嫌悪の言葉を吐いたことがある。私が妊娠したとき、夫は喜ばなかった。出産は本当に難産だった。私は、こんなに苦労するくらいなら流産してもいいと言ってしまった。でも、これらの言葉は全部嘘だったのです。ムフモが投薬するこれらのダワが、必ず効きますように。私の嫌悪の情はすっかり消えてしまい、嫌悪の言葉も捨て去った。私に取り憑いている「もの」よ、立ち去ってしまえ。どこか、遠くへ行ってしまえ。私の夫に、喜びが訪れますように！」

ムフモはンカンダに水を入れ、多種類のダワを、十字を型どって投薬する〔十字型は、存在するすべての道を示しているという〕。投薬されたダワは、ムソンガッティ（*musongati*）、リキバンガ（*likibhanga*）、ブハサ（*bhuhasa*）、ムトゥングル、ムクングムウェル、ムセケラ、カゴボレ、ムトゥヌ、ムスブ（*musubhu*）の九種類である。

ンカンダに投薬を終えた後、ムフモは立ち上がり、ルサンガ *lusanga*（ガラガラ）を振って呪文を唱える。「イシゴはムティで呼び出される。ムガボはムティで呼び出される。イスワ *iswa*〔ムロシの呪いにかけられた人びとであり、いわばムロシの奴隷といえる存在〕はムティで呼び出される。ムクリもムティで呼び出される。ここに用意したイフボは、イシゴを呼び出すためのものだ。財産、多産それに健康に恵まれますように。」

呪文を唱えた後、ムフモは引きさがり、Aが着物を脱いで水浴する。これがイフボ・イフィーレ（冷たいイフボ）と呼ばれる治療法である。川辺での治療儀礼はこれで終了した。

ムフモと患者は川を離れ、村に帰る途中の三叉路（ンシラ・マサンゴ *nsila masango*）で再び治療儀礼に取りかかる〔三叉路での治療は、頻繁に出現するパターンである。この治療の場合は、歩んできたこれまでの道が二つに分かれ、一方がムロシャイシゴが立ち去る道であり、他方が新たに患者が歩む道であることを示している〕。三叉路の交点に、白粉で円を描き、そこから二本の道に沿って線を引く。円の部分に水の入ったンカンダを置く。その中に、ムフモは呪文を唱えながらブハサのムティを入れる。「諸々のムガボたちよ、マハサ、リャンゴンベ、カシンディエ、ムシムよ。今日はみんな集まって手を貸してください。今日、ここで彼女はイフボを浴びます。本当にイシゴが取り憑いているのなら、彼女の夢の中に姿を現わしますように。明日のちょうどこの時間に、私はそれを追い払います。」このあと、次つぎにムティを加える。ムティの種類は、川辺での治療儀礼に用いたものと同じである。

ムフモは立ち上がり、ガラガラを鳴らして呪文を唱える。「お聞きください。諸精霊たちよ。今日、ここで彼女はイフボで水浴します。明日、私はイシゴを追い払います。イシゴが姿を現わし、自ら語り出しますように。イシゴよ！その気があるなら現われて語りなさい。いつでもよいから、現われなさい。」「ムシムよ！今日、彼女はここで、この三叉路において水浴し、イシゴを洗い落とします。ムロシは呪い、ムフモは呪いを解く。明日、私はイシゴを追い払う。イシゴよ！やって来て、自ら語りなさい。もし、現われないとしても、私は明日お前を追い払う。彼女はこのカペロ *kapelo*〔白粉で描いた円、ムティで祓い清めた場所を意味する〕で水浴する。彼女はこの三叉路で二回水浴する〔この後にもう一度彼女はイフボで水浴する〕。」「この道は、誰もが通る。イシゴよ、お前もこの道を通るだろう。明日、彼女はお前を追い出すためにやって来る。姿を現わして自ら語りなさい。そして私が受けとるべき報酬についても語りなさい。このイフボの中には、ムガボのダワが入っている。もし、彼女に取り憑いているのが本当にイシゴなら、やって来て語りなさい。彼女はすでに、妊娠を妨げているのがお前であることを知っている。彼女自身がお前を体から追い払いたいと願っている。彼女は嫌悪や怒りを吐き出した。もう心の中には、何の怒りもないと言っている。彼女は、他の人びとが普通に得ることができる子宝を欲しがっている。」「もし、本当にイシゴなら出て行きなさい。人は、自分の家に帰るためのイホンガ *ihonga*〔土産や、道中で食べる食事などを意味する〕を与えられれば、家路につくものだ。お前も自分の家に帰り、そこに腰を落ち着けなさい。二度と、人の体に取り憑くな。私たちは、ここ三叉路に立っている。もし、ムロシが一つの『道』をつくるなら、私たちはその呪いを解き、新しい『道』をつくる。」このあと、Aはイフボのダワで水浴する。

さらにこのあとで、村に通じる道を少し進み、再びイフボ療法が行なわれた。ンカンダにムティを入れ、ムフモはガラガラの音とともに呪文を唱える。「ここは三叉路だ。明日、私はお前を追い払うためにやって来る。ムガボ、マハサ、リャンゴンベよ、どうか手を貸してください。彼女は妊娠できない。子供こそ、財産だ。もし本当に、彼女に取り憑いているのがイシゴなら、明日、出て行きなさい。イシゴよ、いつでもやって来なさい。そして何が欲しいのか語りなさい。私たちは、それを差し出すだろう。今日の呪文はこれまでだ！」

Aは再びイフボのダワで水浴を終え、家路につく（のちに確かめたところ、この日、夢見などにイシゴは現われなかったようである）。

B　第二回目の治療儀礼

治療日時：一〇月二二日一七時三〇分～一八時四〇分

同行者：カサカンペ、カサカンペの妻、A、Aの第一子、筆者。

場所：第一回目の治療と同じ場所。カシハ川のほとり、カゴボレの木のそば。

治療の場に到着し、土を掘って持参したバナナの株を立てる〔イシゴの棲み家を象徴している〕。そのかたわらに三つの石を組んで炉をつくる。大小二つの土鍋に水を入れ、そこにムブンドゥの葉を入れる。ムフモが呪文を

表14-2　シコメロ

	素材	備考
1	マソンブウェ	メクラヘビ
2	ンカタ	首長即位時に用いられる特別の椅子
3	ムワミの頭蓋骨	伝統的首長の頭蓋骨
4	ムロシの頭蓋骨	試罪用のムワフィを飲んで死んだ邪術者の頭蓋骨
5	ンコノの破片	ウガリを食べすぎて、人が死に至った際、そのウガリを盛ってあった土鍋の破片

唱える。「今日、もし本当にイシゴが取り憑いているのなら、私たちはそれを取り除く。イシゴはここに残れ。私たちが、ここを立ち去ったなら、この女の体が『白く』清められますように。私たちは、妊娠と財産を求めているのです。子宝に恵まれますように。彼女が子宝、健康、財産に恵まれますように。ルワンペンバ、ルワンパシノマジェンベ。喜びが訪れますように。ムング（神）の恵みが、彼女にもたらされますように。彼女が再び占いを依頼しても、イシゴがまた取り憑いているという結果が出ることがないように！ここ川のほとり、バナナのあるところ、それがお前の棲み家だ。ここでお前と別れるのだ。」

この呪文を唱え終えてから、次つぎにムティを放り込む。ブハサ、リキバンガ、カティヤティヤ（*katyatya*）、ンボノボノ（*mbonobhono*）、ムトゥングル、ムソンガッティ、ムセケラ、ムクングムウェル、カゴボレ、イソマタ（*isomata*）の一〇種のムティを二つの土鍋に入れる（口絵9）。大型の土鍋（イフボ・イフユー用）には、表14-2に示したシコメロを少量ずつナイフで削って入れる。さらに、リジョンガ *lijonga*（アフリカマイマイ）の殻に詰められていたダワを加える〔ンベーバ *nbeebha*（デンキナマズ）の骨、カリロカバリ *kalilokabhali* の根、人が多く通る道を横切る木の根を燃やして炭にし、それを粉末にしたダワ〕。

ここでムフモは、黒い羽毛のニワトリを手に持ち、Aの頭上にかざす。呪文を唱えつつ、Aの背中から足に向かってニワトリを下げおろす〔イシゴに、イホンガであるニワトリを示し、かつ、頭上から足もとに向かって下げおろされるニワトリのように、イシゴも体内から滑り落ちて出ていくことを願っている」。再びニワトリを頭上にもどし、今度は顔から腹部を通って足先まで下げおろす。「カシハ *Kasiha* とカムニェンゲシヤ *Kamunyengesiya*〔カソゲに住む精霊の名〕よ！諸々のムガボたちよ！皆こぞって、この仕事に手を貸してください。ここに集まってください。私たちは、健康と子宝と財産を求めています。今日、もし本当にイシゴが彼女に取り憑いているのなら、ここ、この場所で立ち去れ。この人は、もはやお前のものではない。彼女の体から、滑り出てしまえ。」カサカンペの妻も、口を合わせて呪文を唱える。「彼女が身ごもるのを妨げるすべてのものよ、二度と彼女に取り憑くな！」ムフモが呪文を続ける。「この人の出産を妨げるものよ、出て行きなさい。イシゴよ、お前は今日、旅に出るための食事が与えられる。この人から出て行ってしまいなさい。ニワトリ、ビーズ玉、布、蜂蜜(2)がここにある。」

ニワトリの頸部をナイフでかき切り、あふれ出る血を二つの土鍋と別の容器に注ぎ込む。そしてニワトリを放す。ニワトリはバタバタと羽を激しく動かしながら、のたうちまわる。ムフモは呪文を唱える。「さあ、お別れだ。『道』をまっすぐに伸ばしなさい〔ニワトリの脚が、道にたとえられている〕。さあ、私たちの体が『白く』清められますように。『道』をまっすぐに伸ばせ。子宝に恵まれますように。ルワンペンバ、ルワンパシノマジェンベ。」ニワトリの供犠は、同時に占いでもある。ニワトリは脚を伸ばして死に絶える。それは、ムフモの言葉を聞きとどけたことを意味している。

ここで、さらに土鍋にダワを加える。Aが寝ているベッドの脚部、および中央部真下の土である。ムロシが、この土をとってAに呪いをかけたというのが、占いの一つの結果だった。同じ所作をムフモが繰り返し、ムロシの呪いを解くのである。

カサカンペの妻が大きな土鍋を持ち上げ、呪文とともにそれを石の炉の上に置き、寄せ集めた薪に火をつける。「ここでお別れです。嫌悪や怒りはすべて吐き出した。妊娠を妨げる言葉は、すべて吐き出した。私たちは、すべて必要な呪文を唱えた。さあ、諸々のムガボよ集まり来て、手助けしてください。すべてのムコシは、ここに残れ。さあ、別れの時がやってきた。」

Aは、ナイフで手足のすべての指の爪を切り、それを葉の上に置く。ムフモは、バナナの前の地面に、白粉で人形を描く〔イシゴ自身を示している〕（写真6-1）。ムトゥヌのムティで、人形をなぞる。カサカンペの妻が、Aの頭髪をナイフで少し切り取る。より川岸に近い場所を山刀で整地し、リジョンガに詰められた黒色のダワで二本の線を引く〔洗い落とされたイシゴやムコシが、この場を去る人びとのあとをフォローしないように描く阻止線〕。カサカンペの妻が、黒布の一部を引き裂いて、それを小さな土鍋の中に入れる。

写真 14-1　患者を布で覆う。

バナナの前に据えられた石の上にAは坐る。体は、沈みいく夕陽の方向に向いている。Aの足もとに沸騰した土鍋が運ばれ、上半身裸になったAは、身をかがめて土鍋を覆う姿勢をとる（写真6-2）。ムフモは、Aと土鍋をすっぽりと大きな布で覆う（写真14-1）。Aは聖なるムティから立ち昇る蒸気を約一〇分間、体にあてる。これが、イフボ・イフュー（熱いイフボ）と呼ばれる治療法である。

ムフモは、イフボを浴びるAの傍に立ち、ガラガラを鳴らして呪文を唱える。「諸々の精霊よ、マハサ、リャンゴンベよ。今日、ここで、イシゴを追い払います。本当にイシゴなら、お前はここに残りなさい。再び彼女の体に取り憑き、家までついていってはいけない。お前の食物であるニワトリがここにある。ビーズ玉や蜂蜜、布もある。これらを持って、立ち去りなさい。すべてのムコシはここに残りなさい。」「もしお前が、誰か〔暗にムロシを指している〕に派遣されたのなら、その人のところに戻りなさい。もし彼女がお前の棲み家にやってきてお前を踏みつけたのなら、彼女はここでお前を捨てる。ここはお前の棲み家なのだから。出て行きなさい。たとえ、お前が好きで彼女に取り憑いているのだとしても、ここで立ち去りなさい。二度と彼女に取り憑くな。彼女は、強くお前を拒否している。もし彼女が自ら出向いてお前と交渉したのなら〔彼女がムロシであったならばの意〕、私にはどうすることもできない。しかし、お前自らが好んで取り憑いたのなら、あるいは誰かに派遣されたのなら、ここで立ち去りなさい。お前を派遣した人の所に戻りなさい。」

容器にとっておいたニワトリの血の中に、リジョンガに入った黒いダワを混ぜ、布の下からそれをAに手渡し、「立ち去ってしまえ。飛んで行ってしまえ」と唱える。Aはそれをイフボの中に入れる。

Aはイフボ・イフューを終える。ムフモは、呪文を唱えつつ、冷水とムティの入った小さな土鍋を彼女にわたす。Aは、その水で水浴し〔写真14-2〕、身につけていた下着をそこに脱ぎ捨て、持参した布に着替える。イフボ・イフィーレ〔冷たいイフボ〕療法である。この時の呪文は以下のとおりである。「ルワンペンバ、ルワンパシノマジェンベ。この人が身ごもりますように。すべてのムコシが流れ出て、この場に残りますように。彼女の体が『白く』清められ、望む物がすべて手に入りますように。子宝と財産、健康に恵まれますように。」

ムフモは斧の刃先にニワトリの心臓をのせ、Aの口先に運んで、それを飲み込ませる〔イホンガであるニワトリの生命を象徴する心臓を食べさせる。斧は、それでイシゴの根を断ち切ることを象徴している〕。このあと、Aの額のまん中、頭頂部、首の後、胸部、両手の肘関節外側部、膝関節の外側部、両足の親指のつけ根の計一〇ヵ所に剃刀で傷をつけ（写真14-3）、そこにカペ *kape*（ブルーダイカー）の角に入った黒い軟膏状のダワを塗り込める〔トングウェは、心臓と頭部が人の命の窮

写真14-2　薬湯で水浴びをする患者

写真14-3　体に剃刀で傷をつけ、呪薬を塗り込む。

写真 14-4　薬湯を悪霊の絵に注ぐ。

極的な源泉だと考えており、それらの部位の近くにダワを塗り込める。首筋のダワは、後から呪いをかけられるのを防ぐためだという。両手、両足の関節部については、体の動きを自由にする部位だというのが答えだった〕。

この治療を終えた後、Aは川岸近くに引かれたダワの線を跨ぎ、後方を振り向かずに〔固く禁止されている〕、一目散に家に帰る。

ムフモは、イフボのダワを一つの土鍋に集め、それを少し炉にかけて火を消す。Aが脱ぎ捨てた布の一部を切り裂き、その布の断片とニワトリ、黒布、Aの爪、髪をのせた葉を白粉で描いた人形の上に置き、土鍋に入ったダワを注ぎ、呪文とともにその土鍋を伏せてこれらすべてのものを覆い、土を寄せて固定する（写真14-4）。「さあ、さようならだ！ここに留まりなさい。二度と人に取り憑くな。彼女の体が『白く』清められますように。ダワが彼女の体にしみ通り、子宝、財産、健康に恵まれますように。もし誰かが、お前を派遣して、彼女にダワを仕掛けるように言ったのなら、お前はその人の所に戻りなさい。さあ、雷もライオンもヘビも〔すべて、ムロシが使い魔として派遣すると考えられている〕、すべてここに眠りなさい。」「再び彼女に取り憑くことのないように。さあ、キッパリと出て行きなさい。彼女はムジョンソ *mujonso*（*Vernonia* sp.）〔きわめて苦いダワを象徴している〕のダワをお前に与えた。さあ、出て行ってしまえ、彼女が求めているものを手に入れることができますように。これでお別れだ。お前の布はここにある。ニワトリもある。もし、彼女が誰か他の人を困らせる存在なら〔ムロシであるならば〕、その報いは彼女自身が受ければよい。だが、そうでないのなら、お前はここに残りなさい。さあ、私が唱えたすべてのもの、ムコシもすべてここに残りなさい。出て行きなさい。バナナがここにある。ここそ、お前の棲み家だ。」

こうして治療儀礼はすべて終わった。ムフモは、絶対に後方を振り向かないよう筆者に注意を与え〔もし振り向けば、彼女から取り除いた邪悪なものが、筆者に取り憑くという〕、村に向かった。

C　クラリキシヤ *kulalikisiya*

この日の夜八時、カサカンペは家の裏の空き地に向かい、そこでクラリキシヤの占いを行なった。斧で地面に小さな穴を掘り、その周囲を白粉でなぞる。穴の中に一〇粒ほどのトウモロコシの穀粒を入れ、その上に白粉を置く。「さあ、今日私が治療に出かけて取り除こうとしたものが、本当に立ち去ったかどうか、教えてください。お前たちを（トウモロコシの穀粒への呼びかけ）ここに寝かせる。明日の朝、私がここに戻ってきたとき、お前たちは私が置いたそのままの状態で留まっているように。一粒でさえ、はみ出すことがないように。」このように呪文を唱える。イシゴを追い払うことができたかどうかを占うのである。

翌朝七時、このクラリキシヤの結果を確認する。トウモロコシの穀粒の上にのせた白粉が少し散ったのみで、穀粒の状態には変化がない。それはイシゴをうまく取り除くことができたことを示していた。

D 施　薬

一〇月二五日の夕方、カサカンペはAに三種類のムティを与える。カゴボレ、ムブンドゥそれにムセケラの根である。体内に残留しているイシゴの臭いを除去し、体内を「白く」清めるための施薬だという。与えられたムティは二日分であり、それぞれ、夜のうちにムティを水につけておき、翌朝それを少し暖め浣腸薬として用いるよう、カサカンペは指示した。

E 第三回目の治療儀礼

一〇月二八日二二時〇〇分　Aの台所用の家屋で行なう。Aの体や心が「白く」清められ、かつAの夫とも本当に和解させるための治療であった。イフボ・イフュー（熱いイフボ）とイフボ・イフィーレ（冷たいイフボ）の療法であり、用いたムティは、前回と同様である。ただし、シコメロは用いられなかった。

イフボ・イフューのとき、Aとその夫は向かい合って坐り、その間にイフボが置かれた。夫が妻の肩を抱くようにしてイフボに覆いかぶさり、その上から布がかけられ、ダワの蒸気を浴びる。そのあと、二人はごみ捨て場へ行き、イフボ・イフィーレで体を洗う〔ごみ捨て場は、ムコシを捨てるのに適した場所だと、カサカンペは語った〕。

ムフモの呪文も、ほぼこれまで二回の治療儀礼のものと同様である。煩雑さを避けるため、ここでの記載は省略することにしたい。

ムロシを病根とする事例（事例二）

ここでは、前述の占いの項で、ムティィミが治療法を指定した男Dの事例を取り上げ、分析を進める。かつて同棲したことのある女、およびDの行動に腹を立てた村人の呪いを解く治療儀礼である。

ムティィミのお告げがあった夜、Dは指示通り、ベッドの下の土をイフボに入れ、それで水浴した。翌日、三回に分けてムフモによる治療儀礼が行われた。第一回目は、早朝にDの友人Bのかまどのある屋内で、第二回目は村はずれのブッシュ、第三回目は夕方Bのかまどのある屋内で治療が施された。D自身が水浴したイフボ治療および第一回目の治療は、村内と屋内でかけられた呪いを解くことを目的としており、第三回目のそれは、体内に残留しているムコシを除去し、体内を「白く」清めるために行なわれた。

三回の治療とも、イフボ・イフューおよびイフボ・イフィーレ療法が中心であり、用いられたダワと呪文もほぼ共通しているので、ここでは、Dの体内のムコシおよびムロシに仕掛けられたダワを除去し、ブッシュに捨て去る第二回目の治療儀礼についてのみ詳述することにしたい。

A　ブッシュでの儀礼

日時：一〇月二六日　八時五五分～一〇時一〇分
同行者：カサカンペ（ムフモ）、D、BとC（手伝いのため）、筆者。
場所：村はずれ、ムセケラの木が立つブッシュ。

ブッシュに向かう途中、ムフモはDが通りすぎたあと、Dの体が触れた両側の草をちぎり取る（ルフグロと呼ばれる。ムロシがDを呪うときにも、このルフグロを用いたのだという。道の両側に生えている草を取り、それを合わせて呪えば、いわば「道」を閉じることに通じ、人に不幸をもたらすことができるという）。

人の往来のある道からはずれ、草を少し刈り取りながらブッシュに入り込み、ムセケラの木の前に至る。結果的に三叉路の一つに分け入ったことになる。ムセケラの木の近辺を山刀で整地し、薪を集める。ムフモはムセケラの枝をつかみ、太陽の方に向かって呪文を唱える。「今日、私たちはここにやって来た。お前は、ムセケラと呼ばれる木だ。私たちは、この男の体に巣くうムコシを除去しようと思ってやって来た。健康に恵まれますように。結婚を望むなら、それがただちに実現しますように。もし、この男が結婚を希望し、娘の両親のもとを訪れたなら、すぐに両親が彼を気に入り、結婚の申し出を聞き届け、ともに笑って喜びますように。」「彼が捜し求める『道』、つまりお金や豊作や妻となる女性を求める『道』が、開けますように。ルワンペンバ、ルワンパシノマジェンベ。健康、財産、結婚、子宝に恵まれますように。彼の体が『白く』清められ、ムコシが取り除かれますように。『道』のすべて、彼が試みることすべてが成功し、財産を多く手に入れ、女が多く彼の所にやって来ますように。彼に目をつけ、このまま結婚させないでおこうとしてダワを仕掛ける輩には、その報いが自らにはね返っていくように。」呪文を終え、ムフモはムセケラの葉をンカンダに入れる。次に、ムバンガ（*mubhanga*）、ムセケラ、ムブンドゥの根と葉を混在させた包みを解き、それらをンカンダに入れ、呪文を唱える。「さあ、お前は万能のダワだ。ムクリ、イシゴ、イスワをはじめとして、どんな病をも治療する。ムコシも払い落とす。さあ、本当にムロシのムコシなら、ここに残りなさい。」

カティヤティヤのムティを入れ、次にリキバンガのムティを投じる際、再び呪文を唱える。「さあ、リキバンガよ。お前はどんなムコシをも取り除く。今日、彼はこの三叉路にやってきてムコシを落とすために水浴する。どんなムコシも、ここに残りなさい。もしムロシが呪ったのなら、その呪いは解かれるだろう。この男に、再びムコシが取り憑くことのないように。彼が行く先々で、女に出会ったなら、彼の言葉が女の心を捉えますように。」

つづいてムクングムウェルが投じられる。「さあ、お前は精霊を呼び出すダワだ。イシゴさえ呼び出せる。ムコシを追い払うことができる。今日は、ムコシを取り除いてほしい。精霊はお前の友だ。いつもお前は精霊と一緒だ。この男の故郷にも精霊やカシンディエ、リャンゴンべがいる。さあ、諸々の精霊たちよ、手を貸して下さい。」「さあ、ムコシよ、もうこの男の体に取り憑くな。彼は、このダワを身に浴びる。彼の体が『白く』清められるように、彼の望むものがすべて手に入りますように。」

次に、ブハサ、ムセケラと続く。「ルワンペンバ、ルワンパシノマジェンべ。ムコシはすべて、このブッシュに残りなさい。彼は、ブッシュでダワを浴びます。彼はムコシを払い落とし、どこへ行っても、人びとから喜んで迎えられますように。人が（邪悪な意図をもって）ルフグロを取ろうと思っても、すでに私たちが取ってしまった。この後にルフグロを取る者は、その報いを自ら受けることになるだろう。彼は、何の困難も蒙らず、日々、心やすらかにすごすことができるだろう。ムロシがダワを仕掛けても、彼には何の効果もないだろう。」

ムソンガッティのムティは、次のような呪文とともに、ンカンダの中に投じられた。「ムニョニのダワよ〔このダワの真の名前が、治療に参与している人に知られないよう、あえてこのように呼んだのだという〕。手を貸してください。カンシアナ（Kansyana）、カムニェンゲシアのムガボよ。カシハ、ムピラ（Mpila）の精霊よ。みんな集い来て、手助けしてください。この男は、健康と結婚、それに財産を求めて、治療にやってきた。」「多くの女が彼の所に寄って来るように。こんなに多くの女が来ては困るよと、彼が言いだすほどに！こうなって初めて、彼の体がすっかり清められたことを知るだろう。女が言い寄ってきて、結婚を承諾し、その後しばらくして心を変えるような、そんなムコシはお断りだ！妻を迎え、立派な家がもてますように。」

カゴボレ、ンボノボノ、ムスブのムティが投じられ、イソマタのムティは呪文とともに加えられた。「さあ、彼が健康に恵まれ、結婚を果たし、子宝に恵まれますように。諸々の精霊よ、手助けしてください。イソマタよ、お前はこの男に取り憑いているムコシをソマタ〔触れて、追い出すことを意味する〕することができる。ムコシはここに残れ！」

ムトゥングルのムティは、以下の呪文とともに加えられた。「どの人もムガボに頼みごとをする。あるいはムシムやリャンゴンベに頼む。邪魔なダワを仕掛ける者は、自らその報いを受けよ。この男が、健やかに生活できますように。」

リジョンガに入った黒いダワが加えられる。「お前は、ムクリ、イシゴ、イスワ、リャンゴンベ〔ムロシがリャンゴンベに働きかけ、使い魔として派遣することがある〕などすべての邪悪なものを追い払うことができる。さあ、どんなムコシもすべて追い払え。この男の体が『白く』清められますように。ムコシは立ち去って、どこか遠くに落ち着くように。けっして、近くに残るな。病は立ち去れ。彼が、体に痛みを感じることのないように。彼の体が『白く』清められ、すべての『道』も『白く』清められますように。財産、結婚、子供、健康の運に恵まれますように。」

最後に、道中で取ったルフグロが加えられ、イフボ用のダワの準備が整う。石を組んで作った炉の周囲を円く白粉で囲い、さらに「すべてのムコシよ！ここに残れ」という呪文とともに、ムトゥヌのムティを振りかけて清

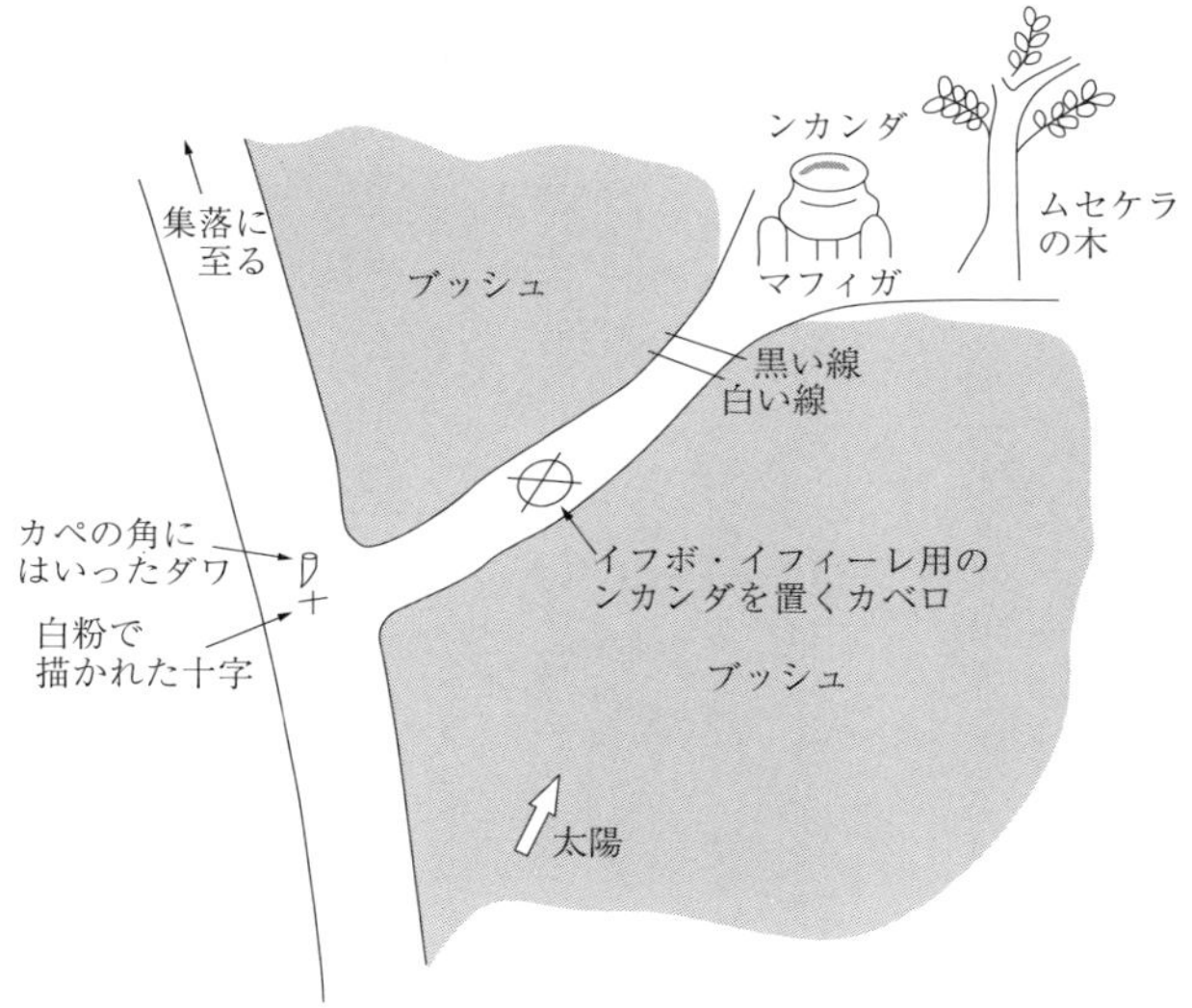

図 14–1　治療儀礼の場（略図）

める。石の炉から道に出る途中を刀で整地し、そこに白粉で円を描き、十字型の線を引く（図 14–1）。このとき、次のような呪文を述べる。「ここは、十字の道が通るカペロだ。ここで彼はダワを浴び、すべての『道』を開き、『白く』清める。彼は、ムロシを拒む。彼は、すべての運に通じる『道』が開かれているようにと願う。財産を求めるなら、その『道』は白く清められたのだから、彼はそれを得るだろう。すべて彼が望むものは、困難なく手に入れることができますように。彼はここ、十字の道の通ったカペロでダワを浴びる。すべてのムコシが取り除かれますように。」Dは後に、このカペロでイフボ・イフィーレのダワを浴びて体を清めるのである。

ムフモは道に出て、白粉で十字の線を引く。「今日、ここでこの男が呪いを解かれる。ここは三叉路だ。彼の体からムコシが取り除かれますように。すべての『道』が開かれますように。彼は、ムロシを拒んでいる。結婚できますように。妻と子供、それに財産に恵まれますように。」ムフモは、シンディコ用のダワが入ったカペの角を、十字の前に突き刺す。ンカンダを石の炉にかけ、薪に火をつける。「今日、ここムセケラの木の所にやって来た。ムロシは呪い、ムフモは呪いを解く。すべてのムコシは洗い落とされ、ここに残れ。ここを去って家に戻れば、すべてのムコシが除去されていますように。すべてのムコシは、ここに残れ！」

イフボが沸騰する。石の炉のそばに、ンカンダが置かれる。Dはンカンダのもとにうずくまり、上から布を掛けられ、ダワの蒸気を浴びる。イフボ・イフューである。ムフモはガラガラを鳴らし、呪文を唱える。「すべてのムコシよ立ち去れ。ここは、今日新たに出来た三叉路だ。もしムロシの仕業なら、私たちがここですべてのムコシを払い去る。すべてのムコシよ、私たちは今日、ここにお前を埋葬する。この男の体に、ムロシが邪悪なものを仕掛けたのなら、出て行きなさい。ムコシよ出て行け。もしムロシがダワを仕掛けたのなら、ここで出て行け。このイフボはカペロの中で沸騰し、ムロシが仕掛けたどんなダワも、私たちがその呪いを解く。」

Dがイフボ・イフューを続ける間に、ムフモは石の炉と、イフィーレ用のンカンダを置く場所との中間に、ダワで黒と白の二本の線を引く。石の炉よりにはリジョンガに入った黒いダワ、イフィーレ用のンカンダ側には白粉を用いた。

黒いダワで線を描くときの呪文は以下のようである。「もしムロシが邪悪なダワを彼に仕掛けたのなら、ここでお別れだ。ここに残りなさい。すべてのムコシは、ここに埋葬する。けっして、彼の後を追うな。彼の体はすっかり洗い清められた。二度と彼に取り憑くな。」白いダワで線を描くときには、「彼の体が『白く』清められ、すべてのムコシは、ここのブッシュに残りますように。」という呪文が唱えられた。

イフボ・イフューを終えたDは黒と白の線を跨ぎ、イフィーレ用のンカンダのそばに坐り、ダワの水で洗い清める。ムフモが呪文を唱える。「さあ、この男の体の不調がおさまるように。彼は、ここで、すべてのムコシを洗い流す。この男に邪悪な行為を仕掛ける者の心が、この水が熱くなった体を冷やすように、鎮まりますように。」

イフボ・イフィーレを終えたDは道の方に移動する。ムフモは、ンカンダのダワを炉にかけて火を消す。「さあ、諸々のムガボよ、リャンゴンベよ。すべてのムコシを埋葬した。ムコシはここに残れ。」

道に描かれた十字の線の上に石が置かれる。石の上にはカシンバ *kasimba*（ジェネット）の毛皮が敷かれる〔カシンバは夜、眼を開いて活動している。もし、ムロシが呪いをかけるためにやってきても、彼がカシンバのように眼を開いている気配に気づき、ムロシは立ち去る。それが、カサカンペの説明であった〕。Dはこの上に坐り、両足で山刀を踏みつける〔ムロシの呪いの意図が、この山刀で断ち切られるという〕。

Dは始めに朝日に向かって坐り、しばらくして向きを変え、村の方向を見つめる。ムフモは、Dの額など一〇ヵ所に（事例一と同様）剃刀で傷つけ、カペの角に入ったダワを塗り込める。「さあ、万能のダワよ。お前はすべての邪悪なものを鎮めることができる。ムロシが彼を困難に陥し入れた。もしそうなら、お前はムロシを押さえつけ、呪いの力を消滅させよ。すべての人が精霊、リャンゴンベ、ムシムに頼みごとをするように、私も願う。彼は、お前のところに来て、ムロシの悪意にさらされないよう彼の体を守ってほしいと頼んでいる。さあ、彼の体に入り込み、彼を呪うムロシを監視しなさい。彼は、日の出の方向と、南を向く。彼は四方すべてを向く。健康と財産、結婚と子供に恵まれますように。さあ、彼は自分の家に通じる道を見ている。望むものが、容易に手に入りますように。彼はカペロに坐って、すべての『道』が、幸運に通じるすべての『道』が、『白く』清められることを願った。ムロシが仕掛けるすべてのものが、けっして彼の体に取り憑かないように。もし、イスワが取り憑いたとしても、誰に派遣されたのかを語り出すように。何も語らないものが、取り憑くことがないように。」「さあ、彼が健やかにすごし、多くの人がそれを祝福するように。すべてのムコシはここに残れ。この男が結婚できずにいることを願うムロシは、自分が仕掛けるダワの報いを受ける。ムロシがカソミ *kasomi*〔ダワの力を借りて、人の体内に針を打ち込む邪術〕を仕掛けても、そのカソミはムロシを襲ってしまえ。今日、彼は、すべての邪悪なものを拒むダワを塗り込められた。もし、雷やヘビ、ライオンが使い魔として派遣されても、それらはすべて派遣した人のところへ戻ってしまえ。彼の体内に入り込み、すべてムロシが仕掛けるものを監視せよ。それらすべての効力を消してしまえ。もし、ムロシがダワを道に仕掛け、彼がそれを踏んでしまっても、そのダワが何の効力も示さないように。ムロシたちが、いったいこいつはどういう奴なのだとあきれ果てるまで、彼を守れ。彼は、すべての道に通じるダワを塗り込められた。日の出の方向にも、日の入りの方向にも、はたまた天上の方向にも、それは効き目がある。彼の体がすべて『白く』清められますように。彼に邪悪な心を抱くムロシの心が『黒く』〔心が活力をなくし、何もする気がおきない状態を意味している〕なりますように。すべてのムロシが、彼に呪いをかけようと待っていても、彼が通りすぎてしまうまで、まったく気がつきませんように。そして、あとになって人から教えられ『えっ、ここを彼が通ったのか！』と驚けばよい。彼に病をもたらそうとする者は、自らがその病を患えばよい。」

最後に、ムフモはDに背を向けて立ち、両手を後方に差しのべてDの両手をつかみ、上方に差し上げてから放す〔ムコシがすべて飛び去ることを象徴している〕。治療を終えたDは、後方を振り返ることなく、一目散に村へ帰る。筆者らもその後を追う。

B 施　薬

この日の夕方、かまどのある屋内で第三回目の治療を施した後、ムフモはDに六種のムティを与え、以下に述べる五つの投薬法に従って使用するように指示した。

①**夢見のムティ**　今晩、就寝前に、ムクングムウェルの樹皮を土器の破片にのせ、火にかける。その煙を体に浴びせる。

②**飲用のムティ**　カゴボレ、ムセケラの根を三―四日分に分割し、それらのムティを水に漬ける。朝夕、その水を飲む。

③**浣腸用のムティ**　ムブンドゥ、ルジョンゴロロ（*lujongololo*）、カゴボレ、ムセケラの根を三―四日分に分割し、水に漬ける。その水を少し暖めてからカンコテコ *kankoteko*（ヒョウタンの先端部を切り取り、そこにアシの茎を突き刺して作った浣腸用の道具）に入れ、肛門から注入する。

④**水浴用ムティ**　ムパパ（*mupapa*）、ムセケラの根（ムフモがすでに粉末にしたムティ）を水に溶かし、水浴する。

⑤**体に塗布するムティ**　ムパパの粉末をヒマ油に混ぜ、それを体に塗る。

素材はともかくとして、イルコ *iluko*（下剤）投与法を除いて、体内のムコシを洗い落とすための一般的な投薬法が示されており興味深い。

治療儀礼の要素とプロセス

これまで二つの事例を取り上げ、治療儀礼のプロセスの徹底的記載につとめた。二事例は、共通した側面を多くもちつつ、それぞれの病根に対応して、細部においては個別的な特性を示していた。ここでは、細部での相違にも留意しつつ、治療儀礼の諸要素とそのプロセスの分析を試みたい。

A 時　間

治療儀礼の多くは、朝および夕方に集中している。それらの時間は、明瞭に、朝日と夕日に関係づけられている。イフボ・イフューを浴びる患者は、昇りいく太陽、あるいは沈みいく太陽に向かって坐る。事例二で、ムフモがムセケラの枝を握りつつ、太陽に向かって呪文を唱える行動も、儀礼と太陽との関係を示しているといってよい。

トングウェの信仰の中で、太陽はムング、つまり神と同一視されているといってよい（掛谷　一九七七b：三八一頁）。太陽は万物の力の源泉であり、「すべての物は太陽を注視している」とトングウェは語る。昇りいく太陽のように病や病根が体を離れ、沈みいく太陽のように病や病根が去っていくことを願って、朝あるいは夕方が選ばれるとムフモは説明する。

もちろん、占いに従って昼間に治療が施される場合もある。ムロシが呪いを仕掛けた時間に対応して、呪いを解く治療儀礼を行なうというのが、その際の説明であった。

B 場　所

事例にあらわれた治療儀礼の場は、かまどのある屋内（台所）、川のほとり、三叉路、それにシロアリ塚であった。筆者がこれまでに経験した事例のほとんどが、これらの場所に限定されている。

治療の場の選択は、基本的に、ルゴ *lugho*（集落）／ムウィサラ *mwisala*（ブッシュ、原野）、つまり、人の住み場所／野獣や邪悪な存在の棲み場所、という二項的対立に基礎をおいているといってよい。邪悪な存在を除去し、ムコシを追い払い、それらを埋葬するのはムウィサラである。つまり、邪悪な存在を、それらのもともとの棲み場所であるムウィサラに帰すのである。

ムウィサラの中でも、イシゴは川の淵などに好んで住む。ムクリ、イスワなどはシロアリ塚に棲み、またムロシたちはシロアリ塚に集まって会合を開くことが多いという。邪悪な存在を、それぞれの棲み家に帰すことを意図して、治療の場所が選択されているのである。

三叉路も頻繁に選ばれる治療の場である。ンシラ *nsila*（道）という多義的な意味を担う表象をベースとしつつ、三叉路には特異な意味づけが付与されている。それは、一方で、異なった方向からやってくる人びとの出会う所であり、さまざまな幸運が出会う場でもある。他方では、ともに歩んできた人びとが、そこで別れる地点でもある。治療儀礼の際には、後者の意味づけが重視され、患者とその体に取り憑いた邪悪な存在やムコシが別れる場として設定されている。

事例中では、カゴボレの木の繁る川べりとムセケラの木の立つ三叉路が選ばれている。それぞれの木が象徴する内容については次に詳しく触れるが、カゴボレはイシゴを「引っぱり出す」（その丈夫な棘と名前に由来する）ために、ムセケラは患者が人びとに「笑い」（多くの小さな実をつける性質と名前に由来する）をもって受け入れられるよう願って選定されている。

かまどのある屋内（台所）での治療儀礼は、表面的には上述の分析と矛盾する。ムフモの説明では、村内での呪いを解き、かつムウィサラでの治療をさらに徹底して、体内に残留したムコシを除去することを目的として行なわれるのだという。治療儀礼はムロシや邪悪な存在への対抗呪術の行使という側面をもっており、それゆえ村内での呪いは村内で解くという原理が働いていると考えることができる。しかし一方では、いわゆる通過儀礼の一般的特性として指摘される分離、過渡、統合の三つのフェイズ（ヘネップ　一九七七、ターナー　一九七六）と関連づけることも可能である。すなわち、村内での治療儀礼は分離と統合のフェイズに対応し、ムウィサラでの治療儀礼が過渡のフェイズに対応すると考えることもできる。

C　同行者

患者の配偶者、親族の者、あるいは友人が同行するのが一般的である。とくに占いで指定がないかぎり、個々人の都合で同行者がきまるようである。同行者は、治療儀礼の場の整地、薪集め、イフボの煮沸などの作業を手伝う。治療儀礼の確認者としての役割も期待されているのであろうが、基本的には手伝い人として位置づけることができる。

D　イフボ・イフューとイフボ・イフィーレ

治療儀礼の根幹部をなす治療行為である。一般的なパターンとして聖なるダワの入った蒸気を体にあて、体内に巣くうムコシや邪悪な存在を除去することを目的とするイフボ・イフューと、それらをムティの入った冷水で洗い流すイフボ・イフィーレとが対になっている。しかし、事例一―Aのようにイフボ・イフィーレのみを施す場合も多い。筆者はかつて、この治療法を誘引の除去と位置づけたことがある（一九七七b：四二三―四二四頁）。

イフュー／イフィーレの対立は、熱を加えることによってムコシや邪悪な存在の力を弱め、冷水を浴びることによって、それらの力や意図を鎮めるというテーマを秘めている。

E　根本的な病根の除去

ムウィサラで行なわれる治療儀礼の根幹部である。このプロセスは、多様な病根によってバラエティに富むが、その典型的なパターンは事例一—Bに示されている。病根を具象化した人形の絵を地面に描き、その帰るべき棲み家をバナナの株で象徴する。黒い羽毛のニワトリと黒布を病根に捧げ、ニワトリを供犠して治療の成り行きを占う。ニワトリの血をイフボに入れ、その蒸気を体に浴びせ、ニワトリの心臓を患者に食べさせ、病根を追い払う。

もう一つのポイントは、患者の体に剃刀で傷をつけ、動物の角に入ったダワを塗り込める治療法である。人間の生命の座位であり、かつ邪悪な存在から身を守るに適しているとトングウェが考える身体部位に強力なダワを塗り込める。邪悪な存在を追い払い、再びそれらに狙われることのないよう、強力なダワが施されるのである。このダワには、一般的に強力なムティとシコメロが含まれている。この治療法は西洋医術の注射に譬えられ、イフボ療法とともにムフモの代表的な治療法だとされる。

強力なイシゴが病根となっている事例一と異なって、事例二ではさほど手の込んだプロセスは織り込まれていないが、原理的には事例一の場合と共通している。

F　阻止線

病根やムコシの除去を終えた患者は、黒いダワで引かれた阻止線を跨いで家路につく。病根やムコシが患者のあとを追うことを阻止する線である。ときに、黒いダワの外側に患者の体を『白く』清めるために白線が描かれることもある。通過儀礼における過渡期と統合期を分ける境界線という位置づけも可能である。

G　病根・ムコシの廃棄と埋葬

患者の体内から取り出された病根やムコシは、それらに捧げられたニワトリや黒布、患者の身につけていた布、それに患者の分身である手足の爪や毛髪とともに土鍋で覆われ、原野の中に廃棄あるいは埋葬される。かまどのある屋内での治療儀礼の際には、イフボの残りのダワがごみ捨て場に廃棄されるが、その原理は一貫している。

H　呪　文

上述のDからGのプロセスすべてに呪文が関与している。事例の記載においては煩雑さと冗長に流れることを恐れつつ、できるかぎり呪文を再現することに意を払った。それが何よりも雄弁に、個別の治療行動の意味を示していると考えたからである。

呪文の中に繰り返し現われてくるステレオタイプ化した表現は、そのままムフモの治療を支える論理の核を形成しているといってよいであろう。それらの内容は以下のように整理することができる。

①諸々のムガボ、リャンゴンベ、マハサ、カシンディエ、ムシムなどの神秘的存在への加護と助力の祈願。

②治療の焦点は、イシゴ、ムロシ、ムクリなどの邪悪な存在の除去、あるいはその呪いを解くこと、それらの仕業によって、あるいは他の諸々の要因が重なって体内に蓄積したムコシ（穢れ）の除去にある。

③治療の目的は、邪悪な存在とムコシを除去して、体を「白く」清め、健康、多産、財産に通じる「道」を「白

く」清めて開くことである。

呪文は、これらの内容をもつ常套句を核としつつ、それぞれの患者の病根や症状に応じた、あるいは占いの結果に従って適切に選択された言葉の組み合わせからなるといってよいであろう。

4　ダワの論理

これまでの論述で、治療儀礼を構成する象徴的所作、呪文については詳細な記述・分析を提示することができた。しかしもう一つの重要な構成要素であるダワについては、単に素材について記したのみである。ここではダワを中心に据え、どのような素材が、いかなる理由によってダワとして選ばれているかを明らかにしようと思う。記述・分析の対象とするのはⅠ—2（ダワの採集）で例示したムティ、および事例一、二で記載したムティとシコメロである。ただ、残念ながら、身体に剃刀で傷をつけて塗り込める動物の角に入ったダワは取り上げることができない。それは、カサカンペが、そのダワを他のムフモから譲り受けており、素材が何であるかを知っていないという事情による。しかし、それは原理的に以下に述べるムティとシコメロの論理と共通しており、治療儀礼を支えるダワの論理を明らかにするという目的のためには、必ずしも不可欠なものではない〔他のムフモが用いた同種のダワの素材については前稿（掛谷　一九七七b：四二〇頁）に記されている〕。

ムティの論理

これまでの記載に現われた植物性呪薬つまりムティ一八種を、それぞれの方名、学名、科名、および使用された場面について整理しリスト・アップしたのが表14-3である。以下で、それぞれのムティを取り上げ、ムティとして選ばれた理由とその効力の由来について記す。

A　一八種のムティについての記載

①ブハサ *bhuhasa*（別名カンクンドゥ *kankundu*）　この木の名前は、精霊の生まれ変わりと信じられている双子（マハサ）を祀る儀礼マハサに由来している。つまり、マハサ儀礼に不可欠な樹木という意味が与えられている。樹皮が白く、その白さが精霊の世界に通じているというのである。「白色」は健康、清浄、よい精霊に通じるシンボル・カラーであり、ブハサの効力もその樹皮の白さに由来しているといえる。

②イソマタ *isomata*　木性藤本であるイソマタは、水辺あるいはシロアリ塚に生える。これらの場所は、またイシゴやムクリの棲み家でもある。イソマタには棘があり、人が近くを通ると、その棘が引っかかる。その名は、動詞のイサ（*isa*）つまり来るという語と、マタ（*mata*）つまり掴んで捨てるという語に由来しているというのがムフモの説明であり、それは棘をもつ木という性状と関連があるという。

イソマタは、ムクリやイシゴあるいは病根を掴みとり、そのもとの棲み家に捨てることができるのだという。

③カゴボレ *kaghobhole*　この樹木も、イソマタ同様、丈夫な棘をもっている。その名はゴボラ（*ghobhola*）、つまり、

表14-3　ムティの使用場面とその効力の源泉

番号	方名	学名	科名・亜科名	利用部位	ダワ採集	事例1-A	事例1-B	事例1の施薬	事例2	事例2の施薬	名前の意味	ムティの効力の源泉
1	*bhuhasa* (*kankundu*)	*Strychnos innocua*	Loganiaceae	r		○	○		○		双子儀礼	樹皮：白色
2	*isomata*	?	?	v			○		○		掴んで捨てる	棘、生息地（川、シロアリ塚）
3	*kaghobhole*	*Ziziphus abyssinica*	Rhamnaceae	r		○	○	○	○	○	引っぱる	棘
4	*katyatya* (*mukola*)	*Afzelia africana*	Caesalpinioideae	b			○		○		すべる	臭い、酔い
5	*kalilokabhali*	*Psorospermum febrifugum*	Guttiferae	r			○		○		火、かんぬき	樹皮：赤色
6	*lujongololo*	*Monanthotaxis* sp.	Annonaceae	r						○	抜けやすい	—
7	*mbonobhono*	?	?	r			○		○		物を役立たずにする	臭い
8	*mukungumwelu* (*mulolelwahale*)	*Sterculia quinqueloba*	Sterculiaceae	b	○	○			○	○	遠くからみえる	樹皮：白色
9	*mupapa*	*Markhamia obtusifolia*	Bignoniaceae	r						○	思いをめぐらす	葉のそよぎ
10	*musekela*	*Antidesma venosum*	Euphorbiaceae	r, l	○	○		○	○	○	笑う	多くの実
11	*musilantenjela*	*Gardenia ternifolia* subsp. *jovis-tonantis*	Rubiaceae	r			○				嫌って身をよける	堅い木
12	*musongati*	*Diplorhynchus condylocarpon*	Apocynaceae	r		○			○		—	樹皮：白色
13	*musubhu*	*Dombeya rotundifolia*	Sterculiaceae	r			○		○		洗い落とす	樹皮：黒、内側：白色
14	*mutungulu*	*Pseudolachnostylis maprouneifolia*	Euphorbiaceae	r		○	○		○		滑り落ちる	樹皮がなめらか
15	*mutunu*	*Harungana madagascariensis*	Guttiferae	r		○	○		○		拒否する	樹皮の内側が白色
16	*mubhanga*	*Pericopsis angolensis*	Papilionoideae	r, l					○		クバンガ	堅い木
17	*mubhundu*	*Entada abyssinica*	Mimosoideae	r, l	○		○	○		○	引き抜く	根や樹皮がとれやすい
18	*sibhanga*	*Ozoroa mucronata*	Anacardiaceae	b		○	○		○		クバンガ	臭い、堅い木

注）b：樹皮　r：根　l：葉　v：蔓

引っぱるという動詞に由来し、棘をもつ性状と関連づけられている。カゴボレは、精霊を呼び出し（引っぱり出し）、病根を引きずり出すことができるという。

④カティヤティヤ *katyatya*（別名ムコラ *mukola*）　この木の樹皮をしがむと、悪酔いをしたときのような気分になるという。別名のムコラは動詞のコラ *kola*（酔う）に由来しているという。また、この樹皮は強い臭いを発散させるという。これらの性質が、病根を追い出すのに役立つのだとムフモは説明する。

カティヤティヤという名は動詞のティヤ *tya*（すべる）を意味する。その由来は明らかではないが、病根をすべり出させることを意味しているという。

⑤カリロカバリ *kaliiokabhali*（別名カングルルングルル *kangululungululu*）　この木は毒性をもっており、多量に服用すると死に至ることもあるという。

その名はカリロ *kalilo*（小さな火）とカバリ *kabhali*（扉を閉めるカンヌキ）と関連づけて説明された。その樹皮が赤色をしており、それは火の色だという。ムロシ、イスワ、ムクリなどの邪悪な存在がこのムティに出会えば、前方に火がついていると思い、人を呪うことを中止するのだという。別名の由来は不詳。

⑥ルジョンゴロロ *lujongololo*　その名は動詞のジョンゴロラ *jongolola*（抜けやすい）と関連づけられている。この木性藤本の根は、容易に引き抜くことができるのだという。つまり、病根や穢れを容易に取り去ることができるというのである。

⑦ンボノボノ *mbonobhono*　この樹皮は強烈な臭いを宿しており、その臭いが病根や穢れを追い出すという。名前は動詞のゴノナ *gbonona*（物を役立たずにする）と関連づけられ、病根の効力を失くすることを意味していると いうが、必ずしもこの意味と臭いとは関連づけられていない。

⑧ムクングムウェル *mukungumwelu*（別名ムロレルワハレ *muloleluwahale*）　この木の効用を問うと、必ずムフモは別名をあげて説明してくれる。ムロレルワハレ、つまり「遠くから見える」木だという。この木の樹皮は際立って白く、遠くからでも容易に見分けがつく。その白さのゆえに、精霊と同様の力をもつと信じられており、きわめて重要なムティの一種である。とくに、ダワ採集の項の呪文で例示したように、夢見のムティとして珍重される。

⑨ムパパ *mupapa*　名前は、動詞のパーパ *papa* つまりいろいろと思いをめぐらすことに由来するという。この木の葉は、いつも風に吹かれて揺れ動いており、それは人が異性のことを思いめぐらすさまに似ているのだという。事例二の治療目的から明瞭なように、このムティは一種の媚薬として用いられている。女性が彼の声を聞けば、心臓があたかも風に揺れる木の葉のように高鳴る、というのがムフモの説明だった。

⑩ムセケラ *musekela*　この木は、多くの小さな実をつける。それは、多くの人が集まっている状態や、多産に通じるという。名前はセカ *seka*（笑う）に由来しているという。このムティを施すと、多くの人びとが笑いを浮かべて、つまり喜んでその人のもとに集まるようになるというのである。あるいは、多くの子宝に恵まれ、幸福になることができるという。

⑪ムシランテンジェラ *musilantenjela*　この木は、他の木々と異なった姿形をしているという。幹自身は短いのだが、多くの太い枝をつける。非常に堅い木だ。その名は、シラ *sila*（嫌う）とテンジェラ *tenjela*（身をよける）に関連づけられている。このダワが投与されれば邪悪な存在が寄りつこうとしても、嫌って身をよけることができるという。雷さえも、この木に落ちることがないという（ムロシは、ときに、雷を派遣することもある）。

⑫ムソンガッティ *musongati*　この木のブトンフ *bhutonfu*（樹液）は白色をしている。それゆえ、精霊を呼び出し、

あるいは穢れを払って体を「白く」することができるという。名前の由来は不詳。

⑬ムスブ *musubhu*　樹皮は黒っぽい色をしているが、それを剝ぎ取れば、内側は白い色だという。その名はスブラ *subhula*（容器などの内部の汚れを洗い落とす）と関連づけられている。イシゴやムクリを除去し、穢れを洗い流して、樹皮を剝いだ木のように「白く」清めるムティだという。

⑭ムトゥングル *mutungulu*　名はトゥングラ *tungula*（滑り落ちる）に由来する。その樹皮はパッチ状に剝げており、木に登ろうとしてもつるつると滑りやすいという。ムクリやイシゴなどの邪悪な存在や病根を、体内から滑り出させることができる、とムフモは語る。

⑮ムトゥヌ *mutunu*　名はトゥナ *tuna*（拒否する）に由来する。この木のブトンフ（樹液）はたちが悪く、服などにつくと、容易には取れないという。しかし、樹皮を剝ぐとその内側は白い。このムティは、イシゴやムクリを取り除き、体を「白く」清めることができる。

⑯ムバンガ *mubhanga*　木の質は、きわめて堅い。斧を精いっぱい振りおろしても容易には倒せない。普通は、樹皮の一部をグルリと剝ぎ取り、自然に倒れるのを待つものだという。このように、木を倒すことを目的として、樹皮を剝ぎとることをバンガ（*bhanga*）という。病根を取り去り、ムバンガの木のように、体を丈夫にすることができるとムフモは語るのである。

⑰ムブンドゥ *mubhundu*　その名はブンドゥラ *bhundula*、つまり「引き剝がす」、あるいは「引き抜く」を意味する動詞に由来する。山刀をひと振りすると、容易にその樹皮を引き剝がすことができる。あるいは、土を掘ってその根を引けば、容易に抜き取ることができるという。このように、邪悪な存在や病根を、容易に除去することができるというのである。

⑱シバンガ *sibhanga*（リキバンガとも呼ぶ *likibhanga*）　その名は、ムバンガと同根であるという。樹皮は強い臭いを発して、イシゴやムクリを追い出すことができる。

B　分　析

①樹木の名前、生態、形態　一八種のムティの効用や働きの源泉を探るトングウェの解釈学の基礎に、木の名前についての民族語源学（ethno-etymology）とでも呼ぶべき領域が存在していることを、明瞭に指摘することができる。一般的な傾向として、彼らは木の名前に関連した動詞を連想し、その動詞によってムティの効用や働きを説明する。

　事例二に即していうならば、イフボに投じられたムティはムロシの呪いやムコシを、「掴んで捨てる（イソマタ）」「引っぱる（カゴボレ）」「滑らせる（カティヤティヤ）」「役立たずにする（ンボノボノ）」「洗い落とす（ムスブ）」「滑り落とす（ムトゥングル）」「拒否する（ムトゥヌ）」のである。

　また男Dに与えられた治療薬は、ムコシを「引っぱり出し（カゴボレ）」「抜けやすく（ルジョンゴロロ）」し、「引き抜く（ムブンドゥ）」ためであり、同時に、女たちが「笑って（ムセケラ）」Dに近づき、恋こがれていつも彼のことを「思いめぐらす（ムパパ）」ように仕向けることを目的としている。

　これらの「語源」は、多くの場合、それぞれの木が生えている場所（イソマタ）や、丈夫な棘の存在（イソマタ、カゴボレ）、樹皮の性状（ムスブ、ムトゥングル）、樹液の性質（ムトゥヌ、ムブンドゥ）、根の引き抜きやすさ（ルジョンゴロロ、ムプンドゥ）などの樹木の形態その他の特性と結びつけて理解されている。

　名前自身は、直接的にムティの効用や働きと直結してはいないが、木の堅さや丈夫さと関連したもの（ムバンガ、リキバンガ）も、このカテゴリーに含めてよいであろう。

②色、臭い、毒性　ムティの効用や働きを説明するもう一つの原理の系列は、木の色にかかわるものである。白色が健康、清浄、よい精霊と象徴的に連合していることは、何度も述べてきた。ムティの場合も、その樹皮の白さ（ブハサ、ムクングムウェル）や、樹皮を剝いだ幹の白さ（ムスブ、ムトゥヌ）、樹液の白さ（ムソンガッティ）が重要な選択要因となっている。白色と対になっている黒色も、ムスブの場合、一つの選択の論理として働いている。またカリロカバリの樹皮の赤っぽさが火と結びつけられ、それがムティとして選択の要因となっている。白、赤、黒の三色のカラー・シンボリズムは、ムティの選択を規定する要因の一つとしてきわめて重要である。

臭いという要因も、重要な選択要因となっている。カティヤティヤやンボノボノの樹皮の発する悪臭が、邪悪な存在や病根を追い払うとされる例である。また、ある種の毒性（カティヤティヤ、カリロカバリ）も、適切な処方を前提として、ムティとして選ばれる要因に含まれている。

シコメロの論理

動物性呪薬つまりシコメロは、植物性呪薬に力を与え活性化する働きをもつ呪薬である。その多様な素材と、それを支える論理については、前稿（掛谷　一九七八）で詳しく論じたので、ここではカサカンペが事例一で用いたシコメロに限定して記述し、簡単に分析するにとどめておきたい。

事例一の治療の際、イフボ・イフューに投じられたシコメロは五種類であり、その他リジョンガに含まれた一種を含めると、六種のシコメロが用いられたことになる。それぞれのシコメロについて、カサカンペが語った内容を以下に記す。

①**マソンブウェ** ***masombwe*** **（メクラヘビ）**　このヘビを見出すことは、きわめて稀であり、見つけ得た人は非常に運の強い人だといってよい。このヘビは前と後に頭をもっていて、自在に、どの方向にも逃げることができる。だから、あらゆる方向から仕掛けられるムコシの呪いを解き、イシゴ、ムクリなど邪悪な存在を除去して「道」を開くことができるというのである。

②**ンカタ** ***nkata***　トングウェ族の伝統的な首長つまりムワミ（*mwami*）の即位儀礼の際、一日がかりで特別に建てられる儀礼小屋をルカンガラ（*lukangala*）と呼ぶ。この儀礼小屋の中で、ムワミ候補者およびその妻の坐る椅子が、ンカタである。ンカタには、多種類のダワが仕掛けられており、ムワミに力を与え、ムコシなど邪悪な存在を排除する。また、首長即位儀礼には多くの人が参集し祝福する。

このンカタは、邪悪な存在を除去し、人びとの祝福を招来する強力なシコメロとなる。

③**ムワミ** ***mwami*** **の頭蓋骨**　ムワミはその領土を守り、人びとを統治する存在であり、力に満ちている。即位儀礼時には多くの呪薬の投与を受けており、並のムロシはムワミに呪いをかけることはできない。

このシコメロは、イフボのムティに力を与え、邪悪な存在を追い払い（ンカタで述べたのと同じ理由によって）、人びとの祝福を招来するシコメロとなる。

④**ムロシの頭蓋骨**　ムワフィ（*mwafi*）と呼ばれる試罪用の呪薬で死に至った人、つまりムロシの人骨は強力なシコメロとなる。その人骨はムワフィを含んでいる。邪術者の黒い意図は、ムフモの手中に入った邪術者の骨で見抜くことができる。

このシコメロは、ムロシを始め邪悪な存在を除去し、あるいはそれらの邪悪な意図から人を守ることができる。

⑤ンコノ（土鍋）の破片　稀に、人がウガリ（トウモロコシの粉などを熱湯で練りあげた主食）を食べすぎて死に至ることがある。そのウガリを盛ったンコノの断片がシコメロになる。このンコノは死人の活力を吸収しており、それゆえ、ムティを活性化することができるという。

⑥ンベーバ *nbeebha*（デンキナマズ）の骨　リジョンガに入った黒色のダワの一成分である。ンベーバに触れれば、強力な電気を感じて痺れてしまう。ンベーバの骨にも、この電気が宿っており、それが邪悪な存在や、病根を痺れさせて追い払うことができる。

リジョンガのダワには、このシコメロ以外に二種のムティが含まれている。一種はカリロカバリであり、すでにムティの項で述べた。もう一種は、人が多く通る道を横切る木の根であった。このムティはシコメロとしての特性も併せもっている。つまり、この根は、その上を跨いで通るさまざまな人の活力を吸収していると信じられており、それゆえムティあるいはシコメロとしての効力をもつという。

これらのシコメロは、イフボ・イフューのムティを活性化してイシゴやムロシを除去し、女Aが子宝に恵まれ、人びとから祝福されることを願って投与されたのである。

5　総括と討論

ムフモの治療の論理とその背景

かつて、ムフモは、トングウェの世界における自然と人、人と人、人と超自然的存在という諸関係の、一つの結節点に位置すると書いたことがある（掛谷　一九七七b：三七九頁）。それは、自然、人、超自然的存在が相互に有機的な結びつきをもった全体像――コスモス――の中でのみ、ムフモの諸活動を位置づけることができるということでもある。

ターナーがンデンブー社会での諸儀礼の分析で述べたように、トングウェ族にも「神話がすくなく、宇宙やその開闢に関する物語も欠いている」（ターナー　一九七六：二一頁）。ムフモの治療儀礼の意味と論理を探るため、筆者がとった方法は、徹底した参与観察の記録と、個別の治療行為についてムフモ自身が語る解釈を収集し、それらを再構成することであった。つまり、トングウェ自身の解釈（folk-interpretation）を基礎にして、ムフモの世界の内側から治療儀礼を分析しようという立場である。本稿で用いた資料は、一人のムフモの活動記録と解釈であったが、その基礎には師のカソンタ老の教えがあり、また他のムフモと治療行動をともにした経験が裏打ちされている。治療儀礼についていえば、個々のムフモによって独自な側面もみられるが、その大要は共通しているといってよい。

ムフモの諸活動に一貫して見られる特性の一つは、つねにムガボ、マハサ、カシンディエ、リャンゴンベなどの諸精霊とムシムつまり祖先霊に加護と助力を願うことである。ムフモの本領は、憑依する精霊の力に依存しつつ、さらに多彩な神秘的存在の加護を背景として、イシゴなどの悪霊や、社会関係の歪みが人格化された存在という側面をもつムロシと対決し、患者の病根を除去することにある。つまりムフモの治療は、多様な神秘的存在の意志の顕現化と、その制御をめぐって展開しているといってよいであろう。

その主要な柱の一つは、言葉として表出する行為であった。ムフモは、呪文によって樹木の力を喚起し、精霊憑依によって神秘的存在の意志を知り、そして呪文によって神秘的存在を制御する。あるいは、患者に取り憑いた邪悪な存在自体を呼び出し、自ら語らしめる。ムフモは、営々と生きる人びとの日常生活に忍び込んだ不条理の根源をあばき出し、それを言葉に表出し、呪文によって治療の方向を指し示すのである。

第二の柱は、目には見えない神秘的存在を顕現化し、あるいは操作可能な対象とする、象徴的所作に基づいた技術である。悪霊のイシゴを白粉によって描き、その帰るべき場所を一本のバナナの株によって示す。あるいは、病根を断ち切るため、患者に山刀を踏ませ、ニワトリの心臓を斧の刃先に乗せて食べさせる。これらを含む一連の象徴的所作は、ルゴ（人間の住み場所）／ムウィサラ（野獣や邪悪なものの棲み家）、イフュー（熱い）／イフィーレ（冷たい）、白、赤、黒のカラー・シンボリズムなどにみられる対立と補完の関係を基礎とし、分離、過渡、統合の三つのフェイズをもった通過儀礼としての特性を含みつつ、呪文やダワとともに、邪悪な存在やムコシを除去し、体を「白く」清め、幸運への道を清め開くために組織化されている。

第三の柱は、ムティやシコメロを含むダワの駆使である。治療の目的に合致した力をムティの中に見出し、多彩なムティの合力によって邪悪な存在やムコシを患者の体内から除去する。ムティ選択の論理は、その生態や形態と深く結びついた植物の名前を重要な手掛かりとし、それらと病とを連合させる象徴の論理を根幹としている。あるいは、樹木のもつ色、臭い、毒性もまた、ムティの効力の源泉であった。主として動物の習性や生態にその効力の基礎を置いたシコメロの論理（掛谷　一九七八：二一〇―二一二頁）とともに、ダワの論理は、トングウェのエスノ・サイエンスと病の治療とが密接なつながりをもつことを示している。

病や不幸という現象の根底には、日常の人間関係の病理が潜んでおり、そこに神秘的存在が深く関与しているのである。つまり、病や不幸は、自然、人、神秘的存在が織りなすコスモスの歪みを伝えるメッセージであり、ムフモは、彼らのエスノ・サイエンス、エスノ・ソシオロジー、コスモロジーの論理を背景として、その歪みを是正する役割を担った存在なのである。

ムティの論理の背景

本論稿では、二事例に即した形で、ムティと素材と論理を記述・分析してきた。しかし、ムフモが駆使するムティの種類はきわめて多彩であり、筆者がこれまで調べえた範囲内でも、優に三〇〇種に達している。ここで述べたムティの論理は、すべてのムティを含んだそれではない。本論稿で明らかにされたムティの論理は、治療の基本構造を支える誘引除去、病根除去、対症療法のうち（掛谷　一九七七b：四二三―四三二頁）、主として誘引除去、病根除去のフェイズに対応するものであった。ここでは、対症療法として用いられるムティは十分に分析されてはいない。それは別稿で論じるべきテーマである。

二事例で用いられたムティの論理は、植物の生態や形態とその名前、および病の性質とを連合させる象徴の論理であった。その分析は、民族語源論（エスノ・エティモロジー）の重要性を示唆するものであった。もちろん、この語源論は、言語学的な意味で厳密なものではなく、いわば「語呂合わせ」とでもいうべき性質を内包するものであった。しかし、それがどのようにしてムフモがムティを選び出すのかを理解する一つの重要な鍵であることは明瞭であろう。

トングウェの友人と山を歩き、特定の樹木の方名を採集するとき、往々にして彼らは樹木を山刀で切ってその堅さを確かめ、樹皮を剝ぎ、その内側の色を観察し、あるいは香りをかぎ、口にしがんだ後に方名を述べる。そのような行動が、ここで分析したムティの論理とつながっている。ムティが「時の試練を前提としつつ、緻密で具体的な自然観察と『野生の思考』のもつ象徴的論理が結びついて産みだした結果である」（掛谷　一九八〇：二六頁）とするなら、ムティに関する知識の収蔵庫として植物の名前をとらえることができるであろう。それはまた、記憶の方法としてもきわめて有効に機能していることが指摘できる。「すべての植物は、それぞれダワとなる」というトングウェの言葉は、このような背景のもとで真に理解することができるのである。

比較研究の視野

近年、人類学における一つの顕著な動向として、いわゆる医療人類学（medical anthropology）の発達をあげることができる。その関心領域は広く、第三世界はもとよりのこと、文明社会の医療体系をも視野に入れた多彩な研究内容を含んでいる。このような傾向は、例えば、Loudon（1976）、Landy（1977）、Foster and Anderson（1978）などの論文集や概説書で知ることができる。個別的な民族についても、アフリカに例をとると、Ngubane（1977）

のような詳細なモノグラフが刊行されている。それらはヒトの医療行為についての比較研究と、一般理論追求への機運が高まりつつあることを示しているといってよいであろう。

これらの諸研究の動向は、筆者にとっても強い関心を喚起されるものであるが、当面の課題は、より個別的な部族や民族の実態の詳細な記述と分析に即した比較研究にある。この点に関して、ンデンブ族（Ndembu）についてのターナーの一連の研究が興味深い（Turner 1967: 1975; ターナー　一九七六）。

ンデンブ族は、母系社会である点でトングウェ族と大きく異なっているが、一方でウッドランド帯に住むバントゥ系の焼畑農耕民として共通した側面も多い。ンデンブ族のエスノ・メディシンの世界は、文字通り「象徴の森」（Turner 1967）の奥深くに分け入ったターナーによって、詳細に描かれている。ンデンブ族の治療儀礼の原理とトングウェのそれとの共通性はともかく、治療に用いられる呪薬の素材とその論理の類似性はきわめて興味深い。たとえば、ンデンブ族の病気の治療に用いるチクワタ *chikwata* の木（*Zizyphus mucronata*）には、「『大きな棘』があり、それで通りかかるものを『捕え』（*kukwata*）たり引き止めたりする」（ターナー　一九七六：三九頁）。チクワタの木と同属のカゴボレの木（*Zizyphus abyssinica*〔注　*Zizyphus mucronata* の可能性もある〕）は、トングウェのムフモによれば、その丈夫な棘ゆえに、ものを「引っぱり出す」（*kughobhola*）ことができる。あるいは、ムレンディ *mulendi* の木（*Sterculia quinqueloba*）は、「つるつるしていて滑りやすく」「『病気』（*musong'u*）を病人から滑り落とすことができる」（ターナー　一九七六：三八頁）がゆえに、ンデンブ族では重要な呪薬として用いられる。ムレンディの同種の木は、トングウェ族ではムロレルワハレ（*mulolelwahale*）と呼ばれ、その樹皮の白さのゆえに「遠くから見える」木として重要視される。

呪医の世界を構成する基本的ブロックにも譬えられる呪薬の素材と論理の異同は、ウッドランド帯に住むバントゥ系諸族のエスノ・メディシンの比較研究が豊かな実りをもたらす可能性を示唆しているといえよう。それは同時に、自然によって思考し、自然によって治療することを基礎とする呪医の論理を前提にすれば、象徴的思考を介した自然と文化の関係の解明に寄与しうることを示している。今後の重要なテーマの一つとしたい。

注

（1）植物の学名の同定は、Nishida and Uehara（1981）によった。

（2）ビーズ玉と蜂蜜は呪文の中で語られただけで、実際には供物として捧げられなかった。

第15章 「呪術」は本当に効果があるのか

1 病気の原因

病気への不安や恐れは人類に共通した心性であり、それゆえ、いかなる社会も病気に対処するシステムをもっている。しかし、なにを病気と考え、その原因がなんであり、どのようにして治療を施すかについては、それぞれの社会に応じて多様である。つまり、どの社会にも病気をめぐる独自の文化が存在する。あるいは、それぞれの社会は独自の伝統医療を育んできたといってよい。

アフリカは多彩な民族文化を擁する大陸であり、伝統医療の宝庫でもある。その医療システムを支える専門家が伝統医である。近代科学の視点に立てば、彼らは「呪術」的な治療法を駆使しているように見えるので、「呪医」と呼ばれていることが多い。

私は、東アフリカ・タンザニア国の西部に住むトングウェの人類学的調査を進める過程で、トングウェの呪医に深い関心をもち、自ら志願して呪医の世界に入門した。その修行経験を基礎にして、「呪術」的な治療の効果について考えてみたい。

近代医療と比較したとき、トングウェの伝統医療の大きな特徴は、病気の原因についての考え方、つまり病因論にある。病気にかかったとき、トングウェは、精霊や祖先霊の怒りや、妬《ねた》みや恨みをもつ人からの呪いなどが根本的な原因だと考える。この社会では、親族や近隣の人びとが相互に支えあう関係が重要であり、その社会関係の歪みが呪いとして表現されるのである。もちろん彼らも、細菌に類する病原体や生理機能の不全などについても認識している。しかし彼らは、自然・社会・神秘的存在が有機的に結びついた世界観を背景として、「なぜ、この私が、いま、こんな病気にかかってしまったのか」について、その原因を知り、納得することを願うのである。

2　治療の実際

患者が病気の診断と治療を求めて訪れると、呪医は、自分に乗り移った精霊の加護を得て、病因を占い、その結果にもとづいて治療する。病気の根本的な原因が精霊や祖先の怒りなら、白布・食物・お酒などを供え、その許しを請う。

呪医の本領が発揮されるのは、邪悪な心をもつ人の呪い（邪術）が原因だと診断された病気の治療である。呪医は、邪術者が夜な夜な集会をもつというシロアリ塚のもとに患者を連れていき、その呪いを解く。呪医は、多種類の草根木皮や動物の骨・毛皮などを素材とする呪薬を混ぜた水を土鍋で沸騰させ、その蒸気で患者の体に巣食う病根（けがれや呪い）を祓《はら》い清める。患者の体に剃刀《かみそり》で傷をつけ、そこに呪い除けの強力な呪薬を塗り込める。供犠用のニワトリ、患者の手足の爪や髪の毛の一部、黒布などを、患者の身代わりに仕立てた泥人形の側に置き、土鍋で覆って病根を封じ込める。こうして、病気の根本的な原因を取り除く治療儀礼が終わる。この後、呪医は病気の症状に応じて、草根木皮を主成分とした対症療法用の薬を調合し、患者に手渡す。

アフリカの呪医が駆使する治療法は多彩である。しかし多くの治療法は、トングウェの事例にみられるように、治療儀礼による真の病因の除去と、投薬を中心とした対症療法の両側面を含んでいる。伝統医療では前者の治療儀礼が重要な位置を占めるのだが、それは、患者が生きる社会・文化的な文脈のもとで、強い心理的・心身医療的な効果をもつ。このような療法は、まじないや迷信であるにすぎないと考えられがちである。しかしたとえば、近代的な病院で白衣を着た医師からにせ薬を手渡され、それを適切な薬であると信じて服用しただけで病気が治る現象（にせ薬効果）を想起すれば、治療儀礼のもつ効果の一部が了解できるであろう。あるいは、病魔などと闘うイメージが免疫力を増大させ、治療効果を示すという、最近の「イメージ療法」についての研究成果を考えてもよい。呪医は、精神科医に似た役割も果たすと位置づけることも可能である。

呪医が駆使する薬物は呪薬と総称される。それは一方で、治療儀礼の効果をうみだす重要な要素であるとともに、他方で、漢方薬で認められた薬理的効能とも共通する治療効果をもつ。トングウェは三〇〇種を超える草根木皮を薬として認知しているが、はっきりと薬学的な生理的活性が確認されているものも多い。呪薬は、具体的で精密な自然観察を基礎としつつ、民族の長い歴史的経験が生み出した知恵の結晶である。それは、いわば野生の科学であり、民族科学と呼んでよい知識の集積体である。

呪医の世界は、「呪術は本当に効果があるのか」と問う私たち自身の人間・病気・文化に対する見方・考え方・感じ方が、表層的で偏狭なものであることを映し出してくれていると言えないだろうか。

第16章　自然と社会をつなぐ呪薬

1　ダワの世界

西部タンザニアの広大なウッドランド（乾燥疎開林）に住むトングウェは（口絵図1）、焼畑農耕や狩猟・漁撈・採集などを営みながら、自然のなかに埋もれるようにして暮らしを立てており（掛谷　一九七四）、その社会や文化には自然の特徴が深く刻み込まれている。スワヒリ語でダワと総称される多彩な呪薬《じゅやく》も、その一例である。

トングウェ語では、植物性呪薬はムティ、動物性呪薬はシコメロと呼ばれる。三〇〇種をこす植物がムティとして認知されているが、それらのムティの効力を高め、活性化する呪薬がシコメロであり、シコメロとして認められている動物も一〇〇種をこす（掛谷　一九七八）。

伝統医（ムフモ）はダワについてのスペシャリストであるが、一般のトングウェも家伝の知識として、あるいは常識として多くの種類のダワについて熟知している。人びとはダワを用いて、精霊や祖先霊の加護や助力を引き出し、狩猟・漁撈・蜂蜜採集の成功や焼畑耕作での豊作を願い、悪霊や悪意を持つ他者からの呪いを払いのけ、病を治療し、災いの源を断つ。邪術者はダワを使って人びとを呪い、病やさまざまな災いをもたらす。ダワなしでは、彼らの生活は成り立たないという印象さえ受ける。あるいは彼らの生活は、「ダワの世界」の存在を前提としているといってもよい。

「ウッドランドにおける自然と文化の関係」を明らかにすることが、私のトングウェ研究のテーマであったが、調査が進むにつれて、精霊や祖先霊の加護のもとで邪術者と対抗し、病を治療する伝統医の世界に魅了され、私は正式な儀礼を経てトングウェ公認の伝統医となった。伝統医としての修行の過程で、ダワについても多くの知識を学ぶことができた（掛谷　一九七七b）。別の機会には、同僚の伝統医と行動をともにし、彼からもダワについていろいろと教えてもらった（掛谷　一九八四）。親しくつき合っていたトングウェの友人から家伝のダワについて聞き、あるいは民間薬についても情報を得た。また、野生植物の利用を中心とした民族植物学の調査の一環として、ダワについての情報を収集した。

この小論では、情報源の多様性を踏まえ、基礎的なダワである植物性呪薬に重点をおきつつダワの論理を明らかにしたい。そして、「ダワの世界」と、生活様式や社会の諸条件との関係についても考察を試みたい。

2　伝統医のダワ

自然に強く依存して暮らすトングウェは、一方では、川や山、大木や大石を住みかとする諸々の精霊や祖先霊とともに生きている。人びとの病を治療し、災いのもとを断つ伝統医の力は、究極的には伝統医に憑依《ひょうい》する諸精霊に由来する。精霊の憑依によって人は伝統医になるべきことを知り、正式の儀礼を受けて公認の伝統医となる。

病や災いの原因にも、それらの神秘的存在が深く関与している。精霊や祖先霊はいわば中立的な存在であり、人びとの暮らしを見守っているのだが、常軌を逸した行動をとる人や、精霊や祖先霊をないがしろにする人に対しては、病や災いをもたらして警告する。川の淵などに棲む悪霊は、水汲みにやってきた女性に取り憑《つ》いて病の原因となる。ゾウやアフリカニシキヘビなどは強力な霊力をもっており、それらを撃ち殺したとき、適切な儀礼によってその霊力を鎮めておかなければ、死霊となって災いをもたらす。

しかし、トングウェが何よりも恐れるのは邪術者である。妬《ねた》みや恨みの感情をコントロールできない隣人や親族のものが邪術者となって人を呪い、病や災いをもたらし、ときには死に至らしめることもある。呪い殺された人の霊は死霊に変じて、呪った人に取り憑くことがある。しかし巧妙な邪術者は、死霊をも操って他者に災いをもたらすことができるという。

腹痛・下痢・頭痛などの軽い症状の病は「神の病」と呼ばれ、人びとは安静にして回復を待つか、あるいは民間薬として知られるダワを採集して服用する。しかし、症状が激しくなり、あるいは長期化すると、人びとはその病の原因の診断と治療を求めて伝統医のもとを訪れる。伝統医は、精霊の憑依と、儀礼によって与えられた霊力にもとづいて、病の原因を占う。諸々の神秘的存在が病根や災いのもとである可能性を持っているのであるが、邪術者の呪いが原因であると判断されることが多い。実際、師のカソンタ老や同僚の伝統医の助手として、私が治療儀礼に参与した例のほとんどは、なんらかの形で邪術者が関与していた。精霊や祖先霊の加護と助力を得て邪術者と対決し、災いのもとを断ち、病の治療にあたることこそ伝統医の本領であるといってよい。

治療儀礼の構造

占いによって病根が判明すれば、その病根に応じて伝統医は治療儀礼を執り行う。ここでは前稿（掛谷　一九八四）で取り上げた事例の主要部分を要約し、治療儀礼の構造を概観しておきたい。

患者の女性Aは、かつて子供を一人生んでいるが、ここ四～五年、子宝に恵まれない。伝統医のKに占ってもらったところ、邪術者の呪いと、川の淵などに住む悪霊のイシゴが主要な原因であるという。Aの親族の一人が彼女に恨みをもち、ダワを使って悪霊をそそのかし、彼女に取り憑くように仕向けたのである。

伝統医のKは、Kの妻（彼女も伝統医である）、Aとその子供、それに筆者を引き連れて、カゴボレの木が立つ川のほとりに赴く。Kは土を掘って、村から持参したバナナの株を立てる。それは、悪霊がAから立ち去って、帰るべき棲み場所を象徴している。そのかたわらに三つの石を組んで炉を作る。大小二つの土鍋に水を入れ、呪文を唱えながら、それらに種々の植物性呪薬を放り込む。それから大型の土鍋に動物性の呪薬を入れる。Aに取り憑いている悪霊に捧げる犠牲獣となる、黒い羽毛のニワトリの頸部をナイフでかき切り、したたる血を二つの土鍋に注ぎ込む。さらに、Aのベッドの脚部、および中央部直下の土を土鍋に入れる。邪術者は、この土を取ってAに呪いをかけたというのが、占いの結果の一つであった。伝統医は対抗呪術を用いて、呪いを解くのである。大きな方の土鍋を石の炉にかけ、寄せ集めた薪に火をつける。

伝統医は、バナナの株の前方に白粉で人形《じんけい》を描き、呪薬（ムトゥヌの根）でなぞる。人形は悪霊そのものを表現しており、それが帰るべき場所を指示しているのである。人形のかたわらに据えられた石の上に患者のAが座る。Aの体は、沈みゆく太陽の方向を向いている。Aの足もとに沸騰した大きな土鍋が運ばれ、上半身の衣を取り裸になったAは、身をかがめて土鍋をかかえこむ姿勢をとる。伝統医は、その上から大きな布ですっぽりと覆い、ガラガラをならして呪文を唱える。約一〇分間、Aは土鍋から立ち上る蒸気を体にあて、体に巣くった穢れと呪い、それに悪霊を取り除く。熱いイフボと呼ばれる治療法である。この療法を終えたAに、伝統医は呪文を唱えつつ、冷水とダワの入った小さな土鍋を渡す。Aはその冷水で身を清め、下着をそこに脱ぎ捨て、持参した布に着替える。冷たいイフボの療法である。

伝統医は、屠《ほふ》ったニワトリの心臓を斧の刃先にのせ、Aの口先に運んでそれを飲み込ませる。それは、Aの体内に巣くった病根を斧で切り取り、悪霊に犠牲獣を捧げたことを示している。このあと伝統医は、Aの額や頭頂部、胸部などの一〇ヵ所に剃刀で傷をつけ、ピグミーアンテロープの角に入った強力なダワを塗り込める。ブランガと呼ばれるダワであり、邪術者の呪いや悪霊を取り除き、ふたたびそれらに取り憑かれることを防除するダワである。この後Aと子供は、川岸近くに引かれたダワの線をまたいで、後を振り向くことなく村へ帰る。

Aが脱ぎ捨てた下着の断片、悪霊への供物である黒布・ニワトリ、Aの手足の爪と髪の一部を人形の上に置き、呪文とともに伝統医は土鍋に入ったダワを注ぎ、その土鍋を伏せてこれらのもののすべてを覆う。そして土を寄せて固定し、邪悪なもののすべてを封じ込めるのである。こうして治療を終え、伝統医たちは村へ帰る。

三日後、伝統医はAに三種類のダワを与えた。カゴボレ、ムブンドゥ、ムセケラの根であり、体内を清めるダワである。

伝統医は患者とともに治療の場に赴き、呪文と象徴的な物や所作、それにダワを駆使して病根を取り除く。病根に応じて、それぞれの内容は変わるが、イフボ療法とブランガ療法を根幹とする治療儀礼の基本溝造は、共通していると考えてよい。そして、これら二つの療法において、ダワが中心的な役割を果たす。聖なるダワの入った蒸気を体にあて、体内に巣くう穢れや病根を除去する熱いイフボと、それらの邪悪なものをダワの入った冷水で洗い流す冷たいイフボ、体に傷をつけ強力なダワを塗り込めるブランガ療法によって、伝統医は病の根源的な原因を取り除く。その後に、伝統医は患者に対症療法用のダワを投与するのである。

植物性呪薬

伝統医が駆使する植物性呪薬の論理を明らかにするため、イフボ療法用の植物性呪薬を取り上げて検討してみよう。伝統医のKは、患者Aのイフボ療法に一一種の呪薬を用いた（表16-1）。以下で、K自身が述べたそれぞれの呪薬の効能と、その由来について記述しておこう。

ブハサ（カンクンドゥ）　木の名前は、精霊の生まれ変わりと信じられている双子（マハサ）を祀る儀礼に由来している。樹皮が白く、その白さは精霊の世界を象徴しており、双子儀礼に不可欠の木である。「白色」は、

表 16-1　イフボに投入された植物性呪薬

番号	方名	学名	科名	利用部位
1	ブハサ（カンクンドゥ）	*Strychnos innocua*	Loganiaceae	根
2	イソマタ	?	?	蔓
3	カゴボレ	*Ziziphus abyssinica*	Rhamnaceae	根
4	カティヤティヤ（ムコラ）	*Afzelia africana*	Caesalpiniaceae	樹皮
5	カリロカバリ（カリロリロ）	*Psorospermum febrifugum*	Guttiferae	根
6	ンボノボノ	?	?	根
7	ムシランテンジェラ（シタラマ）	*Gardenia ternifolia* subsp. *jovis-tonantis*	Rubiaceae	根
8	ムスブ	*Dombeya rotundifolia*	Sterculiaceae	根
9	ムトゥングル	*Pseudolachnostylis maprouneifolia*	Euphorbiaceae	根
10	ムトゥヌ	*Harungana madagascariensis*	Guttiferae	根
11	ムブンドゥ	*Entada abyssinica*	Mimosaceae	根、葉

健康・清浄・良い精霊を象徴する色であり、この木をダワとして用いれば、患者の体を健康で清浄な状態にもどすことができる。

イソマタ　水辺あるいはシロアリ塚に生える木性の蔓である。水辺は悪霊のイシゴ、シロアリ塚は邪術者や死霊の住みかでもある。イソマタには棘があり、人が通ると棘に引っかかる。木の名は、「来る」を意味する動詞のイサと、「つかんで捨てる」を意味するマタに由来している。イソマタは、死霊や悪霊などの病根を「つかみ」、それらのもとの住みかに「捨てる」効能をもつ。

カゴボレ　この木も丈夫な棘をもつ。木の名は「引っぱる」を意味するゴボラに由来し、棘と関連づけられている。カゴボレは精霊を呼びだし（引っぱり出し）、病根を「引きずり出す」ことができる。

カティヤティヤ（別名ムコラ）　この木の樹皮をしがむと、悪酔いしたような気分になる。別名のムコラは、動詞のコーラ（酔う）に通じている。この樹皮は強い悪臭をも発散させ、これらの性質のゆえに、病根を追い出すことができる。カティヤティヤという名は、動詞のティヤ（すべる）と連合しており、病根を「すべり」出させることを示している。

カリロカバリ（別名カリロリロ）　この木は毒性をもっており、多量に服用すると死に至ることもある。その名はカリロ（小さな火）とカバリ（扉用のカンヌキ）を連想させる。樹皮は赤色をしており、火の色を示している。邪術者やムクリなどがこのカリロカバリに出会えば、前方に火がついていると思い、人を呪うことを止める。別名の由来や意味は分からない。

ンボノボノ　この木の樹皮は強烈な臭いをもち、それが病根や穢れを追い出す。名前は動詞のゴノナ（物を役立たずにする）を連想させ、病根の「効力をなくす」ことにつながる。しかし、臭いと名前とは必ずしも関連づけられない。

ムシランテンジェラ（別名シタラマ）　この木の幹自身は短いが、多くの太い枝をつけ、非常に堅い。その名は、シラ（嫌う）とテンジェラ（身をよける）と関連づけることができる。このムティが投与されれば、邪悪な存在を「嫌って身をよける」ことができる。雷さえ、この木に落ちることはない（邪術者はときに雷を使って呪うこともある）。

ムスブ　樹皮は黒っぽい色をしているが、それを剥ぎ取ると内側は白い。その名はスブラ（容器などの内部の汚れを洗い落とす）を連想させる。悪霊や死霊を除去し、穢れを「洗い落として」、樹皮を剥いだ木のように体を白く清める。

ムトゥングル　木の樹皮はパッチ状に剥げており、木に登ろうとしてもつるつると滑りやすい。それゆえ、この木の名前は動詞のトゥングラ（滑り落ちる）と関係している。悪霊などの邪悪な存在や病根が体内から「滑り落ちる」。

ムトゥヌ　この木の樹液は、服などにつくと容易には取れない。木の名前は、トゥナ（拒否する）と結びつく。しかしこの樹皮を剥ぐと、幹の色は白い。ムトゥヌは邪悪な存在を「拒否し」、体を白く清めることができる。

ムブンドゥ　その名は、「引き剥がす」、あるいは「引き抜く」を意味する動詞のブンドゥラに由来する。山刀を一振りすれば簡単に樹皮を「引き剥がす」ことができる。土を掘って根を引けば、容易に「引き抜く」こともできる。このように邪悪な存在や病根を容易に除去することができる。

以上の内容を通覧すれば、伝統医は、木の名前に関連した動詞を連想し、その動詞によって植物性呪薬の効能や働きを説明する傾向性を読み取ることができるであろう。イフボに投入された植物性呪薬は、邪術者の呪い・悪霊・穢れなどを「つかんで捨て」（イソマタ）、「引きずり出し」（カゴボレ）、「滑り」出させ（カティヤティヤ）、「効力をなくし」（シボノボノ）、「嫌って身をよけ」（ムシランテンジェラ）、「洗い落とし」（ムスブ）、「引き抜き」（ムブンドゥ）、「拒否し」（ムトゥヌ）、あるいは邪悪なものが「滑り落ちる」（ムトゥングル）。丈夫な棘の存在（イソマタ、カゴボレ）、樹皮の性状（ムコラ、カリロカバリ、ムスブ、ムトゥングル、ムブンドゥ）、根の引き抜きやすさ（ムブンドゥ）など、木の名前は多くの場合、樹木の形態や性状と関連づけて理解されていることも指摘できる。つまり、植物性呪薬の効能や働きについての理解には、植物の形態と名前、および病の治療法とを連合させる象徴の論理が深く関与しているのである。植物名はいわばダワの知識の収蔵庫であり、またダワの重要な記憶の方法でもある。連想とアナロジーに基礎を置いているのであるが、植物名についての「民族語源学」とでも呼ぶべき知の体系の重要性が浮かび上がってくる。

木の色が呪薬の効用を説明する、重要な原理であることも読み取れる。樹皮の白さ（ブハサ）や樹皮を剥いだ幹の白さ（ムスブ）は、健康・清浄・良い精霊と結び付き、それとの対照で樹皮の黒さが注目されることもある（ムスブ）。カリロカバリの樹皮の赤っぽさが火と結び付けられ、それが呪薬の選択の理由となる。ここには例示していないが、赤色はときには血の色と結びつく場合もある。白―赤―黒のカラー・シンボリズムは、呪薬の選択を規定する重要な原理の一つである。そのほかに、木の堅さや丈夫さ、悪臭、ある種の毒性も、植物性呪薬を選択する要因になっていることを指摘しておく必要がある。

伝統医の知識の独自性と一般性

これまでは、より詳細な情報が得られたがゆえに、もっぱら伝統医Kの事例に基づいて記述・分析を進めてきた。ここでは、伝統医のもつ知識の独自性と一般性、および植物性呪薬の世界の広がりを検証するために、これまでに記載した伝統医の植物性呪薬と、民族植物学の調査で得られた植物性呪薬の情報とを突き合わせてみたい。以下に記述する民族植物学についての知識は、祖父から多くのダワを学び、また伝統医である妻を助けて呪薬の採集経験をもつMからの聞き取り調査にもとづいている。既述の伝統医の植物性呪薬のうち、イソマタ、ンボノボノについては情報が得られなかったので、それらを除いた九種の植物について記す。

ブハサ（別名カンクンドゥ）　この木の樹皮は白く、精霊を象徴する。双子（マハサ）の儀礼に用いる。双子や逆子が生まれると、大きな儀礼をやらねばならず、お金がかかる。それゆえ女性の中には、双子・逆子が生まれないよう、ダワを身につけているものがいる。ブハサの根で小さな木片を二つ作り、穴を開けて細い紐に通し、双子や逆子が生まれないように祈って、それを腰に巻く。一つの木片は腹側に、もう一つの木片は背中側にくるようにして巻く。もし妊娠したなら、家の出入り口に箕を置き、そこにブハサや他のダワをいれる。もし彼女が双子や逆子を孕んでいるなら、その箕を跨ぐことができずに踏みつけてしまう。それらの力は、精霊の木の霊力に由来する。双子・逆子を孕んでいると分かれば、伝統医のところに相談に行く。

カゴボレ　鋭い棘を持ち、その名は動詞のゴボラ（引っぱる）に由来する。伝統医は悪霊や死霊などの邪悪な存在を取り除くために、イフボ療法にこの呪薬を用いる。邪術者はミニアチュアの矢を使って人を呪い、体の一部に痙攣や疼痛をもたらすことがある。ンピンシあるいはカソミと呼ばれる病である。伝統医はこの病根を除去するために患部に傷をつけ、シルビコと称される用具を吸い玉のように使って血と病根を吸い出す。このシルビコの中にカゴボレの呪薬を吹き込み、病根を「引っぱり出す」。

カティヤティヤ（別名ムコラ）　樹皮の汁は苦みを含んでおり、それを飲むと悪酔いし、ときには吐くこともある。ムコラという名は、動詞のコーラ（酔う）に由来している。樹皮の成分は、ヘビに噛まれた場合の治療に効く。ヘビが人に噛みつくときのように、ヘビに模した石を投げつけて、この木の樹皮を剥がしとる。水の入った土鍋に樹皮を浸し、その水を飲む。また、噛まれた周囲に剃刀で傷をつけ、樹皮を木臼で搗《つ》いて傷口にあてる。この樹皮は腹痛にも効く。樹皮を水に漬け、その水を浣腸器に入れて体内に注入する。浣腸器はヒョウタンの先端部を切りとり、アシを突き刺して作る。カティヤティヤの名の由来などは不詳。

カリロカバリ（別名カリロリロ）　悪霊や死霊を追い払うために、伝統医はイフボ療法にこの呪薬を使う。また女性の月経痛に、この木の樹皮や根を用いる。その効能や名前の由来は不詳。

ムシランテンジェラ（別名シタラマ）　この木の根は苦い。伝統医は邪悪な存在を追い払うために、この木をイフボ療法に使う。ンピンシやカソミには、樹皮や根を燃やし、その炭を石臼ですり、患部に傷をつけて炭の粉を塗り込める。女性の月経痛に、この木の樹皮や根を使う。名前の由来は不詳。

ムスブ　木の根をしがむと、痺《しび》れを感じる。伝統医は悪霊や死霊を除去するイフボ療法に用いる。女性の月経痛に、この木の樹皮や根を使う。妊婦の腰痛には、この木の内皮で紐を作り、それを腰に巻く。名前の由来は不詳。

ムトゥングル　木の根をしがむと痺れを感じる。この木の葉は簡単に落ちてしまう。名前は、動詞のトゥングカ（落ちる、はずれる）に由来する。この呪薬を投与すれば、病根は容易に「はずれ落ちる」。ムスブと同様に、イフボ療法や女性の月経痛にこの呪薬を用いる。妻の妊娠中に夫が浮気した場合、夫やその愛人が生まれた子供に手を触れると、その子は口や鼻からお乳を吐き出し、衰弱し、ときに死に至ることがある。この幼児の病をマキレと呼ぶ。マキレには、樹皮や根を煎じて浣腸薬として投与し、またそれらを焼いた炭の粉末を、手足の関節に傷をつけて塗り込む。

ムトゥヌ　樹液は苦く悪臭を放つ。この樹液が服などに付くと、簡単には取れない。それゆえ木の名は、動詞のトゥナ（拒否する）と結びつく。この呪薬は病根を拒否して病を治す。伝統医は、悪霊や死霊を追い出すイフボ療法に使う。樹皮や根を煎じて浣腸薬とし、女性の月経痛、脇腹が腫れて痛む病（イヒマ）、脱肛症（カフェカ）に投与する。

ムブンドゥ　樹皮はしがむと苦く、悪臭を放つ。強い風などが吹くと、根こそぎ倒れることがある。名前は動詞のブンドゥカ（倒れる、抜ける）に由来する。この呪薬を使えば、病根は独りでに「抜けて」しまう。伝統医は、邪悪な存在や病根を除去するイフボ療法に投与する。樹皮や根を煎じて浣腸薬とし、女性の月経痛、脱肛症に投与する。

Mが植物性呪薬について学び得た環境は、大なり小なり多くのトングゥェと共通しており、それゆえMの知識は、伝統医以外のトングゥェの知識を示す代表例の一つと考えてよい。ごく限られた事例ではあるが、彼らの知識はかなりの程度に重なり合っていることが分かるであろう。しかし、より子細に検討してみると、伝統医とそれ以外のトングゥェの違い、および個人差を反映した差異も見出せるように思う（表16－2）。

一つは植物名についての知識の差異である。ムトゥングルについて伝統医のKは、木の樹皮がパッチ状に剝げており、つるつると滑りやすいがゆえにトゥングラ（滑り落ちる）と結びつけていた。Mは木の葉が簡単に落ちるがゆえに、トゥングカ（落ちる、はずれる）と結びつけていた。また、ムブンドゥについてKは、樹皮が引き剝がしやすく根も容易に引き抜くことができるがゆえに、ブンドゥラ（引き抜く）と連合させている。Mは、木が根こそぎ倒れやすいという理由で、ブンドゥカ（倒れる、抜ける）と結びつけている。ともに植物名に注目しているが、その解釈に個人的な差異があるといってよい例であろう。一方で、ブハサ・カゴボレ・ムコラ・ムトゥヌについては、同じ根拠で植物名に言及しており、このような知識の共通基盤の広がりを示している。

最も顕著な差異は、伝統医のKがすべての植物名に意味を認め、それらを治療の論理として駆使している点であろう。それは、邪術者や神秘的存在が深く関与した病の根源的な原因を取り除くことこそ、伝統医の治療の本源的な領域であり、そのために植物名に秘められた原野の知恵を読み解き、象徴性の強い植物性呪薬を操作することが、伝統医の重要な治療技法となっていることを示しているのではなかろうか。

表 16-2　ムフモの植物性呪薬と民族植物学の情報の比較

		伝統医Kのイフボの植物性呪薬		Mからの聞き取り調査		
番号	方名	名前の由来	呪薬の効能の源泉	名前の意味	呪薬の効能の源泉	有効な病・治療法
1	ブハサ（カンクンドゥ）	双子儀礼	樹皮：白色	双子儀礼	樹皮：白色	双子・逆子の妊娠防除
2	イソマタ	つかんで捨てる	棘、生息地（川、シロアリ塚）	（資料なし）	（資料なし）	（資料なし）
3	カゴボレ	引っぱる	棘	引っぱる	棘	イフボ、ンピンシ・カソミ
4	カティヤティヤ（ムコラ）	滑る（酔う）	樹皮：悪臭・酔い	酔う	樹皮：苦み・酔い	ヘビに噛まれたとき、腹痛
5	カリロカバリ（カリロリロ）	火、カンヌキ	樹皮：赤色	（不明）	（不明）	イフボ、月経痛
6	ンボノボノ	物を役立たずにする	悪臭	（資料なし）	（資料なし）	（資料なし）
7	ムシランテンジェラ（シタラマ）	嫌って身をよける	堅い木	（不明）	根：苦み	イフボ、ンピンシ・カソミ、月経痛
8	ムスブ	洗い落とす	樹皮：黒色、内側：白色	（不明）	根：痺れ	イフボ、月経痛、妊娠の腰痛
9	ムトゥングル	滑り落ちる	樹皮が剥げ、滑りやすい	落ちる、はずれる	根：痺れ、簡単に落葉	イフボ、月経痛、マキレ
10	ムトゥヌ	拒否する	樹皮を剥ぐと白色、樹液の脱落困難	拒否する	樹液：苦み・悪臭、脱落の困難性	イフボ、月経痛、イヒマ、脱肛症
11	ムブンドゥ	引き抜く	樹皮や根がとれやすい	倒れる、抜ける	樹皮：苦み・痺れ、木の倒れやすさ	イフボ、月経痛、脱肛症

もう一つの差異は、Mが語る植物性呪薬の効能の源泉に、樹皮や根をしがんだときに感じる苦みや痺れが、相対的に多く指摘されている点である。その特性は、呪薬が投与される病のなかに腹痛や月経痛、あるいは脱肛症などが含まれる傾向性に対応しているように思われる。これらの点は、双子・逆子の妊娠防除やマキレという特異な病とともに、後に民間薬について述べるときに改めて検討したい。

動物性呪薬

これまで主として植物性の呪薬について述べてきたが、ダワの世界を構成するもう一つの重要な領域は動物性の呪薬、つまりシコメロである。シコメロは植物性の呪薬を強化し、あるいは活性化するダワである。これまでに知り得たシコメロの素材には、昆虫類から魚類・鳥類・哺乳類、それに人骨に至るまで、一〇〇種をこえる動物が含まれている。一般のトングウェも、シコメロについて断片的な知識をもっている。しかし、彼らはある種の畏怖の感情とともに、「シコメロについて充分な知識をもち、自在に駆使することができるのは伝統医だけだ」と語るのである。シコメロの中には、邪術者の持ち物でもあると考えられている人骨なども含まれている。それゆえ精霊の憑依によって正当性を付与された伝統医のみが、シコメロを所持することが公認されていると考えられるのである。「伝統医はいろいろなダワを知っており、そのなかには人を呪うためのダワもある」と、人びとは語る。一般のトングウェにとって、伝統医は邪術者の世界にも通じる両義的な存在であり、シコメロはその両義性のイメージをかきたてるダワでもある。

伝統医のシコメロ　治療儀礼の過程で伝統医は、イフボ療法や体に剃刀で傷をつけ強力なダワを塗り込めるブランガ療法に、秘伝のシコメロを投与する。その具体例を概観するために、今度はブランガ療法をとりあげてみよう。伝統医のKのブランガは他の伝統医から譲り受けたものであり、それに含まれる個々のダワについては情報を得ることはできなかったので、ここでは師のカソンタ老が使用していたブランガを取り上げ、そのシコメロについて検討したい。師のブランガには、一六種類の植物性呪薬と八種類のシコメロが含まれていた。そのうち、ダワの効能の由来などを確認することができた五種のシコメロについて述べてみよう。

ライオン　原野に棲む動物の王であり、ぬきんでた力をもつ猛獣である。その毛皮で、首長を象徴する冠や、昇位儀礼を受けた伝統医が首にかける標章を作る。このシコメロは強力であり、植物性呪薬に力を与え、邪術者を追い払うことができる。邪術者はライオンを使い魔として派遣し、人に危害を加えることもある。このシコメロは、そのような危害を未然に防ぐことができる。

ヒョウ　ライオンについで強力な猛獣であり、ライオンのシコメロ同様、植物性呪薬に力を与え、邪術者を追い払うことができる。

オオトカゲ〔注　正確には「ナイルオオトカゲ」〕　オオトカゲを捕獲して皮を剥いで放置しておくと、しらぬ間にその場所を変え、もとの場所から消えてしまう。邪術者の仕掛けた呪薬や邪悪な存在は、オオトカゲの死体のように、患者の体から離れていく。このシコメロの投与を受けた人が死んだとき、その効力が持続していれば、死体を土に埋めても翌朝には土の上に出ていることがある。

カンムリクマタカ〔注　原著では「カンムリワシ」。編者が訂正〕　カンムリクマタカが獲物をつかまえるように、このシコメロは病根をしっかりと捕らえ、カンムリクマタカが空高く飛び去るように、病根も患者から離れて遠くへ飛び去る。

カミナリの骨　トングウェはカミナリを動物の一種と見なしている。落雷によって焼け倒れた木のそばなどで、手に入れることができるという。雷光や雷鳴の激しさゆえに、植物性呪薬に力を与えることができる。邪術者はカミナリを意のままにして、人を呪うことがある。このシコメロは、そのような邪術者の意図を封じ込めることができる。

伝統医は、これらのシコメロを投入して植物性呪薬を活性化し、患者の体内から邪術者の呪い・穢れ・悪霊などの邪悪な病根を除去し、患者がふたたびそれらにまとわりつかれることのないように、防御力を付与するのである。

多彩なシコメロの素材と用途　治療儀礼で使われるシコメロは、もっぱら邪術者や悪霊への対処であるといってよい。このようにシコメロは邪術への対抗を一つの軸としているのであるが、その用途は広い。足が膨れ上がる象皮病に対して、太いカバの脚をシコメロとするように、特定の病への対処もシコメロの重要な用途である。同じ場所をグルグルと回り続けるゲンゴロウは、異性を引きつけておく媚薬のシコメロである。タンガニイカ湖産のフグは、陸に釣り上げられたときに大きく体を膨らませるがゆえに、男性の性的能力増進のシコメロとなり、あるいは作物の豊かな実りに擬して、焼畑での豊作をもたらすシコメロとなる。魚を上手に捕獲するサンショクウミワシ〔注　原著では「アフリカスナドリワシ」。編者が訂正〕の脚は、豊漁のシコメロである。

マダガスカルチュウヒダカ〔注　原著では「アフリカチュウヒ」。編者が訂正〕は狙った獲物は逃がさず、一度捕らえればそれを離すことはない。この鳥の爪などを含んだダワをマスキット銃の銃床部に吹きかければ、狩猟の成功を期することができる。オオセンザンコウ〔注　原著では「ケープセンザンコウ」。編者が訂正〕の硬い鎧のような鱗は、猛獣の鋭い爪も通さない。原野で寝るときには、この爪を呪文《じゅもん》とともに火のなかに投げ込めば、猛獣よけのシコメロとなる。美しい声でさえずるマミジロツグミヒタキ〔注　原著では「マユジロウタドリ」。編者が訂正〕は、歌が上手になりたいと願う人にとってのシコメロである。

シコメロの素材と用途は多彩であり、それらは生活の諸側面にかかわっている。同時にそれは、原野で営々と生きるトングウェのひそやかな願望を映し出してもいる。

シコメロの論理　これまでに述べてきたシコメロの素材と用途を通覧すれば、その多様性の根底に、ある動物をシコメロとして選択する明瞭な論理が存在することに気づく。特定の動物をとりあげ、その諸属性のなかから他の動物とは異なる特性を見出だし、病の症状や病根、あるいはダワの使用目的とを連合させる論理である。それぞれの動物がもつ諸属性のうちでとくに注目されるのは、多くの事例が示すように行動や習性であり、ついで体の器官の形態や性状である。そのほか例数は少ないが、いくつかの特性をあげることができる。たとえば、白—赤—黒のカラー・シンボリズムを背景とした色である。サンショクウミワシがその羽毛の白さのゆえに健康や幸運をもたらすシコメロとして、あるいはエボシドリの羽の色が真紅であるがゆえに植物性呪薬に活力を与え、また初潮を促すシコメロとして用いられる例などである。

ごく少数であるが、名前ゆえに選ばれるものもある。トングウェ名でカシヤとよばれるサバンナダイカー〔注　原著では「ブッシュダイカー」。編者が訂正〕の蹄は、頭が割れるように痛むンカシという病のシコメロとなる。動物名と病名とが類似しており、また人の頭が硬い蹄のように丈夫になるがゆえに選択されるのである。トングウェ固有の信仰ゆえにシコメロとして選ばれるものもある。精霊や祖先霊の加護を得て一族の長となった首長や、精霊の生まれ変わりと信じられている双子や逆子の人骨が、その霊力のゆえに強力なシコメロとなるような例である。

具体的で変化に富んだ動物の行動・習性・形態は、強く人びとのイメージを喚起し、それゆえダワの使用目的をより明確に方向づけるのに適している。多くの植物性の呪薬を活性化するシコメロは、そのような動物の緻密な観察と、異なった対象・現象を類似によって連合する隠喩の論理に支えられているのである。

2　民間薬としてのダワ

伝統医はダワのスペシャリストであり、多彩な植物性呪薬や動物性呪薬を熟知している。しかし一般のトングウェも、「神の病」に対処するダワをはじめ、多くのダワについての知識をもっている。本節では、トングウェ調査の初期から親しくつき合ってきたS氏に教わった民間薬を記し、その内容に検討を加えてみたい（表16-3）。S氏は父親から習得したダワについて、ノートにメモをとっていた。そのなかからいくつかの病の処方箋を取り上げることになるが、病の選択については原則はない。いわば恣意的に選ばれた病の処方箋の記述を通して、民間薬の多様性と、それを支える論理を提示することがここでの目的である。

表 16-3　S 氏があげた植物性呪薬の学名と科名（トゥコシを除く）

病名と呪薬の方名	学名	科名
邪術者から家を守るダワ		
ムクトゥカ	*Schrebera trichoclada*	Oleaceae
カングルルングルル（別名カリロカバリ、カリロリロ）	*Psorospermum febrifugum*	Guttiferae
ンテンベ	?	?
リキジュンギ		
ムコレ	*Grewia mollis*	Tiliaceae
カセメレ	*Acacia hockii*	Mimosaceae
ムトボ	*Azanza garckeana*	Malvaceae
神経痛（ムシパ）		
リブトゥブトゥ	*Jatropha curcas*	Euphorbiaceae
パパイヤ	*Carica papaya*	Caricaceae
扁桃腺炎		
イハンブワ	*Ficus vallis-choudae*	Moraceae
バナナ	*Musa* × *sapientum*	Musaceae
タバコ	*Nicotiana tabacum*	Solanaceae
月経痛（リャムンダ）		
ルタルワルンフ	*Clerodendrum myricoides*	Verbenaceae
ルサス	*Ampelocissus abyssinica*	Vitaceae
カシシエ	*Cissampelos mucronata*	Menispermaceae
下痢		
ムラマ	*Combretum* sp.	Combretaceae
ムブラ	*Parinari* sp.	Rosaceae
火傷		
ムコマ	*Brachystegia bussei*	Caesalpiniaceae
歯痛		
エンベ（マンゴー）	*Mangifera indica*	Anacardiaceae
イゴンゴ	*Sclerocarya birrea* subsp. *caffra*	Anacardiaceae

邪術者から家を守るダワ　伝統医に頼む場合もあるが、家伝のダワで対処することも多い。鍬で掘って、ムクトゥカとカングルングルルの木の根を露出させる。ニワトリを屠り、呪文を唱えながら、頭を木の幹の方に向けて根の上におき、土をかぶせて家に戻る。翌朝、斧で木の根を切り、根の両端を適当な葉で覆う。帰路にンテンベの塊茎を掘り出し、また集落の近くで土鍋の破片を拾い、それらを持って人目につかない場所に行く。二種の木の根で小さな杭を作る。ムクトゥカの杭は二本作る。木の根の屑とンテンベの塊茎を土鍋の破片の上にのせて焼き、それを粉にする。家に帰り、杭の頭に穴を開け、そこに粉にしたダワを入れ、ハリナシバチの蜜ロウで封じ込める。

ムクトゥカの木は、石の上に倒れると砕け散る。それゆえクトゥカ（砕け散る）という動詞に由来した名をもつ。邪術者の邪悪な意図を「砕け散らして」しまう力がある。カングルングルルは、伝統医の植物性呪薬でも取り上げたカリロカバリの別名であり、S氏はこの名を挙げ、それがグルンガニャ（困惑する）という語とつながり、邪術者の心を「困惑させ」て呪うことをあきらめさせるダワであると説明してくれた。ンテンベの塊茎は強力な毒を含んでおり、邪術者を恐れさせることができる。

家の入り口と裏口に穴を掘り、そこにムクトゥカの杭を埋め、入り口に至る道にカングルングルルの杭を埋める。このとき、廃村で拾った土鍋の破片を杭の上にかぶせておく。それを見た邪術者は、そこにはもう人がいないと思う。シコメロの一種と考えてよい。そして、邪術者よけの呪文を唱えながら、熱湯を注ぐ。

トゥコシ　子供の出産後、子供が歩き始めるまで夫婦の交わりをもつことはタブーであるが、そのタブーを破れば幼児がトゥコシにかかる。病気がちになり、立ち上がって歩き始めるのが遅れる。この病の治療には八種の植物性呪薬が使われる。それらの種類と、効能の源泉については、表16-4にまとめてある。これらの呪薬のう

表 16-4　トゥコシの植物性呪薬とその効能の由来

番号	方名	学名	科名	効能の由来
1	カンダジシ	*Acalypha* sp.	Euphorbiaceae	名前が、動詞のカンダガ（踏みつける）に由来。病を「踏みつける」。
2	カンクンドゥ	*Strychnos innocua*	Loganiaceae	熟れていない実や樹皮が苦い。この苦さが病に効く。
3	リブワジェ	*Strychnos cocculoides*	Loganiaceae	樹皮は、白・赤が混じったパッチ状の色を持つ。精霊の木であり、その霊力が病を治す。
4	ルイガリラ	*Vigna* sp.	Papilionaceae	名前が、動詞のイガラ（制止する）に由来。病にとりつかれることを「制止する」。
5	ムコテ	*Phyllanthus* sp.	Euphorbiaceae	花が白く、老人の白髪に似ている。名前は、動詞のコタ（年をとる）に由来。子供が健やかに成長できる。
6	ムンピンドゥ	*Mussaenda arcuata*	Rubiaceae	名前が、動詞のピンドゥラ（引っくり返す）に由来。病気を「引っくり返して」、追い出す。
7	ムシフィシグル	?	?	邪悪なものの棲み家であるシグル（シロアリ塚）に生える丈夫な木。子供の体も、病気に負けず、丈夫になる。
8	ムスブ	*Dombeya rotundifolia*	Sterculiaceae	名前が、動詞のスブラ（洗い落とす）に由来。病気を「洗い落とす」ことができる。

ち、カンクンドゥとムスブは、伝統医の植物性呪薬で取り上げた種と共通している。カンクンドゥについては伝統医の説明と異なり、S氏は苦さを効能の源泉として挙げている。ムスブの効能は、伝統医の説明と同じく「洗い落とす」を意味する植物名に求めている。

治療時にはこれらの植物性呪薬の根と葉を採集し、母親のベッドの下におく。こうしてベッドそのものも清める。翌朝、それらを取り出して戸口におく。母親は幼児を抱きあげて戸口に連れていき、幼児を戸口の外に差し出し、それから屋内にもどす。健康な状態にもどすことを象徴する行為である。それから木の根を切って水の入った容器に入れ、それを浣腸薬として幼児に投与する。木々の葉も水の入った容器に入れ、その水で幼児の体を洗い清める。

トゥコシと前述のマキレは、子供の妊娠・出産にまつわる性的なタブーと関連した幼児の病である。幼児はトゥコシとマキレを予防するダワを、首飾りのようにして身につけている。

リキジュンギ　体の一部の痛みから始まり、それが方々に転移し、体が死体のように冷たくなる病。ムコレ・カセメレ・ムトボの木の根を水につけ、それを少し温めて浣腸薬として投与する。ムコレの根は、水につけると油のようになり、それが病のもとを滑り出させる。カセメレはたいへんな悪臭を発し、その悪臭が病に効く。ムトボの名は、「突き破る」を意味する動詞のトボと結びつく。つまり、病を「突き破る」。

神経痛（スワヒリ語でムシパと呼ばれる）　リブトゥブトゥの葉を木で叩くと、泡を出して石鹸のようになる。それを水に浸し、その水を飲む。石鹸のような泡が、病のもとを洗い流す。また、パパイヤの葉を水に浸して、その水を飲む。葉の芳香が病に効く。

扁桃腺炎　イハンブワ、乾燥させたバナナの皮、タバコの葉の葉柄を燃やしてできた灰を、底に小さな穴をあけた土鍋に入れ、上から水を注ぐ。その灰汁を鶏の羽毛につけ、喉の奥に塗る。三種のダワをなめると、いずれも痺れとむずがゆさを感じる。それがダワの力になる。

月経痛（リャムンダ）　ルタルワルンフ・ルサス・カシシエの根を小さく切って、水の入った土鍋につけ、その水を浣腸薬として投与する。ルタルワルンフとルサスの根は、しがむと痺れを感じ、カシシエの根は苦い。この痺れと苦さが病に効く。

下痢　ムラマの根の表皮とムブラの樹皮を臼で搗いて粉状にし、それを飲み込む。これらの粉は、水を含むと油のように粘着性を増す。それゆえ下痢に効く。

鼻血　エボシドリの羽毛に火をつけ、その煙りを鼻の中に入れる。エボシドリの羽毛は血のように真紅色である。それを燃やした煙は、出血を止めることができる。

火傷　ムコマの木の樹皮を臼で搗き、さらに石臼ですり、細かな粉にして傷口につける。この粉末は水分をうまく吸収して、傷口を乾かすことができる。

歯痛　エンベ（マンゴーの木）とイゴンゴの樹皮を水につけ、少し温めてからその水を口に含みすすぐ。これらの樹皮は、しがむと痺れを感じ、この痺れが歯痛に効く。また、灯油を綿につけて歯痛のところに塗りつける。

邪術者や悪霊などの根源的な病因に対処する伝統医のダワと比べると、民間薬の多くは、特定の症状を呈する病への対症療法用のムティであるといってよいように思う。あるいは、トングウェのダワは、病の根本原因に効能を発揮する側面と、対症療法に効能を発揮する側面とをもち、民間薬は後者の効能に強く傾いたダワであるといってもよい。もちろん、それはあくまでも相対的であり、「邪術者から家を守るダワ」のように、呪文や象徴的所作の比重が高く、植物名に効能の根拠を求めるなど、伝統医の処方と共通した特徴をもつ民間薬もある。対症療法用の植物性呪薬の中にも、トゥコシのようにタブーの侵犯に起因するような特異な病の場合には、伝統医と同じく植物名に効能の根拠を求めるものもある。しかしその多くは、苦み・痺れ・粘着性などの植物の化学成分に由来する特性のゆえに、呪薬として選択されている点は注目に値する。それは、前に伝統医の植物性呪薬と民族植物学で得た情報を比較した際に示唆しておいた特徴と共通している。

対症療法用の植物性呪薬と効能の根拠とのつながりには、さらに検討すべき問題もある。S氏のメモに従って、仮に神経痛と表示しておいたムシパの病を取り上げてみよう。トングウェ語ではムキと称されるムシパは、神経や血管、靭帯などを含む概念であり、私たちの身体部位の分類ではとらえることが難しい。また、たとえば腹痛や月経痛は、腹の中に棲むある種の蛇（ムニャラと呼ばれる）が暴れるのが原因だとトングウェは語る。そして、苦さや痺れを感じる植物性呪薬が、このムニャラを鎮めることができるのだという。つまりトングウェには、民族生理学・解剖学とでも呼ぶべき知識を基礎としつつ、身体の不調の原因を求める思考法があり、それが対症療法用の呪薬の選択の論理と深く関係しているように思われる。

この領域については充分に調査ができておらず、今後の課題であるといわなければならない。ここでは、トングウェのダワの論理が、より象徴性の強い論理によって呪薬の効能を見出だす思考法と、化学的な物質につながると思われる植物の特性に呪薬の効能を認める思考法との、重層性に支えられていることを指摘するにとどめておきたい。

伝統医も治療儀礼を終えた後に、患者に対症療法用の植物性呪薬を投与する。つまり、伝統医と他のトングウェは対症療法用の植物性呪薬について、かなりの程度に共通した知識をもつと考えてよい。伝統医の特異性は、精霊によって与えられた霊力と権威を背景として、病の根本原因を除去するために、象徴性の強い論理に支えられたダワを駆使する点にこそ求めることができる。

3　生活様式・社会・ダワ

これまで植物性の呪薬に重点をおきつつダワの世界の広がりと、ダワを選択する論理について概観してきた。総括的にいえば、ダワは多彩な動物や植物を素材とし、それらの物質性と象徴性に効能の源泉を読み取る重層的な思考法に支えられ、広くトングウェに共有されていた。この共有基盤を前提としてはいるが、ダワの世界を際立たせているのは、伝統医の象徴的な論理であった。それは、病や災いの究極的な原因を、邪術者を核とした神秘的な存在に求める病因論・災因論を背景としている。

ダワはいわば文化化された自然であり、社会化された自然である。あるいは、文化的・社会的な文脈のもとで操作される自然という側面をもつ。それゆえ、どのようにして自然から資源を引き出し、分配・消費するのかという生活様式の根源と深く連接しており、また、人びとの感情や欲望を方向づける制度化の度合いや様式とも不可分の関係にある。最後にこれらの問題について、ザイール〔現在のコンゴ民主共和国〕のイトゥリ森に住む狩猟採集民バンブティ（ピグミー）との比較に依拠しつつ、検討しておきたい。

バンブティの食物規制を記述・分析した論稿の中で、市川は彼らの病への対処についても示唆に富む見解を提示している〔市川　一九七七〕。自然生態系に強く依存して暮らすバンブティは、ある種の森の動物や植物を食べるなど、きわめて具体的な行為が病気をもたらすと考えているのである。そして、「それらの病気の治療に用いる薬もまた、けっして秘術によって調合されるような神秘的な性質のものではない。病気をもたらしたとされる動物の体の一部とか、その食物、巣の一部など、きわめて具体的な関係をもつものが薬に選ばれているのである（市川　一九七七：一五六頁）」。

徹底的な平等主義を生きるバンブティは、「制度の『箍《たが》』によって縛られることがもっとも少ない人びと」（市川　一九八六：三〇五頁）であり、「自然（周囲の条件）が彼らに要求するまさにそれだけの対応をしているのであって、そこに制度を導入することによって自らを自然からきりはなすようなことはしない」（市川　一九八六：三〇六頁）。彼らの病に対する対処は、このようなバンブティ社会の特質と深く結びついていると考えてよいであろう。

自然に強く依存して暮らす焼畑農耕民トングウェも、つつましやかな自給的生産指向と、その生産物を集落内あるいは集落間で互酬的に分配・消費する傾向をもった、平等性を基調とする社会に生きている。しかしその平等性は、多くの食糧を生産する人に対する妬みや、それを分与しない人に対する恨みなどの表現である呪いによっても制御されている。それは、「制度化された妬み・恨み」を組み込んだ社会である（掛谷　一九七四、一九八三b）。ダワの世界は、このようなトングウェ社会の特質の一つの表現である。

狩猟採集民の生活様式は、投入した労働（狩猟・採集）の成果（利得）を直接的・即時的に得ることができる「即時的利得のシステム」であり、「その日ぐらしの経済」（田中　一九七一）と遊動生活を基本とする。一方、焼畑農耕民の生活様式は、相当の期間にわたって持続的に投入される労働（焼畑農耕）を必要とし、かつその成果の獲得・消費との間に時間的な遅延を必然とする「遅延的利得のシステム」であり、食糧の保存・貯蔵と定住性の確保を要件としている。ただ、トングウェは狩猟・漁撈・採集をも重要な生業とする人びとであり、それゆえ彼らの社会は「即時的利得のシステム」の特徴も備えている。トングウェ社会は、いわば「ゆるやかな遅延的利得のシステム」を基本とする社会なのである（Woodburn 1982; 掛谷　一九九一）。

焼畑農耕民トングウェの社会も「自然の中の社会」（市川　一九八六）であり、平等性を基調とする社会である。しかし、その生活様式のもつ「遅延性」ゆえに増大する社会的葛藤を制御するため、「制度化された妬み・恨み」を組み込み、邪術者や精霊・祖先霊などの神秘的存在が深く関与するもう一つのリアリティの世界への依存を拡大することによって、社会の存続を確保してきたのである。そして、妬み・恨みを制度化した水準に見合うかのように、緻密な自然観察と象徴的思考に基礎をおいた野生の思考（レヴィ＝ストロース　一九七六）を発動させ、自然によって思考し、自然によって治療する、「ダワの世界」を構築したと考えることができる。

第Ⅲ部——焼畑農耕社会と平等性

地面に絵を描き、呪医の霊を送る儀礼。中心部の黒い人形は、亡くなった呪医を示す。(1993年)

第17章　「妬み」の生態人類学
――アフリカの事例を中心に

1　はじめに

生態人類学の主要な流れの一つは、「多様な人間集団が所与の環境の中で、いかに生計を営み、生存を維持してきたか」というテーマをめぐって展開してきたといってよいであろう。それは、生産から分配・消費にいたるヒトの生計活動と環境との相互関係に焦点を合わせ、より観察を重視して探求する立場である。

ヒトが「文化をもった動物」であるがゆえに、多くの生態人類学者は、ヒトと環境との相互関係の総体の中で、文化の占める位置を画定することに注意を向けてきた。たとえば渡辺は、人間の環境構造を図17-1のようなモ

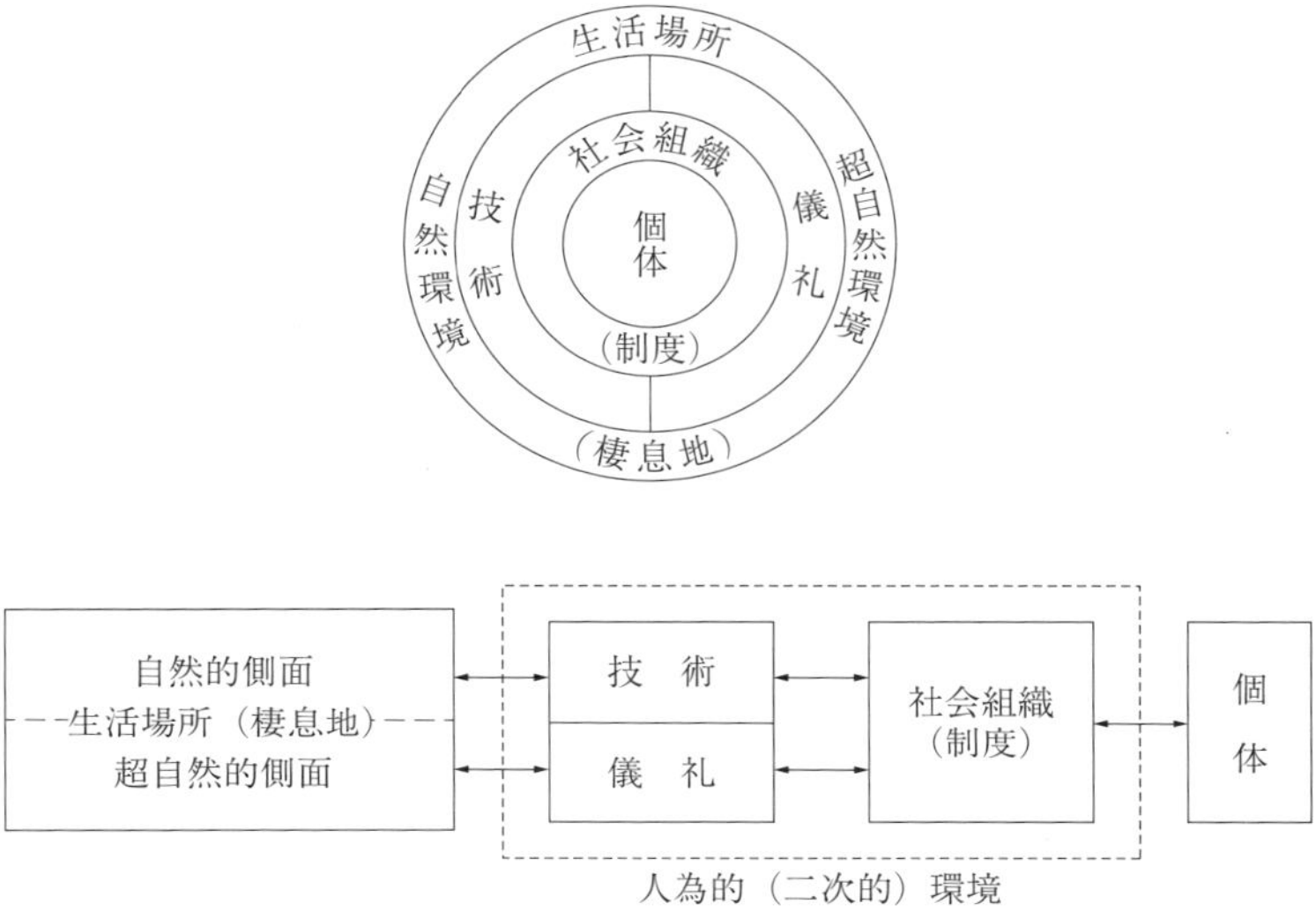

図 17-1　人間の環境構造
（渡辺　1971 より引用）

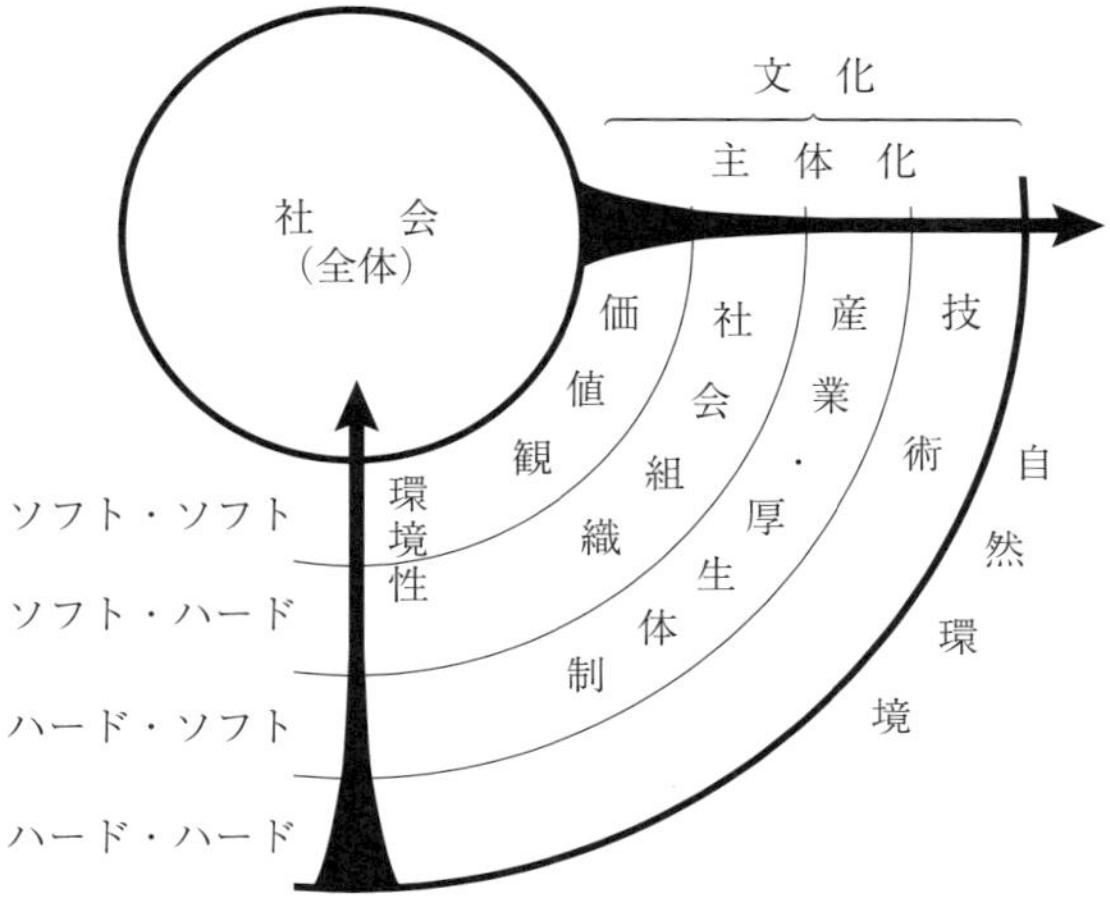

図 17-2　文化生態系の構造（模式図）
（川喜田　1979 より引用）

デルで示し（渡辺　一九七一）、技術・儀礼・社会組織が人間と環境との関係を支える三本の柱であるとする。あるいは、「文化生態系」の概念を提唱する川喜田は、図17-2のようなモデルを提示している。ヒトの文化は、一方でより主体に密着した価値観の層を含み、社会組織や産業（経済）・厚生体制をかいして、より自然環境に直接的に対峙する技術の層をかかえこむ。「主体と環境というのは、ポーラリゼーションを持った一対の概念であり、したがってどこまでもその両極性は相互浸透的」（川喜田　一九七九：二一四頁）な様相を呈する。

いずれのモデルも、ヒトの生活や文化がもつ多層性を前提とし、その錯綜した相互関係に注目することを要請している。

主として生計活動の直接的な記載・分析に集中してきた生態人類学的な研究が、今後進むべき道の一つは、その成果を踏まえつつ、価値観や世界観をも射程に入れて、生活や文化の多層性とその相互浸透性を解明することにあるといってよい。

本稿では、このような方向性を念頭において、主としていくつかのアフリカ社会の事例をとりあげ、それらの社会に共通する感情の一つである「妬み」の制禦の機構を、生態人類学的に比較考察してみたい。

2　トングウェ族[1]の場合——問題の構造

筆者が長年にわたって調査研究の対象としてきた、西タンザニアの焼畑農耕民トングウェ族（Tongwe）をとりあげ、問題の所在とその構造を明らかにすることからはじめよう。

ウッドランド（乾燥疎開林）に住むトングウェは、トウモロコシ、キャッサバ[2]を主作物とする焼畑農耕、マスキット銃（先込め銃）や多種類の罠による狩猟、タンガニイカ湖や河川での漁撈、それに原野に蜜箱を据えての蜂蜜採集など、自然に強く依存する複合的な生業形態をもつ人びとである。彼らは、互いに距離を隔てて、一戸から一〇戸程度の小さな集落を形成している。

原野の中に埋もれるようにして暮らすトングウェのサブシステンス・エコノミー（subsistence economy）には、二つの基本的な傾向が認められる。一つは、身近な環境の範囲内で、できるだけ少ない努力によって、しかも安定した食物を確保しようとする「最小生計努力の傾向性」である。彼らは、集落の人びとが年間に消費する量に見合っただけの焼畑を耕作し、その住み場所に応じて容易に入手できる副食源に強く依存して生活している。

もう一つは、集落間にみられる「食物の平均化の傾向性」である。原野の中に孤立して存在しているかにみえる集落だが、実際には、集落と集落を結びつける役割を果たしている多くの人びとの往来があり、それらの客人に食事を提供する接客の文化がある。食料の消費という観点に立てば、人びとの往来は、微妙な食物の量の調整機能を果たしている。あるいは、食料が底をつくと、近隣の集落や親族の住む集落に援助を乞う相互扶助システムも、この傾向性を代表する機構である。この二つの傾向性は、相互に深く関連しながら、トングウェの生存様式を規定しているのである。

これらの基本的傾向性に反する行動は、人びとに「妬み」などの感情を喚起し、人を呪って不幸におとし入れる邪術（sorcery）[3]が関与することになる。あるいは、このような「妬み」などの感情がひきおこす邪術への恐れが、サブシステンス・エコノミーにみられる基本的傾向性を支えているといってもよい（掛谷　一九七四、一九七七）。

このような邪術に対する恐れは、不幸や病の原因を説明する災因論や病因論の中核部を占めている。筆者は、トングゥェ文化を理解する鍵の一つが潜むと思われた呪いの世界に切りこむため、呪医入門を志願し、正式な儀礼を経てトングゥェ公認の呪医となった。その修業過程で明らかになった彼らの病因論の体系は図2-1のように要約できる。

彼らが病因として認知するものは、「運命」といったニュアンスをもった神に帰せられるものや、精霊や祖先霊などの制裁や懲罰、それに邪術者の呪いなどが含まれる。これらの病因と病の症状の程度との間には、図に示したような相関がある。とくに、長期にわたる病や死に至る病は、ほぼ例外なく邪術者の呪いに帰せられることに注目しなければならない。また、Bに属する病も、多くの場合、病因の一つに邪術者が指摘される。実際、筆者が師や友人の呪医とともに治療を施した一〇人余りの患者の病因には、ことごとく邪術者が関与していた。多彩な病因の中で、トングゥェは特異的に呪いを強調する傾向性を示しているといってよい（掛谷　一九七七b、一九八二a、Kakeya 1982）。

リネージ（lineage）[4]の人びとがともに暮らすトングゥェは、社会的葛藤の一つの源泉である「妬み」の感情の発露を邪術に求める。それは、いわば「制度化された妬み」（Wolf 1955）として機能し、彼らのサブシステンス・エコノミーにみられた特性を支えているのである。

それでは、生態・社会・文化の複合体にみられるこのような構造的特性は、生活様式の進化とどのように関連しているのであろうか。ヒトの、より原初的な生活様式を保持している狩猟採集民に眼を向けて検討してみよう。

3　狩猟採集民の場合――原初的モデル

これまで、アフリカの狩猟採集民を対象とした生態人類学的研究の成果の一つは、その社会が「原初的で豊かな社会（original affluent society）」であると表現したサーリンズ（Sahlins, Marshall）の言葉に象徴されている（Sahlins 1972）。一見、苛酷な環境であるかにみえる南アフリカのカラハリ砂漠に住むブッシュマン（Bushman）は、多くの植物を食物として認知しており、しかも選択的に利用している（田中　一九七一、Lee 1968, 1969）。一つのキャンプ集団のうち、三五パーセントを占める老人や子どもを除いた成人の男女が、一日にほぼ四時間足らず働いて（男の狩猟・女の採集）、十分に暮らしが成り立つ社会であった（Lee 1968, 1969）。東アフリカのサバンナ（savanna）に住むハッツァ（Hadza）にいたっては、二時間足らずを食料獲得に費すのみであるという（Woodburn 1968）。

最近、動物の食物獲得戦略（feeding strategy）にみられる二類型、つまりタイム・ミニマイザー（time minimizer）とエナジー・マキシマイザー（energy maximizer）が、ヒトにも適用できるのではないかという説が提唱されている（Hardesty 1977）。

タイム・ミニマイザーは、食料獲得に費やす時間を最少限にし、残りの時間を他の活動にふり向ける。エナジー・マキシマイザーは、他の諸活動を犠牲にして、できるだけ多くの食料エネルギーを獲得しようとする。そして、人類は狩猟採集民として進化する過程で、タイム・ミニマイザーの道を選択したのではないかとする。タイム・ミニマイザーが安定人口と、そしてエナジー・マキシマイザーが急成長する人口と相関するという指摘は、ブッシュマンの推定年間人口増加率が〇・五パーセント以下であるとする研究（Howell 1976）と合わせ考えると、きわめて興味深い。

それでは、労働以外の時間、つまり余暇に、たとえばブッシュマンは何をしているのだろうか。リー（Lee, Richard）や田中二郎の報告によれば（田中　一九七一、Lee 1968, 1969）、彼らは、おしゃべりや歌やダンス、他のキャンプの訪問などに時間を費すという。マーシャル（Marshall, Lorna）は、「私は、こんなにおしゃべり好きな人びとをみたことがない」と報告している（Marshall 1961）。

強い情動性に裏打ちされた過剰な象徴能力を獲得したヒトは、一方で強いテンションを内包した対面関係（face to face relationship）を基礎とした社会生活を営むことを宿命づけられており、そのコントロールに意をつくさねばならない。あるいは、ブッシュマンたちは、おしゃべりや歌やダンスなど、情動性の放出と人間関係調整のための行動に、可能な限りの時間を使っていると考えることができるかも知れない。

保存や蓄積を前提とせず、全面的に野生の動植物に依存しつつ、タイム・ミニマイザーとして生きる狩猟採集民は、遊動生活（nomadic life）を送り、互酬性[5]と平等主義をつらぬいて暮らしている。遊動性と結びついた、流動性が高くルースな社会組織原理は（田中　一九七一、一九七七）、一方で広範囲に分散している食糧資源を有効に利用する適応戦略として機能しており、同時に集住がもたらす社会的葛藤を回避する機構としても働いている。

狩猟採集民社会では、いわば構造的に「妬み」が回避されているといえるのであるが、個人の行動様式においても、その傾向性を指摘できる。

ブッシュマンたちは、狩猟を奨励し、肉がもたらされると喜びにわくけれど、獲物を射止めた狩人には、謙虚で控え目な態度が要求される。大物を仕止めた狩人は、キャンプに帰ってきても、黙って、誰かが話しかけるまで坐っており、「今日はどうだった」と尋ねられても、静かに、「ほんの小さなやつを見かけただけさ」と答えるものだという（Lee 1979）。

イトゥリの森の狩猟民、ピグミー（Pygmy）の象狩りを観察した市川は、象を仕止めた狩人の行動には、それを誇示するようなものは微塵も見られず、きわめて控え目な態度を示すのみであると述べ、ビグミー社会では、個人に対する過度な賞賛は無縁なものであると結論づけている（市川　一九八二）。狩猟採集民社会では、生態・社会・文化のシステム全体が「妬み」を回避するように機能しているのである。

彼らの社会では、病因論においても呪いは基本的に存在せず、あってもきわめてマイナーな位置しか占めない。例えば、ブッシュマン社会では、病は悪魔がもたらすものであり（田中　一九七一）、ピグミー社会では、その原因が森の動物や植物に求められるのである（市川　一九七七、一九八二）。

4　農耕民社会と「妬み」

ここで再びトングウェ社会をとりあげ、狩猟採集民社会との相違に留意して、「制度化された妬み」のよってきたる基盤について考察してみよう。

トングウェは、基本的にタイム・ミニマイザーの傾向性を継承しつつ、一定の土地区画の用益権の確保と、より長期にわたる作物の持続的管理を必要とする焼畑農耕を生業の核としている。それゆえ、定住生活を基礎とすることを必然化されており、それと関連しつつ、血縁的・地縁的紐帯（リネージやクラン・システム）が制度的に強化されることになる。

トングウェの居住様式は、広大な原野に散在する小集落と、それらの集落を結びつける頻繁な人びとの往来という特性をもっていた。それは、トングウェ社会が、休耕地を含めた広い土地を必要とする焼畑農耕に規定されつつ、一族の人びとが集まって住もうとする集中の原理と、集住の結果もたらされるもめごと——「妬み」の感情を核とした、邪術をめぐる争い——を回避しようとする離散の原理との均衡の上に成立していることを物語っている。このような特質は、サブシステンス・エコノミーにみられる「最小生計努力」と「食物の平均化」の傾向性と連動し、「制度化された妬み」によって支えられている。そして、このようなシステムが、特定の個人への過度の財や権力の集中と、それと結びついた社会制度の展開を阻止し、統合度の低い社会を維持せしめてきたと考えられる。

これまで、焼畑農耕に基盤をおいた社会として、トングウェに限定して議論を進めてきたが、ここで論じた諸特性は、サーリンズがとりあげた低生産（underproduction）を特徴とするアフリカ・オセアニア・南米の焼畑農耕民社会と多くの面で共通している（Sahlins 1972）。少なくとも、世界の多くの焼畑農耕民はタイム・ミニマイザーの系譜に属し、生産と消費とがより直結した「使用価値」本位の経済を営んでいる。

また、メキシコの農民社会（peasant society）を研究してきたフォスター（Foster, George）が提唱した「限定された富のイメージ（image of limited good）」理論との通底性も指摘しておかなければならない。——土地や財産をはじめとして、友情や愛情、名誉や地位、保証や安全など人生において望ましい全てのことがらは、限られた量しかなく、しかもいつも不足している。そして、それらの全体量を増加させる能力を、農民はもたない。だから特定の個人が富を増大させうるのは、常に他人の犠牲を前提としている。——農民は、このような認識の方向づけを特徴としているのだという（Foster 1965）。このような社会では「制度化された妬み」が強力に機能し、その結果、農民はできるだけつましく平均的な生活を営もうとすることになる。

過剰な生産に生活の基盤を置く社会は、人類史上ごく最近に出現したものであり、また地球上のごく一部分の生存様式にすぎないということに、思いを寄せるべきであろう。

5　今後の展開の可能性——結びにかえて

これまで主としてアフリカの狩猟採集民と焼畑農耕民に焦点をしぼって、「妬み」をめぐる生態・社会・文化の複合的システムを概観してきた。しかし、この視点から論じなければならない問題は多く残されている。

常畑経営をはじめとする集約化された農耕を基礎とし、より定住性を強めた社会では、「妬み」は、それを回避あるいは回路づけるどのような文化装置を生みだしたのだろうか。あるいは、再分配（redistribution）の経済機構を相伴しつつ、「制度化された妬み」の窮極的管理者として支配層が出現したと考えることも可能かも知れない。

牧畜民社会ではどうか?これについても、東アフリカの牧畜民社会では、ラクダや牛などの家畜管理にとって本質的である遊動生活が、妖術や邪術などの行使を軽減あるいはマイナーなものにしているという指摘もある（Boxter 1972）。

「妬み」の人類学的研究を提唱したフォスターは、大まかにいって人間社会には、「妬み（envy）」に対して「恐れ（fear）」をいだく社会と、それを「競争（competition）」に転化する社会とに分けることができるという。前者は、前工業化社会に広くみられ、後者は、とくに工業化社会に顕著にみられると位置づけている（Foster 1972）。

　これまで述べてきた論旨におきかえるなら、タイム・ミニマイザーの社会は「妬み」を恐れる社会であり、エナジー・マキシマイザーの社会は「妬み」を競争に転化する社会であるということになろう。いかなる契機とメカニズムがこの移行をもたらしたのかという問題は、「妬み」の生態人類学の重要な課題の一つであるといわなければならない。

　安易な一般化は避けなければならないが、少なくとも「妬み」をめぐる生態人類学という視点は、新たな展開の可能性を秘めていると主張することは許されるであろう。

注

（1）トングウェ Tongwe
タンザニア、タンガニイカ湖の東岸（マハレ山塊では野生チンパンジーが調査されている）に住む焼畑農耕民。焼畑農耕の他に、狩猟、漁撈、蜂蜜採集などの生業を営む。日常生活に用いられるトングウェ語はバンツー系の言語。トングウェ族の大半はタンザニア国の公用語であるスワヒリ語を話す。

（2）キャッサバ cassava
マニオクとも呼ばれる、トウダイグサ科の低木で、地下には多量のデンプンを含む根茎をつける。ブラジル原産で、古くから中南米で主食用に栽培され、現在では全世界の熱帯―亜熱帯地方で広く栽培されている。青酸を含む有毒種は水さらしの後、食用にされる。精製されたデンプンをタピオカと言う。

（3）邪術 sorcery
邪術には、個人または社会のために善用される白呪術と反社会的で悪用される黒呪術がある。前者の場合に、薬草などを用いて施術する者は呪医と呼ばれる。後者だけを使う者を邪術師、妖術師と呼ぶ。妖術師は生得的な神秘力を用いるが、邪術師は自ら獲得した呪術などによって人びとに危害を加える。邪術には特別な呪薬や呪文、時には精霊や使魔などが使われる。

（4）リネージ lineage

共通の祖先から一つの系統をたどった子孫たちのつくる出自集団で、成員相互の系譜関係が明確に認知されているもの。

（5）互酬性 reciprocity

与える、もらう、返すという三つの義務に基づいて、二集団間、二個人間、あるいは個人と集団との間にもたれる相互扶助的関係。社会における富の偏在を防ぐ分配制度の本質であり、いわゆるギブ・アンド・テークの原理である。サーリンズは互酬性の原理はどのような社会にも基本的にみとめられる規範だとして、普遍的互酬性、平衡的互酬性、消極的互酬性の三類型にまとめた。

第18章　妬みの生態学
——アフリカ焼畑農耕民の研究から

人類進化の流れを四〇〇万年とすれば、その大半の期間、人類はフェイス・トゥ・フェイスの関係をベースにしながら、いかに平等性を保って暮らしていくかということをめぐって人間性を進化させてきた。それを今もなお守りつづけているのがトングウェの社会だといえよう。

1　東アフリカの自然と焼畑農耕民——トングウェ族とベンバ族

きょうお話しさせていただきます「妬みの生態学」ということを私が考えだしたのは、一九七一年から東アフリカのタンザニアに住む焼畑農耕民のトングウェ族の調査に入ったのが契機でした。

当初は主として自然と人との関係という大きなテーマのもとに、生態人類学的な立場からの研究を志して調査に入ったわけです。実はその過程で、私自身にとってはきわめて自然なことだったと思っていますが、トングウェのウィッチ・ドクター（呪医）の世界に深く魅せられ、呪医の世界に私自身が入門し、修業するという経験をもつことになりました。こうして、そういうエコロジカルな調査と呪医の世界というものがどう結びつくのかという問題意識をもって調査を進めているうちに、これは不可分なものだと確信するに至りました。それが、いわば妬みの生態学について考える基礎にあるわけです。

それ以後いくつかの、主として焼畑農耕民のグループを調査し、現在はタンザニアの南、ザンビアのベンバという人びとを新たな調査対象として研究を進めています。それは基本的には、ウッドランドとよばれるアフリカの大きな植生帯における焼畑農耕民の生態調査なのですが、私の関心は彼らの生計経済と社会文化の様相との相互関係にあります。

現在、アフリカは飢餓問題をはじめ、さまざまな問題を抱えており、ともすれば焼畑農耕が一つの悪の元凶のようにいわれたりしています。そういう現代の問題とのかかわりのなかで、焼畑農耕とは何かを見直してみたいという問題意識もあります。それから妬みに関してですが、現在ともすれば排除され、忌み嫌われがちな人間性の暗さの部分といいますか、悪とか、あるいは黒い情念などといった心の問題をもう一度見直してみたい、そういう複合的な視点をも含めた話をしたいと思っています。トングウェとのつきあいが長いので、主としてトングウェに焦点を絞っていくことになりますが、比較の意味で、ベンバの最近の調査結果も少し織りまぜながらお話ししようと思います。

はじめに、トングウェやベンバといった人びとがどのような地域に住んでいるかを簡単に説明しておきます。

彼らの居住する疎開林、ウッドランドは、熱帯降雨林の外縁部にベルト状に拡がる非常に広大な植生帯で、ちょうど熱帯降雨林と乾燥サバンナとの中間的な植生帯ということができます（図10‐1）。ウッドランドでは年間が明瞭な雨季と乾季に分かれていて、雨季がはじまる少し前は、ちょうど日本の秋の山のようにきれいに色づき（口絵7）、乾季の真最中は多くの木々が葉を落とします（写真10‐2）。語感からいえば、林に近い景観になるというふうにご想像いただければいいかと思います。

トングウェとベンバは、このようなウッドランド帯に住む焼畑農耕民ということで共通していますが、トングウェは、タンザニアの西の端に位置するタンガニイカ湖東部の山地帯に居住し（口絵図1）、山地林あるいは川辺林などの森林部での焼畑を主たる生業としています。また一方のベンバは、タンザニアの南にあるザンビアの北部に居住しており、ウッドランドそのものを焼畑としてつかう、そういう特徴をもっています。

彼らの政治、社会制度については、かなり違いが見られます。端的にいいますと、トングウェは父系制の社会で、多くのリネージ（系族）の緩やかな連合体であり、政治的な統合は低い段階にある人びとだといっていいと思います。ところが一方のベンバは母系制の社会で、かつては至高の首長を擁する強大な王国をつくったということで知られている人びとです。このような共通点と相違点をもつ二つの焼畑農耕民を比較しながら話を進めたいと思います。

2　自然に依存した多彩な生業

そこでまず、少し詳しくトングウェの生業についてご紹介します。彼らの集落の背後には二〇〇〇メートルを越える山地帯があって――マハレ山塊と呼んでいます――その麓から二〇〇〇メートルに至るまでの間を生活ゾーンとして暮らしています。キャッサバも重要な主食用作物ですが、とくに山地帯では、トウモロコシを中心とした焼畑農耕で基本的な生活を支えているということができます（写真10-3）。

そのほかタンガニイカ湖での漁撈も行っていますが、しかし漁撈といっても、ここでは基本的にはサブシステンス・レベルというか、商業を志向したものではなく、自給的なものが基本となっています。

またマスキット銃を主体とした狩猟も盛んです（口絵8）。この一帯はウッドランドという植生のほかに、垂直に多様な地形をとっているので、非常に豊富な動物相をもっており、中小型のレイヨウをはじめ、バッファローとか、ゾウなどの動物も見られます。男たちは外出するときはつねにマスキット銃を持ってでかけます。同時にワナ猟も盛んで、二〇種類を越えるワナをもっており、動物あるいは場所に応じて多彩なワナをつかい分けてハンティングをしているというわけです。その生業は多様で、このほか、たとえば木の幹をくりぬいた蜜箱を原野に据えつけて、野生の蜂蜜を採集するのもまた彼らの重要な生計活動なのです。

一方、ベンバの人びとはトングウェと景観的にはほとんど変わらないウッドランドに住んでいるわけですが、高低差の非常に少ない高原状の地域に居住しており、疎林帯そのものを焼畑の対象としています。

ここで注目されることは、彼らの焼畑のシステムが通称チテメネ・システムと呼ばれていて、特異な形をとっていることです。まず雨季があけて乾季に入ると、男たちは大木の上に登って枝をすべて切り落とす。これが男の基本的な作業です。こうして地面に落ちた枝を二週間から三週間あるいは一ヵ月程度天日で乾燥したあと、女たちが頭に木を載せて伐採地の中心部にまで運ぶ。彼女たちが運ぶ枯枝は一回に二〇キロを越します。こうして運ばれた枝を中心部にほぼ一メートルくらいの高さにまで円形状に積み重ね、焼畑のベースをつくります。そして雨季に入る直前に火をつけて一気に燃やします（口絵11上）。そうすると、焼いたあと、非常に厚い灰の層ができるわけです（口絵11下）。ここに現在ではキャッサバを植えたり、また彼らの最も重要な作物であるシコクビエを植えつける。翌年にはラッカセイを植え、三年目にはキャッサバを収穫していくというぐあいに、ほぼ五年間から六年間の輪作体系をもって耕作をつづけます。ベンバはただし、このチテメネと呼ばれる焼畑は毎年開墾されます。ベンバはこういう特異な形の焼畑農耕の伝統をもっているわけです。

このほかベンバの生業には、ネット・ハンティングがあります。それはウッドランドに一直線にネットを張り、村人が半円形状に囲んで、その中にいる獲物を追い出してネットにかける、そういうハンティングです。これでレイヨウなどの動物が獲れる。

また川では一風変わった魚毒漁で魚を獲ります（写真18-1）。これは焼畑で魚毒になる植物を栽培して、大量にその葉をすりつぶして流

写真18-1　特異なベンバの魚毒漁

し、魚毒によってマヒして浮き上がってきた魚をかごですくいあげ、またヤナを仕掛けて獲ります。

乾季から雨季に移る端境期には、イモムシが一斉に大繁殖しますが、これは彼らの大好物でして、熱心に集めてまわります。その種類も七、八種類あるようですが、内臓を押し出したあとで塩ゆでして食べています。肉よりもむしろこのイモムシが好きだという人もいるくらいで、栄養分析してみると、当然かなり高い栄養価を示していて、彼らの重要な副食物になるわけです。このほか副食物としては、雨季に巨大なマッシュルームの採集などもやっています。

3　生計経済の特異な傾向

トングウェの生活

以上、トングウェやベンバの人びとの生業形態をざっと見てきたわけですが、私は以前にトングウェの生態人類学的な観点からの仕事を通して、彼らの生計経済は、二つの大きな特徴で総括できると結論づけました。

一つは、ミニマム・サブシステンス・エフォート、「最小生計努力」と呼んでいます。非常に小規模な集落――人口にしてせいぜい三人から三〇人程度――の住民が一年間食べていける最低量の主作物を耕作し、なおかつそれぞれの生活環境に応じて、身近な範囲内で手に入りやすい湖の魚、川の魚、あるいは野生の肉を副食とする。それも彼らの生活ゾーン、とくに垂直的な生活環境の分化に応じて、身近に手に入りやすい副食で暮らしをたてる。このような集落単位のつつましやかな自給的な生産志向、それを最小生計努力と呼んでいるわけです。

もう一つは、分配・消費のレベルで見られる特徴なのですが、それを私は食物の「平均化の傾向性」、レベリング・テンデンシーと名づけたわけです。つまり手に入った食物は、集落の住民のみによって消費されるのではなく、頻繁に集落間を往来する人びとの供応にふり向けられる部分が多いわけです。一見、原野の中に孤立しているかに見えるトングウェの集落ですが、結構、客人も多く、そういう人びとをもてなす文化をもっています。規模の大きい集落ですと、やってくる客人の数というのはそれほど問題にならないかもしれませんが、集落の人びとが年間ぎりぎりに食べる程度にしか耕作しておらず、なおかつ小さな集落ということですから、そこにやってくる客人に供応する食事の量はかなりの比率に達する。一つの集落での往来を観察記録してみますと、だいたい客人が消費する量にほぼ見合う程度に村人もまたどこかの村へ行って食べているということで、微妙なバランスをとっているわけです。といっても、いつもバランスが保たれているというわけではないので、このバランスがくずれて村の蓄えがなくなると、人びとは親族あるいは近隣の村を訪ねていって分けてもらう、そういう相互扶助のシステムもある。このように、とくに食物消費に関しては互いに強い依存関係を保っており、集落間にはつねに食物が動いて平均化していこうとする傾向性をもっている、と私は結論づけたわけです。これが彼らの生計経済の基本的な特徴ではないかと思います。

このような特徴は、のちに述べますソーサリー（邪術）の世界と不可分な関係にあります。というのは、このような基本的な特徴に反するような行動に対しては、つねにソーサリーの刃が向けられるということになるからです。つまり、人よりもぬきんでて多くの作物を耕し豊かになること、あるいは人びとが村にやってきても供応しないというような行為は、人びとの妬みとか恨みをかう温床となり、それはソーサリーという行動型として発現していくというわけです。

ベンバの生活

トングウェは、以上のような生計経済の特徴をもっているわけですが、ベンバの場合も、王国をつくっているという違いはあっても、村レベルでいいますと、トングウェと共通するような特徴が指摘できます。

さきほど紹介したチテメネ・システムという焼畑農法は、木を伐採する領域と焼畑の耕地とする部分（チテメネ・フィールド）の比率を求めてみますと（表18-1）、だいたい焼畑面積の六倍から七倍の広さの伐採地域から木を集めてくるという形態をとっています。だいたい四、五人平均の所帯で見ますと、四五アール程度のチテメネの耕地を開墾するわけですが、そのためには約七倍前後の広さの地域から木を刈り集めてこなければならないということになります。

表18-1　焼畑の面積と樹木伐採区域の比率（1983）

所帯番号	焼畑地（a）	伐採地（a）	比率
1	34	192	5.6
2	34	?	?
3	23	126	5.5
4	29	184	6.3
5	44	306	7.0
6	63	386	6.1
7	—	—	—
8	54	434	8.0
9	72	486	6.8
10	—	—	—
11	56	351	6.3
12	28	197	7.0
平均（2, 7, 10を除く）	45	296	6.5

単位：アール

そこで一年間を通しての労働内容を分析してみたのですが（表18-2）、たとえば農耕についていいますと、男性が年間だいたい八一日、女性は一八五日という分担で、圧倒的に女性によって担われている。もう一つ注目すべきことは、農耕にしても、一日平均二時間

表18-2　生活活動に費やす年間日数（回数）

	農耕（日）	狩猟・採集（回）	飲酒・儀礼（回）	行商・訪問（回）	その他（回）
夫	81	44	47	66	51
妻	185	27	21	12	71

から三時間作業に費やすのみで、それほどの労働力が投入されているわけではないということを特徴として指摘しておきたいと思うのです。

こういうふうにして開墾されたあとの収穫ですが、たとえばシコクビエでいいますと、一九八四年のデータでは一アールあたり三〇・九キログラムの収穫があり、一戸平均四五アールの焼畑で、およそ一四〇〇キログラムのシコクビエが穫れたことになります。ところが四人世帯で一週間あたりだいたい三〇キログラムのシコクビエを主食として消費しますので、年間で計算すると、一六〇〇キロ前後は必要なわけで、シコクビエだけで見ると、とうてい一年間の主食を賄うわけにはいかないということです。

実はこのシコクビエが主食にまして必要とされるのは、お酒をつくる材料になるからです。彼らはお酒に非常に強く執着していて、日常生活に欠くべからざるものであり、またそれはさまざまな儀礼とか社会的な側面でも重要な役割を果たしています。そのお酒には二種類あって、一つはカタータ、一つはチプムと呼ばれます。製造工程はほぼ同じで、最後の処理過程が少しちがっています。カタータというのは濃厚なビール状のものです。もう一つのチプムは、原液のまま容器に入れて、そこに熱湯を注いでパイプで吸飲します。それは共同飲酒が前提となるお酒です。

カタータというお酒は主として女性、とくに寡婦が現金を手に入れるために醸造することが多いのです。チプムは原則として無料で、つねに共同で飲むためのものとして村人に提供されます。女性がお金もうけのためにカタータをつくるにしても、だいたい全体量の半分程度はつねにチプムをつくる、つまり共同飲酒用に無料で村人に提供しなければならないというルールがあるのです。彼らの言葉でいえば、カタータのみをつくるのは非常に悪いことだ、それは人びとをウクタナすることだという。この「ウクタナ」というのは、彼らの社会生活を考えるうえの一つのキーワードでして、これは人に分け与えないということを意味する言葉です。このウクタナを忌避する行動様式は、ベンバの少なくとも村レベルでは非常に強力にはたらいていまして、それがたとえばチプム醸造という形でもあらわれるわけです。これはトングウェの社会の特徴として指摘しました最小生計努力および平均化の傾向性と通底する特徴で、とくに食物にかかわる平準化機構と深くかかわった特徴だということができます。

4　遊動的な焼畑農耕システム

トングウェとベンバの焼畑農耕、あるいは焼畑農耕をめぐる生計経済の特徴を簡単に紹介したわけですが、それを踏まえながら、農耕活動一般における焼畑農耕の位置づけについて、議論しておきたいと思います。人間の農耕活動については、大きく分けると、エクステンシブ・アグリカルチャー（粗放農業）とインテンシブ・アグリカルチャー（集約農業）という二つの極を設定することができるわけですが、いうならば、彼らの場合はエクステンシブ・アグリカルチャーといえる農耕なのです。

このエクステンシブ・アグリカルチャーとして位置づけられる焼畑農耕は、別名シフティング・カルチベーション（移動耕作）ともいうように、非常に高い移動性が前提となっています。つまり、農耕地が毎年移動していきますし、そして一定年限使用されたあとは休耕されると同時に、とくにベンバの場合に顕著なんですが、集落もだいたい一〇年から三〇年の単位で移動していきます。それに対して集約農耕というのは、非常に強い定着性と結びついており、定着農耕という言葉でいいかえることもできるわけです。エクステンシブ・アグリカルチャーというのは、日本語では粗放農業と訳していますが、どうもこの訳は偏見的だなとこのごろ思いはじめています。ではどう訳したらいいのか、まだ考えがつかないのですが、いうならば、これは低人口密度型の農耕で、一方の集約農耕が高人口密度型の農耕ということで非常に対照的な農耕です。

この二つの農耕形態について問題にしますと、移動性と結びついたエクステンシブ・アグリカルチャーは、一般に非常に高い労働生産性を示すという特徴を指摘することができると思います。つまり少ない労働力によって多い収穫を得ることができる。それに対して集約農耕というのは、土地生産性が高い、あるいは土地生産性を高めるという方向で機能する農耕ですから、多くの労働力を前提としているわけです。

私たちの農業あるいは農耕に対する考え方は、基本的に集約農耕型志向であり、その立場から見ますと、エクステンシブ・アグリカルチャーは粗放に見えるというわけなんですが、焼畑農耕民の立場から見ますと、この焼畑というシステムは非常に労働生産性が高い。つまり、少しの労働に対して相当程度の見返りがあるわけですから、なにも苦労して集約農耕をしなければならない理由はないわけです。それは基本的には広大な森林あるいはウッドランドを前提に考えなければならないわけで、焼畑農耕というのは、自然のもつキャパシティと回復力に強く依存することによって成立している農耕だということができます。ですから、さきほどベンバの農耕社会について話しましたように、一日の労働時間もだいたい二、三時間程度で十分なのです。それから移動性ということとも関係するのですが、土地にしばりつけられることがないわけですから、どこへでも好きな所へ行って焼畑をつくることができる。そういうシステムなわけです。

それと同時に、農耕以外の生業について述べましたが、彼らは基本的に自然利用についてはゼネラリスト、つまり一つの生業に特殊化せず、多くの生業を併用する人びとだということをいっておかなければなりません。狩猟・採集・漁撈も重要な生業の一環で、その一つとして焼畑農耕があるというわけです。これは社会組織との関係から見れば、たとえば人びとがさまざまなプレッシャーをうけたり、ストレスをうけた場合には、そこから逃げてしまえばいいということになる。つまり強権のもとにしばりつけられたり嫌なことに対しては、自然利用のゼネラリストであり、どこへ行っても焼畑ができることを前提にすれば、つねにより広い地域へ逃げていくこと、あるいは生活の場を移動することによって回避できるというわけです。

このような特徴を見ますと、彼らの生活様式は、一面で狩猟採集民のそれと通底性が非常に高いと見ることができます。エクステンシブ・アグリカルチャーといいましたが、ある意味では、ノマディック・アグリカルチャー（遊動農耕）といいかえてもいいでしょう。私たちは農耕民について、定着して営々と土地を耕す人びとというイメージを描きがちですが、実は焼畑農耕民というのは、そういうイメージとはかなり異なった存在だということを強調しておきたいと思います。さきほど、自然利用のゼネラリストであり、そしてまた自然のもつキャパシティと回復力に強く依存した暮らしをする人びとだということを申しましたが、こういう意味合いにおいて、彼らは自然内存在としての人だという位置づけが重要なのではないかと私は考えています。

5　邪術の世界――妬みを制御する機構

さて、このような形で彼らの生計経済の特徴が見られるわけですが、一方では、それに反するような行動が人びとの妬みあるいは恨みを喚起し、それが人びとに対して邪術、ソーサリーを発動させる根拠になってきます。結局、邪術者、ソーサラーへの恐れが彼らの生計経済に見られる特徴を裏面から支えているということが私の一つの結論なのです。

この邪術に対する恐れが、結局、不幸や病の原因を説明する災因論、あるいは病因論の中核を占めているのですが、そのことを痛切に思い知るに至ったのは、私自身がトングウェ社会のムフモと呼ばれる呪術医の世界に入門してからのことでした。一九七二年にはじめて入門して以来、七六年、八〇年とトングウェの地を訪れては、そのたびに修業をある程度続け、その間に一〇数人の患者さんを私の先生あるいは同僚と一緒に治療しました。その体験を通して、病気の原因のことごとくに、邪術が深くかかわっていることがわかったのです。もちろん彼らの病因はソーサラーのみではなくて、多くの精霊たち――これはとくに山、川、大木、石といったものを住みかとすると彼らはいいます――、それから祖先霊、悪霊、動物の霊といったようなさまざまなものがあるわけで、それらが複合的なシステムを形成しているといえるのですが、しかしそのなかでも、重病になったり死に至る病の原因は、その大半が邪術、つまり人からの呪いによるものだといえます。そこで私自身の呪医としての修業の過程を少し見ていただき、トングウェのいわば呪医の世界というものをご理解いただきたいと思います。

呪医の入門儀礼

呪医になるための入門儀礼や、その後一定期間を経過してからもたれる昇位儀礼は徹夜で行われます。一九八〇年の私の呪医昇位儀礼のときには、多くの村人が集まってくれました（写真4-2）。日が落ちてから儀礼が始まるのですが、儀礼の核心部は、地面にさまざまな絵を描き、呪医として身につけていかなければならないような知識、あるいは道徳といったものを説きおこしていく過程にあります。

地面に描かれる絵は多彩ですが、たとえば精霊をあらわしている図柄を見てみましょう（口絵2）。双子の霊――双子の霊は精霊の生まれかわりとトングウェの世界では考えられる重要なものです――、それから逆子の霊――異常出産は精霊の生まれかわりを意味します――、そしてムティミと呼ばれる巨人の霊で、原野をばっこする精霊が示されます。ムティミはハンターの守り神であると同時に、原野の薬草を使う呪医にとっても、一種の守護霊になるのです。こういう守護霊の絵を示しながら、私が呪医としての務めを果たそうとするかぎり、いつも背後には、こういう精霊たちが見守ってくれているのだといったことを説いていくわけです。そのほか太陽や月、星の絵が描かれています。昇位儀礼を受ける私の傍らには、私の両親役を務めてくれるトングウェが付き添ってくれました（写真5-4）。私たちの足もとには、垣根のような絵柄が描かれていますが、それは邪術者の侵入を防ぐ呪薬なのです。

やがて真夜中近くなると、同僚の呪医が集まってきます（写真18-2）。それは真夜中におのおのの呪医に精霊が乗りうつり、そこで新しい仲間の呪医がふえることを喜び、歓迎のダンスを踊るのです。太鼓を打ち、あるい

写真 18-2　呪医に精霊が乗りうつり、歌い、踊る。

はガラガラを鳴らし、大声で歌をうたい、そして精霊の乗りうつった呪医が踊る。そうして儀礼はだんだんクライマックスをむかえていきます。

呪医になるための儀礼はいわゆる入門の儀礼と昇位の儀礼と二つしかないのですが、昇位の儀礼を終えると、いちおう奥義を極めたということになり、そのためのシンボルとしてライオンの毛皮でできた胸飾りが与えられます。徹夜儀礼の終わり頃、頭には聖霊の宿る木といわれるムロレルワハレの樹皮でできた紐を巻きつけ、体に白と赤の斑点をつけます（口絵5）。これは一種のカラー・シンボリズムですが、白は一種の清浄さ、あるいは体の健康ということを象徴し、赤は血のイメージで、一種の活気、活力を象徴するといわれます。そして邪悪なものから私自身を守るための聖なる薬を飲まされるわけですが、これは私が死ぬ間際には排出され、自分の死期をさとることになると教えられました（写真5-5）。

こうして夜明けを迎えると、こんどは私の儀礼を見守り、これからもその助けをかりねばならぬ精霊、祖先霊にいけにえのヤギを鉄槍で突き刺して捧げます。ヤギを突くというのは私にとって初めての経験で、ヤギの胸があんなに堅いものだということは知りませんでした。そのあと大先生からお祝いの言葉と同時に、呪医としてどういうことを心がけねばならないかという説教を聴き、その場に集まっている村人から祝福をうける（口絵6）。それから原野に出向き、とくに呪医にとって聖なる木とされているムロレルワハレの木にあいさつをしにいきます（写真5-8）。この木の前で、やはり地面にさまざまな精霊をあらわす絵などを描き、トングウェ流のあいさつ、柏手《かしわで》をうってあいさつをし、新しい呪医が誕生したことを報告して一連の儀式は終わるわけです。

こういう形でトングウェの正式な呪医として入門した私は、その後、私の先生や同僚あるいは兄弟弟子などからどういう病があるのか、どのような治療法があるのかなどを学んでいったわけです。そこで、これから治療の事例を少し紹介して、トングウェ社会のいわば医療システムをご理解いただきたいと思います。

病の治療儀礼

呪医の基本的な仕事は、まず病の原因を占うことです。占いの方法はいろいろあるのですが、一つは、患者の前で呪医に精霊が乗りうつり、精霊と患者との対話によって病の原因をさぐっていく。それは同時に基本的な治療法を指示する対話になるのですが、そういう精霊との対話による病因の診断のほかに、両方の手をこすり合わせて、それで病の原因を占う方法があります（写真10-6）。儀礼の最後の段階で左手の掌に剃刀で傷をつけ、そこに聖なる薬を塗り込めることによって占いの能力がすでに授けられているわけです。左手の掌に水をふりかけ両方の手をこすり合わせながら、頭の中でさまざまな病因を思い浮かべます。もし病因が当たると、両方の手がピタッとくっついて離れないということで占いが成立する。私ももちろんその能力というか、薬は授けてもらいました。こうして病の原因をさぐっていきます。そして病の原因がわかると、呪医のもつ知識を総動員しながら治療が始まるというわけです。

ここで紹介しますのは、一人の不妊症の女性の例です。彼女の病の原因は、彼女に恨みをもつある村人が川に住む悪霊を唆して、その悪霊を彼女にとりつかせたからだ、ということが占いの結果でわかりました。そこで基本的な治療は悪霊をはらい、同時に邪術者の悪意をとり除くことを目的とします。そこで悪霊の住む場所に悪霊を帰すために、川のほとりで治療をします。このときは乾季の真最中で川の水は干あがっていますが、呪医は治療に必要な品々をもって川のほとり、それもとくにカゴボレと呼ばれる木のあるところに行かなければなりません（写真10-7）。これはあとで少し説明いたしますが、非常に鋭いとげが生えている木です。

さて、ここで治療が始まるわけですが、まず二つの土鍋に川の水、あるいは村から持ってきた水を入れ、その中にさまざまな種類の薬を入れます（口絵9）。そして大きな土鍋を火にかけて沸騰させる。この薬は基本的にはムティと呼ばれる植物性の薬と、それからシコメロと呼ばれる動物性の薬を混ぜたもので、このときは少なくとも二〇種前後の植物性呪薬、および数種類の動物性呪薬が中に入れられました。動物性の薬はいわば植物性の薬のもつポテンシャルを引き出すための活性剤と考えられています。つまり血をもつ動物は植物性の呪薬を活性化するというわけです。少量だけでいいのですが、こういう薬を入れる。実はこの中には邪術者が使う人骨なども入っているので、時には呪医自身が邪術者になると一般の人は考えているようです。強力な呪医は強力なシコメロ、動物性呪薬を持っているということにもなります。

薬湯を煮たてる間に、呪医が持ってきたバナナの株を植え、その下に白い粉のダワ――スワヒリ語で一般的に

写真 18–3　布をかぶせ、沸騰した薬湯をあびせる。

薬をダワというんですが——で人形を描きます（写真6-2）。これは彼女からとり除かれるべき悪霊の姿を示している。バナナの株というのは一種の人家といいますか、住むべき場所を象徴しており、悪霊にみずからの帰り住む場所を示すものです。患者は、こうしてセットされた場所にある石の上に坐り、両足の間に沸騰した土鍋を置き、その蒸気を体に当てるわけです。上から毛布とか布をかぶせ、ほぼ五分から八分程度蒸気を体に当てる（写真18-3）。一種のサウナ療法ですが、そうしてみずからの体の中に巣くっている病のもと、あるいは穢れを洗い流します。これは熱いイフボと呼ばれる療法です。こうして体内から病因あるいは穢れを追いはらうと、こんどは冷たいイフボといわれる療法ですが、もう一つの薬の入った水で体を洗い浄めます（写真14-2）。

このあと悪霊は旅に出てもらうということになるわけですから、そのためのいけにえにニワトリが屠られ、その心臓に薬をまぶして、それを患者に食べさせます（写真18-4）。このとき呪医がナイフの先を患者の口に入れますが、これにも象徴的な意味があって、彼女の体内に巣くっている病根をナイフで断ち切り、同時に悪霊に旅出の食物を与えて追いはらうということになるわけです。

追いはらった悪霊が再び戻らないようにというのでしょうか、つぎに、われわれがいうところの注射にあたる

写真 18-4　屠ったニワトリの心臓を患者に与えるトングウェの呪医

と思いますが、体の八ヵ所ほどに剃刀で傷をつけて、強力な薬を塗りこめます（写真10-8）。これは小型のレイヨウの角の中にさまざまな薬を入れて墨状にし、それをヒマ油でといて固めたものです。非常に強力な薬だといわれ、いかに強力な薬を持つかということでまた呪医の能力、実力もためされるというわけです。

最後に患者の着ていた布の一部、それから黒い布、いけにえのニワトリをバナナの株の下の人形のところに置き、これに残った薬をすべてふりかけ土鍋で封じ込め、あとは患者も呪医たちも後ろをふりむくことなく、一目散に村に向かって帰っていく。以上が一連の治療のプロセスです。

6　自然に関する豊かな知識
――三〇〇種を超す呪薬の効能

村に帰ったあと、こんどは対症療法用の薬を呪医が調合し、それを患者に渡します。つまりトングウェにおける医療のシステムは、まず病の根本的なもととなっている神秘的な、あるいは超自然的な原因を治療儀礼によって取り去り、そのあと病状に応じた対症療法用の薬を施すことによって成立しているわけです。治療儀礼における象徴的な所作とか、呪文はもちろんですが、とくに重要なのは、治療の根幹を支えている多くの植物性呪薬と動物性呪薬といえます。さきほど、ここに暮らす人びとについて自然内存在としての人といいましたが、いかに彼らが自然の動植物を呪薬として駆使しているか、とくにダワと呼ばれる呪薬について、ここで少し詳しくお話ししてみたいと思います。

さきほどの治療の事例で、鋭いとげをもつカゴボレと呼ばれる木のあるところで治療がなされるといいましたが、これには意味があります。カゴボレというのはトングウェ語のクゴボラという動詞に由来すると呪医たちは説明します。クゴボラというのは、ひっかけるとか、引っぱるという意味がある。そのとげでよく服がひっかけられたりするわけですが、この薬を用いると、病が引っぱられる、あるいは引きずり出されるのだと彼らはいいます。それで治癒の場所を選ぶ場合も、さきほどのイフボというサウナ療法用のダワとしても、このカゴボレが使われるわけです。

そのほか、たとえば治療法の一種に瀉血療法とでもいうべきものがあります。これは彼らがピンシあるいはカソミと呼ぶ病の治療法です。この病は局所がけいれんを起こして痛むもので、邪術者が仕掛けるといいます。さきほど呪医も使いましたが、レイヨウの角に呪いのための薬を入れ、呪いの言葉をはきながら小さなミニアチュアの槍でそこを刺すと、それで人びとに呪いがかかり、体のある部分が非常に痛むというものです。その場合、一種の瀉血療法を用いる。患部に傷をつけ、角でつくった瀉血用の道具を吸いつかせるのですが、そのときカゴボレの木からつくったダワを一緒に入れます。とげが槍に類比され、また病根をひっかける、引っぱりだすというわけで、呪医の目的に適合させることによって病源を取り除く、そういう意味があるのです。

このようなカゴボレをはじめ、呪医たちが薬を取りに行く場合には、必ず草木に供物を捧げなければいけません（写真18-5）。それはンペンバと呼ばれる蝋石のような滑石ですが、その粉を木に塗りつけて、さまざまな精霊の加護を願い、患者を治療するのに力をかしてくれという呪文を唱えたあとで、この木から薬を取るわけです。根を掘ったり、樹皮を剥いだり、葉っぱを取ったり、いわゆる草根木皮そのものを採集する。実はここで注目されるのは、呪医がこの薬を取るときは素っ裸になる場合があるということです。つまり邪術者、ソーサラーは人に呪いをかけるとき素っ裸になって、お尻を向けて呪うといわれているわけで、それに対してアンチソーサリー（対抗邪術）の役割を果たすべき呪医も、その薬にパワーを与えるために、自身も素っ裸になって薬を取る。呪医と一緒に森の中へ行って薬を取っている間、私は彼らの邪術の世界がいかにリアリティをもった世界であるかを痛感させられたものでした。

写真18-5　カゴボレの木に供物を捧げ樹皮を取る呪医

つぎにムテレレの木をとりあげてみましょう。これはちょっと老木になってくると樹皮がひとりでに剥がれる。剥がれたあとはすべすべとした木肌になります。トングウェ語の動詞でクテレラといいますが、これはつるつるすべるという意味です。それはこの木の特徴そのものに由来していますが、このクテレラ、つまりつるつるするということから、結局病が体からすべり落ちる、そのた

写真 18-6　精霊が宿る木ムロレルワハレ

めにこの薬を用いるのだと彼らは説明します。また、この木の樹皮は、しがんでみますと、苦いのです。苦さもまた呪医が薬を選ぶときの非常に重要なメルクマールになる。腹痛、あるいは頭痛を伴うような病に多く用いられ、樹皮とか根っこを水の中につけまして、その浸出液をいわば浣腸薬として使うわけです。

それからさきほど呪医儀礼のときに話しましたムロレルワハレという木があります（写真18-6）。通常はムクングムエルと呼ばれていますが、呪医が呪薬として使う、あるいは儀礼的な側面で使われるときにはムロレルワハレと呼ばれます。これはトングウェ語で、遠くから見えるという意味です。この樹皮は非常に白いものですから、かなり遠くからでもあれがムロレルワハレだということがすぐわかる。そういうことに由来するのですが、同時に白というのは、私が呪医の儀礼を受けるときに体に塗られた斑点からもわかるように、彼らのカラー・シンボリズムでは聖なる色である。それでとくに精霊が住む、あるいは精霊の好む木といわれており、そのゆえに多方面の呪薬として用いられます。

また彼らがヘビに似ているというリガガジャという木性つるの植物があります。このリガガジャという名前はクガガジャということに由来しておりまして、ガサガサと音をたてる、あるいは鳴くといった意味なのです。彼らに訊きますと、リガガジャを手でこするとガサガサと音をたてるといいます。この木の樹液を皮膚に塗ると痒みをおぼえるのだそうで、こういう刺激を与える性質も、やはり彼らが呪薬として選ぶ根拠の一つです。この樹液は湿疹を伴うような病に用いられたり、ヘビに噛まれたときの薬としても用いられます。この根っことか樹皮そのものを木の臼でつき、それを水につけ、その水で体を洗うというような療法をいたします。

もう一つムコンベロンダと呼ばれる草の薬をとりあげてみましょう。ムコンバというのは、食べるとか、吸い取るとかいう意味で、ロンダというのはシロンダ、つまり傷を意味します。全体としては、傷を食べる、あるいは傷を吸い取るという意味合いがある。これは文字どおり傷薬として用いられるもので、葉っぱとか根っこを乾かして石臼などですりつぶし、粉にしてそれを患部に塗る。そういう投与法をしますが、この粉が傷などのじめじめとした水分を吸い取って治癒に向かわしめると、彼らは説明します。

このように呪医が駆使する薬は三〇〇種類は優に越えると思います。植物の名称がいま挙げたように、木の形態的な特徴だとか、生態的な特徴と関係しており、それが同時に病の治療法をもさし示すといった非常に興味深い関係をもっています。もちろんすべての木がそういうわけではないのですが、多くの木はこういう特徴をもっています。そのほかに、さきほどいいましたように、苦さとかしびれの感覚が起こってくるようなものもたくさんあり、また樹液の色や匂いなど、植物の一種のケミカルな性質につながっていくものも、一方で重要な呪薬の選択理由になっています。

彼らは一種の民族語源論とでも呼ぶべき知的な方法を駆使して、原野の植物を薬として認知し、記憶しているのです。これは必ずしも厳密な言語学的な意味ではなくて、一種の語呂合わせのようなところもあるのですが、こうして彼らは詳細な自然についての知識をベースにしながら、それを名前と結びつけ、薬の知識に関する文化的収蔵庫を築きあげてきたといえるでしょう。植物の名称は、ほとんどが病との関係において名づけられているのではないかと思わせられるほどのものでした。

こうして多彩な植物が利用される一方で、さきほどのシコメロと呼ばれる動物性の呪薬もまた同じ論理で使われます。たとえばカンムリクマタカといわれる鳥は、タカが獲物をつかまえて空高く飛び去るように、しっかりと病根を押さえ、患者から離れていくという意味づけをもつシコメロとして使われる。ゲンゴロウは異性をひきつけておくための一種の媚薬として用いられる、シコメロの一種です。つまりゲンゴロウは、彼らの説明によれば、同じ場所をつねにぐるぐるまわりつづけているわけで、このシコメロを使えば、ゲンゴロウのように、恋人あるいは自分の気にいっている異性が自分の身のまわりだけをまわりつづけて離れなくなるという。ここに非常に多彩な彼らの自然に関する知識といいますか、エスノサイエンス（民族科学）とでも呼びたいような知識体系があるわけです。

こういうふうに見てきますと、彼らは病という受苦を通して世界の成りたち、とくにその裏面、あるいは隠された構造を感知しているのではないかと思います。そして病あるいは不幸というものになじみ、文化的に飼いならしてきた。それは病や悪というのは、人間存在にとって不可避なものであり、排除できないとする基本的な考え方に支えられており、それが一種のシステム感覚をみがきあげ、精霊・人・自然が共存する社会をねりあげてきたのではないでしょうか。そして病に対しては、自然に従って考え、あるいは自然に従って治療する医療システムによって対処しているのではないかと考えられるわけです。

7　首　長――社会的倫理の体現者

トングウェの社会は、さきほども話したように、最小生計努力や平均化の傾向性を通して、ある種のフェイス・トゥ・フェイス（対面関係）の人間関係のなかで、とくに物のかかわる部分では、つねに平等性を求めているようなシステムに見えるわけです。それが病あるいは不幸のシステムとかかわりながら、彼らの社会文化的な特徴を築きあげているわけですが、しかし彼らの社会は必ずしも完全な平等主義というわけではなく、ムワミと呼ばれる首長制があるのです。ただし、これはリネージ（系族）の長とでもいうべき存在でして、強大なものではなく、小さな単位の首長です。

そこで、この首長制と、病あるいは妬み、恨みを媒介とした平準化機構とはどういう関係にあるのかということを少し検討してみたいと思います。

トングウェの中でもかなり由緒のあるリネージあるいはクラン（氏族）の一つは、最初にお話ししたベンバの出身だといわれています。そんなこともあって私はトングウェのあとベンバの調査をはじめたのですが、そういう諸部族がある時期にこの地域に住みついて一つの文化的グループをつくりあげた結果がトングウェだというわけです。このような歴史的背景のもとで、クランあるいはリネージのまとまりの中心として首長の存在も非常に大きいわけです。この首長になるための即位儀礼はブワミと呼ばれており、トングウェの儀礼のなかでも最もだいじで華やかな儀礼だといいます。そこでこの儀礼を少し紹介しましょう。

写真 18-7　祖霊の意向を占う呪医

首長の即位儀礼

儀礼にはいろんな要素がかかわっており、まず呪医の中でも権威のある大呪医がやってきて、彼に乗りうつった精霊との対話にしたがって、どういうふうに儀礼を進めていくかが決定されます。毎朝、村人が全員寄り集い、霊が乗りうつった大呪医と対話をし、儀礼が進んでいく。首長の後継者について問題がある場合、占いで祖先霊の意向を聞く。私が参加したときの儀礼は、たまたま変則的だったのですが、二人の首長が同時に即位するというので、各々のリネージを代表する祖先霊の人形を置いて占っていました。人形の周囲にトウモロコシの種子を置き、その上に薬を載せておく（写真18-7）。それを一晩原野の中に放置します。翌朝、このトウモロコシがどう動いたかで祖先霊の意志を問うという占いです。このときトウモロコシが一粒でもはみ出ていると、祖先霊がまだ少し不服のようだということで、また精霊と対話する。そういう形で進んでいきます。

この儀礼の一番のクライマックスは、二日間連続徹夜で行われる儀礼小屋での場面です。まず儀礼をつかさどる司祭が儀礼小屋を建てるべき位置を決める。そこに、村の若い男性が山の中から伐り出してきた木で一晩のうちに儀礼小屋を建てていくわけです（写真13-18、18-8）。

おもしろいことにこの間、男性と女性のあいだできわめて激しく露骨に、お互いの性を揶揄するようなわい談

写真18-8　草を拭いて儀礼小屋ができあがる。

写真18-9　男と女はわい談合戦を楽しむ。

合戦をする。ほんとに顔が赤らむような露骨な言葉が飛び交います（写真18-9）。こうして興奮が盛りあがる。つね日ごろはそんなに露骨な人びとではないわけで、こうして特別な一種の祝祭を演出しているのだろうと思います。

建てられた儀礼小屋の中には、新しく首長になる候補者と司祭団の人びとだけが入ることを許されます。ここでの首長候補者の服装は平服といいますか、むしろ汚い服を着ています（写真13-20）。これは儀礼の過程で意味のあることでして、有名なターナーがザンビアのンデンブー族の同じような首長即位儀礼を調査分析していますが、それにかなりよく似た儀礼のプロセスを示しています。新しく首長になる前は——たとえばンデンブーの場合は、あたかも奴隷のようだと表現していますが——みすぼらしい服装をしている。これはいわば地位転換のための儀礼ですから、それを象徴しているわけですね。そしてこの間候補者は終始無言で、司祭団が勇壮な踊りを踊ったあと、一人ひとりが首長候補者に説教をするわけです。

トングウェはどうも儀礼のときには説教好きになるのかもしれないのですが、首長の即位儀礼ともなれば、もっと華やかな世界がワッと展開するかと思っていたら、実に倫理的といいますか、説教ぐささが目につきます。司祭団の一人ひとりが入れかわりたちかわり説教をしていく。テーマはほぼ一つです。つまり、ムワミというのは大人物なんだから、客人がくれば分けへだてなく食物を提供して歓待せよ、ということが最も重要でくり返しいわれる。そして食事をするときは、家の中や垣根の中で隠れて食べるようなことをしてはいけない、つねにオープンな場所で食べなさい。肉などを村の人から入手したとき、たとえそれが少量であっても、自分一人だけ、あるいは親族だけで食べるようなことをしてはいけない、必ず人びとに分け与えなさい。そしてたとえ人種のちがう人でも客人として歓待すること、ということが、くり返しくり返し語られるのです。それからムワミだからといって威張ってはいけない。またたとえば嘘つきだといわれるような人だって差別してつきあわないというようなことをしてはいけない。嘘つきだって時には重要な情報をもってきてくれることがあるだろうから、という。極め付けは、われわれも教えられるようなことですが、ムワミというのは実際はおまえのことではない、人びと全体がムワミなんだというふうなこともいうわけで、民主主義の根本理念みたいな説教がくり返されます。こうした儀礼は、一般の人びとは立入禁止という秘儀的な状況を演出した中で進むのですが、翌日また徹夜で同じような儀礼が、こんどはムワミの住む家で行われます。普通の人びとの集まった中で、またムワミは客人を歓待しなければならないとか、ムワミというのは人びとのことで、おまえのことではないんだとか、同じことをくり返し説教する。こうしてムワミは社会的倫理の体現者の象徴となるわけですが、同時に首長となる人は秘儀的な儀礼の過程で、強力な邪術者としての能力も授けられるんだと人びとは固く信じているふしがあります。ともあれ、こうして首長になったあと、こんどは森の中に司祭ともどもひっこみ、そこで頭を剃り、新しい服に着かえ、体に赤と白の斑点をつけ、装いを新たにして村に帰り、集まってきた他のムワミたちや村人から祝福を受ける（写真13-23）。

8　平等主義の徹底した社会

トングウェの社会は、とくに彼らの日常生活あるいは生業の面から見ると、つねに平均化の傾向性がはたらくような社会である、それはある意味で社会的、文化的に平等性を強く要求する社会だといえます。最近伊谷さんが「人間平等起源論」という論文を書かれ、トングウェ社会について「狩猟採集民のそれとは様相を異にしているとはいえ、これもやはり平等主義（エガリタリアニズム）の社会であり、社会的不平等の世界に足を踏み入れることを畏懼している社会なのだといってよいであろう」と指摘されています（伊谷　一九八六）。ムワミの儀礼のなかでの説教はきわめて社会倫理性が強いもので、それは、伊谷さんが社会的不平等の世界に足を踏み入れることを畏懼している社会だといわれた、まさにそのことを表現しているといえるでしょう。

要するにトングウェの社会は、基本的には平等主義的な焼畑農耕民の社会であると位置づけることができると思います。それは、狩猟採集民社会における平等主義、平等社会と照らし合わせてみても、かなり通底性の高い性格をもっていると思うのです。狩猟採集民社会の平等主義は、いくつかの条件によって支えられている。一〇〇パーセント自然に依存した生業形態である。遊動を基本としている。それゆえに保存あるいは蓄積というものを前提としていない社会だということ。食糧調達の戦略からいいますと、タイム・ミニマイザー、つまり食糧エネルギーを獲得するためには最小限の時間を費やし、それ以外の諸活動に多くの時間をふりむける戦略をとるということ。それから何よりもつねに一般化された分配、あるいは互酬性ということを基本とした社会だということです。そのことによって突出した個人、とくに物質的所有者を生みださないメカニズムができあがっているといえるのですが、このほかに過度の個人に対する賞讃を強く忌避する行動様式もあります。

最近、リーという人がブッシュマン社会の平等主義について研究報告しているのですが、その中で、ブッシュマン社会は基本的に二つの項に整理できるような価値観をめぐって展開しているといっている。それはたとえば気まえのよさとけちということ、それから慎み深さと傲慢さ、平等と不平等、それに社交性と孤立化とでもいいますか、こういう二つの価値観の軸がある。そして一方のけちだとか、傲慢さ、不平等性、孤立化というようなものを押さえつける、あるいはそういうものが芽生えそうな段階で消してしまうような精巧な文化装置をつくりあげてきたと指摘しています。実際、一人の狩人がたとえば大きな獲物を獲ったとします。そこで友人たちをたくさんつれてトラッキング（追跡）に行くと、一緒に行った人たちが、なんだ、こんなに小さな動物のためにわれわれは苦労をしたのかというようなことをいう。そうすると撃った狩人は、ほんとにこんな小さなつまらない動物で申しわけない、では、ほかの獲物を獲りに行きましょうかといいながら獲物を解体しはじめる。このようなヘビー・ジョークなどを駆使します。それからブッシュマンには「プライドはついにその人に殺人を犯さしめる」という諺もあるそうで、自慢する人びとというのは非常に強く排除されるという。リーの言葉をかりれば、彼らも平等社会、平等性というものを維持するために非常に努力をはらっているといえると思います。

それから、これはとくにピグミーなどで目立つのですが、狩猟採集民は一種のコミカルな演劇的センスにめぐまれています。さまざまな社会的な争いが起こりそうな場合、それをコミック風に演じてその根元を断ち切ってしまう、あるいはそれを解消してしまうという方法など、彼らの行動特性として狩猟採集民の研究者の多くが指摘しているところです。つまりここにも平等性に対する非常な努力というものが見られる。さきほど紹介しました伊谷説は霊長類社会の進化の行きつく先の一つとして平等主義の社会を想定しているわけですが、私がトングウェの人びととつきあって考えてきたことも、それとかなり重なり合うといえます。霊長類社会から人間の社会への進化を考えるとき、家族の起源といった問題もありますが、人間性の進化という面を考えると、平等性を基礎とする社会関係が育んできた側面が非常に重要なのではないかと思えるわけです。

9　現代社会を考える指標として

ヒト化の過程で大脳化に伴い強力な象徴能力を獲得してきた人間は、一方でそれゆえに多くの妬み、恨みといったような強い情動性を伴った感情をなんとか制御しなければならなくなった。それを狩猟採集民社会においては、エコロジー、あるいは社会組織、あるいは価値観を含めた行動型といったものの総体の中で解消し、みごとな平等性の社会をつくっているといえるでしょう。それがトングウェの社会のような、ある種の所有、保存、蓄積といったことが可能な社会では、不平等化をもたらすような行為を病や不幸と連動させることによって、負のフィードバックをかけながらコントロールしてきた。そして高い象徴能力によって、自然をいわば文化化する、つまり自然によって考え、自然によって病を治療するシステムを開発し、人間の悪や病に対処してきた、と考えることができるのではないかと思うわけです。

こういうふうにして考えると、一種の平等主義をその根底に据えているような――あるいはそれを今も保持しているといっていいかもしれませんが――社会は、基本的にエコロジーの側面から見ると、低エネルギー収支型の生活様式だといってよいと思います。そういう様式を伴う社会はミニマムの自然改変、いわばミニマムの自然からの搾取を前提としており、それを可能にするような文化的装置あるいは文化的技術を発達させ成熟させてきた。それに対して私たちの住んでいる社会は高エネルギー収支型の社会であり、そこでは低エネルギー収支型の社会とは異なった原理がはたらいているかに見えます。ですから、現代のわれわれから見れば、狩猟採集社会とか、あるいはいままでお話ししてきたトングウェのような焼畑農耕社会というのは、略奪型経済とか粗放農業に基礎を置いているといわれるわけですが、私はそれはおかしいと思うのです。

以上のような問題はアフリカが現在抱えている困難ともつながってくるのではないかと思えてしかたがないわけです。自然との密接なつながりの中で暮らしてきたトングウェ型の社会あるいは文化様式は、私たちのような社会とは基本的に異なった原理によって動いている可能性があるのだということは、つねに考えておかなければなりません。

人類進化の流れを四〇〇万年とすれば、その大半の期間、人類は、フェイス・トゥ・フェイスの関係をベースにしながら、いかに平等性を保って暮らしていくかということをめぐって人間性を進化させてきた。それを今もなお守りつづけているのがトングウェの社会だといえなくもないと私は思うわけです。また、文化の表現型としてはさまざまに異なってはきましたけれども、フェイス・トゥ・フェイスの人間関係においては、いまなお私たちも狩猟採集民あるいはトングウェの社会で見られたような文化技術を継承しているのではないかとも思えるのです。

思えば、われわれの人生の多くの部分が、妬み、恨み、つらみの蓄積の上に成りたっているのではないだろうか。そんなことを考えても、妬みの生態学という視点は現代の私たちが抱えているさまざまな問題を考えるときにも、あながち無関係とはいえないだろう、それがきょうの私の一つの結論です。

第19章　文化と進化の接点

（赤阪賢、梅原猛、掛谷誠、河合雅雄、作田啓一、立川昭二）

1　トングウェ族の来世観

作田　きょうは掛谷さんに、タンガニイカ近辺のトングウェとベンバという二つの部族についての詳細な調査、研究をご報告いただいたのですが、とりわけ重点的にお話しいただいたのはトングウェ族のほうでした。トングウェ族の生活のシステムからはじまって、病気の原因と、それに対処する呪医の治療方法を通して見られる自然のシステムについての精密な思考、それから最後に生活のシステムといわば対応する形での妬みのメカニズムのもつ機能という、たいへん興味深いお話をうかがったわけです。

きょうは文化人類学の赤阪さん、それから病気の歴史のご専門である立川先生、お二方にゲストとして来ていただいておりますが、いろいろの問題点が提起されましたので、どうぞご自由にご質問とかご意見を出していただきたいと思います。

梅原　トングウェ族の宗教のことですが、死んでからどこへ行くと考えているのか、つまり来世観というものがあるのかどうか。そして来世に天国・地獄のようなものがあるのか。そういうものがもしあるとしたら、現世における貧富、善悪というようなものとどのようにつながっているか、そのあたりのことはどうなっているのでしょう。

掛谷　なかなかむつかしいのですが、祖霊信仰は非常に強いのです。では、亡くなったらどこへ行くのかというと、原野を漂うのですね。漂っているのですが、つねに子孫とのつながりをもっている。村むらにはほとんど間違いなく、その村の人びとの祖霊を祀るわら製の祠《ほこら》が置いてあって、それに子孫が供物を捧げる。そういう形で死者は子孫とつねにつながっている。しかし、いわゆる極楽にいくとか、地獄にいくという明確な来世観はないと考えているのですが……。

梅原　死ぬとやはり祖霊の仲間に入るのですね。

掛谷　それはそうだと思います。

梅原　それがまたこの世へ帰ってくるというようなことは……。

掛谷　祖霊は、たとえば供物を捧げないとか、つまりないがしろにされると、この世に帰ってきて祟るといわれている。その祟ったことを契機としてあらためて祖霊に気がつき、そしてふたたび祀るということで病がおさまる。そんな形で表現されます。

2　邪術と自己抑制

作田　ソーサリー（邪術）の方法といいますか、何か特別のやり方があるわけですか。

掛谷　呪医というのは基本的には邪術にやられた人を治療するわけです。だれも自分が邪術者だとは名乗らないのですが、彼らがいうには、基本的にはダワで呪うという。ダワというのは薬、呪薬のことですが、いろんなダワを食物の中にしかけたり、道にしかけて呪いにかけるというのが一般的なやり方です。ただし、これはただダワだけではだめなので、彼ら自身の呪う心と呪文があって、それがダワに力を与えて人を呪うというのが基本的な考え方です。

作田　呪われたという場合、だれかが実際に邪術を実行しているのか、あるいは実行しているかもしれないと思っているだけで、ほんとうはほとんど邪術を実施していないのか、その点がちょっとわかりにくかったのですが、どうなのでしょうか。想像上だれかが自分に邪術をかけていると思っている場合のほうが多いのでしょうか。

掛谷　人類学者は基本的にはそういうふうに考えることになっているのですが、ただ、すべての場合きわめてリアリティがあるものですから、私はやっぱり邪術という行動はとられているのだろうと思いますね。

作田　きょうは写真で邪術をかけているところを見せていただけるのかと思っていたのですが（笑）。

掛谷　私は治すほうですから、かけるほうは……。

作田　邪術を実施しているところを目撃されたことはありますか。

掛谷　白状にもとづいて呪ったものがわかったということは報告されていますが、具体的に呪う場面の報告はないといってよいと思います。

作田　そこのところが非常におもしろいと思うのですが。

梅原　私は藤村久和君にアイヌのいろんな祈りの言葉を教えてもらった。呪いの言葉もあるのですが、それは教えられないという。やはり呪いの言葉は祈りの言葉でもある。つまり防御することと敵を殺すことは同じことですからね。

掛谷　たとえばぼくの場合でもトングウェの世界へ行くと、怪しいと思われているふしがあります。これあまりよくない話ですが、私はチンパンジーの基地の管理者でもありましたので、あまり人びとが働かないと、初めのころは怒ったりしていたのですが、最後のころはニコッと笑って、それでもいいの、とひと言いうと、ハッとあわててヤアヤアといって仕事をはじめるのです。怒るよりもニコッとしたほうが効く。これは、私は治療するほうで薬なんかももっていますから、それを逆に使えば、当然呪うことができるということにつながっているのだろうと思います。

作田　日本の場合には、人がたをつくって釘で刺したりするということがあるわけですが、そういうものは何か発見されているのですか。

掛谷　博物館などではそういうものがありますが、トングウェに関するかぎり、人がたとかそういうものは見たことはありません。

作田　そこのところが非常におもしろいと思うのです。想像上邪術をかけられるかもしれないと思って、たくさん獲物を獲ってもあまり獲れなかったとかいうわけでしょう。つまり邪術というものが客観的に外側にあるというよりは、むしろいわば内面的な自己統制のような形ではたらいている。そういう点で非常におもしろい。

掛谷　きょうの話は実際に邪術をかけている生々しいところをいえばよかったのですが、そういう体験は私自身何もないわけで、基本的にいま作田先生がおっしゃったように、邪術という世界は内面化された形で、裏面から社会を支えられているということがいちばん基本の筋だと思います。

3　呪いの原因

河合　呪術というのは、呪薬を持っている特定の人しかできない。ところが邪術というのは、だれにでも呪うことはできるのかどうかということ、もう一つは、邪術をかける原因は何かということを聞きたいのです。いまのお話ですと、一つは妬み、それから恨みなのですが、そのほかの原因は？

掛谷　基本的にはだれでもできるのです。つまりそれは自分の内在化した能力ではなくて、呪薬を媒介として呪うというのが基本ですから。その道の達人や呪医のところへ行けば、呪い方も教えてもらえますから。

河合　呪医から邪術を学ぶこともできるのですか。

掛谷　と人びとはいいます。つまり呪医というのは、そういう意味で両義的なのです。

梅原　それはそうだと思うな。

掛谷　両義的なゆえに呪医としての権威も保持できるということだと思います。

それからもう一つのご質問の、邪術をかける原因ですね、それはたくさんあると思います。いちばん大きいのは、物質的に豊かなこと、それを分け与えてくれないということです。子供を多くもつということも妬みの対象になります。当然多くの妻をもつということもその対象になるし、複数の妻をもつと妻どうしの嫉妬も原因になるわけです。呪う対象はごく親しい親族と一緒に住んでいる人の場合が多いようです。

梅原　親族に多いのですか、それはおもしろいな。

4　アフリカ的所有ということ

河合　トングウェ族の婚姻関係とか性関係についてうかがいたいのです。というのは、たとえばサル類の社会では嫉妬、妬みはほとんどない。ただあるとすれば、性をめぐって性の独占ということで少しあります。ですから雄が雌と交尾しているときに、強いやつがそれをじゃまするということが見られる。物の所有ということが妬みの一つの非常に大きな要因だと思うのですが、発生的には、それ以前に性の所有ということが大きいのではないかと思うのです。そういうことを考えると、トングウェの場合、性関係や婚姻関係は、妬みとか嫉妬をうまく排除する形で成立しているのではないかと思うのですが。

掛谷　先生のおっしゃるとおり、妬みや恨みは物の所有や性の所有をめぐっていちばん発動するものだろうと思います。性の問題はかなり重要な問題で、もっと詳しく調べられなければならないのですが、なかなかむずかしい領域でもあり、よくわかっていません。所有に関しては、どうもアフリカ的所有というものがあるらしくて、それはシンボリックな所有だとこのごろ解釈しているのです。つまり、あるものをこれは自分のものだというのですが、具体的な使用の場面になったら、多くの場合それは共有なのですね。しかし、これは自分のものだということははっきりしているわけです。そういう観点からみますと、たとえばブッシュマンでもピグミーでも、基本的に自分のものだということははっきりしている、つまり所有ということはあるのですが、市川光雄君の言葉をかりれば、ピグミーの所有というのは、分配する権利をもつということだという。トングウェの場合もそれはかなり通用する説明でして、だれのものだというのははっきりしているが、しかし具体的に使用状況を観察すると、共有的に使用されていることが多い。物に関してはどうもそういうことがいえそうですね。

5　おおらかさとタブーの共存

河合　こういうことはいいますか、おまえの嫁さん貸してくれと（笑）。

掛谷　貸してくれとはいわないのですが、いまの言葉でいえば不倫は頻繁にあるようです。私は少し離れた村を訪ねるときに数人のトングウェを連れて行くのですが、必ずそこで相手をみつけています。ときに朝方に私たちの好きな料理が村の女性からおくられることがある。これは何だというと、連れのトングウェの男が笑って、これはザワディ・ヤ・ボロというのです。ペニスの贈り物という意味です。村の中でそういう関係をもった女性が差し入れをしてくれたということです。そうなると、私たちもおいしいものが食べたいものですから、みんながんばれよといったりもするのです（笑）。

河合　結婚というのは、表立った性に関する社会的な一つの制度なのですが、もう一つ裏側に自然的な性というものが集団全体にあって、それは一種の公共性を帯びたものになっている。制度としての性の問題は、表立っては一見きちっとしているように見せかけて、裏側では自然的な性をうまく操作してみんなが享受しているのだと思いますが……。

掛谷　そうです。私はトングウェの親族呼称とか親族関係を全部調べたことがありますが、どうもそれを見ていると、それは性関係をもってよい人と悪い人とを仕分けるシステムのようにも見えました。

河合　そのシステムは犯さない。

掛谷　遠い関係になってくるとちょっとあいまいになってきますが、タブーに属するものはかなりよく守られているようです。不倫は表立ってはけんかの原因にもなりますが、現場を見ないかぎり、彼らはそれを許容しているというふうにみえますね。そういう意味で、所有といったって、なにか独占的に囲い込んで他のものを拒絶するというか排除するということは、基本的にはない。

ですから表面とは別に、裏面のかなり伸びやかな世界が一方に用意されているような気がしますね。私は日本の社会の固さ、不自然さが残念でという感じにアフリカにいるとよくなる。

6　テンボ族の場合

河合　他のバンツー系の人びとはどうですか。

赤阪　私はタンガニイカのちょうど対岸のザイールランドのやはり焼畑農耕民であるテンボ族を見てきたので

すが、やはり性関係のもつれが妬みを発動することがしばしばあります。それときょうの掛谷さんのお話に関わることで事情が少し異なるのは、トングウェの場合非常に社会が分散的で、人口密度も稀薄で、集落の間が非常に離れている、そういう社会を維持するメカニズムの一つとして、妬みや恨みというようなものが邪術の大きな要因になっているとおっしゃったのですが、たとえばテンボ族の場合はもう少し人口密度が濃密で、村落というのものもう少し定着的で、そして社会的な統合レベルも、ちょっと高い。首長もトングウェの場合よりもうちょっとしっかりした首長が存在している。そういう社会で精神世界がどんなふうになっているかというと、やはり同じように邪術、呪術というものがはたらいているのですが、それは政治的な権力をめぐって発現することが非常に多い。

写真19-1　首長の家の前に飾られた獲物の骨（トングウェ）

河合　トングウェの場合、首長になりたがらない、逃げまわっているという話ですね。

掛谷　首長はある意味で、むしろ邪術に関する能力を高くもつことによって妬みの最終的なコントローラーとしてはたらいて、それがある種の階層化なり、政治的な組織に結びついていくのではないかと考えたこともあるのですが、トングウェの場合、赤阪さんが指摘されたとおりで、非常に分散的で人口密度が低いという段階、そういう構造をもっているものですから、

写真 19–2　ネット・ハンティングのしかけ（ベンバ）

まだむしろ階層化を避けるというか、階層化しないようなところへの強調があるようです。そういう意味でテンボ族は興味深いわけです。妬みとか邪術とかが一種の政治権力、政治的システムとどういうふうにかかわって発動されたり、制御されたりしていくのかなということに私も関心をもって、ベンバの王国を調べてみたのですが、ベンバの場合はあまりウィッチ・クラフトやソーサリーは表立たない。しかし一種のピラミッド型といえるような社会構造はもっている。最高者はデバイン・キング（聖なる王）のような格好になっています。そして、さまざまなパニッシュメントとか霊媒というような形でよくあらわれるのは、ベンバの社会では祖先霊なのです。それでは邪術のようなものはないのかというと、村レベルではあるのです。もめ事があると村人自身で、ネット・ハンティング（網猟）でかかる獲物を通して占う。それで解決できなければチーフのコート（法廷）へ持っていくわけです。ですからベンバの場合は、上級の首長のみがムワフィ（邪術者発見のための呪薬）の権利を持っている。最終的には。パラマウント・チーフ、あるいはそれに列する人びとがもつ聖性の部分に彼らのポリティカル・システムの一つの核心部が支えられているということで、生々しい邪術の話はあまりありません。

河合　そういう社会では、おれこそ呪術師だといって名乗り出るやつがいたら、それはすごい権力をもつこともできるわけでしょう。そういうことをやるやつはいないのですか。

というのは、ソシオバイオロジーで最適適応戦略というのがありますが、その中でハト派とタカ派の理論がありますね。どんな社会でも裏切者がいますから、そのことを前提にすると、結局タカが五でハトが七くらいのときに安定するという理論があるでしょう。そういう考え方からすると、まったく妬みがない、邪術者がいない世界というのは考えられない。だからトングウェの社会のように邪術者が全体に分散しているという形が一つありますね。もう一つは、おれこそ邪術師だというやつが出てきて権力構造と結びついたら、社会を階層化するすごい力をもつのではないかと思うのです。王国というのはそういう形でできるのではないでしょうか。

赤阪　しかし一般に王制には神聖性がつきまとい、王の望ましい属性のひとつに、邪術者でないということが望まれるという場合が、とくにアフリカには多いようですね。

7　平等な狩猟採集社会

梅原　きょうの掛谷さんのお話を、私は日本の社会を考えながら聞いていたのですが、狩猟社会が平等社会であるということは、私にもよくわかります。たとえば日本でも、マタギの社会は完全に平等です。職務は不平等だけれども、配分は平等。だから親分になる人は、人がみな働いているときにまあ寝ていたりするのですが、いざというときには指揮をとる。獲物は狩りに参加しなかった未亡人にも平等に分配される。

縄文時代の社会でも家の大きさは完全に同じでしょう。巨大な家は出てこない。巨大な構築物はだいたい神さまか、全体の寄り合いの場所ですね。この傾向は弥生から古墳時代にもみられますが、日本ではなぜか死んだ人の墓は巨大です。だけど、墓ほどの巨大な宮殿は出てこない。だから私は、日本の社会というのは、ずっと狩猟採集的な制度が残っている社会であって、そういう意味では平等主義の社会だというふうに考えているのです。たとえば饗という言葉がありますね。大饗《あえ》の祭りというのがある。アイヌ語ではアエというのは、食べさせるという意味です。人に食べさせるということが支配者の最大の役割です。私は田舎で育ったのでよくわかりますが、葬式や結婚式には村人がみな来る。私の家は七〇軒くらいの村でいちばんの金持ちだった。そうするとそういうときにみんな集まって来る。そして四日も一週間も私の家にいて全部食べている。

掛谷　そういう意味ではぼくらがトングウェの社会に入ってもそんなに違和感を感じないのです。よくカルチャー・ショックといいますが、カルチャー・ショックをうけないことがショックでした。

梅原　トングウェの社会は、日本の社会と同じですね。つまり支配者はどうやって人の恨みを断っていくか、ということが最も要求されるのです。日本は死者の霊が崇拝される社会ですが、同時に平等主義の社会です。だから支配者は地位や金が上昇するたびにいつも妬みの処理をしなければならない。それの上手な人間しか支配者になれない。

8　定住と非定住の違い

掛谷　私も梅原先生のご意見に同感のところが多いのですが、ただ日本の場合は、きょうお話ししたことが非常に複雑化・洗練化された形になっていると思います。縄文のことを考えましても、それはアフリカの狩猟採集民ともいろいろ共通する世界であり、そしてトングウェともつながりそうな世界なのですが、アフリカの狩猟採集民が非定住なのに対して、日本の縄文というのはやはり基本的に定住型の狩猟採集民なのですね。それが非常に長いあいだ続いている。そのことによって縄文型の複雑化・洗練化があったのだろうと思う。そう考えると、なにか現代の日本の状況ともつながってくるのではないかと思います。

梅原　そうですね。それから平等社会ということですが、アイヌや沖縄の社会ではあの世にいった霊は帰ってくると考えられている。そしてあの世の世界にも差別がない。キリスト教や仏教ではあの世の世界に差別があるでしょう。これはやはりこの世の差別の延長だと、私は思うのです。

赤阪　ぼくは文献で読んだだけですが、バイデルマンが調査したカグルー族の民話とか伝承に非常に明快なあの世観があります。これは一種の穀物起源説の伝承なのですが、ある男がトウモロコシ畑を荒らすノブタを追っていくと、洞穴に入り、どんどん行くと、洞穴の向こう側にこの世と同じような村がある。そこでは亡くなった母や母の兄弟たちが暮らしているという話なのです。

梅原　いまのお話はアイヌとまったく同じですね。死者が洞穴をくぐってどんどん行くとあの世がある。ただ、あの世の人には新しく入ってきた人が見えないのです。そしてイヌだけはそれが見えてワンワンほえるのだという。

赤阪　アフリカの場合は会話もしますね。つまり、これは祖霊の世界であって、母や母の兄弟たちは男に畑を荒らしたのは自分たちであり、酒を捧げれば不満が消えることを告げるのです。

掛谷　私はさきほど複雑化・洗練化ということをいったのですが、アフリカの狩猟採集社会は、遊動していくことでいろんな葛藤を解消している。そういう生活様式そのものがかなり妬みや恨みを軽減させているということは明らかです。ところが定住して同じ人がひと所に住まなければならない度合いが高まるほど、妬みや恨みはシンボリックな世界の操作を通して処理していかなければならない必要性が出てくるだろうと考えられます。そうするとトングウェの低密度型の農耕社会は、まだ遊動的な生活を引きずりながら生きている社会ですから、その中間型ともいえると思います。

河合　ピグミーとかブッシュマンの信仰対象は全部自然物で、祖霊信仰がまったくない。アフリカの農耕民とのいちばん大きな違いはそこだと思う。そういう点では日本の縄文の狩猟採集社会は、アフリカの狩猟採集社会とは非常にちがうと思いますね。

梅原　縄文時代にはやはり祖霊信仰があったでしょうね。

掛谷　定住していたら死んだ人とも一緒に住んでいかなければなりませんからね。ピグミーなんかですと、死者がでるとパッと移ります。

河合　ブッシュマンでも、死人はただ埋めておくだけですね。あと何もしないで移動していく。

9　邪　術——二つの機能

作田　ちょっともどりますが、生活のシステムと邪術の制度との関連という問題。自然に対して低搾取の社会である、一日の農耕時間が二、三時間というお話ですが、これはもっと働けばもっと搾取できるのに二、三時間でやめておくのか、あるいは五、六時間も働くと自然を食い荒らしてしまって、かえって生き残ることがむつかしくなるからなのか。

掛谷　それはあると思います。

作田　その制約というのは、やはり自然的条件としてあるのですか。そうしたらあまり働かないというのは、そういう自然との関係で……。

掛谷　それが結局大規模な自然破壊を起こさないで、アフリカの伝統社会が続いてきた根本的なメカニズムではないかと最近考えているのです。

実はベンバのところで妬みとイノベーションのことを少しお話ししようと思っていたのですが、時間がなくて省略しました。ここでそのことをちょっとご紹介いたします。最近ベンバの社会では現金収入源としてトウモロコシの栽培がひろがってきている。これは彼ら自身がファームと呼んでいるのですが、ハイブリッドのトウモロコシを化学肥料を投じて栽培するわけです。ここ数年の間にひろがってきているのですが、ここにもやはり妬みがかかわっていることがわかった。つまり、この場合でも基本的にさきほどいいましたようなレベリング・メカニズムがきちんとはたらいていて、だれかが突出することを抑えている。しかし、そこにはときには変わり者というか、たとえば長いあいだ都市に居住していた人が村に帰ってきて、それでしょぼしょぼとファーム的な農業を始める。はじめは、村の人たちはそれをばかにしているのですが、だんだんこれは金になりそうだということがわかってくる。そうするとこんどは村の人が一斉にトウモロコシ栽培を始めるのです。

河合　そこでレベリングが起こるわけですね。

梅原　それは日本も同じです。私の書くものも今みんなだまって見ていますが、そのうち……。

掛谷　一つ下のレベリングを突き抜けたあとでまた次のレベリングという形でこんどは村全体が変わる。そういうことによって社会が変化することもあるわけで、必ずしも停滞的な社会ではないのです。

梅原　日本の農耕化の場合も同じだったと思いますね。とくに関東のほうははじめは狩猟社会でやってじっと見ていて、ああ成功したということで一斉に農耕化した。

作田　邪術の制度がもつ機能には、レベリングということはもちろんあるわけですが、自然の生態系と部族との間の適合的な関係をつくっていくという機能も重要なことで、そういう二つの機能がやはりあるのだと思います。そうでないと、レベリング機能だけだったらもっと自然を搾取して……。

掛谷　どんどん上位に行く。

作田　どんどん搾取していって、その上の方で安定して、たくさんかせいだ人は他者に分配を多くする。それでもけっこうレベリングは一応達成されるわけですね。やはり邪術には二つの機能があるのですね。

河合　掛谷さんが本に書いておられたと思うのですが、レベリングが自然条件を保つという機能のほかに、あまりつくりすぎると結局客人にどんどん食われるだけだから、必要以上に働くのは損である。しかも地域社会の中で妬まれる。だから必要な分しか働かないという……。

掛谷　そういう側面もありますね。だからレベリングということと、ミニマム・サブシステンス・エフォートというのはやはり連動しているわけで、それを外側から見ると、生態系との適合関係がみごとに保たれているように見える。それはなんらかの世界観というか、自然観にもとづいた結果ではなく、隠されたシステム・メカニズムだといっていいと思います。

10　集団の病気と個人の病気

河合　立川先生、日本でも民間薬は山ほどありますが、邪術と結びついているものはありますか。

立川　民間薬といわゆる漢方薬とはちがいますが、日本では中国の体系をちゃんと持ってきている。

河合　それはあくまでも病気を治すという……。

立川　呪術的なものと結びついている生薬は沖縄や東北にはあったようですね。日本の場合は薬というより物の怪がついたとかそれを祓《はら》うとかいうことのほうが多い。あるいは祭りといった形で集団の行事として御祓いを行うとか。そういう意味では日本は生薬に対してはかなり合理的な考え方をもっていたようです。

河合　日本では古くは病因についてはどんな考え方をしていたのですか。たとえばばい菌によって起こると考えられる病気と、御祓いによって除けられる病気とは区別していたのでしょうか。

立川　呪いとか生霊とか死霊、そういういわば邪術で起こる病気と、もう一つは、胎毒論というのがあるわけです。つまり親から引き継いだ毒がずっと出てくるという考え方で、天然痘なんかがそうですね。その原因としては穢《けが》れなどがあって、それを疫神という形でとらえて、それを鎮めるということで祭りが行われる。これは農耕民に多い。

河合　伝染病はだいたい集団の病気ですね。それと個人的な病気とは分けていたわけでしょう。伝染病はお祭りで鎮めるとか。

立川　そうです、分けているわけです。たとえば同じ子供の病気でも、疱瘡、天然痘は伝染病ですから、それは村とか近隣とか共同体の単位で祭り事になって、それによって鎮めていく。ところが体の中から出てくるような皮膚病みたいなものは親とか何かが背負うという形で。

河合　業《ごう》ですか。

立川　業みたいな形ですね。たとえば癩《らい》なんかはその流れだろうと思います。

河合　日本では虫ということをよくいいますね。

立川　ええ。子供の病気はよく虫というのです。だから虫追いというのも、農耕的な考え方と通底するところがあるようです。虫送りとか。それを人形にかえて人形送りとか。

掛谷　トングウェにもカンの虫のようなのがあり、それをおなかの中のヘビ、ニョカという。おなかにヘビがいて、それが機嫌を悪くして暴れだすと、腹痛の原因になったり病の原因になったりするという。その治療法には、一般に坐薬というか浣腸薬を用いるのですが、ニョカを出してしまうというのではなく、体内にいるニョカを鎮めるという考え方です。

河合　サナダムシとか蛔虫というのははっきり見えますからね。それをとり除くということはしないのですか。

掛谷　ぼくもニョカといえばすぐ虫などを思い浮かべて、それを取り出してしまえば治るのではないかと考えるのですが、いや、それは人間というものはみんな持っているものなんだというんです。虫を完全に除去しようという発想ではないのですね。人間は常時そういうものを必ず持っているものだ、妬みや恨みと同じように。だからそれといかに上手につきあっていくかということがだいじという考え方ですね。どうもそれを排除するという考え方や方法は近代的特殊化かなとも思えなくはないのですが。

河合　その場合、薬を飲んでかなり治るのですか。それと、掛谷さんは実際に呪医をやっていて、ほんとうに治してやろうと思ってやっているんですか（笑）。

11　独特の説明体系——記憶の方法

掛谷　たとえばぼくは歯が痛くなって、今治水がなくなって困っていた。そしたらある女性が歯痛でぼくのところへやってきて、薬あるでしょう、治してくれという。いや、薬がなくなった、おれも痛いんやというと、じゃ、これつけてごらんといってくれた薬を使ったら、しびれ薬だったのですね、それで治りました。だから、報告で申しましたように語呂合わせしているように見えるのですが、それは説明の原理、記憶の方法ではないかとぼくは思うのです。

梅原　やはりなにか経験が……。

掛谷　経験の裏づけがあって、それにシンボリックな説明がされているのでしょうね。トングウェの人たちは木はすべて薬だというのですね。それでこの木はトングウェ語でなんというんだと訊いたら、樹皮を切って中の色をのぞいたり、噛んでみたりしてからその木の名前をいうことがあるのです。木の特徴と連合した命名法は非常に上手な記憶の方法なのです。これはいろんな経験の蓄積の上にたった象徴的な原理をもった説明の体系なのですね。それは文字のない社会での記憶の方法で、知識の宝庫なのだ、というのが私の最近の結論です。

立川　そういう点からいいますと、いわゆる病名は、日常語で表現されているのですか。

いのです。
掛谷　病名を百幾つか集めたのですが、これの分析にいま頭を痛めています。あまりシステマティックではないのです。
立川　しかしおそらく日常的な言葉でいっているのでしょうね。さきほどの解剖学的知見にしても、かなりレベルは低くても、たとえば心臓と肝臓の区別はしている。
掛谷　それはしています。
立川　大切なことは、そういう社会では病名を特別の用語ではいってないということだと思うのです。たとえば肝なら肝の病という表現が出てくるわけでしょう。西洋医学では肝硬変とか精神分裂病といった病名のように、日常用語とはまったく別ですね。そういうことはないわけですね。
掛谷　そういう感じではないですね。

12　呪医の資格と治療の場面

立川　呪医になる資格は……。
梅原　家柄ではない……。
掛谷　ただ、これは私の場合もそうなのですが、呪医はなんらかの形でそれは継承していかなければならない。つまりぼくの子供の中からだれか継承しなければ子孫に不幸が及ぶ。
立川　呪医の経済的背景はどうなのですか。呪医になるためにお金がかかるとか、それから実際に診断治療したときにどういう……。

掛谷　これは必ずお金がもらえます。

立川　相当の謝礼。

掛谷　ええ。無料でしてはいけないとぼくもいわれました。

河合　呪医は大金持ちにはならないのですか。

掛谷　そうはならないですね。大呪医だといっても、いわば精霊の力によって呪医になっているわけですから。それに金を持っている人には当然一族郎党が寄ってくるし、それを拒否すれば、彼自身がこんどは呪いの対象になります。

赤阪　治療の場面ですが、患者が一人で来るのか、それとも背後の共同体とか家族とかがいっしょに付き添って、公然の場面で治療が行われるのですか。

掛谷　治療には必ず親族のだれかが付き添います。ふつう見ているかぎりでは、水を汲んだり、湯を沸かしたりという作業の補助者のような格好で来ているのですが、親族のものが治療の過程をともにするということも含まれているようです。

赤阪　病気というものは個人的なものではなくて、共同体の関心事なのですね。

掛谷　人が病になると必ず人が寄ってきますね。病気見舞いに行くということは、これは義務なのです。親族でだれかが病気になったというと、それは万難を排して見舞いに行く。

実は私、昨年ベンバの村へ入ったときにマラリアにかかりました。それが普通に手に入るクロロキンで治るマラリアではありませんでした。はじめクロロキンを飲んでも全然治らないので、三日間ほどウンウンうなっていました。そうすると村の人たちがえらく心配してくれた。そういうのをほんとにありがた迷惑というのですが、朝から村の人がトントンと戸をたたいて、カケヤ、ぐあいはどうだということで延々と来るわけです。それに答えているだけでこたえてしまう。そして病気になって家の中で寝ているとは何ごとだ、ベンバの場合は病気になったら昼間は戸外に出て涼しいところで寝ているものだ、そこへ人が来て坐って心配してくれる、それが治療ということだというのです。人びとと応対するたびに、頭がガンガンして、これにはまいりました。ぼくは学生といっしょに行っていたのですが、彼女はぼくより一年前から行っていて、ベンバ語がぺらぺらなので、村の人に呼ばれて、おまえは一年間ここに住んでいて、ベンバのやり方がどれだけ効くかわかっているだろう、あの薬（市場で売っている丸薬）もわかっているだろう、それなのにおまえは自分の先生にあの薬を飲まさない、殺す気かといってせめられる。そうしたら、その学生までトントンたたいて、みんなこういうていますが、どうしましょうというものですから、私も頭をかかえてしまった。どうしようもなくて結局、村のえらいさんを集めて、日本人の医に対する考え方とベンバの考え方がいかにちがうかということをいいまして、ぼくはベンバのやり方を尊敬しているので、できることならそれをしたいけれども、ぼくの体が拒否するのだといって大演説をブッてやっと許してもらった（笑）。病人というのはパブリックな空間でこそ治療されるということがよくわかりました。

梅原　それは日本の社会でもあることですね。

13　社会的行為としての見舞い

立川　日本はヨーロッパに比べて、付き添いとか見舞いという慣習は格段に強いですね。
梅原　どこの病院に入ったということも社会的行為なのです。
河合　見舞いに行かなかったら、あとで恨まれる。
立川　病気見舞いほど社会的な行為はないのですね。
掛谷　トングウェの場合はさらに念が入っていて、見舞いに行かないと、その人が死んだら呪いの気持ちが見舞いに来なかった人に向けられて、病にかかるという。
立川　見舞品は持って行きますか。
掛谷　見舞品はあまりない。
立川　日本の場合の見舞品はシンボリックなものですね、生命力の回復ということの。
掛谷　ベンバのところで私がマラリアにかかったとき子供が小さな魚を見舞いに持ってきてくれました。あまり副食のないところですから、それには胸うたれたのですが、見舞いに来て家の前で心配げな顔をして坐りこみ、そのうちにワイワイやりだすのです。
立川　それはやはり新鮮なものを持ってくることによって生命力の回復をはかるということですね。
掛谷　そういう願いはもちろんあると思います。

14　階層化のメカニズム

梅原　不平等化の問題ですが、定着農耕の社会になって不平等が出てくると、不平等そのものを是認するということになりますね。それともう一つ、牧畜の場合も支配・被支配の原理による国家形態を生みやすい社会ですね。だから掛谷さんの平等論を進めるためには、定着型の農耕社会あるいは牧畜社会との比較をおやりになると、これはまさに大哲学になるのではないかと思います。

掛谷　いまのところのねらいとしてそういう一種の不平等社会というか、ランク社会がどうして発生したのかという問題を、トングウェと同じような基本的な条件をもちながら、ベンバの場合はなぜ大王国をつくったのかという問題を足がかりにして考えたいと思っています。あまりはっきりしないのですが、それはどうも内因によるのではなく、大きな軸になっているのは、アラブとの長距離交易ということらしいのです。

梅原　ベンバ王国ができたのはいつごろですか。

掛谷　大きくなってきたのは一九世紀ですが。

梅原　新しいですね。

掛谷　結局アラブとの交易で、ベンバからは奴隷と象牙を出して、むこうからは服とかビーズ、鉄砲、そういうものを入れて一九世紀に強大な王国になっていくわけです。いま私の考えているところからいえば、内発的に階層化していくというメカニズムがよくわからないのです。ですからトングウェを介して考えると、そういう異質なものとの出会いのなかでむしろ内側が階層化されていくと考えたほうが、いまのところアフリカのことはわかりやすいと思うのですが。

作田　首長をきめる場合に祭司が出てきますね。いろんな社会倫理のようなものを説教したりするでしょう。祭司と首長と呪医ですね、それはやはり普通の人より偉いというか……。

掛谷　ある聖なる力を付与されているという意味において、普通の人よりはランクは上なのですが、物質的な生活面ではほとんど変わらない。畑はもちろん自分で耕さなければなりませんし。

作田　専業化していないのですね。

掛谷　専業化していません。フルタイムのスペシャリストはいない。

作田　そうすると生産システムの効率が高くなると、だんだん職業分化して専門家が出てくる。それで階層化ができてくるということですか。

掛谷　社会科学的な認識から考えると、当然そうなのですが、ぼくはむしろ逆ではないかと思っているのです。つまり生産力の上昇ということよりも、むしろランク・システムをつくることによって生産力を上げていくという構図が先になければ動いていかない。ですからランク社会あるいは不平等社会の発生のメカニズムとしては、生産力を先にもってくるのではなくて、ランク型の社会形態をつくってみて、それが生産力を上げるという形で、いわば相互フィードバックの構造が前提になるのではないかと考えているのです。

作田　ちょっと話が変わりますが、呪医になる資格は、精霊の宿るような人物ということですが、その跡取りが必要だということになると、こんどは世襲ということにもなりますね。

掛谷　それはわりと広いストックの中からだれかが引き継ぐというわけで、それがだれかわからない。その人

写真 19-3　呪医の治療儀礼を見守る子供たち（トングウェ）

にこんどまた乗りうつるという格好になる。

作田　子供が引き継ぐとは限らない。

掛谷　子供というよりも親族のだれかということになります。

作田　親族のだれかですか。呪医というのはやはりいちばん興味がありますね。ジョーカーみたいなものでしょう。悪いことをしそうだけれども、しない（笑）。

掛谷　まったくそのとおりだと思います。

河合　トングウェの社会では盗みとか、殺人とか、裏切りとか、そういうものはどの程度あるのですか。

掛谷　盗みというのは、まあコソ泥のようなものですが、かなりあります。それから殺人はごく稀ですね。

15　すばらしい共感能力

立川　トングウェにかぎらず、アフリカ社会のこういう民族のいわゆる身体意識というか、身体感覚というのは、われわれとどうちがうのでしょうか。たとえば疲労感、痛み感というようなもの、もっといえば、たとえば治癒力は自然と共存している人ほど強いといわれるのですが、そのへんはどうでしょう。また痛みに耐える力というのは……。日本でも、江戸時代や明治維新のころの人たちは、痛みに耐える力がすごかったということをよく外国の人たちが書き残しているのですが。

掛谷　耐える力はぼくらより当然ありますし、びっくりするのは、共感能力がすごいということですね。ぼくたちの仲間で原子令三さんという人が交通事故を起こして、瀕死の重傷を負ったことがあるのですが、見舞いにくるアフリカの人たちはものすごくびっくりして、もう感に堪えないようすで、日本語でいえば「大変なことですね」という。あの共感の能力はものすごいものだと思いました。つまり痛みとか苦しみを他人事とせず、感受する。それが社会的な背景や超自然的な存在への想像力につながってゆく。

立川　そういう意識で共感する。

河合　苦しみや痛みをお互いに分かち合うということですね。

掛谷　そういう苦しみを体感することによって、人間の社会というものはいろんな層のものを引き受けていかなければならないという考え方を感得しているのでしょうね。そのことが彼らの世界観なり人間観に強い影響を及ぼしている。

立川　そういう共感能力は、農耕社会になってレベルが上がっていくほど弱くなっていくということなんでしょうか。

掛谷　そうですね。農耕社会では自然から搾取し、結局人間から搾取するということになりますから、共感能力はやはり退化していくと思います。つまり差別を容認し階層制を認めていくという構造は、一種の区画に人間を分けていくことですから、自分と同じ区画に属する人に対しては共感し合うことは可能でしょうが、区画のちがう人に対しては想像力が及ばない、及ばさないようにするというメカニズムがはたらくのではないでしょうか。

梅原　その共感能力は人間相互だけではなくて、自然現象全体とも共感できる能力ということでしょうね。

立川　だから自然とつながっている人ほど共感能力があるわけですね。

掛谷　そういう意味でいうと、ある本に、自然と人との関係は、人と人との関係と一種のパラレルな構造にあると書いてあって、そうかなと思っていたのですが、このごろになってある程度実感できますね。

梅原　沖縄やアイヌの人たちは、太陽というものはいっぺん出てきて死ぬという考え方をするのですが、トングウェの場合、太陽をどう考えているのですか。やはり生死をくり返しているのですかね。

掛谷　そういうふうに説明することもあります。

立川　太陽の生が一日の始まりという……。

掛谷　太陽の出るときですね。これは太陽神信仰だと思うのですが、昔は、古老は太陽が出てきたときに拝んで、そして死ぬものは死ね、生きるものは生きよというようなことをいったらしいのです。それをきいて私はものすごくクールで深い認識だと思いました。

立川　多元的なコスモロジーとしてあるのですね。

掛谷　そういう意味では、非常に客観的な精神の持ち主でもあります。ですから個別の現象に対しては非常に鋭い観察眼をもっていて、そして一種の超越的世界観で、個別の現象をつなげていく論理ももっている。

作田　時間がまいりましたので、このへんで終わります。どうもありがとうございました。

（一九八六年九月二八日）

第20章　平等性と不平等性のはざま
――トングウェ社会のムワミ制度

1　はじめに

ほぼ四〇年間にわたる霊長類学と生態人類学についての研究蓄積にもとづいて、伊谷（一九八六）は、人間の平等性の起源を問う壮大な理論の提示を試みている。この論稿で伊谷は、これまでの霊長類社会進化学の成果を背景としつつも、新たに、単位集団内での共存を支える個体間の平等・不平等の原則を軸にして霊長類の社会性の進化を論じる立場を確立する。その指摘にしたがえば、条件的平等原則の萌芽もみられはするが、多くの霊長類の単位集団を律する基本原則は先験的不平等であり、ニホンザルなどの母系の集団でその典型的な姿をうかがい知ることができる。しかし、チンパンジーやピグミーチンパンジーなどのパン属にいたって条件的平等原則の抬頭《たいとう》という明確な傾向性がみられるのである。そして、「狩猟採集民や、今日なお自然に強く依存して生活する人びとの社会にみられる平等主義が、パン属の社会の行きつくところである」（伊谷　一九八六：三七三頁）という。起源論の視点に立てば、不平等原則を断ち切り、平等原則を基本とすることこそ人間社会の成立の条件なのである。それは、人間社会の起源論の重要な地平を切り開き、また新たな視角から「人間不平等起源論」を展開すべきことを要請する問題提起でもある。

　伊谷の「人間平等起源論」を支える根拠の一つは、現存する狩猟採集民についての研究成果であった。狩猟採集民の社会は徹底した平等主義を基本としており（田中　一九七一、市川　一九八二、Lee 1979; Woodburn 1982 など）、その平等性は「日常の彼らの食生活はもとよりのこと、個人的な利益や財産を獲得し蓄積することの自制、社会的地位の格差の消去、それだけではなく、ある個人への名誉や栄誉の集中の回避にまで及んでいる」（伊谷　一九八六：三七五頁）のである。そして、伊谷はその視野を拡大し、私たちが調査研究を続けてきた、西部タンザニアの乾燥疎開林に住む焼畑農耕民のトングウェ社会も平等主義の社会であると位置づけている。

　トングウェは、トウモロコシやキャッサバを主作物とする焼畑耕作とともに、マスキット銃による狩猟や湖魚・川魚の漁撈、それに野生の蜂蜜採集などを主生業としているが、その生計経済は最小生計努力と平均化の傾向性と呼びうる原理に支えられている。彼らは身近な環境内で、できるだけ少ない生計努力によって安定した食物を確保しようとする、つつましやかな自給指向の生産傾向をもつ（最小生計努力）。こうして生産された食物は、集落の住民のみならず頻繁に訪れる客人にも供され、また食物が欠乏した他集落に分与されるなど、互酬性に基礎をおいた分配・消費の傾向性を示す（食物の平均化）。そして、祖霊や精霊への畏れや、人びとの妬みや恨みに起因する呪いへの恐れが、背後からこの傾向性を支えているのである（掛谷　一九七四、一九七七 a、一九八六 a）。このような経済や社会、世界観にみられる特性ゆえに、伊谷は、トングウェ社会が平等主義の社会であり、「社会的不平等の世界に足を踏み入れることを畏懼《いく》している社会」（伊谷　一九八六：三八〇頁）であると位置づけたのである。

私もこの見解に同意するのであるが、一方でトングウェ社会のそれが、狩猟採集民の平等主義とは異なった側面をもっていることも強調しておかなければならないと考えている。つまり、トングウェ社会は、規模も小さく政治的な統合度も弱いけれど、ムワミと呼ばれる首長（より広義の意味合いでの首長）を擁するリネージのゆるやかな連合体なのである。それゆえ、トングウェ社会は、社会的・政治的な不平等の要素を内包しているといわなければならない。

この小論では、ムワミを核とするトングウェ社会の構造を分析し、平等性を基調とする社会における不平等性の意味について検討を加えたい。

2　トングウェ社会の概要

タンガニイカ湖の東岸部に広がる、ほぼ二万平方キロメートルの乾燥疎開林帯がトングウェの居住域である（口絵図 1）。その内部には、主稜の標高が二〇〇〇メートルを越すマハレ山塊があり、多くの河川が谷を刻み、疎開林をぬうように流れている。湖面の高さは七八〇メートルであるが、大部分は海抜一〇〇〇メートルから一五〇〇メートルの丘陵地帯である。一九七一年の国勢調査によれば、この地域に住むトングウェは二万人以下であり、人口密度は一平方キロメートルあたり一人以下ということになる。山地帯を含む広大な疎開林と低人口密度という特性は、トングウェ社会を考えるさいの基本的条件である。

トングウェの集落はきわめて小規模であり、戸数では二～一〇戸、人口ではせいぜい五～四〇人で構成されており、しかもそれらの集落が互いに距離を隔てて分布している。隣の集落まで行くのに、半日から一日かかるという例もまれではない。一見、孤立して存在するかにみえる集落だが、そこに住み込めば、人びとが頻繁に往来していることがわかる。原野に点在する小集落は、原則的には父系原理によって結びついた住民の生活の根拠地であるとともに、人びとの往来によって結びつきを保つ社会関係のネットワークの結節点でもある。

彼らは明確にトングウェ族の一員であるというアイデンティティをもっているが、それはいわば文化的アイデンティティであり、社会的・政治的な統合を背景としたものではない。彼らの社会は、親族関係を基礎にした集団のゆるやかな連合体であり、それゆえそれらの集団概念群の内容と相互関係を述べておかなければならない。

トングウェ全体社会の構成を理解する鍵のひとつは、ムラヒロと呼ばれるクラン（氏族）にある。彼らは柏手《かしわで》を打って挨拶を交わす独特の文化をもっているが、クシエシヤと呼ばれる、日常的に交わされる基本的な挨拶が端的にそのことを示している。それは、親族や姻族の年長者に対する挨拶であり、年少者は腰をかがめて、ゆっくりと一〇回ほど柏手を打つ。年長者は柏手の音を聞きながら、おもむろに、たとえば「エンディタ・マムジョンガ」と答え、相手のムラヒロがムジョンガに属することを確認する。クシエシヤは、ムラヒロの認知を前提とした挨拶の様式であり、トングウェ社会が、異なったムラヒロの相互認知にもとづいた共存を基本としていることを示しているといってよい。

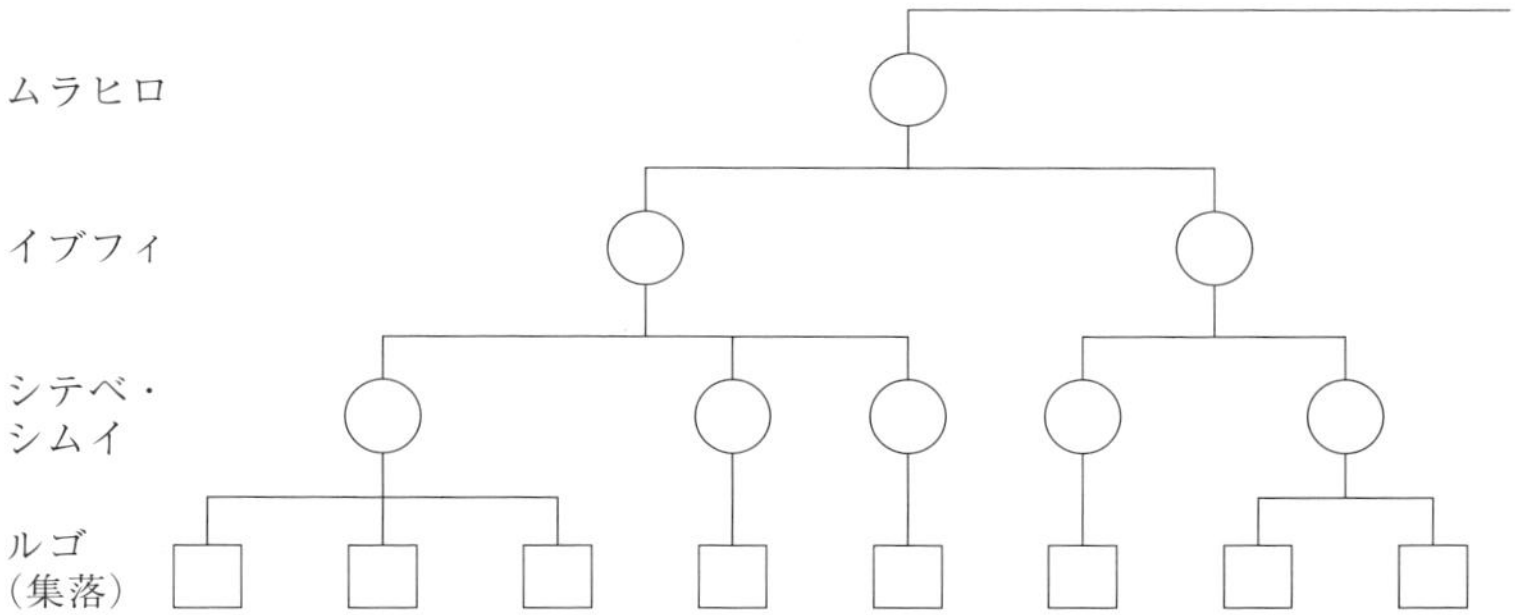

図 20-1　トングウェ社会の構造（模式図）。

後に詳しく検討を加えるが、それぞれのムラヒロは自らの由来を説く伝承を保持している。そのいずれもが、たとえば湖を隔てたザイール（現在のコンゴ民主共和国）のベンベ、タブワ、ホロホロなどの部族や、北方に住むハ族など他部族の出身であることを伝えている。つまりトングウェは、異なった諸部族の出身者が現在の地に移住し、混住化して形成された部族であり、ムラヒロは、同じ部族の出身者であるという歴史的な記憶を根拠とするクランであるといってよい。トングウェ社会は、一五を越す、このようなクランの集合体なのである。

それぞれのムラヒロは、その下位単位として、いくつかのイブフィ（リネージ）を含む。外婚単位でもあるイブフィは、一つないしは二〜三の、シテベ・シムイ（一つのシテベ）と呼ばれるサブ・リネージから構成されている。シテベというのは、ムワミ（首長）の座を象徴する円い木彫りの椅子である。つまりシテベ・シムイは、一つのシテベを共有する親族集団なのである。このシテベ・シムイに属する人びとが一つのルゴ（集落）、あるいは複数に分かれたルゴに居住している。通常はこのシテベ・シムイの長老がムトゥワレ（親族の長）になり、ムトゥワレがブワミ儀礼（首長即位儀礼）を経てムワミになる。

トングウェ社会の構造について要点のみを記したために、いささか素っ気ない記述になってしまったが、その概要を模式的に示せば図20-1のようになる。

3　トングウェ社会の構成

前章で示したトングウェ社会の骨格に肉づけするために、私がより親密につきあったムレンゴ氏族とムジョンガ氏族の二つのムラヒロを取り上げ、その由来伝承と守護霊信仰の記述・分析をとおしてトングウェ社会の構成について考えてみよう。

由来伝承

私は根拠地を湖岸のカシハ集落におき、また、マハレ山塊中のマヘンベ、シテテ、イルンビの三集落にも長期にわたって住み込み、比較資料を得るという調査スタイルをとった（掛谷　一九七四）。これらの集落のうち、カソゲとマヘンベには主としてムジョンガ氏族の人びとが住み、シテテにはンゲラ氏族、イルンビにはムレンゴ氏族が住む。口絵図2に、それぞれの集落と、この論稿で言及する他の集落の位置を示している。

A　ムレンゴ氏族

イルンビはマハレ山中、標高一八〇〇メートルの所にある寒村である。そこは典型的な山住みのトングウェの居住地であり、由緒正しいムワミの住む集落だと、湖岸部に住む人びとは言う。調査の時点では（一九七二年）、高齢のムワミ・ルカンダミラが、二人の妻と他の四人の住人とともに暮らしていた。ムワミ・ルカンダミラは、以下に記すような、ムレンゴ氏族の由来について語ってくれた。

　始祖の地はベンバ・ランドである。初代のムワミのキティムクルたちはベンバの地を離れ、野火を放ちながら進んだ。集落に出会えば、矢を放ち、槍で戦った。そのあとキティムクルは、「ござを敷け（*Ghanse filagho*）」と叫んだものだ。それが、私たちの領土をブガンサ（*Bughansa*）と呼ぶ理由だ。

　こうしてキティムクルの一行はタンガニイカ湖にまでいたり、刳《く》り舟で湖を渡ってカブェジェゲに着いた。しかしキティムクルは、「置き去りにしてしまった一族のものがいる」と言って、一人でベンバの地へ戻っていった。一人で戻ってきたキティムクルを敵が見つけ、鉄砲で彼を射殺した。

　息子のイトゥングルたちは、しばらくカブェジェゲに住んだが、あまりに蚊が多いので、その地を逃れてここブガンサに移り住んだ。

　キティムクルたちがやって来る以前、このあたりには背の低い人たちが住んでいた。彼らは鉄製の鍬は持っていたが、鉄製の槍や矢は持っておらず、落とし穴や木の槍で獣をとっていた。そして、ルルウェ（シコクビエ）や芋を耕していた。森の中へ逃げのびた後は、木の実などをとって食べていた。

　イトゥングルの子供にあたるカジャラが、後にコンゴからやって来て、ブガンサにたどり着いた。そして、マサバ付近にムワンジャという名の土着の首長（昔のトングウェ）がいて、そこを支配しているという話を聞いた。そこでマサバへ偵察にいき、彼らが木の槍を使っていることを確かめた。カジャラはイトゥングルたちのところへ戻り、偵察の結果を報告した。そして、鉄製の槍と矢をもった援軍を得てマサバへ向かい、マサバの人びとが木の槍でコロンゴ（ローンアンテロープ）を射とめたところにであった。そこでカジャラは、マサバの首長とおたがいの首に槍を置きあうことを提唱した。マサバの首長の槍は木製だったので首を突き通すことができなかったが、カジャラの槍は鉄製だったので敵の首を突き刺して殺してしまった。そしてマサバの人びとを矢で追い払い、コロンゴの毛皮を持ってイトゥングルたちのところへ帰った。カジャラは、イトゥングルからイソンシオ（鉄のみでできた槍）、コロンゴの毛皮、ンパシ（冠）を得て、マサバのムワミになった。

イトゥングルはこの地で死んだ。そのあとを息子のカセンセレが継いだ。その弟のプートゥはカパンデに行き、そこに住んだ。ある日、プートゥはライオンを撃ち殺した。彼はその毛皮を家来に渡し、兄のところへ持っていくように言った。家来たちは途中で毛皮を乾燥させ、夜の来るのをまった。そして、その毛皮をカパンデに持ち帰り、プートゥに言った。「さあ、ムワミになる準備ができました。ライオンの毛皮が手に入りましたから」。こうしてプートゥはカパンデでムワミになった。

初代のキティムクルから数えて一〇代目のムワミにあたるルカンダミラが語った内容は、基本的には他のムラヒロに伝わる伝承と共通するといってよい。始祖が異域に住む異部族の出身であり、彼らが現在の地に移住してそこを領地（トングウェ語ではシフゴと呼ぶ）とし、後になっていくつかのムワミの座に分かれて現在にいたるというシナリオである。カパンデにも、調査当時、ムサニカという名のムワミが住んでおり、これら二つのムワミの系統は同一の出自をもつことを認め合い、相互の系譜関係についても具体的に言及される。つまりカパンデとイルンビのシテベ・シムイの人びとは同じイブフィに属していることになる。このイブフィには、もう一つイボレロに住むムワミの一族も含まれる。イボレロのムワミの座は、かつてカリヤ周辺に根拠をもつムロンガ氏族の人びととの領地争いに勝った際に、新たに設けられたのだという。マサバにもムワミが住んでおり、イルンビとの系譜関係のつながりを認め合っているが、より間接的であり、長い時間の経過もあって異なったイブフィに属するという。ムレンゴ氏族には、これらのほかにソンブエとカンピサにもムワミの座があるが、同じベンバ出身であるという伝承をもつのみであり、それぞれのイブフィを構成している。ムレンゴは、少なくとも五つのイブフィと七つのムワミの座（シテベ・シムイ）を含むクランなのである。

伝承によれば、ムレンゴ氏族の起源は、現在のザンビア国北東部に住むベンバ族であるという。ベンバはかつて、チティムクル（*Citimukulu*）と呼ばれるパラマウント・キングを擁する巨大な王国を形成していたことで知られている（Richards 1939; 掛谷・杉山　一九八七）。イルンビ系統の初代のムワミの名がキティムクル（*Kitimukulu*）であり、ベンバのパラマウント・キングの名と共通していることは注目しておいてよい。

ここで、ルカンダミラが語る伝承の中で述べられている先住民について注釈を加えておきたい。これまでに私が採集したムラヒロ伝承のうち先住民にふれているのは、このルカンダミラによる語りのみであった。他の伝承では、移住してきたときトングウェの地は無人であったと伝えている。あえてこの問題について詳しく聞き込むと、ある人びとはカブシュートゥという背の低い小人についての伝説を語り、先住民が農耕を知らないピグミーであった可能性を示唆するのである。カブシュートゥ伝説の概要は以下のような内容である。

原野でカブシュートゥに出会うと、彼はかならず「私をどこで見たか?」と問うだろう。「今ここでだよ」

と答えると、カブシュートゥは怒り、喧嘩になるだろう（カブシュートゥは背の低さを気にしており、近くで見たと言われると、背の低さを指摘されたと思い怒るのである）。もしこの勝負に勝ち、カブシュートゥが指にはめている指輪や長いあごひげ、あるいは指の爪を手にいれ、それらを家に持ち帰って箱の中にしまっておくと、お金持ちになる。

B　ムジョンガ氏族

湖岸のカシハ集落の近隣にはいくつかの集落があり、それらを含む地域はカソゲと呼ばれている。近年になって多くの人びとが湖岸部に移り住むようになり、またそこが京都大学の野生チンパンジー観察基地の所在地ということもあって、調査の時点では、異なったムラヒロに属する人びとが居住していたが、基本的にはムジョンガ氏族のシフゴであり、四つのシテベ・シムイの人びとが住む。そのなかで由緒を誇るのが、バニャンクングウェ（ンクングウェの人びと）、つまりマハレ山塊中の最高峰のンクングウェ山を守護霊とする人びとであり、シンシバを居住地とする。マハレ山中の集落のマヘンベも、バニャンクングウェの居住地である。以下で、マヘンベのムトゥワレが語ってくれたバニャンクングウェの由来を紹介したい。

始祖たちはコンゴからやってきた。ブイグレと三人の息子たち（カバンガ、ムルタ、ルレミオ）、それに家族のものたちである。彼らはシンシバにたどり着き、そこで暮らし始めた。そのうちに若い二人の息子たち（ムルタ、ルレミオ）は、新天地を求めてシンシバを離れ、カトゥンビのンテメ山のふもとにあるキシバに着いた。そこにしばらく住んでいたが、蚊が多く、そのために子供が病気にかかり死んでしまった。彼らは居住地をコンクワに移したが、そこでも子供が蚊のために病死した。

弟のルレミオはイヌを連れて狩りに出かけた。彼はマヘンベ川を通り、ンクングウェ川までやってきてそこに寝た。蚊はいなかった。コンクワに戻ったルレミオは、自分が探索してきたところは蚊もおらず素晴らしい場所であると、兄のムルタに報告した。彼らはコンクワを出てンクングウェ川に移住した。実際、そこには蚊はいなかった。

ある日、旅人がルレミオのところにやってきた。ルレミオは独身で、妻がいなかった。ムルタの妻たちはウガリ（主食となるトウモロコシのねり粥）を用意した。ムルタはルレミオに旅人を呼んでくるよう命じた。ルレミオは、「旅人たちは疲れており、ここまで来るのは大変だから、私が運びます」と兄にいった。ムルタは同意した。ルレミオはウガリを旅人のところに運び、「これは私が用意したウガリです」と言って差し出した。こうして旅人は立ち去った。

また、旅人がやってきた。ルレミオは、ふたたび、同じ行動をとった。翌朝、ムワミ・ムルタは旅人のところを訪れた。そしてタバコを一本所望した。旅人は言った。「どうしてあなたにタバコを分け与えなければならないのでしょう。私たちは、確かにルレミオのウガリはもらったが、ムワミからウガリはもらっていない。この村にはムワミはいないと思っていました」。事態の成り行きを知ったムルタは激怒し、ルレミオを責めた。そして、ンクングウェの村をルレミオに明け渡し、ムルタはムガンガに移り住んだ。

それからしばらくして、ルレミオは兄を呼びに行き、ムトゥワレの座を要求した。ムルタは拒否しなかった。少し月日がたったころ、またルレミオは兄を呼び、今度はンパシ（ムワミの冠）を要求した。ムルタはそれも拒否せず、ルレミオにンパシを与えた。こうしてルレミオはムワミになった（マヘンベのムトゥワレはムガンガ系のムルタの後裔である）。

バニャンクングウェの由来については、西田（一九七三ａ）がカソゲで採集した伝承を報告している。話の大筋は共通しているが、カソゲ版では、ムルタとルレミオが双子の兄弟であり、ムルタらがシンシバ―コンクワ―カトゥンビ（キシバ）の経路で移住し、猟を兼ねてンクングウェ谷の探索に出掛けたのがムルタであったと伝えている。ムルタとルレミオがムワミの座を得た経緯についても興味深い伝承が語られている（シンシバの罠にかかった動物の同定を依頼されたムルタが、一目でそれがヒョウであると判断し、手元に残したその毛皮の半分でンパシ（冠）をつくりムワミの座を得たという。また、ルレミオは人を使って、ムガンガに向かっていたムルタからムワミの座を象徴するシテベを強奪させ、怒ったムルタはルレミオとその子孫を呪い、そのためにルレミオとその後を継いだ二人のムワミは早死にしてしまったという）。

ここには記さなかったが、バニャンクングウェの始祖はコンゴのテンブエ地方に住むタブワ族であるというのが共通の伝承である。彼らはテンブエを離れ、刳《く》り舟でタンガニイカ湖を渡ってシンシバの浜に着き、移住と人びとの野心によって、シンシバ・ンクングウェ・ムガンガ系の三つのシテベ・シムイに分かれたというのが、二つの伝承の大筋である。

ムジョンガ氏族には、このバニャンクングウェ（一つのイブフィ）のほかに、五つのイブフィと七つのシテベ・シムイが存在していることを確認している。長老たちは、これら以外にもすでに後継者が絶えてしまったムワミの座（あるいはシテベ・シムイ）がいくつかあると言う。それぞれのイブフィはタブワ族出身であるという伝承を共有するのみであり、相互の系譜関係を伝える伝承はもっていない。

それぞれの由来伝承は、祖霊信仰と結びつきつつ、ムラヒロ、イブフィ、シテベ・シムイのアイデンティティの根拠として語りつがれてきたのである。

守護霊信仰

それぞれの親族集団としてのアイデンティティは、祖霊信仰とともに、精霊信仰にも深く根差している。トングウェ・ランドには、川や山、大木や大きな白い石に宿る多くのムガボ（精霊）が住んでいるのだが（掛谷　一九七七b）、親族集団の守護霊としては、ムガボ・グウェジミロおよびムガボ・グワ・クパキラと呼ばれる二体の精霊が重要である。前者はシテベ・シムイの守護霊であり、後者はイブフィの守護霊である。ここではイルンビに例をとり、焼畑（ルフラ）をめぐる播種と収穫の儀礼の記述をとおして、守護霊信仰の内容を検討しておきたい。

A　播種儀礼

イルンビのムガボ・グウェジミロは近くの小山に住むカブウェルグルであり、ムガボ・グワ・クパキラは、イルンビの南方四キロメートルに位置する小山に住むムラングワである。ムラングワは、トングウェ・ランド内でもっとも強力な霊力をもつ精霊であり、ムレンゴ氏族以外の人びとの信仰も厚い。ムラングワの住む山を望む位置にイガブリロという集落があり、そこにはムホシヤと呼ばれる司祭が居を構えている。

ムワミ・ルカンダミラは、播種儀礼について以下のように語った。

雨季の初めに、イルンビ、カパンデ、イソンジェロ、カブロンジェなどの人びとがトウモロコシの種を持ってイガブリロに集まる。そして、ヤギと白布とともにトウモロコシの種をムラングワに祀る。その種を、イガブリロの一角にあるムラングワの畑に播き、残りの種を分けあってそれぞれの集落に持ち帰る。イルンビでは、持ち帰った種をカブエルグルに祀り、自分たちのルフラ（焼畑）に播く。

ムワミの言に従えば、この播種儀礼はイブフィ単位で行なわれていることになる。ンクングウェをムガボ・グワ・クパキラとするバニャンクングウェも、かつては同じようような儀礼を行なっていたという。

B　収穫儀礼

雨季が明け、焼畑（ルフラ）でとれたトウモロコシが乾燥した五月（一九七二年）、イルンビ、イソンジェロ、カブロンジェに住むムレンゴ氏族の人びとは、初穂のトウモロコシを石臼で挽いた粉（ンキエテ）を持ってイガブリロに集まった。そこで、ンキエテを守護霊のムラングワに捧げる収穫儀礼が行なわれるのである。私もイルンビの人びとにつき従って参加した。総参加者は約五〇人。ムワミ・ルカンダミラは、ライオンの毛皮にインド洋産の巻き貝をとりつけたンパシ（冠）をかぶり儀礼に臨む。

強力な霊力をもつムラングワに願いごとをした人びとが、それがかなったお礼に供物として捧げたヤギ一五頭もこの日に屠られる。若者が火起こし棒で料理用の火をつけ、儀礼が始まった。ムホシヤ（司祭）が木組みの祭壇に上り、ムラングワに唱えごとを述べた後に、イソンシオ（鉄のみでできた槍）で次つぎにヤギを突き刺す。つづいてムホシヤは、白布を裂いて祭壇前の木に結びつける。この後ムホシヤは、祭壇の上にムジモの木の葉を敷き、ブーブー（アフリカオニネズミ）の肉とそれぞれのヤギの心臓・肝臓の一部を置き、口上を述べる。こうして肉の供犠が終わる。

ヤギ肉が煮上がるころ、女性たちは持ち寄ったンキエテでウガリをこねあげる。ふたたび祭壇にムジモの木の葉が敷かれ、その上にヤギ肉とウガリが置かれる。そしてムホシヤが祭壇に上り、守護霊ムラングワに加護の御礼を述べる。そのあと人びとは祭壇の近くに陣取り、ヤギ肉とウガリを食べ、共食を楽しんだ。

食事のあと、人びとは祭壇の周りに集まる。ムホシヤは、ンキエテの粉を水で溶いたルワンゴを一人一人にふりかけ、守護霊の祝福を授ける。そして参加者全員で、ムラングワに向かって柏手を打ち、儀礼が終了する。

翌日、イルンビでは集落内に祀ってあるカブウェルグルに、アフリカオニネズミの肉とンキエテのウガリを供物として捧げ収穫を祝ったのである。

この他に、とりたてのトウモロコシおよび酒用のトウモロコシを、ムラングワ、カブウェルグルにお供えする収穫儀礼があるという。これらの儀礼にはカパンデの人びとは参加せず、イルンビ系のシテベ・シムイだけで行なうのだという。

集落単位でムラヒロの分布をおさえてみると（掛谷　一九七七a、伊谷　一九八四）、境界がはっきりと定められるわけではないが、大局的にみればそれぞれのムラヒロが領地（シフゴ）を住み分けて暮らしてきたことがわかる。ムラヒロの内部では、親族集団はときにイブフィとしてのまとまりを示しつつも、集落の分布が示していたように、基本的には、より規模が小さく社会的な自立性を確保したシテベ・シムイへと分化し、分散して居住する傾向性を保持し続けてきたのである。このような分散化による共存の傾向性を強く内包した社会にあって、定住と最小限の社会的集中の核となったのがシテベ・シムイの長であるムワミであった。ムラヒロ、イブフィ、シテベ・シムイ（ムワミ）の由来を説く伝承や守護霊信仰は、トングウェ社会に内在するこのような特性をも物語っていると考えることができる。

4　ムワミの権威と権限

トングウェ社会は、「人びとの離散と集中の平衡の上に成立した社会」であるといってよいのだが（掛谷　一九八六a）、その度合いにはかなりの幅がある。親族集団内の個別の事情は別にしても、「かつてはムラヒロ間に激しい抗争があった」と古老が語る時代には、集中の度合いが高く、現代に近づくにつれてより開けた湖岸部に人びとが移住し、とくに山地帯や原野の奥では離散の傾向性が強いと考えられる。いずれにせよ、その社会的集中や親族集団の凝集性の中心を支える存在がムワミである。

ムワミの在所

ムワミの在所は、家屋の形態やそれらの構成においては他の集落とほとんど変わるところはないのだが、独自の象徴的造形物の存在によって特徴づけられている。イルンビに例を取り、それらの象徴的造形物について解説しておこう（図20-2）。

集落のほぼ中央部に、二本のこんもりと葉をつけたムジモの木が立っている。その木陰に、ムワミのもとを訪

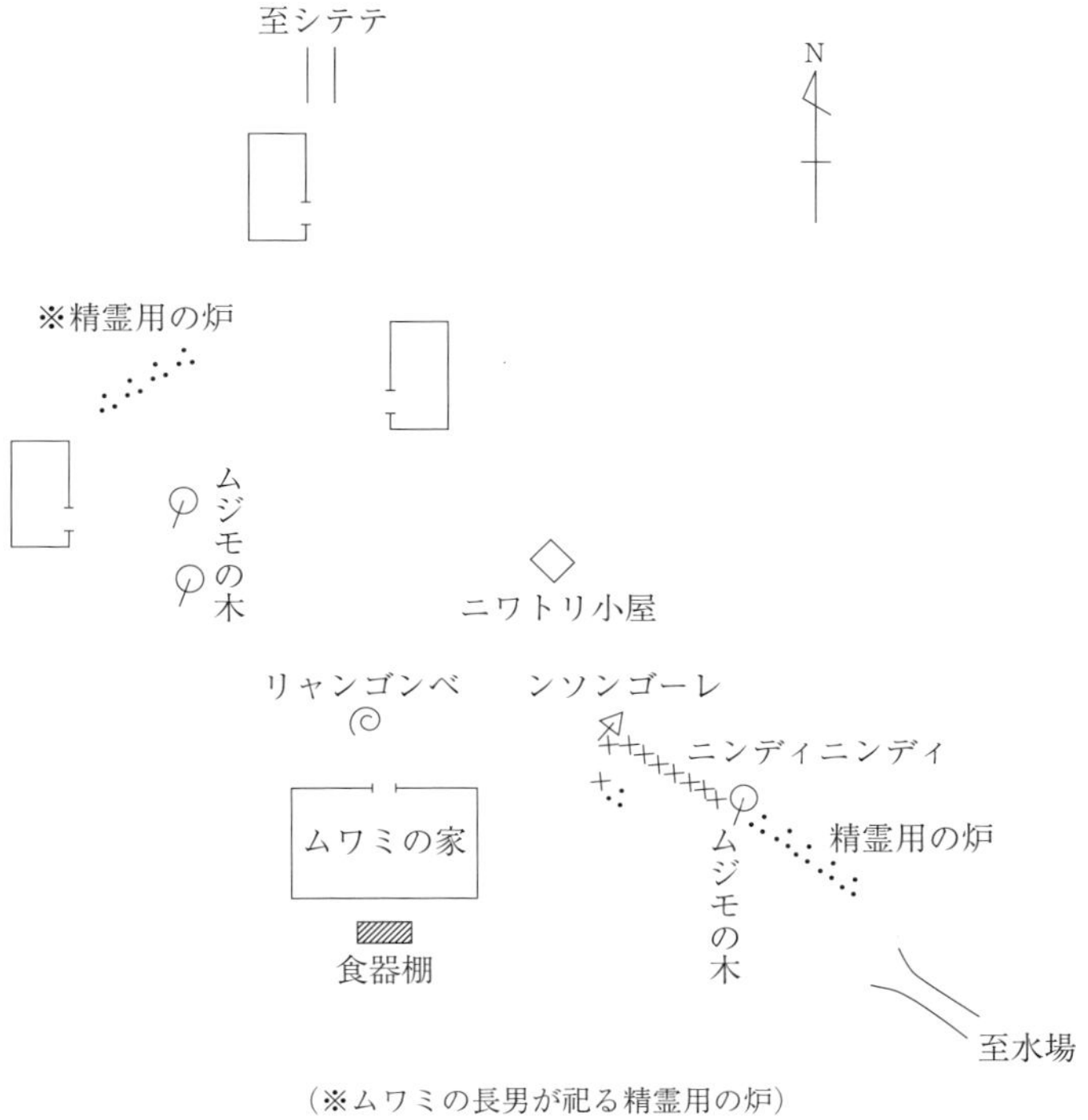

図 20-2　イルンビにおけるムワミの象徴的造形物。

れる客人が憩うのだという。イルンビでは見られなかったのだが、他のムワミの在所には、この木陰に二股の木で支えられた丸木の椅子（ムランダ）が据えられていた。その丸木はムバンガの木でなければならない。

ムワミの住む家屋の前には、イネ科のブウェジュエの草を束ね渦状に巻いたリャンゴンベがある。その中心部には、鉄のみでできた槍（イソンシオ）が突き刺してある。リャンゴンベの正体は定かではないが、危機に見舞われたおりに救いを求める精霊に似た存在であり、個人の守護霊である。かつてムワミはこのリャンゴンベの前で犯罪者などを刺殺したものだという。他の人びともリャンゴンベを祀ることがあるが、その場合にはルレレの草を用いる。

集落の南東のはずれ、水場への道のそばに一連の象徴的造形物がある。カンパラガの枯れ木に、ライオンとヒョウの頭蓋骨を掛けたンソンゴーレがある。その横には、ニンディニンディと呼ばれる、代々のムワミの霊を祀るムバンガの九本の木杭が立ち並んでいる。木杭には、祖霊に供物を捧げたことを示すリボン状の白布が結びつけてある。この木杭の隣に、シテベ・シムイの守護霊であるカブウェルグルを祀るムルンバの木が立っており、ここにもリボン状の白布が結びつけてある。そして祖霊や精霊用の、三つの石を組み合わせた炉（マフィガ）が並んでいる。前に述べた収穫儀礼などの際には、ここで供物を料理しカブウェルグルに供えるのである。

ムワミの在所における多くの象徴的造形物は、トングウェ社会におけるムワミの位置と役割の基本的な性格を示しているといってよい。シテベ・シムイの長として、ムワミはその自立性を守るとともに多くの客人を迎え入れ、他のシテベ・シムイの人びとの信頼と尊敬を集める存在でなければならない。なによりも重要なムワミの仕事は、代々のムワミの霊と守護霊を祀ることであり、それらの霊力の加護によってその領土（シフゴ）内の自然を管理する。それゆえ自然界の力を象徴するライオンやヒョウの頭蓋骨はムワミのもとに集められ祀られる。ムワミの怒りに触れれば原野での狩猟の不調が続き、湖・河川での漁撈でも不漁に見舞われると、人びとは語る。このような自然界と超自然界への深い関与こそが、ムワミの権威の源泉である。

ムワミの権限

衣食住などの物質生活の側面では、ムワミの暮らし向きは他のトングウェとほとんど違いはない。しかし食事の際には、ムワミは他の人びとから離れて一人で食べ、あるいは酒宴の場でムワミが酒を飲むときには、他の参加者は私語を止め、その酒を飲み終えたあとには全員で柏手を打つ。ムワミに挨拶するとき、人びとは敬意を表して履物を脱ぎ丁重に柏手を打つ。ムワミは、精霊に対する以外には柏手を打つことはない。このようにムワミは、他のトングウェとは異なった行動様式をとり、あるいは人びとにそれが要求されることもある。

人びとのムワミに対する義務として、以下のようなことがあげられる。

a　シテベ・シムイ以外の人が、ムワミの領内に移り住むときには、ムワミの許可を得なければならない。そして、焼畑を耕作して得た初穂を持っていく。

b　双子と逆子が誕生したときの報告

トングウェ社会では、双子および逆子は精霊の生まれ変わりであると信じられている。双子・逆子が誕生したとき、父親は四シリング（逆子の場合には二シリング）のお金をもって、ムワミに報告に行く。さらに二シリングを支払って、その生誕儀礼を行う許可を得る。儀礼が終了したあと、籠一杯のウガリ粉、ニワトリ、四シリング（逆子の場合には二シリング）を用意し、双子（逆子）を連れて挨拶に行く。死亡時には、二シリングを持って報告に行き、新たに二シリングを渡して死体の埋葬場所の指示を受ける。

c　野獣を撃ちとったときの貢納

ライオンとヒョウ：毛皮と頭部、あるいは死体を丸ごとムワミに納める。ムワミは、ライオンの場合にはヤギを、ヒョウの場合にはニワトリを屠り、ウガリとともに狩人をもてなす。そして、エボシドリの羽と白布を与える。

ゾウ：象牙を一本納める。狩人へのもてなしはライオン、ヒョウの場合と同じ。

バッファローなどの大型獣：一本の前肢または後肢、あるいは肉の一部を納める。

d　ムワミの領内の森林で刳《く》り舟を作ったとき、二シリングをもって報告に行く。

いずれも、精霊や祖先霊を祀り、その付託によって領土と、領土内の野獣・草木を管理するムワミへの儀礼的貢納と考えてよいであろう。

かつては、集落内あるいはシテベ・シムイ内に邪術者の呪いによる災厄が頻発するとき、ムワミは全員を川辺に連れ出し試罪用のムワフィを飲ませたという。ムワフィは、邪術者にのみ効力を発揮する毒薬であり、大量の水とともに服用するのだが、邪術者はそれを吐き出すことができず死に至るのだという。植民地政府の統治以来、ムワフィによる試罪は禁止されているが、人びとはその効力について確信に満ちた表情で語ってくれた。また、植民地化以前には、殺人などの大きな罪を犯したものはリャンゴンベの前に連れ出され、ムワミがイソンシオで刺し殺したものだという。その頃は、ムラヒロ間でシフゴ（領土）、女、食料を求めて激しい抗争もあったという（ただし、ある程度の連合があったとしても、戦いはせいぜいイブフィ単位の規模であったと思われる）。そのような抗争の際にはムワミのところに集結し、ムクロと呼ばれる赤い粉末を混ぜた大量のウガリを食べ、エボシドリの赤い羽をつけ、盾と槍あるいは弓矢で武装して戦いにのぞんだと、古老は語る。このような伝承は、集団の秩序維持や戦闘的団結においてもムワミの力が重要な役割を果たしたことを示唆しているのだが、しかしそれは祖霊と精霊の霊力の媒介者としてのムワミゆえの力であり、そのクライシスにおける表現であったと考えることができる。

5　ムワミの誕生と死

ブワミ（首長即位儀礼）

一つのシテベ・シムイには、その代表者あるいはまとめ役である親族の長、ムトゥワレがいる。通常は、初代の直系子孫のうち最年長者がムトゥワレに選ばれる。このムトゥワレがブワミ儀礼（首長即位儀礼）を受けることによって、公認の権威を付与されたムワミになる。ここでは、マヘンベで行なわれたバニャンクングウェのムワミ即位儀礼をとりあげて、その儀礼の内容を検討してみたい。

マヘンベでは、バニャンクングウェの由来を語ってくれたムトゥワレが亡くなり、息子のAがその後を継いだのだが、近年になって親族のものがあいついで亡くなるなどの不幸が続いた。その原因をムフモ（呪医）に占ってもらったところ、祖霊や精霊がムワミを置くことを要求しているのだという。それも、Aが帰属しているムガンガ系（ムルタの後裔）のみならず、ンクングウェ系（ルレミオの後裔）でも同時にムワミを即位させなければならないのだという。一般的にいって、シテベ・シムイの人びとはブワミ儀礼の執行を避けたがる。それはお金もかかる大仕事である。しかし人びとは、祖霊や精霊の促しのゆえにムワミを置くことを決意した。こうして一九七六年の一一月に、二人のムワミが同時に即位する儀礼が行なわれることとなった。幸運なことに、私はマヘンベの人びととは親しくつきあっていたし、ブワミ儀礼を指揮する司祭とも顔なじみであったので、許しを得て、司祭団の一員として儀礼に参加した。ブワミ儀礼の核心部は、ルカンガラと呼ばれる儀礼小屋での秘儀にあるのだが、それ以前にいくつかの段取りが整えられなければならない。それに、ンクングウェ系側の意見の不一致や準備不足もあって一一月五日から一七日までの日数を要したが、そのプロセスがムワミ制度の特性を示してもいる。以下で日付を追って簡潔にその内容を記しておきたい。

一一月五日。私も同行して、代々のムワミの頭骨が埋葬してある墓所（イタバミ）へ行く。イタバミは、山奥の森の中にあった。そこでヒツジを供犠して白布とともに供え、ブワミ儀礼が始まることを報告する。墓所の木のうろに置いてあったライオン・ヒョウの頭骨を持ち帰る。

六日。精霊のムラングワが乗り移った高名な呪医、ユスフが到着する。女たちは二列に並び、男たちは履物を脱いでムラングワを迎える。アブラヤシの木陰に陣取ったムラングワ（ユスフ）のまわりに人びとが集まり、柏手を打って挨拶する。ムラングワは、ンクングウェ系のムワミ候補者（B）に対し、どうして一族の人びとが集まってこないのかと問い、叱る。そして明日、精霊のンクングウェがやってくるだろうと予告して去る（ムラングワは叔父にあたるンクングウェの手助けにやってきた、というのが人びとの説明であった）。

七日～八日。ムラングワとンクングウェの霊が交替して呪医のユスフに乗り移り、主としてンクングウェ系の人びとに対して警告を発し、教え諭す（ンクングウェ系の準備不足をとがめ、彼らがムガンガ系よりも位が高いと主張していることに対し、バニャンクングウェの由来を最初から説き、それが誤解であることを告げる。由来伝承の内容は、前に記述したものとほぼ同じであった。ンクングウェ系のBは、一族で話し合い、精霊のお告げの内容を納得したことを報告する。また、精霊はBの酒癖の悪さを指摘し、ムワミがつとまるかどうかを問い、Bは心を入れ替えることを約束する、などのやり取りが続く）。

九日〜一〇日。二日間にわたり、ムルタ・ルレミオなどの祖霊の意向を知るため、司祭と呪医がブッシュに赴き占いを試みる。その結果、ほぼ祖霊の同意が得られたと判断された。

一一日。呪医が原野に出て、呪薬を採集する。その夜、二人のムワミ候補者（A、B）に邪術者除けの呪薬を施す。

一二日〜一四日。三日がかりで、司祭団は原野に出て儀礼用の呪薬を採集する。こうして準備が整い、一四日の夜にお触れが発せられた。「明日、ルカンガラ儀礼を行なう。これより男女の交わりをもつことはタブーである」。

A　ルカンガラ儀礼（一五日〜一七日）

一五日午前七時すぎに儀礼が始まった。呪医のユスフに精霊が乗り移り、人びとが柏手を打って挨拶する。集まった人びとは優に一〇〇人を超す。司祭が、粉の呪薬で地面に二つの同心円を描き、そこにブウェジュウェの草を立て、ニワトリを屠ってその血を注ぐ。それぞれのムワミを守護するリャンゴンベだ。そして、二つのリャンゴンベを丸く囲い込む形で、儀礼小屋用の柱穴を掘る。

男たちは総出で山に入り、柱用の木を切り、樹皮紐を採取する。木をかついで戻ってきた男たちを迎え、女たちは、大声で歌をうたう。「男の一物は、踊りのときに腰にまく牛皮の紐のように、ブラブラしているよ」。男たちも負けずにやり返す。「女のあそこの陰唇は、踊りのときに腰にまく牛皮の紐のように、ブラブラしているよ」。露骨に性を揶揄する歌が大きな笑いを呼び、興奮をさそう。このようなやり取りのなかで、柱を立て、草壁で囲い、屋根を葺く。屋根の上に二本の竹の束を立て、二羽のオンドリの首をかき切り血を注ぐ。こうして、夕暮れまぢかに儀礼小屋が完成する。

夜八時、再び儀礼が動き出す。司祭団は、前日までに集めておいた呪薬の草、木、根を白布に包み、ひそかに儀礼小屋に運び込む。儀礼小屋の両脇の薪に火をつけ、そこに邪術者よけの効力をもつというムラマの木を入れる。二頭のヒツジを屠り、毛皮を剝ぐ。呪薬の草・木・根を束ねて樹皮紐で結び、ライオンの爪と糸を通した針を中に押し込み、ヒツジの毛皮で覆う。こうして、ムワミ候補者が座る椅子（ルカタ）ができあがった。さまざまな呪薬はムワミ候補者に力を与え、邪術者を追い払う。ライオンの爪はムワミの力を象徴し、糸を通した針は邪術者よけの呪薬の効能を増すという。

儀礼小屋の内部は草壁で二つに仕切られている。スッポリと白布で覆われたムワミ候補者が、介添え人に背負われて儀礼小屋に入る（ルカンガラ儀礼の間は、ムワミ候補者は一般のトングウェの目に触れてはいけない）。ムワミ候補者の妻と、他の二人の介添え人が後につづく。粗末な衣裳を身に着けただけのムワミ候補者とその妻は、ルカタの上に座る。同様に、もう一方のムワミ候補者の一団が入場し、仕切りを隔てて席に着く。そして司祭団が全員、儀礼小屋に入る。すでに時刻は深夜を過ぎている。

それぞれの介添え人が司祭に白布を手渡す。深夜のルカンガラ儀礼が始まるのだ。司祭は腰に白布をまき、その上に毛皮の腰蓑を着け、足首に鉄の鈴を巻きつけて踊る。残りの司祭団の人びとは、歌をうたい太鼓を打ち鳴らす。踊りを終えた司祭は、ムワミ候補者の足もとに腰をおろし、おもむろに語り始める。「これがブワミ儀礼だ。ムワミには守らなければならないタブーがある。ムワミは、自分で釣竿を握って魚を釣ってはいけない。蜜箱を開けて蜂蜜を取り出してはいけない。二人で狩りに出たとき、獣に出会えば、必ずお付きのものに槍を持たせていかせなさい。人びとがあなたのところに相談にやってきたら、十分に人びとの話を聞き、それから判断を下しなさい。話を聞く前に、いろいろと小言を言ったりしてはいけない」。「ムワミの妻は、もしムワミから物を問われたら、ゆっくりと考え、おだやかな言葉で語りなさい。まずは妻のあなたがムワミを敬いなさい。あなたがムワミをないがしろにすると、他の人びともムワミを馬鹿にすることになるのです」。

司祭団の人びとは交替して踊り、そのあとムワミに説教を繰り返す。「ムワミのところに客人が訪れたとき、十分な食事を与えて接待しなければならない。食べ物があるのに、それを隠すなどはもってのほかだ。ムワミの評判を広めるのは客人なのだから」。「ブワミというのはほかでもない、こうして人びとがお金を出し合い、集まり、心を一つにすることなのだ。呪薬をいっぱい施され、人びとがあなたの前にぬかずくことではない。ムワミは自分の親族だけでなく、他の人びとも愛さなければならない」。「ムワミだからといって威張ったり、いい気になってはいけない。こうして多くの人が集まったからこそ、あなたはムワミになれるのだから。人びとを大切にしなさい。とくに、遠くからやってきた客人は大切にもてなしなさい。そうすればあなたの評判を聞いて、多くの人びとがあなたの村に移り住み、村が栄えるだろう。あなたを頼ってきた人は、一族のものであろうがなかろうが、すべてあなたの人なのだ」。「人びとをわけへだてして、つき合うようなことをしてはならない。たとえ嘘つきでも、ときには重要な情報を与えてくれるのだから」。「食事のときには、家の中や垣根の中に隠れて食べてはいけない。扉はいつも開けておきなさい」。「肉などを入手したとき、たとえそれが少量であっても、自分一人で食べるようなことはしてはいけない」。「ムワミというのは、人びとのことなのだ」。歌と踊りと説教は夜明けまでつづく。午前六時過ぎにルカンガラでの儀礼が終わり、ムワミ候補者は白布で覆われ、介添え人に背負われて別の小屋に運ばれる。このあと夕方まで休息する。

夕闇の中で儀礼が再開される。「狩人がライオンを撃ち取ったよ。狩人がヒョウを撃ち取ったよ」。ンパシ

（冠）を棒に吊り下げ、歌をうたいながら司祭団が人びとの間を駆け抜け、ルカンガラの中に走り込む。夜の一〇時に、今度はムワミの居住する家屋（イサンガと呼ぶ）に場所を移し、徹夜の儀礼が始まった。ルカンガラでの儀礼は秘儀であり、一般の人びとは儀礼小屋の外で一晩を過ごしたが、このイサンガでの儀礼には全員が参加する。昨晩と同じように、司祭団が入れ代わり立ち代わり歌い、踊り、説教する。明け方、延々とつづいた室内の儀礼が終わり、司祭団はムワミ候補者一行を森の中に連れ出す。

　ムワミ候補者とその妻は、川で体を洗い清める。司祭団は彼らの頭髪を剃り上げ、呪薬の入った水で体を拭い、清浄さと活力を象徴する白・赤の斑点をつける。シテベ・イソンシオも呪薬の入った水で洗い、白・赤の斑点をつける。ンパシも洗い清めたあとで、エボシドリの赤い羽をつける。ムワミ候補者は真新しい布を腰にまとい、ンパシをかぶり、手にはイソンシオを持つ。こうして準備は整った。一行は一列に並び人びとの待つ集落に向かう。途中でルフハとの出会いの儀礼がある。ルフハはムワミの命を象徴する壷を管理する役割を担っており、姉妹の息子の中から選ばれる。ムワミとルフハは相互に口移しで壷の水を飲ませ合う。そしてルフハはその場を去る（ルフハのムラヒロは、ムワミのそれとは異なっている。つまり、この儀礼は姻族間およびムラヒロ間の連帯を象徴していると考えてよい）。

　マスケット銃の祝砲が鳴り、人びとは歓声をあげて一行を迎える。女たちはコソコソと呼ばれる歌をうたい踊る。「ああ、やっと私たちがもたれかかることができる主柱が建てられた」。「私たちのお父さんがやってきた。これで心の不安がなくなったわ」。

　新ムワミはシテベの上に立つ。参集した仲間のムワミたちが祝辞を述べ、長老たちが次つぎに喜びの言葉を述べる。人びとは腰をかがめ、柏手を打ち、両手を地面につけて敬意を表わす。こうしてブワミ儀礼は終了した。

このあと一ヵ月以内に、ウェジミロおよびクパキラの守護霊の住む山、および代々のムワミの墓所であるイタバミへ新ムワミは赴き、ブワミ儀礼を終えたことを報告するのだという。

ブワミこそ儀礼の中の儀礼だと人びとは語る。確かにそれは、分離・境界・再統合の諸相を含む地位転換の通過儀礼の構造（ターナー　一九七六）をもつ、複雑な段取りを織り込んだ儀礼だった。精霊のお告げと裁定によって、あるいは占いによって祖先霊の意向をうかがいつつ、人びとはシテベ・シムイやイブフィについての伝承を再確定し、儀礼の準備を整えてゆく。呪医は念入りにムワミ候補者に呪薬を施し、司祭たちも多くの呪薬を駆使して儀礼を進める。ルカンガラの中でムワミ候補者は霊力と呪力を獲得するのだと、人びとは語る。しかし、ルカンガラやイサンガの中で、司祭たちはムワミ候補者に対して、良き社会倫理の体現者たれと説きつづけるのである。

ムワミの死

ムワミの死に際しては、一般の人びととは異なった特別の埋葬儀礼が執り行なわれる。一九七二年八月、ンガンジャに住むムジョンガ氏族のムワミが亡くなった。そのときに聞いたムワミの埋葬儀礼の方法について記しておこう。

ムワミの病が進行し、臨終が近くなったと判断されると、姻族の人びとがひそかにキリヤンボーレを呼ぶ。キリヤンボーレは、ムワミを助けて代々の祖先霊を祀る補助祭祀者であり、ブワミ儀礼のときに選ばれる。ムワミが死ぬと、「ムワミが羊を欲しがっている」とキリヤンボーレは叫ぶ。その羊を屠り、毛皮をはぎ、内臓を家の近くにばらまく。死体の処理には時間がかかるので、その腐臭を隠すための処置である。キリヤンボーレは姻族の助けをかりてムワミの首を切り落とし、羊の毛皮の一部で包んで樹皮製の箱にいれる。そして、それを壷の中に収め、もう一つの壷で蓋をして家のうしろの草の中に置く。残りの羊の毛皮を細い紐状に割いてムワミの体を縛り、白布で覆い、ござを巻きつける。そして、キリヤンボーレと姻族たちが、その死体をイサンガと呼ばれる墓所に運び埋葬する。翌日、キリヤンボーレは「大人物が死んだ」と叫んで、ムワミの死を宣告する。

埋葬儀礼は、ムワミの首をイタバミに運び安置することによって終わる。首を切り落としたのは満月の頃であったが、それをイタバミに運ぶのはこの月が終わる頃になると人びとは語っていた。イタバミは聖なる森であり、人手を加えることは堅く禁じられている。イタバミからの帰路、キリヤンボーレたちは集落近くにいるニワトリやヤギを棒切れで手当たりしだいに打ち殺すのだという。

ムワミの死体から首を切り離し、それをイタバミに安置する意味については十分な説明を得ることはできなかった。しかし、ブワミ儀礼によって付与される霊力や呪力、自然界や超自然界への深い関与にその根拠を置くムワミの権威と同様に、この一連の埋葬儀礼はムワミのもつ聖性あるいは神秘性を象徴していると考えてよい。

6　おわりに

この論稿の課題は、トングウェ社会を対象として、平等性を基調とする社会における不平等性の意味について検討することであった。それは、経済・社会・政治の諸側面にわたって徹底的な平等性を生きる狩猟採集民社会と比較することによって、トングウェ社会の特徴を描きだそうとする視点でもある。ここでは、口頭伝承などで語られるエスノ・ヒストリーの過程ではなく、いわばその結果として成立したトングウェ社会の構造に注目して議論を進めることにしたい。

狩猟採集民社会と対比すれば、トングウェ社会は焼畑農耕を生業のベースとしており、それゆえ生産力の高さが不平等性の源であるように思える。しかしたとえばサン（ブッシュマン）のキャンプでは、三五パーセントを占める老人や子供を除いた成人の男女が、一日にほぼ四時間足らず狩猟と採集に従事するだけで十分に成員の要求を満たすことができる（Lee 1968; 1969）。トングウェの集落では、その成員の年間必要量にほぼ見合っただけの焼畑の収穫量が得られるのみであり、生産に費やされる時間もサンのそれと大差はないと推定しうるのである。少なくとも顕在化したレベルで問題にするかぎり、「生産力理論」ではトングウェ社会における不平等性の謎を解くことができないといってよい。

焼畑農耕という生業がもつ社会的な意味を考えようとするとき、投入労働とその成果の獲得・消費との間にみられる時間的なずれに着目し、即時的利得のシステムと遅延的利得のシステムとに分ける類型論（Woodburn 1982）が多くの示唆を与えてくれる。この類型論を提唱したウッドバーン自身は狩猟採集民社会に二つのタイプを認め、他の農耕民や牧畜民の社会はすべて後者の遅延的利得のシステムに含まれることに言及しつつ、即時的利得のシステムの特徴を描き出すことに主力を注いでいる。ここでは、より原形的と考えられる熱帯の狩猟採集民社会との対比によって、焼畑農耕民社会の特質を明らかにするという視点からこの二つの類型に検討を加えたい。

即時的利得のシステムでは、投入した労働の成果（利得）を直接的かつ即時的に得ることができる。その典型例である熱帯に住む狩猟採集民は、比較的簡単な用具を使った狩猟や採集によって食物を入手し、その日のうちにそれらの食物を消費するのが原則であり、あるいはせいぜい数日のうちに消費してしまう。食物に複雑な加工が加えられることはなく、食物の保存・貯蔵もまれである。それは、「その日暮らしの経済」（田中、一九七一）と表現しうる生活システムであるといってよい。

一方、遅延的利得のシステムでは、相当の期間にわたって投入された労働の結果として成果を得ることができるのであり、投入労働とその成果の獲得・消費の間には時間的な遅延がある。樹木の伐採、火入れ、播種、除草、収穫といった一連の作業に依存する焼畑農耕は、このシステムの特性を明瞭に示している。それは食料の保存・貯蔵を必然化するシステムであり、食料はつぎの収穫期まで管理・保有されなければならない。あるいは、持続的に投入される労働の質と量や保存・貯蔵の管理能力によって、所帯ごとの保有する食料にかなりのばらつきをもたらし、その影響が長期に引き伸ばされる。それゆえこのシステムは、余剰の蓄積や偏在化の可能性を秘めており、それに由来するさまざまな社会的葛藤の種子を内蔵させてもいる。また、このシステムの一属性と考えてよいのであるが、焼畑農耕によって定住を基礎とする生活が必然化された点も強調しておく必要がある。狩猟採集民にみられる遊動的な生活様式は、その生計経済と不可分の関係をもち、集団の柔軟な離合集散性と連動しつつ集住がもたらす社会的な葛藤を解消し、また物財の蓄積をおしとどめもする（Lee & De Vore 1968）。つまり、定住性の確保という側面においても、焼畑農耕民は新たな問題に直面することになる。遊動的な生活様式を基礎とし、一日単位の現在を生きる狩猟採集民に対して、定住生活を基礎とする焼畑農耕民は、長期にわたる過去と未来を抱え込んだ現在を生きなければならず、その影響は、経済的、社会的、政治的、あるいは信仰や儀礼などで端的にうかがうことができる心的・象徴的世界にまでおよぶのである。

トングウェ社会は焼畑農耕を主生業としており、遅延的利得のシステムの特徴を刻み込んだ社会であるといってよい。しかし一方でトングウェは、山地帯を含む広大な疎開林と低人口密度という条件のもとで小規模分散型の集落を形成し、焼畑農耕のほかに狩猟・漁撈・採集にも強く依存した生業を営んでいた。焼畑農耕は、ほぼ毎年のように耕地を移動させ、ときには集落の移転をもたらす生業であり、遊動型の農耕とでもいえる特性をもっている。これらは、むしろ狩猟採集民社会と共通する諸要素であり、それゆえトングウェ社会は即時的利得のシステムの特徴を色濃くもつ社会でもある。あるいは、よりルースな遅延的利得のシステムを基本とする社会であるというべきであろう。

トングウェ社会の生計経済は、「最小生計努力」と「平均化」の傾向性をプリンシプルとしていた。それは、ルースな遅延的利得のシステムにおける経済的な平等性の発現様式なのであるが、遅延性ゆえに増幅、深化される人びとの妬み・恨み・そねみなどの感情に根差した社会的葛藤の表現であるという側面をもつ。トングウェ社会では、このような社会的葛藤は呪いとして表現される。その呪いへの恐れが、強い互酬性指向とともに、レベリング・メカニズム（平準化機構）を発動させ、余剰の蓄積や偏在化をおし止めることになる。しかし、「制度化された妬み」としての呪いは（掛谷　一九八三b）、社会の離散的傾向性を助長し、あるいはさらなる社会的葛藤の源となりうる可能性を秘めてもいる。精霊や祖霊などの超越的な霊力に裏打ちされた公的な権威によって、このような離散化・無秩序化への傾向性を根源的に制御する社会装置がムワミ制度なのである。それは同時に、定住性・遅延性ゆえに増大する社会的集中や親族集団の凝集性を支える制度でもある。

焼畑農耕を生業のベースとするトングウェ社会では、それゆえに抱え込むことになった新たな問題に対して、呪いの行使者である邪術者や精霊・祖霊などの神秘的存在が深く関与するもう一つのリアリティの世界への依存を拡大しつつ、ムワミ制度にみられる最小限の社会的・政治的な不平等性を導入することによって対処し、平等性を基調とする社会を維持してきたのである。

第21章　焼畑農耕社会と平準化機構

1　自然と共存する焼畑農耕社会

西部タンザニアに住む焼畑農耕民トングウェ（口絵図1）の調査を進めるために、私が初めてアフリカの地を踏んだのは一九七一年であった。それは、自然に強く依存して暮らす人びとともに生き、野生を織り込んだ生活を体験することを通して、ヒトの社会と文化について考えることを課題とした調査行であった。

トングウェは、トウモロコシやキャッサバを主作物とする焼畑農耕と、狩猟・漁撈・採集を生業とする人びとであり、標高二〇〇〇メートルを越す山地帯を含む広大なウッドランド（乾燥疎開林）の中で、二〜一〇戸の小さな集落を形成し、散在して暮らす人びとであった。彼らは身近な生活環境の範囲内で、できるだけ少ない生計努力によって、安定した食物を確保しようとする自給的な生産傾向をもつ（最小生計努力）。生産された食物は、集落の住民のみならず頻繁に集落を訪れる客人にも供され、あるいは食物が欠乏した他集落に分与されるなど、互酬的に食物を分配・消費する傾向性を示す（食物の平均化）。そして、精霊や祖先霊への畏れや、人びとの妬みや恨みに起因する呪いへの恐れが、これらの傾向性を背後から支えている。こうして自然の改変を最小限にとどめ、自然の再生産を生存の条件とすることによって、原野の生活が保持されてきたのである（掛谷　一九七四）。

このようなトングウェ社会との比較を意図して、一九八三年からザンビアのウッドランドに住む焼畑農耕民ベンバの調査を開始した（口絵地図1）。トングウェは父系の親族集団のゆるやかな連合体からなる社会をもっているが、ベンバ社会は母系を原理としており、かつては一人のパラマウント・チーフ（最高首長）を擁する王国を形成していたことでよく知られている。同じウッドランドに住む焼畑農耕民ではあるが、社会の編成原理においては、トングウェとベンバは大きく異なっている。しかし、村レベルでの生活においては、きわめてよく似た傾向性を認めることができた。つまりベンバも、人びとの生存に必要な量をはるかに超えるような生産を抑制し、かつ、生産物が人びとの間で平準化することを促し、あるいは偏在することを忌避する分配・消費のメカニズム（「平準化機構」）を保持していたのである（掛谷・杉山　一九八七）。

二つの焼畑農耕社会は、ともに原野の自然と共存する生活様式をもっていたのであるが、それは独特の技術や経済のシステムとともに、人間の欲望や妬み、恨みなどの感情を方向づけ、制御する社会・文化的なメカニズムによっても支えられていた。私はかつて、このような社会・文化的なメカニズムについて、平等主義を生きる狩猟採集民社会との比較に主として依拠しながら、人類に普遍的であると考えられる「妬み」の感情の制御という観点から考察を試みた（掛谷　一九八三b）。その際、狩猟採集や焼畑農耕など自然に強く依存する社会では、「妬み」を制御する機構は、大きな技術的・経済的な変化よりも、安定性を求める傾向性を生むことを示唆しておいた。

ベンバの調査は、一方で国民国家形成や近代化などの課題をかかえつつ苦難の道を歩むアフリカの実態を、草の根のレベルで捉えることをも意図していた。ベンバ社会もまた変容のただなかで進むべき道を模索しているといってよいが、一連の調査の過程で、伝統社会の安定性を支えてきたと思われる平準化機構が、条件次第では新しいイノベーションを推し進める機構としても働くことを見出した（掛谷　一九八六b）。

幸いなことに（というよりも、それゆえにベンバを調査対象としたのであるが）、ベンバ社会については英国の著名な人類学者であるリチャーズが一九三〇年代に詳細な調査を行っており、いまや人類学の古典といってよい見事な民族誌が残されている（Richards 1939）。この小論では、リチャーズの記載・分析を取り込みつつ、これまでの私たちの研究を整理し、とくにベンバ社会の生産と分配・消費の機構に焦点を当て、焼畑農耕社会の伝統と変容について論じてみたい。

2　チテメネ・システムと過少生産

チテメネ・システム

ベンバ・ランドは、東北ザンビアの起伏の少ない高原地帯にあり、ミオンボと総称される樹木が優占する疎開林に覆われている。その中を縫うようにして流れる河川沿いには、雨季に湿地となる特異な草原（ダンボと呼ばれる）が展開しており、川辺林などの森林はきわめて乏しい。

このような自然条件のもとでベンバは、森林と比較すれば樹木の生育密度の低い疎開林そのものを開墾の対象として、チテメネ・システムと呼ばれる独特の焼畑農法を発達させてきた。乾季（五月～一〇月）の間に、男はあらかじめ選定しておいた疎開林に通い、木によじ登って斧ですべての枝を伐採し、女が枯れ枝を伐採域の中心部に運ぶ。そして、雨季（一一月～四月）の直前に枯れ枝の堆積物に火を放って焼畑（チテメネ）とする。初年度には主作物のシコクビエとキャッサバや他の蔬菜類を植え、ラッカセイやインゲンマメの栽培も組み込んだ輪作によって、ほぼ五年間は継続して作付けした後に放棄して休閑する。チテメネ・システムは、原則として木を根本から切り倒さずに、すべての枝を切り払い、農地の六倍以上の伐採域から枝を集めて焼畑を造成し、アフリカ起源の雑穀であるシコクビエ栽培を主目的としつつ、混作と輪作を組み合わせた農法なのである。

チテメネ・システムの実態を明らかにするため、私たちは北部州・ムピカ県の県都から二六キロメートル西方

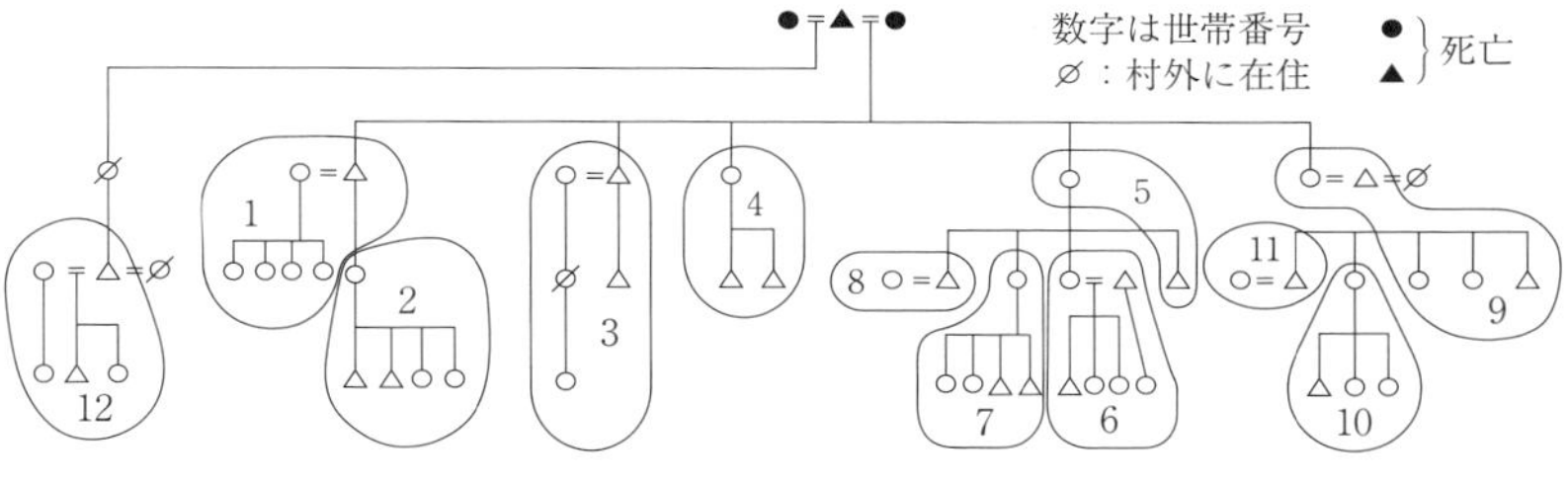

図21-1　レンガ＝カプリ村の親族関係

に位置する郊外の村、ムレンガ＝カプリ村に住み込んだ。それは一二戸、五〇人からなる小さな村であり、最長老のムレンガ＝カプリが一九五八年に出稼ぎ先のコッパーベルト（銅鉱山地帯）から戻り、兄弟姉妹を核とする母系の親族を集めて創設した村である（図21-1）。

集中的な調査を実施した八三年の時点で、二人の多妻婚者と三戸の母子所帯を含むムレンガ＝カプリ村の住人が開墾したチテメネの規模を、八一年から八五年までの五年間にわたって追跡することによって、その生産をめぐる生計原理を検討してみよう（表21-1、図21-2）。

チテメネ耕地は村の近辺部に求められるのであるが、その適地が少なくなれば、人びとは遠隔地にミタンダと呼ばれる出作り小屋を建て、約半年間そこに移り住んでチテメネを開墾する。しかし収穫後は、作物を村まで頻繁に運搬しなければならず、それゆえ出作り小屋は村から六キロメートル程度の範囲内に造られる。ムレンガ＝カプリ村では、たとえば八三年には四戸が出作りでチテメネを開墾している。八五年を除けば、一般に出作り耕地でのチテメネ耕地の規模は大きく、出作り耕作を選択する理由のひとつが、より広いチテメネ適地を求める点にあることを示唆している。

表 21-1　世帯別チテメネ耕地面積（単位：アール）

世帯番号	世帯の特徴	1981	1982	1983	1984	1985	
1	年長者の世帯（前村長）	36	36	34	17	22	
2	母子世帯	36	42	34	40	41	
3	年長者の世帯（現村長）	30	34	23	28	29	
4	母子世帯	30	35	29	37	32	
5	母子世帯	65	27	44 *	32	43	
6	青・壮年の世帯	—	70 *	63 *	71 *	41 *	
7	世帯 5 に寄食	—	—	—	20	20	
8	青・壮年の世帯	×	—	54 *	76 *	32 *	
9	夫は多妻婚者	35	38	72 *	60 *	×	
10	実家に戻り世帯 9 に寄食	×	—	—	—	×	
11	青・壮年の世帯（婚資労働中）	52	76 *	56 *	68 *	33 *	
12	夫は多妻婚者	32	20	28	×	×	
平均		40	42	44	45	33	41

*：出造り耕作　　×：離村

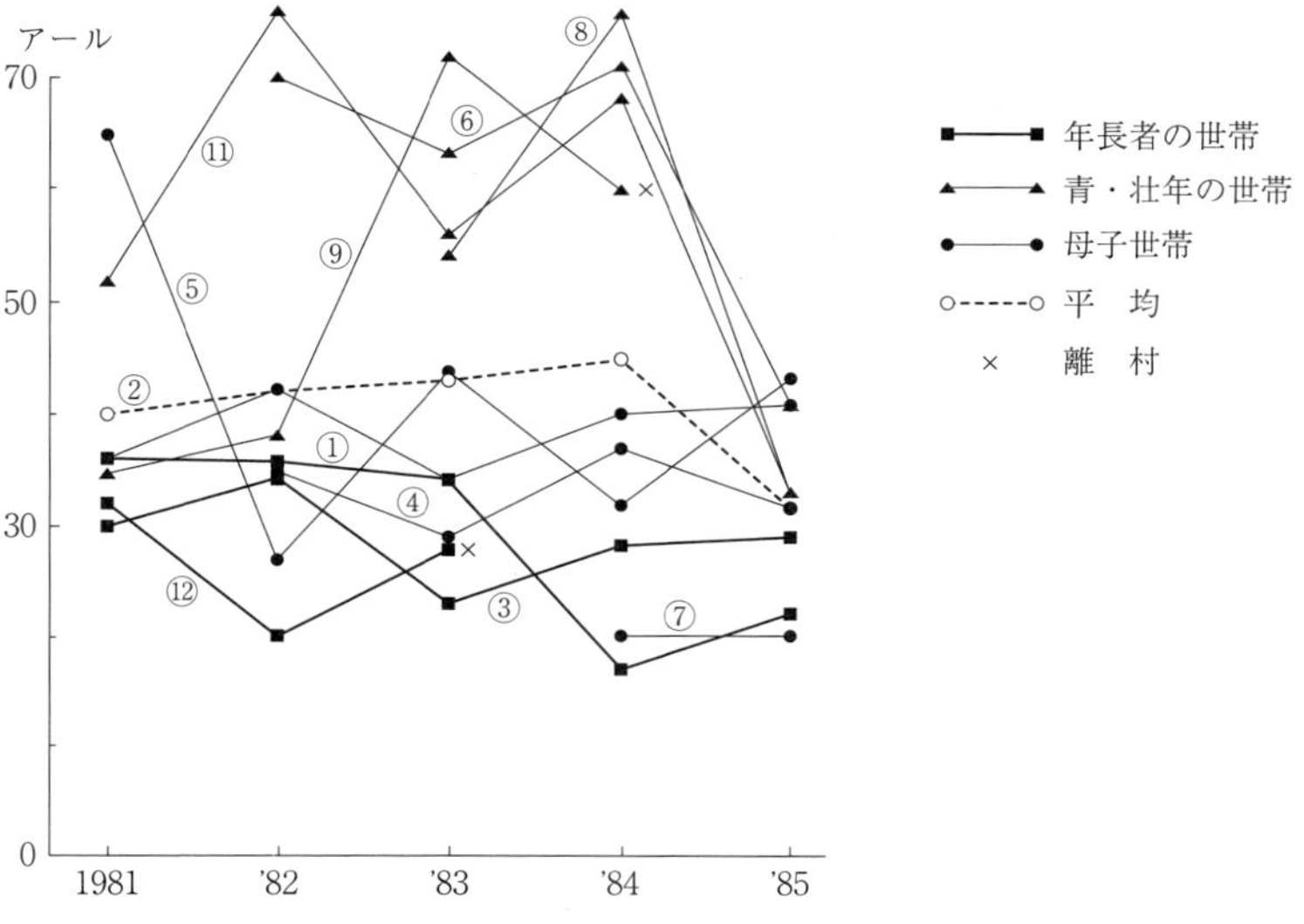

図 21-2　世帯別チテメネ耕地面積の変遷

チテメネ耕作規模の平均像

出作り耕作を含めて、チテメネの規模は各世帯間や年次ごとにかなりの変異を示すが、まずは平均値に基づいて、その生活上の意味について検討を加えておこう。

この五年間のチテメネ耕地の単純平均値は四一アールとなる。八三年のチテメネについては、その翌年に杉山がチテメネでの最も重要な作物であるシコクビエの収穫量を計測し、一アールあたりの平均収穫量は乾燥重量で三四・八キログラムという値を提示している（Sugiyama 1987）。この年は例年になく豊作であったということであるが、この値を一応の目安とすれば、平均的なチテメネでは一四〇〇キログラム程度のシコクビエを収穫することができることになる。

村人の食生活の観察から、五〜六人の構成員からなる標準的な世帯では、一週間に三〇キログラム以上のシコクビエを主食用の練り粥（ウブワーリ）として消費することが明らかになっている（Sugiyama 1987）。つまり年間を通してシコクビエを主食として消費するなら、一五〇〇キログラム以上のシコクビエが必要とされる計算になる。さらにシコクビエは、彼らが好むシコクビエ酒の原料としてかなりの程度が消費される。シコクビエ酒は嗜好品としてだけではなく、儀礼時には欠かすことができない必需品でもある。それは、ベンバの伝統文化を支える重要な構成要素の一つであるといってもよい。シコクビエ酒の醸造は、女性にとって重要な現金収入源でもある。またシコクビエは、ムレンガ＝カプリ村の西方のバングウェウル・スワンプ域に住む漁撈民の所に持って行けば、乾燥魚と交換することができる。乾燥魚は重要な副食源であり、近在の村人に売れば貴重な現金収入源となる。あるいは、シコクビエとの物々交換で塩を入手することもある。このようなシコクビエの用途と消費動向を考慮すれば、その生産量は消費量に比して不足気味の傾向を示していることが推測できる。

一九三〇年代にベンバ社会を調査したリチャーズは、平均的なチテメネの規模がほぼ一エーカー、つまり四〇アール程度であったと報告している。平均耕作面積で見るかぎり、三〇年代と現在ではほとんど変化していない。そしてリチャーズの調査当時には、雨季の後半の一月から三月にかけてはシコクビエの貯蔵が底をつき、人びとは空腹に苛まれるのが常態であったという（Richards 1939）。現在では主食用のシコクビエの不足分は、三〇年代以降にチテメネの輪作体系に組み込まれたキャッサバで補われるのであるが、多面的な用途を持ち、高い価値が付与されている伝統的作物のシコクビエ生産についていえば、その必要量や潜在生産量を下まわる「過少生産」（サーリンズ　一九八四）の傾向性を持続してきたと見ることができる。

つぎに、五年間の平均耕作面積の動向を追ってみると、八五年に顕著な減少を認めることができる。それは、とくに出作り耕地の面積の減少に起因していることは明瞭であろう。後にあらためて検討するが、出作り耕地の開墾は若い夫のいる世帯が担っている。その若い夫たちが、この年、そろって開墾規模を大幅に縮小したのである。この間の事情を、村における女性のマイクロ・ポリティクスという視点から、杉山が詳しく報告している（杉山　一九八七）。前年（一九八四年）のシコクビエ生産は、例外的であった八三年を超える大豊作であったという。若い夫たちは在庫のシコクビエが豊富にあることを理由に、その年のチテメネ伐採を拒否したのである。しかし、日々の食糧を管理する妻たちは、それが飢えにつながることを危惧し、チテメネの開墾を強く要請する。こうして家いえでは、連日のように夫婦の言い争いが続いた。この争いは、ある種の霊力と権威をもつ年長女性の仲裁と若い妻たちの連帯によって、例年よりは小規模ではあるがチテメネを開墾することに夫たちが同意して、一応の決着がついた。それは、「過少生産」の傾向性を内在化した社会を象徴する「できごと」であった。

チテメネ耕地規模の変異

図21-2に示されているように、チテメネ耕地の規模は世帯間で明瞭な変異があり、またひとつの世帯でも年によってかなりのバラツキを示す場合がある。世帯主が病気になり小さなチテメネしか開墾しえなかった例（一九八四年の世帯1）のように、いわば偶発的な理由によるものもあるが、その多くはベンバの社会・文化的な特性に根ざしている。

ベンバ社会は母系制であり、結婚後少なくとも数年間は妻方居住を原則とし、夫は妻の両親のためにチテメネ伐採などの労働力を提供する義務（婚資労働）を負う。世帯6の夫は、この村の女性と結婚し、八二年には妻の母親（世帯5を構成）のチテメネを伐採した。翌年からは独立したチテメネを開墾しているが、そのチテメネは妻の母親とも半ば共有していると考えてよい。世帯11の夫は、ムレンガ＝カプリ村に隣接するンドナ村の娘と結婚し、婚資労働中である。世帯8は妻方の村から夫の出身村であるムレンガ＝カプリ村に八二年に戻り、その年には前村で耕作した作物を運んで食糧としていた。世帯6・8・11の夫たちは年若い青壮年でもあり、より大きなチテメネを出作り耕作するグループを形成している。

ベンバ社会は、一夫多妻の制度をもつ。その多くは、男の母系成員が死亡した際に、その妻を相続する慣習に由来する。この村では9と12の世帯主が二人の妻をもつが、母系制を原理とするベンバ社会では、複数の妻たちはその兄弟たちとともに住む傾向性をもち、9と12の複数の妻たちは別々の村に住む。それゆえ、夫は遠く離れた二つの村でチテメネを開墾しなければならず、その調整に意をつくさなければならない。世帯9の夫は壮年であり、八一・八二年は平均耕作規模以下であったが、八三・八四年には出作り耕作で大きなチテメネを開墾している（しかし、以前から続いていた世帯9の夫と村長との確執が顕在化し、一九八四年のチテメネを伐採した後にこの世帯は離村していった）。世帯12の夫はより年長者であり、また別の村に住む妻のためのチテメネに力を入れたこともあって、八一年から八三年まで小規模なチテメネしか耕作せず、結局この夫婦は離別してムレンガ＝カプリ村を離れていった。

ベンバ社会では結婚後の一定期間は妻方に居住し、その後に夫方に移住する形態が一般的であるといってよい。しかし、男たちの理想は自らの兄弟姉妹を集めて自分の村を作ることであり、女たちは自らの生まれ育った村で生活することを望む。つまり、このような居住形態と母系制とは基本的な矛盾を内包しており、それゆえベンバ社会では離婚が頻発し（Richards 1940; 杉山　一九八八）、母子世帯の存在は常態的である。ムレンガ＝カプリ村でも三戸の母子所帯（世帯2・4・5）と、夫がほとんど村にいない世帯（7）、離婚を望んで村に戻り両親のもとで寄食している世帯（10）がある。チテメネ耕地の規模でいえば、世帯6の夫が婚資労働で共同開墾した八一年の世帯5の場合を除いて、三戸の母子世帯は平均以下ではあるが、ほぼ毎年安定した規模のチテメネを開墾している。

自給的傾向性の強い社会では、食糧の消費人口と畑の耕作規模との関係を考慮にいれておく必要もある。ここでは、各世帯の人口構成を確認しえた八二年のデータと、その年の食糧事情も考慮して耕作されたと考えうる八三年のチテメネ耕作規模に基づいて検討しておこう（表21-2）。表中、実質消費成員数は、リチャーズらが実施した古典的な栄養調査に従い（Richards & Widdowson 1937）、「一四歳以上の男には一・〇、一四歳以上の女に〇・

表21-2　世帯の実質消費成員数とチテメネの耕作規模

世帯番号	世帯の特徴	実質消費成員数 (A) (人)	'82 cf[*1]	'83 cf	82+83 cf (B)	(B)/(A)
1	年長者の世帯（前村長）	4.0	36	34	70	17.5
2	母子世帯	3.6	42	34	76	21.1
3	年長者の世帯（現村長）	3.2	34	23	57	17.8
4	母子世帯	2.2	35	29	64	29.1
5	母子世帯	1.8	27	44	71	24.0
6	青・壮年の世帯	3.3	70	63	133	
7	世帯5に寄食	3.4	—	—	—	
8	青・壮年の世帯	1.8	×[*3]	54	54	(30.0)
9	夫は多妻婚者	4.0	38	72	110	18.3
10	実家に戻り世帯9に寄食	2.0	—	—	—	
11	青・壮年の世帯（婚資労働中）	1.8	76	56	132	73.3
12	夫は多妻婚者	3.3	20	28	48	14.5
	合計（平均）[*2]	32.6	378	383	761	23.3

[*1] cf：チテメネの耕地面積（単位：アール）　[*2] 8の世帯を除いた値
[*3] ×：この村に不在

八、六歳から一四歳の子供に〇・七、それ以下の子供には〇・四」の値を与え、乳児は除いて計算した。また、前に述べた事情で、婚資労働で共同耕作した世帯5、6と、夫が不在ゆえ母親（5の世帯主）を手伝って耕作した世帯7は合わせて計算し、世帯10は寄食している両親の世帯9と合わせて計算した。

二年間のチテメネ面積の合計を、それぞれの世帯の実質消費成員数で徐した値（B／A）の平均値は二三・三であり、毎年ほぼ安定した規模のチテメネを開墾している2と4の母子世帯が、平均値をはさんで二一・一と二九・一の値を示している。これらの値を考慮にいれると、男の成人一人一年間あたりに換算して、一〇～一五アール程度の範囲の値を自給的なチテメネ耕作の標準像と考えてよいであろう。その値を下まわるのは夫が年長者である世帯1と3、それに夫が一夫多妻の世帯9と12である。世帯11

の値がきわめて高いが、この世帯の夫は婚資労働中であり、隣村に住む妻の親の世帯を計算に含めなかったために、より際立った値を示している。

このように各世帯は、消費成員数にほぼ見合った程度の規模のチテメネを耕作することを原則としつつ、ベンバ社会の構造に深く連動して世帯間でかなりの変異を示す。しかし、基本的な生計戦略という観点から総括するなら、世帯主の性と年齢に着目して、年長者の世帯、青・壮年の世帯、母子世帯の三グループに類別するのが適切であろう。年長者の世帯は、村の周辺部に小規模のチテメネを開墾する。働き盛りの青・壮年の世帯は、婚資労働の慣行もあって、チテメネ適地が少なくなった村周辺部を離れ、遠隔地に出作り小屋を設けて大きなチテメネを開墾する。母子世帯は、平均耕作規模を下まわりはするが、安定した規模のチテメネを村の周辺部に開墾する傾向をもつ。ベンバの村は、世帯単位での自立的な生産を原則としつつ、構成員の性と年齢に応じて異なった生計戦略をとる世帯の集合体なのである。

チテメネと投入労働

これまでチテメネの耕作規模をめぐって検討を加えてきたが、このようなチテメネを開墾し作物を収穫するまでにどの程度の労働が投入されるのであろうか。杉山は、世帯6の夫婦が八四年に従事した労働内容と日数について報告している（杉山　一九八八）（表21-3）。ほぼ二〇〇日にわたる記録の分析結果であるが、夫は全日数の約五分の一、妻は約八分の五を農作業に当てている。労働時間でいえば、労働日の一日平均で夫は約三・九時間、妻は約四・三時間、総計ではそれぞれ二二六時間、七四〇時間を農作業に費しているという。この年、世帯6は

表21-3　世帯6における夫と妻の労働内容と日数
（1984年4月20日～1985年2月17日）

	記録日数*	農耕	狩猟・採集	村外活動	酒宴および儀礼	その他**	計（日）
夫	267	58	48	66	45	50	267
妻	274	173	20	12	21	48	274

*　1日に2つの活動が行われた場合には、それぞれ0.5日として換算した。
**　食物加工、家作り、屋根ふき用の草刈りなど
（杉山1988：p. 36より引用）

七一アールのチテメネを開墾している。木によじ登って枝を伐採する男の仕事や、乾燥した枝を伐採域の中心部まで運ぶ女の仕事は重労働ではあるが、労働日に一日あたり四時間ほど働けば、平均面積を上まわるチテメネが開墾されていることに注目しておきたい。

ベンバの男は、チテメネ開墾のために樹木を伐採し、野獣よけの柵造りに従事するが、その他の大部分の農作業は女によって担われているといってよい。生計活動という視点からいえば、男はむしろ狩猟や小規模な行商などの村外活動に、より多くの日数を費やすのである。

リチャーズは、三四年にベンバの二つの村で二三日間および一〇日間の村人の活動日誌を記録している。この記録をもとにしてサーリンズは、ベンバの労働（生産）の日数・時間の算定を試みている。九月一三日から一〇月五日にわたる二三日間に、カサカ村での三八人の成人の活動を集計した結果、次のように報告している。

男たちはこの期間のだいたい四五％も、ほとんど、あるいはまったく労働に従事していない。生産日ないし労働日に分類できるのは、ほぼ半分ぐらいの日数にすぎず、労働継続時間は、平均四・七二時間といったところである。（中略）女性のばあいには、労働日（三〇・三％）、パート・タイム労働日（三

〇・三％）、ほとんどあるいはまったく働かない日（三一・七％）と、時間は男性にくらべてずっと均等に分割されている（サーリンズ　一九八四：七五頁）。

女性の継続労働時間は、一日あたり四・四二時間と算定されている。ただしこの期間が、比較的農作業の少ない時期であることは考慮にいれておく必要がある。雨季の最中の農繁期（一月）に別の村で記録された事例では、男は継続して調査された一〇日間のうち七〇・八％が労働日であり、女は七日間のうち六二・九％が労働日として算出されている（サーリンズ　一九八四：八〇頁）。

現代のムレンガ＝カプリ村の世帯6について、杉山は別の論稿で農作業への投入労働時間を月別に集計している（Sugiyama 1987）。その結果は、ムレンガ＝カプリ村の場合でも、一〇月は農作業が少なく、一月は年間で最も忙しい月であることを示している。サーリンズは、生産あるいは労働のカテゴリーの中に、農作業のほかに狩猟、漁撈、首長やヨーロッパ人のための労働も含めているが、労働日数・時間については、三〇年代のベンバの村と現代のベンバの村の状況とは大差はないといってよいであろう。つまり人びとは、自分たちが消費する量にほぼ見合った程度の生産を指向し、それを超える「過剰な」生産に労働を注ぎ込むことはせず、他の生活活動のための時間を確保する生き方を保持し続けてきたのである。

3　平準化機構の諸相

これまでチテメネ耕作に中心をすえて、ベンバの村での生産を支える基本的な特徴を論じてきた。つぎに、その第一の生産物であるシコクビエから醸造する酒に焦点を合わせ、分配・消費をめぐる社会関係の特質を検討してみよう。

村人は、シコクビエの粉を練って作る主食（ウブワーリ）は味がよく、腹もちもよいことを自慢するが、同時に、シコクビエがかけがえのない酒の原料であることを強調する。シコクビエ酒は、収穫儀礼や成女式、婚礼、相続儀礼などの伝統文化、社会構造の維持・存続を支える諸儀礼や、新年の祝いなどには欠かすことができない。チテメネの開墾の際に、人びとに木の伐採や運搬の共同労働を依頼する時にも、シコクビエ酒が必要である。週末になると、自分たちの村や近隣の村で醸造されたシコクビエ酒を買い求めて仲間とともに飲むのが、人びとの大きな楽しみである。酒造りは女の仕事であるが、同時に女の重要な現金収入源でもある。

シコクビエ酒には、カタータおよびチプムの二種類がある。ともに原料のシコクビエを仕込み始めてから二週間程度の醸造過程を経るが、最終段階で二種類に造り分けられる。カタータは発酵したシコクビエの原酒に水を加えたどぶろくであり、現金での販売用に造られる。チプムは村人に無料で供される共同飲酒用の酒であり、発酵したシコクビエを壺などに入れ、熱いお湯を加えるとできあがる。チプムが供されると、人びとは壺を囲んで座り、交代しながら、中空のアシや鉄パイプを差し込んで吸引する。

私たちが最初にムレンガ＝カプリ村に滞在していた一九八三年の四ヵ月間に、シコクビエ酒の醸造は合わせて一七回記録されている。そのうち一二回の酒造りは直接に観察しえたが、儀礼用に二回チプムのみを造った例はあるが、カタータのみを造った例は皆無であった。一回の酒造りの際に、カタータとチプムに配分される量の計測も試みたが、ほとんどの事例では原料の半量程度をチプムに割り当てていた。つまり、現金を得るためにカタータを醸造する場合にも、原料の半分をチプムにまわし、共同飲酒用に無料で村人に提供しなければならないのである。

共同飲酒の席には私もかならず招待され、チプムの味を堪能したが、その場で村人に、カタータ造りに必ずチプム造りが伴う理由を尋ねてみた。「カタータだけを造るのは非常に悪いことだ。なぜなら、クタナ（人に分け与えないこと）することになるからだ」というのが、村人の答えであった。それは、現金収入を得るためだけにシコクビエ酒を造ることには、強い社会的規制がかかっていることを示しており、特別の利益を得る者はその恩恵を人びとに分与する義務があることを含意しているのである。

販売用のどぶろく（カタータ）を飲む酒宴の場でも、「クタナ」を忌避する原則を確認することができる。どぶろくが充分に発酵した日の朝、人びとは容器を持参して、醸造者の家を訪れる。まずは味見というわけで、コップに一杯のどぶろくを無料でもらって飲みほし、それから希望の量だけ買い求める。その酒を持ち帰り、親しい人びとが寄り集まって飲み、また、しばしば醸造者の家の前で酒宴が始まる。そんな時、行商などで小金をためた男が、他の人びとからどぶろくをおごるように要求される。要求された男は、やむをえないといった風情で酒を買い求め、人びとにふるまう。それを拒否すれば、たちどころに人びとからムタニ（分け与えない人、ケチ）として非難される。

多くのシコクビエをもつ世帯が、しばしば共同飲酒用のチプムを造って酒宴を開くことがあるが、この行動も「クタナ」を忌避する文脈で理解することができる。

このようなシコクビエ酒をめぐる人びとのやり取りに、はっきりと示されているように、ベンバの村社会では、特別の利益を得る者や、人よりも多くを持つ者は、気前よく他者に分与することが重要な社会倫理であり、それに従わない者には人びとの非難が集中する。そこには、他者よりも突出して物を保持することを規制する社会的機構、あるいは物の偏在化を忌避し、それを制御する平準化機構の存在をうかがうことができる。

さきに世帯間のシコクビエ生産の変異について分析した際に、年長者の世帯、青・壮年の世帯、母子世帯で異なった生計戦略がとられていることを指摘したが、シコクビエ酒をめぐる現金の流れは、これらの生計戦略とも密接な関係をもっている。

青・壮年の世帯は、平均的な生産規模を上回るチテメネを耕作しており、婚資労働を考慮にいれても、その他の世帯よりも主食用として消費する以上のシコクビエを保持しているといってよい。彼らは、そのような「余剰」のシコクビエを自転車でバングウェウル・スワンプ域まで運び、乾燥魚と交換し、それらを道路沿いの村むらで売って現金を得る。そして男たちはその現金で、女たちが造るシコクビエ酒を買って飲み、人びとにふるまう。

シコクビエ酒の醸造は女の貴重な現金収入源であり、とくに母子世帯の女性にとってはほぼ唯一の現金収入源である。実際、彼女たちは、夫もちの女たちよりもシコクビエ酒を造る回数が多い。母子世帯を支える女性たちは酒の代金として得たお金で近隣の男を雇い、チテメネ伐採を依頼する。チテメネ耕地が確保さえできれば、他の農作業は彼女たちが自前で進めることができる。

つまり、青・壮年世帯の「余剰」のシコクビエは行商によって現金化され、それがシコクビエ酒の醸造と販売の回路を経て母子世帯の女性に還流しそのチテメネ生産を支えることになる。こうしてチテメネ生産の差異は平準化され、それによって男の労働力を欠く母子世帯の生計維持が可能となり、つつましやかな自給を確保する年長者の世帯を含めて、村の成員がほぼ同水準の生活を持続していくことができるのである。

ここで、一九三〇年代のベンバの村の状況と比較するために、リチャーズの分析を見てみよう。「(ベンバ族の女性が）生活している経済情勢では、食物の蓄積よりもむしろ、その相互分与が不可避とされ、こうして個人の責任は、自分自身の世帯の枠をのりこえてひろがっていく。わかりやすくいえば、だから、ベンバ族の女性は、仲間よりずっと沢山穀物をもっていても、なんの利益にもならない。分配しなければならないだけだからである[1]」。

ここ五〇年の間に、たとえば植民地支配からザンビア国の独立へと、ベンバ社会をとりまく政治・経済的環境は大きく変化したが、チテメネ耕作に基礎をおいたベンバの村社会は、その歳月を超えて、同一の生計経済の原理を保持し続けてきたといってよいであろう。

リチャーズはとくに食物が不足する季節や、突然の災害などにみまわれた際の相互扶助についても記録しており、それに基づいて次のように述べている。

「さいきんバッタの大群が襲来したとき、自分たちの畑が災厄をまぬがれた村人たちは、バッタにやられた仲間よりじっさいには幸運なわけではない、と不平をかこったものだった。というのも『仲間がやってきて、住みつくか、何籠ものシコクビエをせがむだろうから』というわけである[2]」。

リチャーズの記述は、ベンバの伝統的な生計経済のシステムが、災害時などのサバイバル・メカニズムとしての側面をもっていることを示している。

サーリンズが、「家族制生産様式論」（サーリンズ　一九八四）で強調したように、ベンバの村社会では、生産はなによりも世帯員の要求を満たす活動であり、それゆえ生産を拡大する傾向をもたず、むしろ必要量を下回る「過少生産」の傾向をもつ。そして「過少生産」は、世帯間の生産量の差異を平準化する機構と連動しつつ、濃厚な対面関係を基礎とする社会での、人びとの共存を支えてきたのである。それは、より多くを持つ者が他者に分与することを当然とする社会倫理に裏打ちされており、互酬性と共存の論理を繰り込んだ生計経済の表現であるといってよい。

この小論では詳しく述べることはできないが、これらの生計経済の原理の背後には、人よりも突出した財をもつ者への妬みや、分与を拒否する者への恨みが呪いとなって噴出することに対する恐れが潜んでいるとみてよい。またベンバ社会には、かつての大・小の首長の祖霊（イミパシ）への強い信仰があり、互酬性と共存の論理から大きく逸脱する者は、祖霊から懲罰を受けることにもなる。自然、社会、文化が相互に深く関与しながら、ベンバの村社会は、差異の累積化を原動力とした拡大型の経済よりも、差異の平準化を繰り込みつつ、安定した生計経済の維持を指向してきたと考えることができるのである。

4　変容する農耕システム

これまでの記述・分析では、生計経済の底流に潜む原理に焦点を当てたため、あるいは不変の相を強調しすぎたかもしれない。しかし、当然のことながら、村レベルの生活において、ここ五〇年間に重要な変容が見られたことも視野にいれておかなければならない。これまでに述べてきた内容とのかかわりでいえば、リチャーズの調査時以降に、チテメネ・システムの輪作体系の中にキャッサバを組み込む農法が広く普及したことの重要性は、特筆に値する。補助作物としてのキャッサバは、不足しがちな主食用のシコクビエを補い、かつては常態であったハンガー・シーズンの不安を除去し、あるいは、酒造用や行商用にまわすシコクビエの量をある程度自在に調整できる余裕を与えることになった。

キャッサバそのものの存在はかなり古くから知られていたが、リチャーズの調査時期の前後に起こったバッタの大発生による災害を契機として、一九三〇年代の後半以降、急速にキャッサバ栽培が浸透していったと推定することができる（Richards 1939; Miracle 1967）。キャッサバの普及は、当時の植民地政府の強力な指導によるところも大であったようであるが、その栽培とチテメネ・システムとの適合性も高く、ベンバ自身の積極的な対応と結びついたことに注目しておくべきであろう。

一方で植民地政府は、チテメネ・システムが森林（疎開林）を破壊し、生産性も低い「原始的な」農業であると決めつけ、禁止の政策をとるなどの対応を示し続けてきた。ザンビア国の独立後も同じような対応が継承され、近年にはチテメネ禁止の政策が強化されるに至っている。国家レベルでのチテメネ栽培を禁止する圧力と、小農の育成を軽視した農政のもとで、ベンバ農民は伝統的な知恵に依拠しつつ、したたかにチテメネ・システムを保持し続けてきたのである。キャッサバ栽培の普及も、あるいは前に詳述した生計経済の原理の持続も、このような文脈の中で理解する必要があろう。

大きく変容する村

こうして営々と存続してきたチテメネ・システムも、現在、その根底を大きく揺さぶられつつある。ベンバがファームと呼ぶ「近代的」な農業が、八〇年代に入って次第にムレンガ＝カプリ村の近在の村むらにも浸透しはじめたのである。ファームは半常畑耕作であり、樹木の根も取り除いて整地した畑地に化学肥料を投入し、換金作物であるハイブリッド種のトウモロコシを栽培する農業である。

はじめに述べたように、私たちのベンバ調査は、その伝統的な相とともに、「近代化」による変貌の実態をも押さえることを目的としており、それゆえ県都の郊外にあるムレンガ＝カプリ村を調査地に選んだのである。しかし、これまでの記述でも明らかなように、ムレンガ＝カプリ村は、むしろ伝統的な色彩を濃厚に保持した村であった。そこで私たちは、熱心にファーム耕作に取り組んでいると聞いていたアルーニ村を比較の対象として選び、調査を進める方針を立てた。

ムレンガ＝カプリ村の前を通る道路は、県都のムピカと西方のビサ族の居住地とを結んでおり、八三年当時には、週二便のバスが往来していた。アルーニ村は、この道路に沿って西へ約二〇キロメートル行ったところにある。アルーニ村では、大半の村人がファームを耕作しており、道路の片側には、樹木を除去して整地した広い畑地が広がっていた。

私たちは、ムレンガ＝カプリ村の人びとの紹介で、アルーニ村の中でも大きな規模のファームを耕作しているAさんの家に寄宿することになった。Aさんは、八二年にファームの開墾に着手し、その翌年に九〇キログラム詰めで一八袋のトウモロコシを初めて出荷している。そして八四年には五一袋、八五年には三五袋を出荷した。八三年と八四年にはチテメネ耕作を放棄し、ファームの一部にシコクビエも栽培したのだという。今後もファーム耕作に力を注ぎたいとAさんは語っていたが、八五年には余力もあったのでチテメネも開墾したという。

村人の話を総合すると、アルーニ村でファーム耕作を始めたのは、六六年にコッパーベルト（銅鉱山地帯）の都市部から帰郷したBさんであるという。Bさんは、最初にキャッサバの畑を開墾し、そこを徐々にトウモロコシ畑に変えていった。村人はBさんの行動を無視し、あるいは馬鹿にしていたという。しかし、トウモロコシが金になるのを見て、七〇年ころから少数ではあるがファーム耕作を試みる人が現れてきた。中には積極的にファーム耕作を始めたCさんのような例もある。Cさんは、アルーニ村から一キロメートルほど離れたところにあるツェツェバエ・コントロールの監視員として、七二年に北部州の州都であるカサマからアルーニ村に移り住み、七五年からファーム耕作を始めたという。Cさんは、八五年には一九袋のトウモロコシを出荷している。

北部州で農業総合開発計画を進めているイギリス系のプロジェクト・チームでは、九〇キログラム詰めで三〇袋以上を出荷する農民を本格的なトウモロコシ栽培者であると認めている。七〇戸を超すアルーニ村では、八五年の時点で、このカテゴリーに属するのは前述したAさんを含めて三人程度であるが、小規模なファーム耕作者は実に六〇%を超えている。その大部分は八二年以降にファーム耕作に着手している。ファームを耕作していないのは、老齢者や寡婦、あるいは主人が病気の世帯と、この年にアルーニ村に移り住んできた世帯であった。

ファーム耕作の進展動向

ザンビア国におけるトウモロコシ栽培は、植民地化以来の銅鉱山開発などに伴った都市人口の増大に対応して、銅の搬出のために敷設された鉄道沿いや大都市周辺の地域で生産を拡大してきた歴史をもつ。六四年の独立以後も、トウモロコシ生産の拡大政策がとられてきたのであるが、それは主として既存の生産地域を対象としたものであった。北部州などの地方の農業総合開発政策が先進国の援助のもとに進められるのは、七〇年代の後半になってである。このような農業政策の転換の背景には、銅生産に圧倒的に依存していたザンビア経済の低迷状況があるが、七九・八〇年には、農民からの低い買い取り価格の影響が顕著に現れ、トウモロコシ生産は大きく落ち込んだ。翌年、政府は農民からのトウモロコシ買い取り価格を二〇％上げるなど、緊急の政策変更を迫られることになる。

よりローカルな地域でのトウモロコシ生産量の動きにも、こうした政府レベルでの農業政策の反映を読み取ることができる。図21-3はムレンガ＝カプリ村やアルーニ村も含まれるトウモロコシ集荷の末端単位であるデポ地域（アルーニ・デポ）、およびその上位単位であり、伝統的な地方首長領を踏襲した行政単位（ルチェンベ領）での、八〇年から八四年までのトウモロコシ生産量の動向を示している。アルーニ・デポでは八〇年には九〇キログラム入りで二三袋の出荷量であったが、翌年には六五袋（三倍弱）に増大し、八二年には二四五袋（一一倍弱）と急激な伸びを示している。八三年は一時的な横ばい状態であったが、ルチェンベ領での急激な増大傾向も考慮にいれると、これらの地域では八二年以後に、政府レベルでの農業政策の影響が劇的な形で現れ、トウモロコシ

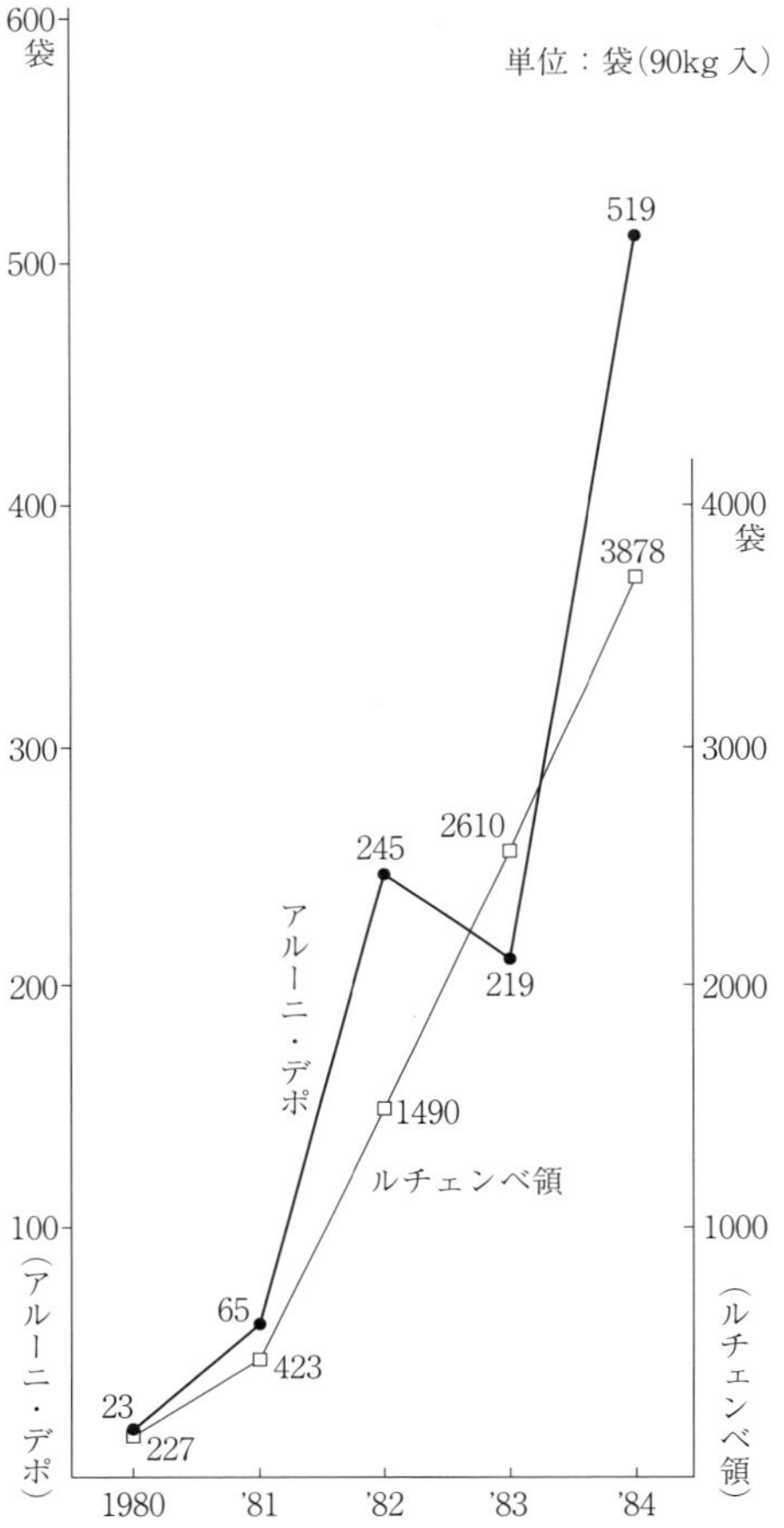

図 21-3　アルーニ・デポとルチェンベ領におけるトウモロコシ生産量の推移

生産の普及がみられたと考えてよいであろう。

このような影響は、アルーニ村の例で示されているように、ファーム耕作を始める世帯の増大として現れるが、とくに村レベルの現象として注目しておきたいことがある。私たちは、ムレンガ＝カプリ村の前を通る道路沿いの村むらを対象として、それぞれの村におけるファーム耕作の普及状況のセンサス調査も試みた。その結果、村むらは明瞭に二つのタイプに分けられることが明らかになった。ひとつはアルーニ村タイプであり、その住民の大部分がファーム耕作に従事する。もうひとつはムレンガ＝カプリ村タイプであり、ほとんどの住民がチテメネに依存し、ファーム耕作には手をつけない。道路へのアクセスや情報の入手条件などにおいてはほとんど変わりはないと思われるのであるが、村によってファーム耕作への対応がきわだった相違を示しているのである。それは、ファーム耕作の受容が、農業政策などの外部要因のみならず村の内部要因とも深く結びついていることを示している。

ファーム耕作受容のメカニズム

八五年の時点で、ムレンガ＝カプリ村にはファーム耕作に従事する村人は一人もいなかったが、隣接するンドナ村（約三〇戸、一六〇人）では、三人が小規模なファームを耕作していた。この年に出荷したのは九〇キログラム入りでそれぞれ九、七、三袋であった。ファーム耕作を受容する萌芽は見られるものの、アルーニ村と比較すると、ムレンガ＝カプリ村やンドナ村には変容を押し止める要因が働いていると考えるのはごく自然であろう。それは、前に詳しく検討した平準化機構（レベリング・メカニズム）が有効に作用している証左である、というのが私たちの仮説である。つまり、差異の平準化を促す社会的機構が、人びとの突出した経済的行動を制御し、結果的に変容を押し止めることになるのである。

　大きく変容が進むためには、まずこの平準化機構の制御を突き破る過程が必要である。その突破口の役割を担うのは、マージナル・マン（境界人）、あるいは「変わり者」とでも表現しうる人びとである。「変わり者」は、個性もさることながら、その社会的な位置や人生の経歴などの点において、他の人びととは異なった特性をもつことが多い。

　ンドナ村でファームを耕作する三人（D、E、F）は、ほぼこの「変わり者」としての属性を備えているといってよい。Dさんはカソリックの準牧師の資格を持ち、村のミサを受けもつこともある。彼は、かつて農業訓練所で学んだ経験をもち、新しい農作物を実験的に栽培することなどにも意欲を示す。Eさんは、県都のムピカで食堂を経営する親族の一人に頼まれて、牛の委託放牧を請け負っている。この牛がときおり村近辺の畑を荒らし、村人の苦情がではじめたので、村からほぼ二キロメートル離れたところに移り住み、それを契機に小規模ながらファーム耕作も始めた。Fさんはムレンガ＝カプリ村の娘と結婚した男で、すでに婚資労働はすませているが、ンドナ村とムレンガ＝カプリ村の境界域に住んでいる。両村には彼の母系親族はほとんど居住していない。また、両村の住民が週末などに行うことが多い共同狩猟などにはまったく参加しない。この三人は、いずれも八二年あるいは八三年からファーム耕作を始めている。

八五年に、村内では最も多い九袋のトウモロコシを出荷したDさんは、日頃から病気がちであったが、彼は呪いをかけられているという噂をひそかに耳にしたことはある。しかし、「変わり者」が小規模なファーム耕作を細々と続ける限りにおいては、平準化機構が強く作用することは少ない。むしろ、他の村人はきわめて濃厚な日常的なつき合い関係の中で、「変わり者」の行動について見聞を深め、その行動の経過と結果を仔細に吟味する機会をもつことの重要性を強調しておく必要があろう。

ある程度の年月、このような状況が継続するなら、そのあいだに多くの村人が新しい行動の意味を了解することになる。それを、村レベルにおける内因の熟成と呼んでよいであろう。このような内因の熟成と、農業政策や国・地方の社会・経済的諸条件などの外因とが同調した時、変容を押し止める機能をもっていた平準化機構は、逆に変容を急激に推し進める機能をもつことになる。

アルーニ村では、すでに六六年に、都市部から帰郷した「変わり者」によってファーム耕作が始められていた。

それ以後、たとえば州都のカサマから移住してきたCさんなどが積極的にファーム耕作に取り組むなどの経緯を含みつつ、内因の熟成が進んできた。そのような状況の下で、農民からのトウモロコシ買い上げ価格の大幅な値上げなどの農業政策が打ち出され、八二年を境にして村人の大半が一気にファーム耕作になだれこんだのではなかろうか。

5　岐路に立つベンバ農民

この論稿の前半部で強調したように、ベンバの村社会は深く平準化機構を内蔵しており、それが伝統社会の安定性を支えてきた。それは、自然に強く依存しつつ、人びとの共存を原則とする社会の安全弁であるということもできる。しかし伝統社会というのは、変化を拒絶する社会なのではない。村レベルでも、少数者の試行錯誤というかたちで、外部からの影響を取り込み、あるいは内部的にも新しい試みが生起する。それらの変化の萌芽が社会全体に広がるためには、平準化機構のチェックを受けなければならない。大きな技術的・経済的な変化は、日々の生活の視点から意味あるものとして位置づけられて、初めて村レベルで受け入れられるのである。そのとき平準化機構の機能は、変化を押し止めることから、変化を急激に推し進めることへと転化する。チテメネ・システムの輪作体系の中にキャッサバを取り入れるに至るかつての変化は、このような変容のメカニズムの一つの例であったのではなかろうか。

ファーム耕作の受容も、平準化機構のチェックをくぐりぬけた、村レベルでの「近代化」への対応の動きであると考えることができるが、それは農耕システムの根本的変化であり、多くの問題をはらんでいるといわなければならない。最も大きな問題点は、生産の場である疎開林の生態との適合関係にある。

外見上は豊かな生産力をもつかに見える熱帯林は、高温多湿の条件の下で、きわめて早い有機物の分解速度に依存しており、いわば自転車操業型の物質循環に支えられている。それゆえ、有機物を含む表層土は薄い。あるいは、有機物は土壌中よりも樹木の中に蓄えられるといってもよい。疎開林帯では年間の半分が雨季となり、この熱帯林の特性を共有しつつ、一方で、半年間の乾季のゆえに乾燥地としての特性ももつ。チテメネ・システムは、そのような疎開林と共生しうる焼畑農法なのである。それは、広い伐採域から枝を集めて樹木の生育密度の低さを補ったうえで、樹木に蓄積された有機物を土に還元し、火を放つことによって土壌中の有機物の活性を高める農法である。枝は切り払われても、木の根はしっかりと大地に張り巡らされており、混作と輪作によって常に作物が地表を覆い、土壌の浸食や流出が押さえられる。焼畑農耕は休耕期間を充分にとることによって森林の再生を図り、土壌の肥沃度を回復する農法であるが、木を切り倒さず枝のみを伐り取るチテメネ・システムは、疎開林の自然更新をさらに促進する。これらの生態的な特性と、開墾面積を小規模にとどめる社会・文化的な機構によって、チテメネ・システムは長期にわたって持続可能な生産を保持してきたのである（掛谷　一九九〇）。

このチテメネ・システムが森林破壊型の農耕であるという批判にひとつの根拠をおきつつ、都市住民のために食糧を増産する「農業の近代化政策」の一環として、ファーム耕作の普及が図られてきた。しかしファーム耕作は、上述した疎開林の生態の下で、木の根を完全に除去して整地し、化学肥料の投与によってハイブリッド種トウモロコシを換金作物として単作栽培する農業であり、長期的に見ればファーム耕作は、より激しい土壌の浸食や荒廃を招きかねない。

ザンビア国は慢性的な経済危機の状況にあり、トウモロコシの代金支払いが遅延し、あるいは播種《はしゅ》用のトウモロコシの種子や化学肥料の供給が遅れることもある。あるいはインフレゆえに、トウモロコシの政府買い上げ価格の相対的低下や、化学肥料の高騰といった事態に至ることもありうる。また、シコクビエの自給的生産から換金作物用のハイブリッド種トウモロコシ生産への移行は、急激に商品経済に巻き込まれていくことを意味しており、社会的な混乱が増大する可能性もある。

ベンバ農民はファーム耕作導入の方向性を示しつつも、チテメネ・システムでシコクビエやキャッサバなどを耕作し、最低限の自給を確保する戦略をとっているように見える。チテメネ・システムを練り上げ、存続させてきた伝統は、今、大きな試練のただなかにある。

注

（1）（Richards 1939: 201; 翻訳はサーリンズ　一九八四：三八五頁から引用）。
（2）菜園を畑、雑穀をシコクビエと変更した箇所以外、翻訳はサーリンズ（一九八四：三八五頁）から引用。

第22章　「共生の思想」とアフリカ

1　自然と文化の関係問い直す

世界の多彩な民族文化がねりあげてきた自然とのつきあいかたに学び、自然と人間、あるいは自然と文化の共生の可能性を模索するという基本テーマのもとで、『講座　地球に生きる』全五巻（雄山閣出版）の刊行がはじまった。

この『講座』は、自然に強く依存して生きる諸民族を対象にして調査・研究を続けてきた多くの人類学者を中心とした共同研究の成果であり、自然と文化の関係を根源的に問い直す試みであるといってよい。私は第二巻

『環境の社会化』の編集を担当したのだが、その過程で、ローカルな自然環境に適応した民族社会の実態や、実に多様で豊かな自然との共生の諸相を改めて認識することができた。

そして、それは同時に、個々の民族社会が大きく変容し、共生的な自然との諸関係がゆらぎ、ひずみを抱え込みつつある現状の問題点を再認識する機会でもあった。こうした民族社会の現在をみつめつつ、「共生の思想」について考え、論じるのは苦しい作業である。

しかし、「共生の思想」を鍛えあげていくことは、地球的規模の環境問題に直面している現代のもっとも重要な課題の一つであろう。ここでは、私自身のアフリカでの調査経験を例にとり、静的で禁欲的な印象をあたえがちな「共生の思想」の別の側面に光を当て、強靭な「共生の思想」構築に向けての問題提起としたい。

東アフリカ・タンザニアの西部に住むトングウェは、一九七一年から一九七二年にかけての調査当時、焼畑農耕と狩猟や漁労、採集を生業とし、山がちな疎開林の中に小さな集落を構え、散在して居住していた。彼らの生活は、つつましい自給指向の食糧生産と、それらの食糧を頻繁に訪れる客人に供与し、あるいは食糧が不足した他集落に分与するなど、相互扶助を基礎とする分配と消費の機構によって保たれていた。

そして、このような経済は、大きな畑をもつ人への妬《ねた》みや、食糧を分与しない人への恨《うら》みなどに起因する呪《のろ》いへの恐れによって制御される側面をもつ。呪いは、病の根本原因となることが多いのだが、それらの病に対しては、野性の植物や動物についての豊かな知識に裏うちされた呪薬を駆使して対処する。こうした生活過程の総体によって、自然の改変が最小限におさえられ、自然と文化が共生する暮らしが営まれてきたのである。

ここでとくに注目しておきたいのは、妬みや恨みなどの負の価値を与えられがちな感情のもつ社会的機能である。それは、いわば悪が善をつむぎだすようにして、自然との共生を支えてきたのである。

ここ一〇年あまり調査を続けてきたベンバは、中南部アフリカ・ザンビアの東北域に広がる疎開林帯に住む。彼らは、チテメネ・システムと呼ばれる独特の焼畑農耕を営む。村の男たちは疎開林の木に登り、斧一本ですべての木の枝を切り落とす。女たちは、乾燥した木の枝を伐採域の中心部に運ぶ。そこに火を放って焼畑を造成し、シコクビエ（アフリカ起源の雑穀）の栽培を核としつつ、混作・輪作を組み合わせて多種類の作物を耕作する。

2　「疎開林」に適応した「伝統」農法

それは、疎開林の生態に適応した「伝統」農法であるが、たとえば六〇年ほど前にキャッサバが新たに輪作体系に組み込まれるなど、過去の技術革新が累積した農法であることも指摘しておかなければならない。

人びとはこのようなチテメネ・システムによって生計を立ててきたのだが、一九八六年頃から、政府の農業近代化政策がベンバの村むらにも及び、樹木の根を取り除いて整地し、化学肥料を投入して、ハイブリッド種のトウモロコシを換金作物として栽培する半常畑耕作が急速に普及しはじめた。ベンバ農民は生活の大きな変容期を経験したが、一方でチテメネ・システムによって自給用の作物を確保し、現在では二つの農耕形態が併存しつつ安定したシステムを形成しはじめている。トウモロコシの半常畑耕作の拡大は、疎開林の生態条件下では、より激しい土壌の浸食や荒廃、疎開林の破壊などにつながる可能性があり、多くの問題をはらんでいる。

しかし、その導入は、時代状況に対応して積極的に技術革新も取り入れていく「伝統」の一側面を示していると評価することもできる。私はベンバの暮らしの変化を追いながら、自然との共存が、変化を組み込みながら安定していくダイナミズムによっても支えられてきたことを再確認しておく必要があると考えたのである。「共生論」は、人間性につきまとう悪や、技術革新の累積と安定化の機能を備えた「伝統」についても深く洞察する思想でなければならないと思うのである。

第23章　変貌するアフリカ伝統社会と癒しの構造
——トングウェの事例

1　トングウェ社会の変貌

一九七一年から七二年にかけて、西部タンザニアに住むトングウェの調査を始めて以来、かれこれ二〇年余りが経過した。タンガニイカ湖の東岸域に広がる疎開林帯を居住地とするトングウェは、トウモロコシやキャッサバを主作物とする焼畑農耕と、狩猟や漁撈、採集を生業とする人びとだった。彼らは山がちな疎開林の中に小さな集落を構え、散在して居住し、自然の中に埋もれるようにして暮らしを立てていた。彼らの生計経済は、つつましい自給指向の食料生産が基本である。その食糧は、頻繁に集落を訪れる客人にも供与され、ときに食糧が欠乏した他集落に分与されもする。トングウェの社会は、洗練されたホスピタリティの文化や相互扶助を基礎とする分配と消費の機構によって保たれてきたのである。

このような生計経済は、大きな畑をもつ人への妬みや、食糧を分与しない人への恨みなどに起因する呪いへの恐れによって裏面から支えられてもいる。呪いは、病や死などの災厄の根本原因となる。その呪いを解き、病の治療にあたるのは呪医である。調査が進むにつれて、私は、疎開林帯での生活の特性を解明する鍵の一つが呪医の世界にあると考えるに至った。呪医の世界を内側から理解したい。そんな思いを知り合いの呪医にうちあけ、ついに呪医入門を許してもらい、正式な儀礼を経てトングウェ公認の呪医になった。一九七一年のことである。私は呪医としての修行を通じて、自然に強く依存し、自給的・自律的な暮らしに基礎をおいたトングウェ文化の神髄にふれることができたように思う。

しかし、ここ二〇年の間に、トングウェの暮らしは大きく変容してしまった。一九七〇年代に入って、タンザニア政府は「ウジャマー村政策」と呼ばれる独自の社会主義政策を強力に推し進め、僻遠の地にあるトングウェ社会もその激動の渦に巻き込まれていったのである。「ウジャマー村政策」は、散在する小集落の人びとを集めて大きなウジャマー村（同朋の村）をつくり、共同農場での生産を組み込んだ農村開発計画を基本としていた。トングウェ・ランドでは、タンガニイカ湖畔にいくつかのウジャマー村が建設された。そして一九七四年に、山住みのトングウェも含めて、人びとは半ば強制的に移住させられた。ウジャマー村には、北方のハや対岸のザイール〔現在のコンゴ民主共和国〕から移り住んだベンベも加わり、多民族が混住する大集落となっていった。

私は、一九七六年、一九八〇年、そして一九八八年に、それぞれ短期間ではあったがトングウェの地を訪れた。ウジャマー村に住む旧知のトングウェは、十分なキャッサバ畑の確保が難しいことや、共同農場での綿栽培がうまくいかないことなど、生活の困難を訴えてはいたが、次第にウジャマー村の生活に適応しつつあるようにみえた。無人地帯になったトングウェ・ランドは、野生チンパンジーをはじめとして豊かな動植物相に恵まれた地であり、日本人研究者の努力もあって、一九八五年に国立公園に指定された。

この間、オイルショックや、アミン政権下のウガンダとの戦争などもあって、タンザニアの経済は危機におちいり、ウジャマー村政策もいきづまっていった。一九八〇年代に入ってウジャマー村政策の破綻が明瞭となり、政府は新農業政策を導入し、また世界銀行や国際通貨基金（ＩＭＦ）からの融資を受けるため、経済の自由化政策を推進し始めた。タンザニアは、ふたたび激動の時代を迎えている。

2　継承される呪医文化

その後のトングウェの状況を調べるために、私は一九九三年にタンガニイカ湖畔の村に向かった。かつてのウジャマー村は、多くの家屋が立ち並ぶ大集落になっていたが、一方で、人びとは耕作地などを求めて隣接地域に広がり始めていた。私は、日本人研究者が常駐しているチンパンジーの調査基地に向かう途中に、湖岸沿いに住む昔なじみのアリマシの家を訪ねた。かつて一緒に奥地のトングウェの村むらを訪ね歩いた仲間だ。ひとしきり挨拶を交わした後に、彼は「おまえの仕事が待っているぞ」と語り始めた。私もよく知っている女性の呪医が三ヵ月ほど前に亡くなり、その霊を埋葬する儀礼が二日後にあるという。私は調査基地で準備を整え、儀礼が行われる集落に赴いた。

儀礼の主宰者は亡き呪医の娘であり、彼女とも旧知の仲だった。親しい呪医仲間や、多くの顔見知りのトングウェが私を歓迎してくれた。儀礼は深夜に始まった。呪医たちは私を家屋の中に招き入れ、儀礼用のトウモロコシ酒を準備し、地面に黒・白・赤の呪薬で絵を描き始めた。故人となった呪医を表現した人形《ひとがた》を中心に、薬篭や呪薬をつめる角、治療具を包むジェネットの毛皮、槍、斧、鍬など、呪医の持ち物を示す絵柄が配置される。呪医たちは、その絵の前で歌い、踊る。その後、一羽のニワトリを人形の絵柄の上に置き、指で圧死させて故人の霊への供物とし、絵柄を描いた呪薬とともにジェネットの毛皮に包んで屋外に運び、家の軒下に吊るす。そして儀礼の場は屋外に移る。大太鼓が鳴り響き、ガラガラの音がリズムをきざむ。呪医に精霊が憑依し、身体を激しくふるわせて踊る。人びとの歌声はひときわ高くなり、歓声がまきおこる。次つぎに呪医に精霊が乗り移り、いわば精霊たちの競演が続く。人と精霊がともに集い、踊り、亡き呪医の霊を送り出すのである（写真23-1）。

夜が白み始めたころ、呪医たちはジェネットの毛皮の包みを軒下からはずし、原野に向かって歩む。多くの人びとが、その後に続く。村はずれに着いた呪医の一団は、鍬で穴を掘り、そこに黒色の呪薬で人形をかたどる（第3部扉写真）。そして包みを開き、絵柄を描いた呪薬を穴にいれ、供物のニワトリを置く（写真23-2）。人びとは交代して、手に持った草を穴の上に重ねていく。そこに、トウモロコシ酒をそそぐ。最後に呪医の一人が白い呪薬で二筋の線を引き、穴を封じる。こうして、亡き呪医の霊は原野に埋葬された（写真23-3）。

トングウェ社会は大きく変容したが、呪医をめぐる文化は、しっかりと継承されてきたのである。

写真23-1　呪医に精霊が乗り移り、人びととともに歌い、踊る。

写真23-2　原野に穴を掘り、呪医の霊を埋葬する。

3　呪医の治療と癒しの構造

呪医の仕事の基本は、病の原因を探り、病根に応じて適切な治療を施すことにある。その構造は、近代社会における医療システムと相同であるといってよい。しかし、呪医の世界の特徴は、なによりも病の原因に対する考え方・感じ方にある。病は、畑での不作や狩猟・漁猟で獲物に恵まれないこと、あるいは妻や夫にめぐりあえないことなど、多くの不幸と共通する原因に由来する。呪医のシステムは、文化に深く根差した災因論に支えられているのである。

病などの災厄にみまわれた人は呪医のもとを訪れ、その原因を占ってもらう。それは例えば、一族の守護霊や祖霊をないがしろにして、その怒りに触れたためかもしれない。運悪く、水くみにいったときに淵に住む悪霊にとりつかれたのだろうか。あるいは、親しい親族や隣人が妬みや恨みの感情のゆえに邪術者に変身し、呪いをかけたのかもしれない。呪医は、憑依状態に入って精霊の判断を告げ、あるいは呪医となる儀礼時に得た霊力で病根を占う。

病の原因が守護霊や祖霊ならば一族の人びとが集い、ニワトリやヤギなどの供物を捧げて許しを乞わなければならない。原因が悪霊や呪いなら、呪医は治療儀礼によって病根を取り除く。病根が川の淵に住む悪霊なら、患者を川岸に連れ出す。呪いが原因なら、邪術者の集会所とされるシロアリ塚で治療を施す。呪医は、諸々の精霊や祖先霊の加護と助力を祈り、呪文を唱えながら一連の治療儀礼を進めていく。持参した土鍋に水を満たし、多

写真23–3　呪医の霊の埋葬を終え、村に戻る人びと

種類の植物性および動物性の呪薬を加え沸騰させる（口絵9）。その蒸気で患者の身体を清め、けがれや呪いを払う。患者の身体に剃刀で傷をつけ、そこに秘伝の呪薬を塗り込める（写真10－8）。そしてニワトリを屠って供物とし、土をこねて造った人形や、呪薬で描いた人形を患者の身代わりにしたて、それに悪霊や呪いを封じ込め、村に戻る。その後、病状に応じた対症療法用の薬を投与する。呪医は、イマジネーションを喚起する象徴的な所作や呪文、それに野生の動物や植物についての豊かな知識に裏打ちされた呪薬を駆使して治療にあたるのである。

トングウェにとっての病は、単に個人の心身の不調や異常を意味するだけではない。病という現象の根底には、日常の人間関係の病理や、超自然的存在の意志が深く関与している。おおらかで、明るく、節度のあるトングウェの日々の暮らしの背後には、呪いへの疑惑と恐れが潜んでいる。トングウェ社会では、表面と裏面、あるいは明と暗が分かちがたく結びついており、そのもつれが病などの災厄として表現されるのである。人間存在や社会の核心部には、妬みや恨みなどの感情、攻撃性や悪への衝動、不安などがうごめく深い闇がある。病という受苦は、そんな深い闇を抱えもつ世界の重層的な構造を感受する経験なのである。呪医は、その世界のもつれを解きほぐし、自然・人・超自然的存在が織りなすコスモスの歪みを修復することによって、病を癒すのである。

4　おわりに

呪医による病の治療は、自然・人・超自然的存在が有機的に結びついたコスモスの存在を前提としていた。しかし、ここ二〇年余りの変化は、そのコスモスの基盤が崩れ、より大きなシステムに包摂されていくプロセスであった。このような潮流の中で、トングウェの価値観や世界観も大きく揺らいでいるようにみえる。しかし呪医の世界は、近代医療と相互に住み分けつつ、存続してゆくであろう。

呪医による治療は、前に指摘したように、病の根本原因を除去する側面と、病状に応じた対症療法を施す側面との二重性をもつ。そして対症療法の側面では、トングウェは積極的に近代的な医薬品を求め、利用してきたのである。このような実態を示す印象的なエピソードを、伊谷純一郎は『チンパンジーの原野—野生の論理を求めて』（一九七七a）の中で紹介している。頭痛を訴える一人の女が、呪医の治療を受けている現場に、たまたま伊谷が遭遇したときのことである。「女は、じっと動かずに坐って治療を受けながら、私のほうに手を差し出してこういった。『旦那、アスピリンをくださいな』。私は驚いて言った。『あなたはいま治療をうけているじゃありませんか』。『でも頭が痛いのにには、アスピリンのほうがよく利きますもの』。呪医はちょっと笑っただけで、慣れた手つきで治療を進めていった」（伊谷　一九七七a：九六頁）。たしかに肉体的な苦痛には、近代的な医薬品はすぐれた効き目をもつ。しかし「なぜ他の人ではなく、この私が、いま、ここで病にかかったのか」という疑問や、その根本的な原因に対して近代医療は無力である。呪医の世界の存続には、社会や人間存在の本質にかかわる深い根拠があると言わなければならない。

解　題——時代とひとに向きあう掛谷さんの生態人類学

杉山　祐子

本著作集第二巻は、掛谷さんの研究をつよく特徴づける呪医の世界と「妬みの生態人類学」に関わる著作を中心に編まれている。これらの著作が書かれたのは、一九七〇年代末から一九九〇年代半ばまでのおよそ二〇年間にわたる。掛谷さんの年齢でいえば二〇代後半のみずみずしさあふれるころから三〇歳代を中心に、成熟にむかう四〇代前半まで、そのときどきの情熱をもって書き記されたものばかりだ。それは、タンザニアの農耕民トングウェの精神世界から「生態」にせまる掛谷さんの研究が、大きく幅をひろげて勢いよく展開した時期であった。掛谷さんは、トングウェの呪医の世界をとおしてより深く、ヒトの「生きざま」にふみこんだ。

しかしそれはまた、いままでにない規模で進行する近代化と、その波をうけて大きく変容するフィールドを目の前にして、現代という時代に向きあい、研究の行くべき方向を見定める必要にせまられるむずかしい時期でもあった。

私たちはこの時期に、掛谷さんの言葉にひかれて掛谷さんと出会い、その教えをうけることができた。当時、まだ三〇代だった掛谷さんは、現状を憂いながらも、状況を打開する力は人びとが生きる現場にこそあるという確信をもって、「現場に行け、現場に」と私たちをたきつけ、フィールドで感得してきた実感を言葉にするための助力をおしみなく注いでくださった。掛谷さん自身も、人びとが生きる現場の力を伝え、現場に還元するための言葉と文脈の探求を続けておられた。その試行をかたわらで見ることができたのは、あの時期ならではの幸運だったと思う。

掛谷さんが語るのは、学問の世界のなかだけで閉じた言葉ではなく、誰にでもわかりやすく選び抜かれた言葉だった。心に響く言葉をつむいで熱く語りかけ、誰に対しても対等の立場から問いを投げかける掛谷さんの「ひととなり」は多くの学生をひきつけた。そしてまた、アフリカの狩猟採集民や焼畑農耕民の生業活動の話を、あっという間に文明論や人類進化史へと展開する掛谷さんの語り口に魅了された。

ここでは、この時期に学生として教えをうけた者の目からみた、掛谷さんの軌跡をたどってみたい。

本著作集第一巻の解題で触れられているとおり、掛谷さんの研究生活は三つの時期[1]に分けられる。掛谷さんは修士課程の院生としてトカラ列島の離島調査を始め、博士課程では一九七一年からタンザニアのトングウェを対象とした生態人類学的調査に着手した。その後、一〇年ほどのあいだに、アフリカではザイールやザンビア、日本では北陸や北関東、東北などでの研究を合わせて進め、行く先々で新しい道を切り拓く役割を果たしてこられた。

一九七九年に福井大学から筑波大学に移り、一九八七年に弘前大学に転出するまで、掛谷さんは一九八〇年代の大半を筑波大学で過ごされた。筑波大学では、文化生態学を提唱する川喜田二郎さんと組んで、研究と教育にあたった。川喜田さんの方法論に接すると同時に、学際的な視野で環境科学という新しい学問を創ろうと集まった異分野の若い研究者たちとの出会いをつうじて視野を広げ、開発や環境問題を扱うアクション・リサーチの入り口にも立った。掛谷さんを慕って「群れ」をつくった多くの学生を育て、当時の筑波大学では許されなかった大学院生の科研費調査隊への参加も可能にした。マレーシアやネパールなど海外のフィールドを自力で開拓する院生を力強く支えた。「生活者がいちばん偉いんや」と院生たちを鼓舞し、研究者だけではない多彩な進路へも導いた。

弘前大学におられたのは、京都大学に異動する一九九〇年までの三年半だけだったが、その間に、青秋林道建設問題で揺れていた白神山地のブナ林帯域を対象として、学際的な大学間共同研究[2]を組織した。林道問題に直接関わったわけではない。地域の人びとの生活と環境との関係を生態史の観点から明らかにし、西南日本の「照葉樹林文化論」に対する「ブナ帯文化論」をにらんだ文明論にもせまろうという構想だった。この共同研究は、文化生態史的観点によって、白神山地ブナ林を舞台に展開する生業が、環境の利用と保全を両立してきたことを明らかにし、その基盤を維持することの重要性を示した（本著作集第三巻）。言葉を生みだす天才でもある掛谷さんは、環境の保全に関わる活動をすべての産業に先立つ「〇次産業」「〇・五次産業」と名づけ、保全は利用との両輪で成り立つことを示した。

生態史の視点を組み込むことによって、地域の生活の変化を研究の射程に取り込むアプローチや、その成果をより一般化して文明論に位置づけ、人類史の時間軸のなかで現代社会をも相対化するという枠組みは、同時期のアフリカ研究での考察にも多用され、掛谷さんの研究がやがて実践へと向かう第三期への助走ともなった。

トングウェの呪医の世界から

一九七一年、タンザニアのミオンボ・ウッドランドで焼畑農耕をいとなむトングウェの村に住み込んだ掛谷さんの調査は、生業活動からはじまった。ほどなくして、トングウェの人びとが農耕に専従しているわけではなく、周囲の自然環境についての細やかな知識をもち、焼畑の休閑地を含めた多様な自然環境を広く利用して生計を安定させていることが明らかになる。

さらに、「測る」「数える」という地道な方法で集めたデータから、トングウェの人びとが世帯の必要以上に大きな畑を開墾しない「最小努力の傾向性」や、それにもかかわらず、遠来の親族や友人をもてなすのに収穫物の四割を使ってしまうことを見出した。そんなに食物を他人にあげてしまっては困りそうなものだが、トングウェの人は困らない。なぜなら、自分たちも他の村に住む親族や友人を訪ねて世話になるからだ。実際、トングウェの人びとは頻繁に原野の集落間を往来し、互いを訪問しあう。結果的に、各世帯で生産された食物は平均化され、皆が必要な食料を得るという「食物の平均化の傾向性」を示す。それは、広い地域をカバーする情報伝達のネットワークにもなるし、食糧確保のセーフティネットの機能も果たす。

このようにして、生産の側面にみられる「最小努力の傾向性」が消費の側面での「食物の平均化の傾向性」と連動して、トングウェの生計を特徴づけることが実証的に明らかにされた。従来の生業研究や経済の研究では、生産の側面に注目があつまりがちだったが、掛谷さんはトングウェの調査を通じて、消費の側面が結果的に、生産の側面を制御するという画期的な知見を得ていた。それだけではない。それらを裏支えするしくみには、人びとの妬みや呪いに根をもつトングウェの災因論と、災いを制御する専門職としての呪医が深く関わっているという、トングウェの生活の全体像が姿をあらわした。これはのちに「平準化機構」として概念化される。それが可能になったのは、呪医への弟子入りという、もうひとつのアプローチがあったからである。

呪医への弟子入りは一九七二年五月のことだった。掛谷さんはそれまでの調査を通じて、トングウェの生活の根幹に周囲の自然についての緻密な知識の蓄積があり、それがダワとよばれる薬についての知識にもっともよく反映されていることを知る。その要にムフモとよばれる呪医がいるとわかって、掛谷さんは呪医への入門を志し、呪医のカソンタ老を訪ねる。

自然についての知識の宝庫であるムフモの世界には、また、トングウェの価値や信仰の表象である精霊や祖先霊、それに人を呪い殺す邪術者などの神秘的存在が深く関与している。トングウェ文化の深奥に触れるカギのひとつは、呪医の世界にある——それが一年間の調査の帰結だった。（中略）私はカソンタ老に語りかけた。

「この一年間、私はあなたがたトングウェと一緒に暮らし、あなたがたが草や木、動物について多くの知識をもち、それをダワとして用いていることを知って本当に驚いた。多くの病やその原因について、あなたがたムフモは熟知していると聞いている。（中略）しかし、これらの豊かな知識も、あなたがた自身が心配しているように、大きく変わりつつある世の動きとともに忘れ去られるかもしれない。あなたがたがもっている素晴らしい知識は、あとあとの時代にまで残されるべき宝だ。私はムフモになってそれらの知識をまなびたい。私はひとりのよそ者にすぎないが、トングウェの生活や心を愛している。何とかそれを書き残す能力もある。私はあなたがたの持っている豊かな知識をつづるペンになりたい。」

(「呪医の世界――トングウェ族の伝統医術」本書第4章)

カソンタ老に入門の許しを願うこの交渉はとても印象的だ。トングウェ研究者としての情熱や覚悟だけでなく、相手にまっすぐ向きあい、自分から心を開いて相手の懐に飛びこむ掛谷さんらしさが感じ取れる。しかしそれは、まもなく到来する大きな変化をみすえた危機感とも表裏一体だった。

ともあれ、この申し出が受け入れられて、掛谷さんは呪医の修行を始めたが、その翌年にはトングウェの人びとは、タンザニア政府の集村化政策によって、タンガニイカ湖畔の村への移住させられてしまった。その後、一九八〇年に移住先の村を訪ねた掛谷さんは、クフィンブラ儀礼とよばれる呪医の昇位儀礼をうけて、師匠のカソンタ老から大呪医(ムフモ)としての資格を与えられ、さらに呪医の奥義をきわめることになる。

呪医の視点を得た掛谷さんは、生業から見えていたトングウェの生活世界を、呪医の世界から立体的に描きなおし、自然の奥深い認知と不可分に結びついて生成するトングウェのコスモロジーに迫る。まず、三〇〇種を超える植物性ダワの詳細な検討と、ダワの「活性剤」として加えられる微量の動物性呪薬シコメロの命名や選ばれかたが明らかにされ、ダワの姿が見えてくる。

掛谷さんは、トングウェの人びとを民族植物学者と表現し、トングウェの呪医が使うダワが地域の動植物に関する精緻な知識に裏うちされ、実際の薬効をもつことにも言及する。また、「社会における役割という観点からムフモの仕事を評価するなら、それは近代社会における医師とほとんど変わらない(同　本書一〇四頁)」、病気の原因の診断と治療にあると述べ、トングウェの呪医を要とする医術のありようを「トングウェ医学」「伝統医術」といった言葉で近代医学と対等に位置づける。しかし同時に、その病因論が近代医学との根本的な相違を示すことを指摘し、神・長老の言葉・動物・祖先霊・精霊・邪術者が多層的に位置づけられる病因論の構造を解き明かしていくのである。

さらに、治療の過程で用いられるダワを検討することによって、村びとが共有する動植物の知識が祖霊や精霊の世界に結びつけられる「呪薬の論理」に言及し、次のように表現する。「呪薬は、時の試練を前提としつつ、緻密で具体的な自然観察と〝野生の思考〟のもつ象徴的論理が結びついて産み出した結晶であるといえるのではないだろうか。（同　本書一一二頁）」。そしてこう結論づける。

トングウェ族の医術は、その根源に象徴的思考を内蔵した宇宙論、世界観を基礎として成立していた。（中略）もちろん、多くの植物性呪薬、特に対症療法用のそれがある程度自然科学的分析に耐える効用をもっているであろうことは間違いない。しかし近代化という特殊な道を歩み続けてきた文明人の視覚からのみ、トングウェ医術の効用を論じても、それのもつ本質的性格は明らかにしえないのではなかろうか？　トングウェにとって病は、自然・人・神秘的存在が有機的に結びついたコスモスでの出来事なのである。そしてムフモは、平穏な日常生活の背後に潜む不条理に挑み、コスモスのもつれをときほぐす存在なのである（同　本書一一三頁）。

掛谷さんにとって呪医としての経験は、トングウェのコスモス全体をその深部まで、身体で感知する経験だったにちがいない。それは、日常に渦まく妬みや呪いが、超自然的な位相で、他者を害するという恐ろしい世界ではある。だが、病や不幸を単に個人の身体におきた不調としてではなく、他者と共有し社会的にむきあうことによって対処しようとする世界でもあった。呪医の世界からの重要な知見は、病や死の存在を排除せずともに生きる世界への気づき、病や死をとおして知る世界観の深淵と受苦の体験の意味づけである。それは、近代医学が構築してきた世界観とは対照的だ。

病は、重層的で多元的な世界の構造を感得する契機となり、生に対する姿勢や社会についての感受性をはぐくむ機会でもある。病は、マルセル・モースのひそみにならって表現するなら、全体性にかかわる社会的・文化的事実なのである。それは、病や悪（呪い）や死が、人間存在にとって、あるいは人間社会にとって不可避な現象であり、排除し得ないものだとする根本的な了解を前提としている、と言ってよいであろう。病や悪や死を排除し、拒絶するのではなく、むしろそれらを社会の必須の要素として内部にくり込み、文化的に飼いならしてきたのだと考えてもよい（「呪医の修行」本書第9章一七二頁）。

「パンにて生きる」と人類史的時間スケール

呪医の世界を合わせ鏡にすることによって、掛谷さんの生態人類学は、さらに明らかなかたちをもって現れた。掛谷さんがまだ大学院に在籍していたころ、生態人類学の方法を「下部構造から上部構造へ攻め上る」と表現して、後輩たちをしびれさせたと聞く。それがここにいたって、生業活動から包括的にヒトの生活をとらえることをとおして「生きざま」に迫るアプローチの特性と「生態」の位置づけがより意識化され、明確な言葉で表される。掛谷さんは「文化をもった動物」としてのヒトを包括的に解明するためのリサーチ・ストラテジーとして生態研究という立場をとるのだとしたうえで、次のように述べる。

たとえていうなら、私（たち）は、「人はパンにて生きる」という側面をより徹底して追いつめ、まさにそのアプローチによって、「人はパンのみにて生きるにあらず」という側面を照らしだしたいとかんがえているのである。一方で生物としてのヒト、あるいは霊長類の一員としてのヒトをつよく意識し、他方で価値観や世界観、あるいはシンボルの体系に強く拘束される人間をにらみつつ、とりあえず、「人はパンにて生きる」人間社会の様態を追求する立場が、私にとっての生態研究だといってよい。

（掛谷誠『季刊人類学』一九（二）コメント、一九八八年）

掛谷さんは「生態」という方法で、ヒトと自然の相互作用や相互関係を問うことを強調する。その方法は、生業の基盤となる精緻な自然認識の体系を明らかにするだけでなく、ヒトと自然の相互作用の過程が価値の体系や世界観にむすびつくダイナミズムをうかびあがらせる点にも特徴を発揮した。さらに、トングウェの呪医の世界から生業活動に光をあてなおしたことによって、人びとが日々顔をつきあわせて暮らすという、きわめて具体的な位相から立ち上がる社会のしくみや制度に深く切り込むことになった。

一連の著作を通じて掛谷さんは、生態から人びとの価値観や世界観に迫るだけでなく、病や死、他者との葛藤をも飼いならしていく人びとの「生きざま」を厚く描きだす。それをふまえて近代や現代社会を相対化し、さらに「過剰な象徴能力をもってしまったヒトという動物」という視点を組みこむことによって、全体を鳥瞰して人類史の枠組みに位置づける。そして、四〇〇万年という人類史的時間スケールをもって、あらためて現代という時代を問う。掛谷さんはこれらを同時に、掛谷さんならではのアクロバティックな技法を駆使した議論として、情熱をこめて展開していく。

こんな話がじかに聴けるのだから、大学で掛谷さんの講義が話題にならないわけがない。「非文明の世界が思考を揺さぶる」——学群学生の有志が自主的に出していた新聞には、掛谷さんの講義を評した大きな見出しがおどり、講義室は満杯だった。掛谷さんはまず、「ピグミーさん」やブッシュマンの生活の実態を活写して、聴く者をその世界に引き込み「遅れた人びと」という固定イメージを粉砕する。そして、近代に覆われていない生活様式を「非文明」、近代化・産業化が浸透した生活様式を「文明」とよんで、文明と非文明の対比軸を作り、そこに人類史の視点を持ち込む。そして「わたしたちが当たり前だと思っている近代＝文明は、人類史の上では、きわめて特殊な発展をとげた新参者にすぎないのではないのか」と問いかけ、非文明の視点から現代を逆照射する流れに持ち込むのだった。

「非文明と文明」は、当時の掛谷さんが講義や一般向けの講演でよく使った対比だが、本書の著作でも、時期や場合によって異なる対比モデルが使われている。「妬みの生態人類学」では、食料獲得の効率化を達成するための二つの異なる戦略として、タイム・ミニマイザーとエナジー・マキシマイザーの対比を援用し、焼畑農耕民一般の生活様式と近代産業社会の生活様式を、対等に人類史に位置づける。少しあとに書かれた著作では、自然環境を薄く広く利用する「ジェネラリスト」・限られた環境への人為的コントロールを強め専門化する「スペシャリスト」のほか、自然埋没型・開発型、アフリカ的集約・西欧近代的集約などのモデル提示もある。議論の力点がおかれる文脈とその時代的背景に関わって、使われる対比が変化する点に注目したい。

本書に所収された著作のなかには、同じ資料をもとに、少しずつ異なる視角で結論を述べた論考が含まれている。タイトル自体が類似しているものもある。それは、掛谷さんの思索がふかまる過程と平行している。だが、より際だつのは、メッセージの受け手を具体的に想定し、誰に向けてどのように語り何を伝えるかを意識的に変えていることである。たとえば、一般の人びと相手には、呪薬の科学的合理性を説いてアフリカと遅れを結びつける思考を解き放ち、人類史の文脈にのせて自分たちとの連続性に言及する。

人類進化の流れを四〇〇万年とすれば、その大半の期間、人類は、フェイス・トゥ・フェイスの関係をベースにしながら、いかに平等性を保って暮らしていくかということをめぐって人間性を進化させてきた。それを今もなお守りつづけているのがトングウェの社会だといえなくもないと私は思うわけです。また、文化の表現型としてはさまざまに異なってはきましたけれども、フェイス・トゥ・フェイスの人間関係においては、いまなお私たちも狩猟採集民あるいはトングウェの社会で見られたような文化技術を継承しているのではないかとも思えるのです。

（「妬みの生態学」本書第18章四四三頁）

呪医の世界に興味を抱く相手には、人類史のスケールを持ち出して、「未開」の価値を反転させる。

このようなトングウェの病の文化を、現代医学から取り残された、マイナーな哀れむべき「未開」の表現と位置づける人もあろう。しかし、四〇〇万年の歴史的深度をもつ人類史を背景とするなら、トングウェの病や医をめぐる文化こそ、その本流の表現であり、近代医学やそれを支えるシステムは異様な特殊化であると言うこともできる。一度はそのような視点に立って、現代という時代、近代的な医のシステム、私たちの病についての感じ方・考え方を再検討してみることも、あながち無意味なことではあるまい。

（「呪医の修行――トングウェの地にて」本書第9章一七二～一七三頁）

さらに、呪医の世界からみえる病の姿をとおして、ヒトという存在のありように目を開かせる。そうして言葉をつくし、できるだけ多くの人に真の姿を伝えようとする姿勢がみえるのである。

「「呪」の世界はフェイス・トゥー・フェイスの関係を本質的に抱え込んだ社会的存在であるヒトの、エスノ・ソシオロジーとでもいうべき世界の根底に潜む原理として機能するのではないかと考えているわけです。そして、人は災厄を取り除く呪力をもった言葉や象徴的な技術、そして自然によって思考し、自然によって治療する論理をもって、〝医〟の世界を構築したのではないかと考えた」（「アフリカの呪医の世界」本書第10章一四四頁）

川喜田二郎さんとの出会いと文化生態学研究室

一九八〇年代以降の掛谷さんの研究展開を語るには、筑波大学での川喜田二郎さんとの共同研究を抜きにはできない。若き研究者である掛谷さんにとって、川喜田さんとの出会いは大きな転機になった。川喜田さんが提唱する「文化生態学」とそれを支える文化—生態系モデルや生態史のアプローチは、その後、アフリカや日本で掛谷さんが展開する調査研究において、理論と実践の基盤を作ったからである。

川喜田さんの学術的・社会的貢献の大きさはここで触れるまでもないだろう。川喜田さんは、分野ごと個別細分化して世界を知ろうとする研究姿勢の愚をくりかえし説き、自然と文化を包括的にとらえるホーリスティック・アプローチと、それに基づいた学際的な研究・実践こそが、環境問題を中心とする現代社会のさまざまな問題解決に資するのだという立場を貫いてこられた。この立場から、筑波大学時代の川喜田さんは「文化生態学」を提唱すると同時に、真に学際的な視野をもった「環境科学」の構築に力を注がれた。

川喜田さんと掛谷さんが、はじめて深く腹を割って話しあったのは、掛谷さんがかつて教鞭をとっておられた福井大学に、川喜田さんが集中講義で来られたときだったと聞いている。福井の居酒屋で痛飲して夜更けまで語りあったそうで、「実に痛快だった」と、なんども川喜田さんが語っておられた。その後、掛谷さんが筑波大学歴史人類学系の助教授として赴任なさってからは、教授の川喜田さんと助教授の掛谷さんが息のあったコンビとして、修士課程の環境科学研究科と博士一貫課程の歴史人類学研究科での研究教育を進められた。掛谷さんは環境科学研究科の教官を中心とする学際的な共同研究に加わる一方、川喜田二郎さんと共同で主催する文化生態学研究室での学生教育に携わった。

学生教育に関して、指導の表に立つのは掛谷さんだった。当時の筑波大学には、学生が集まって過ごす場所がなかったのだが、川喜田さんと掛谷さんは、環境科学研究科にあるご自分たちの研究室を「文化生態学研究室」として院生の机を置き、居場所を作ってくださった。掛谷さんが学生に課したのはただひとつ、フィールドワークをみっちりやることである。アドバイスも一言、「ここぞと思う場所（地域）を見つけて、とにかく働いてこい」だった。学生それぞれが無手勝流で必死のフィールドワークをした結果、個性豊かなフィールドでの調査結果があつまった。

一九八〇年代はじめの学生が選んだテーマはおよそ三つに分かれる。一つめは日本における採集活動、二つめは山村生活、三つめはスーパー林道建設問題である。どれも生業や生活を切り口にして、「測る」「数える」方法で実態に迫るものだった。三重の海女の採集活動や新潟の山村のゼンマイ採集活動を克明に追った研究では、採集活動と現金経済が結びついて、収穫物が高額の現金収入になるため、持続的利用を可能にするルールや同じコミュニティの仲間との関係調整がおこなわれることが明らかになった。岩手や栃木、長野の山村では、自家消費用の食料生産を保ちながら、別に現金収入を得るための二重の生計戦略がつくられていた。スーパー林道建設が問題になっている地域では、過疎対策や地域活性化の名の下に、そのような生業基盤がゆるがされていることが見えてきた。どのフィールドにも共通していたのは、地域の自然環境に対する細やかな知識、社会的調整のすばらしさだった。しかし、生活の包括的な実態に迫るためには、それを克明に記述するだけでなく、より広い国家経済やそれに関わる制度の文脈に位置づけなければ理解できないことに気づいてもいた。

文化生態学研究室のゼミ（「文生ゼミ」）は、毎週火曜日午後六時から夜中過ぎまで開かれていた。掛谷さんが「デスマッチ」と呼んだこのゼミでは、ロの字に机を配した部屋の中央に川喜田さん、掛谷さんが並んで陣どり、両脇を学生たちが囲む。一人の学生の発表が一時間余り続く。発表がおわると、まず発言するのは川喜田さんである。発表の中でご自分の関心に触れたところに言及してから「少し関係ないかもしれないが」と前置きして、「水界稲作民」構想など壮大な話を展開される。

掛谷さんはというと、椅子の上にあぐらをかき、サラサラの前髪を片手でかき上げながら院生の話に聞き入るのが常だった。やがておもむろに「それはこういうことか？」と、発表者の意図をくみながらまとめはじめる。自分の中に確かにあるのに、表現できず悶々としていたものを、掛谷さんが解きほぐすように言葉にしてみせるさまは、マジックのようだった。ふしぎなことに、掛谷さんと話をすると、自分が感得してきたなにかが言葉という形になるだけでなく、なんとなく自分が賢いような気になってくる。それも、掛谷マジックのひとつだったかもしれない。一人一人の学生の発表をじっくり聴き、フィールドで感得してきたものが言葉になるまでとことん付きあう、そんなご自分のことを掛谷さんは「産婆」と称していた。

私たち学生が他人の理論を使って小手先の理屈をこねまわすことを、つよく諫めた掛谷さんだが、ご自身はとても勉強家で、いつも新しい研究にアンテナを張っていた。研究室でぼおっとしていると、掛谷さんがいきなり、「脱構築と生態人類学との関係を述べよ」などと、トレンドの概念についての口述試験を課すこともあった。学生がモゴモゴと口ごもりながら、それでも必死に答えるようすを愉快そうに見て、「おう、知っとったか」と笑っておられたのを思いだす。自分の研究を言葉にする力を持てというメッセージだったのだと思う。

一九八三年には、掛谷さんと旧知の仲の西田正規さんが考古学の助手として歴史人類学系に赴任してこられる。「定住革命」論を自在に展開する自由人、西田さんの登場は、文生ゼミをさらに熱気あるものにし、川喜田・掛谷・西田三教官のトライアングルが輝きを増した。文化生態学研究室の院生も当初はほとんど男性だったが、やがて女性の院生が増えて、フィールドもテーマも幅広くなり、百花繚乱の風情を呈した。川喜田さんは一九八四年に定年退官されたが、闊達な雰囲気は残されたまま、文化生態学研究室は多様な学生が出入りし活気に満ちていた。その隆盛のさなかに掛谷さんが弘前大学に移られることになったので、院生の嘆きはほんとうに大きかった。

学生の研究をご自身のトングウェ研究における呪医の世界に引きつけて、掛谷さんが常に気にかけていたのは「葛藤回避のメカニズム」である。日本の山村生活でも、海女の採取活動でも、資源をめぐる競争が葛藤ではなく楽しみに転じ、対立ではなく強い親和性を生みだす。それが結果的に資源の再生産の基盤を保ち、持続的な利用につながる機能をはたしたり、平等を期すはずの分配がかえって不満やいさかいを生じさせたりする。掛谷さんは、相反する情動が巧まずして織りなす社会のしくみについて、しばしば語っておられた。人間にとって不可避の情動や葛藤が、ともに暮らすしくみへと編みあげられるさまや、それがある種の制度として姿をあらわす過程に、ヒトの社会性のありかを透視しようとされたのだと思う。それは、掛谷さんが一貫して求めてこられたヒトの進化と平等性に関わる課題であった。

北関東と東北、アジアとアフリカ、中心と周縁

ここで、掛谷さんが筑波大学時代に関わった、通称「北上プロジェクト」、「安家プロジェクト」、「常総プロジェクト」という三つの共同研究について触れておこう。

北上プロジェクトは、当時の辰巳修三環境科学研究科長をリーダーとする、筑波大学内の学際的共同研究プロジェクトであった。このプロジェクトは、筑波大学の学内研究助成と、NIRA（総合開発機構）の寄託をうけていた。それは、岩手県の北上川流域の広い範囲を対象に、「経済の安定成長期における地域環境開発計画のあり方を、地域別文明生態のパターン解析を通じて明らかにすることを中核的な目的」として進められた。「学際研究の統合」によって総体としての環境問題を解明する手法開発をめざし、真に学際的な研究の実践をとおして、新しい学問領域としての環境科学を打ち立てようとする気概に満ちたものだったようだ。

専門分野の異なる二〇数名の研究者が研修合宿をおこない、KJ法を駆使して全員参加で問題関心を焦点化するなど、調査計画段階から問題意識の共有化と統合がはかられた。成果を地域住民と共有するため、研究成果をわかりやすく伝える報告会を定期的に開いた。いまでいう住民参加型のワークショップも開催され、ブレーンストーミングやKJ法を駆使した合意づくりや、研究計画へのフィードバックが期されたようだ。

アクション・リサーチの手法を軸にするこのプロジェクトで、研究者は地域と離れた傍観者・観察者ではなく、住民と関わるアクションをおこし、その実践のプロセスから地域の特性や方向性を探る実践者であることを求め

られた。当時の掛谷さんは、ご自身の研究としてはこの方法に一定の距離をとっていたが、ＫＪ法による情報共有や住民との合意のつくりかたなどの実践手法は、その後の財産となる。

北上プロジェクトと連動させ、川喜田さんが科研費を得て開始したのが、安家プロジェクトである。北上プロジェクトが広域を対象にしていたのに対して、岩泉町安家地区を舞台に、文化生態学的研究を進めるものだった。当初の川喜田さんや掛谷さんのもくろみでは、首都圏から遠く、山深くて「伝統的」な生活が残っていそうな地域を選び、北上プロジェクトの稲作村、畑作村、開拓村の調査とあわせて、生業や歴史が異なる集落の比較対照をすることになっていたらしい。しかし、掛谷さんたちを驚かせたのは、どの地区でも近代化によって「伝統的」な山林利用や共同組織は衰退し、（当時の掛谷さんたちの目には）地域の自然環境と深く関わる生活様式が崩壊しているようにみえたことだった。

おもしろいことに、「常総プロジェクト」では、それとは逆の様相がみえた。「常総プロジェクト」は一九八五年につくば市での開催が予定されていた科学万博の事前調査を受託したもので、対象は茨城県のつくば市周辺であった。東京圏に近く、何度も開発の波を受けているため、集落の社会構造は大きく変容していると考えていたのだが、筑波大学周辺の農村部では、江戸時代から戸数を一定に保っている集落があり、共同労働の慣行、集落の組織や行事が連綿と維持されている。農業の機械化などで生活自体は大きく変化しているが、コミュニティのありようは粘り腰なのである。よく調べてみると、この地域では東京圏に近いことを利用して、必要に応じて人口を移動させ、集落の土地と人口とのバランスをとってきたことがわかってきた。

東京から遠く影響が少ないと思われた岩手では「伝統」が衰退し、茨城では逆に「伝統」が息づいているという発見は、経済や政治の中心との関係性のなかで地域をとらえる視点や、「周縁化」論をとおして、世界の周縁としてのアフリカ・中心の周縁としてのアジアというモデルにも結びついていく。そして、どこに行っても変容に向きあわないことには、研究の意味がないことも実感されてきたのだった。

抑制の平準化機構・促進の平準化機構――「両方ほしいんや」

掛谷さんがはっきりと「変容の生態学」へと向かうのは、ザンビアのミオンボ・ウッドランドで独特の焼畑農耕をいとなむベンバに拠点を移したときである。

もともと掛谷さんがベンバを対象に選んだ理由は、トングウェと同じミオンボ・ウッドランドの焼畑農耕民でありながら、ベンバが伝統的王国（首長国）を形成していたことにある。焼畑農耕という生産手段をもちつつ、人びとの階層差を前提とする王国のなりたつしくみは何か。この解明は、平等性の進化を考えていた掛谷さんにとって、興味深い課題だったにちがいない。五〇年前との比較も視野に入れられていた。ベンバでは、一九三〇年代にイギリスの人類学者オードリー・リチャーズが生業活動を中心に詳細な調査をおこない、優れた民族誌を残している。それとの比較によって変化の様相をあとづけることが考慮されていた。つまり一九八三年にベンバを選んだとき、すでに掛谷さんは、対象社会の変容にむきあう身構えをとりはじめていたといえる。

ベンバの村で、掛谷さんはすぐに人びとの信頼を得た。とくに掛谷さんを慕う数人の少年たちは、村びとの畑への案内を買って出ては、チテメネ・システムとよばれるベンバの伝統農法についての「測る」「数える」調査を手伝ってくれた。掛谷さんは、チテメネ・システムが、なぜ学ぶにふさわしい農法かをていねいに説き聞かせ、それを聞いたかれらの意見もまた尋ねるのだったから、少年たちは夢中になって、自分の解釈や考えを披露してくれた。文生ゼミがここでも開かれていたようなものである。掛谷さんと英子さんの手ほどきを受け、私も調査を開始した。

ベンバでは、妬みや呪いの話がトングウェほど表に出てこない。しかし、焼畑の面積や収穫物の消費などを追跡すると、ほとんどの世帯で自分たちの必要以上は焼畑を開墾しない傾向がみえてきた。また、食物を「独り占めしない」ことがとくに重要な規範であることもわかった。他者の妬みや呪いへの恐れ、気前の良さへの賞賛がその背後にあり、結果的に世帯間の格差が均される平準化機構が機能している。この時点で、平準化機構は世帯間の格差や生業の大きな変化を抑制する働きをしているといえた。

しかし、ほどなくこの地域も、当初の予想より、はるかに大きな開発の波に巻き込まれる。

一九八〇年代の中頃から、化学肥料とハイブリッド種のトウモロコシを使った常畑での換金作物栽培がひろがりはじめた。当初、少数の「変わり者」が試していたトウモロコシ栽培が、八〇年代末には青壮年男性のいる世帯全体にひろがり、女性世帯との格差が拡大する。ところが、一九九〇年代になると、常畑耕作に必要な男性労働力がいない女性世帯もトウモロコシ栽培をはじめ、村の全世帯にトウモロコシ栽培がひろがったのである。ベンバの村びとは、焼畑耕作を維持して自家消費用のシコクビエ栽培を続けながら、換金用トウモロコシ栽培を組み合わせて現金収入を得るという二重の生計戦略をとるようになった。

たった数年でトウモロコシ栽培が全村に普及したのはとても急激な変化だったが、掛谷さんは、この過程に平準化機構がつよく作用していることを見てとった。ふだんは少数の「変わり者」が妬みの編み目をすり抜けながら新しい作物を試しているので、大きな変化はおきないが、開発政策が強力に推し進められる「外因」とそれを必要とする「内因」が合致したとき、平準化機構は変化を促進し、急激な変容に結びつくと結論づけた。この状況のなかで、掛谷さんは、農学の高村泰雄さんや作物学の伊谷樹一さん、土壌学の荒木茂さんらとチテメネ・システムの学際的研究にも着手した。自然科学的な手法を合わせて「アフリカ的集約」概念を打ち出し、在来農法のポテンシャルを明らかにしてきた。

しかし、ベンバの人びとがなんとか自律的な生計を取り戻したのもつかの間、トウモロコシ栽培に不可欠の化学肥料の供給が滞りがちになった。さらに悪いことに、大規模な農地の開発事業によって村周辺のミオンボ・ウッドランドが収用され、村びとの立ち入りが禁止されたのである。ベンバの人びとの生活の基盤が根こそぎ奪われてしまう。

「もう、『どっこい生きている』ではあかんのや。」とつぶやいた掛谷さんの言葉がずっと耳に残った。

一九九四年に出された『地球に生きる2　環境の社会化』の序論（五頁）には、こんなことが記されている。

それぞれの民族文化は、長い歴史をへて形成されてきたのであり、内部的な条件や外部社会との交流に対応して変化をとりこんできた。それは、安定化への強い指向性を基調としつつ、変化をとりこむ社会的過程を内蔵している。（中略）しかし、近年の変化は、経済の低迷や政治的秩序の混乱をまねきながらも、先進国追随型の経済発展・開発をめざす国家レベルの動きや、大きく組み換えが進む世界レベルの経済・政治の動向と深くむすびついている。それは、地域の生態・社会・文化の基盤から乖離した急激な変容を誘導し、地域内・地域間の経済格差を拡大させ、自然に依存して暮らす人びとを貧困化の過程へ追いやっていく。このような趨勢が民族社会や地域の自律的な調整機能を弱め、地域の環境破壊を助長し、ついには地球的規模の環境問題へとつながっていく。多彩な民族文化がはぐくんできた自然との共生の諸相を探り、その存続を困難にする条件を読み解くことは、すぐれて現代的な課題なのである。

（『地球に生きる2　環境の社会化』一九九四年、五頁）

掛谷さんがいつ開発に向けた実践への心づもりをされたのかはわからない。この序論を書いたときには、すでにその覚悟でタンザニアのプロジェクト技術協力に関わっておられたはずだ。けれども、決して悲愴な使命感ばかりにとらわれていたわけではないだろう。それを考えるとき、いつも思い出すのは、トウモロコシ栽培が広がりはじめた時期に掛谷さんがベンバの愛弟子のひとりである少年と交わした会話である。

「シコクビエとトウモロコシ、どちらが好きか」と尋ねた掛谷さんに、少年はトウモロコシと即答した。それは「伝統」と「開発」どちらをとるかと聞かれて、開発をとる、と言ったようなものだったから、掛谷さんは少し気色ばむようすで理由を尋ねた。少年は答えた。「シコクビエもいいけど、毎食毎食だと疲れちゃう」。これを聞いた掛谷さんは急に相好をくずし、「うまいこと言うなあ。毎食だと疲れるかあ。ほんまになあ。疲れるかあ。」と、身をよじり涙を流さんばかりに大笑いした。そのあと、「だから両方あるのがいいな」という少年の言に、はっと真顔になってこう言った。「そうやなあ！　おれらは両方ほしいんや。」

失礼な言い方だが、私は、少年の言を受けとめて、真に感じ入る掛谷さんを見て、なんと素直な人だろうかと驚いた。わずか一二、三歳の少年の言うことをまっすぐ自分の心に響かせる。掛谷さんのまなざしには、我欲にみちてどうしようもない人間のありようを受け入れる、深みと慈しみがいつも感じられる。

実践に舵を切ったからといって、問題を生みだす構造がすぐに変わるわけではない。けれど、掛谷さんの実践は、人びとの「両方ほしい」を受け入れながらほどよいバランスを探す実践だ。掛谷さんは、その手法を村の人たちと一緒につくることに喜びをみいだしつつ、大きな構造や制度とは正面きって戦い続けるという、だれにもまねのできない方法をうみだしてきたのだと思う。本著作集には、時代とひとに向きあいつづけた掛谷さんからの、たくさんのメッセージが込められている。

＊最後になりましたが、本著作集の刊行にあたっては、掛谷さんのご遺族である掛谷英子様にご援助いただきました。心より感謝申し上げます。

注

（1）本著作集第一巻解題で寺嶋が示した時期区分は次のとおりである。第一期は、掛谷さんが修士課程の大学院生としておこなったトカラ列島での離島研究に始まり、「一九七一年には新婚の英子さんとともにアフリカのトングウェ族の調査へと進んだ時期、第二期は、一九八三年から手がけたザンビアのベンバ族の農村調査の時代、第三期は、一九九〇年に京都大学に移られてから、「世界の中のアフリカ」「同時代を生きるアフリカ」という視点に立ち、参加・実践・貢献の人類学を意図的に目指して国際協力という枠組みの中で、地域発展への実践的な関与を通して地域理解を試みるという研究方向へ舵を切った時期、である（寺嶋　二〇一八：掛谷誠著作集第一巻「解題」五二〇頁による記述を筆者が一部改変）。」

（2）平成元年科学研費補助金（総合Ａ）「白神山地ブナ林域における基層文化の生態人類学的研究」

初出一覧

「私はアフリカの呪術医だった」
『朝日新聞』一九七三年一月四日刊　一三面

「トングウェ族の呪医の世界」
伊谷純一郎・原子令三編『人類の自然誌』雄山閣出版　一九七七年一一月刊

「私はトングウェの呪医——不幸の原因を探り治療」
『信濃毎日新聞』一九七九年八月二三日夕刊　四面

「呪医の世界——トングウェ族の伝統医術」
『月刊百科』第二〇九号　平凡社　一九八〇年二月刊

「自然・呪医・精霊——トングウェ族呪医の昇位儀礼の体験」
『月刊アニマ』第一〇一号　平凡社　一九八一年八月刊

「アフリカにおける呪と医——トングウェ族の事例から」
『史境』第六号　歴史人類学会　一九八三年四月刊

「伝統的社会——トングウェの事例を中心に」
『季刊メディカル・ヒューマニティ 1』 蒼弓社　一九八五年一二月刊
「病気と治療——根底に潜む諸々の霊」
『讀賣新聞』 一九八五年三月三〇日夕刊
「呪医の修行——トングウェの地にて」
『月刊ライフサイエンス』第一四巻第一〇号　生命科学振興会　一九八七年一〇月刊
「アフリカの呪医の世界」
一九九一年度特別講座第二回講演　記念講堂　一九九一年九月二五日
「呪薬としての動物——トングウェ族の呪医の論理」
『月刊アニマ』第六〇号　平凡社　一九七八年三月刊
「シコメロの素材と論理——トングウェ族の動物性呪薬」
『アフリカ研究』第一七号　日本アフリカ学会　一九七八年三月刊
「ゾウの悪霊払い——原野に生きるトングウェ族の心」
『季刊民族学』第一九号　国立民族学博物館友の会　一九八二年一月刊

「トングウェ族呪医の治療儀礼――そのプロセスと論理」
伊谷純一郎・米山俊直編『アフリカ文化の研究』アカデミア出版会　一九八三年三月刊

「『呪術』は本当に効果があるのか」
歴史教育者協議会編『一〇〇問一〇〇答・世界の歴史、中東アフリカ』河出書房新社　一九九二年七月刊

「自然と社会をつなぐ呪薬」
掛谷誠編『講座 地球に生きる二 環境の社会化――生存の自然認識』雄山閣出版　一九九四年九月刊

「『妬み』の生態人類学――アフリカの事例を中心に」
『現代のエスプリ別冊・現代の人類学1・生態人類学』至文堂　一九八三年一二月刊

「妬みの生態学――アフリカ焼畑農耕民の研究から」
『創造の世界』第六一号　小学館　一九八七年二月刊

「文化と進化の接点」
『創造の世界』第六一号　小学館　一九八七年二月刊

「平等性と不平等性のはざま――トングウェ社会のムワミ制度」
田中二郎・掛谷誠編『ヒトの自然誌』平凡社　一九九一年二月刊

「焼畑農耕社会と平準化機構」
大塚柳太郎編『講座地球に生きる三　資源への文化的適応――自然との共存のエコロジー』雄山閣出版　一九九四年一二月刊

「『共生の思想』とアフリカ」
『聖教新聞』一九九四年一二月二〇日刊　七面

「変貌するアフリカ伝統社会と癒しの構造――トングウェの事例」
『地域開発』第三七四号　一般財団法人日本地域開発センター　一九九五年一一月刊

Hunter. Aldine, Chicago, pp. 49-55.
Woodburn J 1982: Egalitarian societies. Man (N. S.) 17(3): 431-451.
吉田禎吾 編 1975:「文化人類学読本」東洋経済新報社，東京.

Nishida T & Uehara S 1981: Kitongwe name of plants: A preliminary listing. African Study Monographs 1: 109-131.

Poll M 1956: "Poisson Cichlidae" resultats scientifique de l'exploration hydrobiologique du lac Tanganyika (1946-1947). Institut Royal des Sciences Naturelles de Belgique 3(5B): 1-619.

Richards AI 1939: Land, Labour and Diet in Northern Rhodesia. Oxford University Press, London, New York and Toronto.

Richards A 1940: Bemba Marriage and Present Economic Conditions, Rhodes-Livingstone Papers 4. Manchester University Press, Manchester.

Richards A & Widdowson E 1937: A dietary study in northern Rhodesia. Africa 9: 166-196.

Robert J 1949: Croyances et coutumes, magico-religieuses des Wafipa paiens. Tanganyika Mission Press, Tabora.

Sahlins M 1972: Stone Age Economics. Aldine-Athertor, Chicago and New York.

サーリンズ M 1984:「石器時代の経済学」山内昶 訳，法政大学出版局，東京.

杉山祐子 1987: 臼を貸してください――生活用具の所有と使用をめぐるベンバ女性のマイクロ・ポリティクス．アフリカ研究 30: 49-69.

Sugiyama Y 1987: Maintaining a life of subsistence in the Bemba village of northeastern Zambia. African Study Monographs, Supplementary Issue 6: 15-32.

杉山祐子 1988: 生計維持機構としての社会関係――ベンバ女性の生活ストラテジー．民族学研究 53(1): 31-57.

Takeda J 1976: An ecological study of the honey-collecting activities of the Tongwe, western Tanzania, East Africa. Kyoto University African Studies 10: 213-248.

田中二郎 1971:「ブッシュマン――生態人類学的研究」思索社，東京.

田中二郎 1977: セントラル・ブッシュマンの社会生態学．渡辺仁 編「人類学講座 12 生態」雄山閣出版，東京，pp. 352-368.

Turner VW 1964: Witchcraft and sorcery: Taxonomy versus dynamics, Africa 34(4): 314-325.

Turner VW 1967: The Forest of Symbols: Aspects of Ndembu Ritual. Cornel University Press, Ithaca and London.

Turner VW 1975: Revelation and Divination in Ndembu Ritual. Cornell University Press, Ithaca and London.

ターナー VW 1976:「儀礼の過程」冨倉光雄 訳，思索社，東京.

渡辺仁 1971: 進化と環境．井上英二，水野伝一，渡辺仁，斎藤信房，門司正三，村田吉男，能勢幸雄，本城和彦，大野盛雄，小林直樹 編著「東京大学公開講座　14 人間と環境」東京大学出版会，東京，pp. 75-106.

van Gennep A 1909: Les rites de passage. Emile Nourry, Paris.（ファン ヘネップ A 1977:「通過儀礼」綾部恒雄，綾部裕子 訳，弘文堂，東京）

Wolf EW 1955: Types of Latin American peasantry: A preliminary discussion. American Anthropologist 57(3): 452-471.

Woodburn J 1968: An introduction to Hadza ecology. In Lee RB & DeVore I (eds): Man the

掛谷誠 編「ヒトの自然誌」平凡社，東京，pp. 59-88.

掛谷誠，杉山祐子 1987: 中南部アフリカ・疎林帯におけるベンバ族の焼畑農耕――チテメネ・システムの諸相．牛島巖 編「象徴と社会の民族学」雄山閣出版，東京，111-140.

Kawabata M & Doi T 1972: Non-Cichlidae fish community in Mukuyu and Karago areas, the east coast of Lake Tanganyika. Kyoto University African Studies 7: 171-179.

川喜田二郎 1979: 文明批判としてのもう一つの技術．総合研究開発機構 編「もう一つの技術――巨大技術の行き詰りをどう克服するか」学陽書房，東京，pp. 204-230.

Landy D 1977: Culture, Disease, and Healing. Macmillan, New York.

Leach ER 1964: Anthropological aspects of language: Animal categories and verbal abuse. In Lenneberg EH (ed): New Directions in the Study of Language. The Massachusetts Institute of Technology Press, Cambridge, pp. 23-63.

Lee RB & DeVore I 1968: Problems in the study of hunters and gatherers. In Lee RB & DeVore I (eds): Man the Hunter. Aldine, Chicago, pp. 1-12.

Lee RB 1968: What hunters do for a living, or how to make out on scarce resources. In Lee RB & DeVore I (eds): Man the Hunter. Aldine, Chicago, pp. 30-48.

Lee RB 1969: !Kung Bushman subsistence: An input-output analysis. In Vayda A (ed): Environment and Cultural Behavior. Natural History Press, Garden City, pp. 47-79.

Lee RB 1979: The !Kung San: Men, Women and Work in a Foraging Society. Cambridge University Press, Cambridge.

Lévi-Strauss C 1962: La pensée sauvage. Plon, Paris.（レヴィ＝ストロース C 1976:「野生の思考」大橋保夫 訳，みすず書房，東京）

Loeb EM, Koch C & Loeb EK 1956: Kuanyama Ambo magic: Medicinal, cosmetical, and charm flora and fauna. Journal of American Folklore 69(272): 147-174.

Loudon J 1976: Social Anthropology and Medicine, A. S. A. Monograph 13. Academic Press, London, New York and San Francisco.

Mair L 1969: Witchcraft. McGraw-Hill, New York.（マイル L 1970:「妖術――紛争・疑惑・呪詛の世界」馬淵東一，喜多村正 訳，平凡社，東京）

Marshall L 1961: Sharing, talking, and giving: Relief of social tensions among !Kung, Bushmen. Africa 31(3): 231-249.

松井健 1977: トゥンブウェ族の民族動物学――エコロジーとエピステモロジーの間で．伊谷純一郎，原子令三 編「人類の自然誌」雄山閣出版，京都，pp. 539-623.

Miracle MP 1967: Agriculture in the Congo Basin. The University of Wisconsin Press, Madison.

Ngubane H 1977: Body and Mind in Zulu Medicine. Academic Press, London.

西田利貞 1973a:「精霊の子供たち――チンパンジーの社会構造を探る」筑摩書房，東京.

西田利貞 1973b: 1973 年度生態人類学研究会レジュメ.

伊谷純一郎，西田利貞，掛谷誠 1973:「タンガニイカ湖畔——自然と人」筑摩書房，東京.
伊谷純一郎 1976a: 野生の論理 5.——選ばれた動物たち．アニマ 4(5): 53-59.
伊谷純一郎 1976b: 野生の論理 3.——トングウェをめぐる動物たち．アニマ 4(3): 53-59.
伊谷純一郎 1977a:「チンパンジーの原野——野生の論理を求めて」平凡社，東京.
伊谷純一郎 1977b: トングウェ動物誌．伊谷純一郎，原子令三 編「人類の自然誌」雄山閣出版，東京，pp. 441-538.
伊谷純一郎 1980: 赤道アフリカの自然主義者たち．季刊民族学 13: 6-19.
伊谷純一郎 1984: トングウェ族の自然村．伊谷純一郎，米山俊直 編「アフリカ文化の研究」アカデミア出版会，京都，pp. 699-728.
伊谷純一郎 1986: 人間平等起原論．伊谷純一郎，田中二郎 編「自然社会の人類学——アフリカに生きる」アカデミア出版会，京都，pp. 349-389.
掛谷誠 1974: トングウェ族の生計維持機構——生活環境・生業・食生活．季刊人類学 5(3): 3-90.
Kakeya M 1976: Subsistence ecology of the Tongwe, Tanzania. Kyoto University African Studies 10: 143-212.
掛谷誠 1977a: サブシステンス・社会・超自然的存在——トングウェ族の場合．渡辺仁 編「人類学講座 12 生態」雄山閣出版，東京，pp. 369-385.
掛谷誠 1977b: トングウェ族の呪医の世界．伊谷純一郎，原子令三 編「人類の自然誌」雄山閣出版，東京，pp. 377-439.
掛谷誠 1978: シコメロの素材と論理——トングウェ族の動物性呪薬．アフリカ研究 17: 1-33.
掛谷誠 1980: 呪医の世界——トングウェ族の伝統医術．月刊百科 209: 22-27.
Kakeya M 1982: Curing ritual of the Tongwe traditional doctor: Its process and logic. African Study Monographs, Supplementary Issue 1: 105-139.
掛谷誠 1983a: アフリカにおける呪と医——トングウェ族の事例から．史鏡 6: 34-42.
掛谷誠 1983b: 妬みの生態人類学——アフリカの事例を中心に．大塚柳太郎 編「現代の人類学（1）生態人類学」至文堂，東京，pp. 229-241.
掛谷誠 1984: トングウェ族呪医の治療儀礼——そのプロセスと論理．伊谷純一郎，米山俊直 編「アフリカ文化の研究」アカデミア出版会，京都，pp. 729-776.
掛谷誠 1986a: 伝統的農耕民の生活構造——トングウェを中心として．伊谷純一郎，田中二郎 編「自然社会の人類学——アフリカに生きる」アカデミア出版会，京都，pp. 217-248.
掛谷誠 1986b: ザンビアの伝統農耕とその現在——ベンバ族のチテメネ・システムの現況．国際農林業協力 8(4): 2-11.
掛谷誠 1990: 可能性としての焼畑農耕．季刊民族学 52: 100-115.
掛谷誠 1991: 平等性と不平等性のはざま——トングウェ社会のムワミ制度．田中二郎，

第二巻 参考文献

Baxter P 1972: Absence makes the heart grow fonder: Some suggestions why witchcraft accusations are rare among East African pastoralists. In Gluckman M (ed): The Allocation of Responsibility. Manchester University Press, Manchester, pp. 163-191.

Bidney D 1963: So-called primitive medicine and religion. In Galdston I (ed): Man's Image in Medicine and Anthropology. International Universities Press, New York, pp. 141-156.

Cory H 1949: The ingredients of magic medicines. Africa 19(1): 13-32.

デュクロ O，トドロフ T 1975:「言語理論小事典」伊藤晃，井村順一，川本皓嗣，木下光一，佐々木明，滝田文彦，福井芳男，保苅瑞穂，松崎芳隆，丸山圭三郎 訳，朝日出版社，東京.

Douglas M 1957: Animals in Lele religious symbolism. Africa 27(1): 46-58.

Evans-Pritchard EE 1937: Witchcraft, Oracles and Magic among the Azande. Clarendon Press, Oxford.

Foster G 1965: Peasant society and the image of limited good. American Anthropologist 67(2): 293-315.

Foster G 1972: The anatomy of envy: A study in symbolic behavior. Current Anthropology 13(2): 165-202.

Foster G & Anderson B 1978: Medical Anthropology. John Wiley & Sons, New York, Chichester, Brisbane and Toronto.

Hardesty D 1977: Ecological Anthropology. John Wiley & Sons, New York.

Harley G 1970: Native African Medicine: With Special Reference to Its Practice in the Mano Tribe of Liberia. Frank Cass Publishers, London. (1st edition published in 1941)

Howell N 1976: The population of the Dobe area !Kung. In Lee RB & DeVore I (eds): Karahari Hunter-Gatherers: Studies of the !Kung San and Their Neighbors. Harvard University Press, Cambridge, Massachusetts and London, pp. 138-151.

市川光雄 1977: "Kuweri" と "ekoni"――バンブティ・ピグミーの食物規制．伊谷純一郎，原子令三 編「人類の自然誌」雄山閣出版，東京，pp. 135-166.

市川光雄 1982:「森の狩猟民」人文書院，京都.

市川光雄 1986: アフリカ狩猟採集社会の可塑性．伊谷純一郎，田中二郎 編「自然社会の人類学――アフリカに生きる」アカデミア出版会，京都，pp. 279-311.

［ら行］

［わ行］

［は行］

［ま行］

［や行］

［た行］

［な行］

［か行］

［さ行］

民　族

事　項

［ま行］

［や行］

［ら行］

［わ行］

［さ行］

［た行］

［な行］

［は行］

[は行]

[ま行]

[ら行]

[ん行]

■ 動・植物

[あ行]

[か行]

索　引

固有名詞

掛谷誠著作集 2
呪医と精霊の世界

2018年5月21日　初版第一刷発行

著　者　掛　谷　　誠
発行者　末　原　達　郎
発行所　京都大学学術出版会
京都市左京区吉田近衛町69番地
京都大学吉田南構内（〒606-8315）
電　話　075-761-6182
ＦＡＸ　075-761-6190
振　替　01000-8-64677
http://www.kyoto-up.or.jp/

印刷・製本　㈱クイックス

ISBN978-4-8140-0128-6
Printed in Japan
定価はカバーに表示してあります

著者

掛谷　誠（かけや　まこと）

京都大学名誉教授。1945 年生まれ．理学博士．

1968 年京都大学理学部を卒業し，同大学大学院理学研究科に入学して生態人類学を学ぶ．1974 年に福井大学教育学部助教授，1979 年に筑波大学歴史・人類学系助教授，1987 年に弘前大学人文学部教授を歴任し，1990 年には京都大学アフリカ地域研究センター教授，1998 年からは同大学大学院アジア・アフリカ地域研究研究科教授を兼任した．2008 年には定年により退職し，2013 年 12 月 22 日に逝去した．享年 68 歳であった．

日本における生態人類学の創始者のひとりであり，東アフリカ乾燥疎開林帯の農耕民社会に関する研究によって優れた業績を残した．そのなかで提唱された「最小生計努力」や「平準化機構」はアフリカ社会を理解するための基本的な概念として幅広い分野の研究者に援用されている．また，アフリカ地域研究の進展を牽引するとともに，研究成果をアフリカの農村開発に還元する応用的・実践的研究にも従事し，在来性に根ざした地域の内発的な発展という新たな視座を提示した．

生態人類学会の会長や日本アフリカ学会の理事などを歴任すると同時に，京都大学アフリカ地域研究資料センター長や同大学評議員の要職を務めるなど，学界の組織化や体制の確立に尽力し，1998 年には大同生命地域研究奨励賞を受賞した．主な著書に，『ヒトの自然誌』（平凡社），『講座　地球に生きる 2　環境の社会化』（雄山閣），『続・自然社会の人類学』（アカデミア出版会），『生態人類学講座第 3 巻 アフリカ農耕民の世界』（京都大学学術出版会），『アフリカ地域研究と農村開発』（京都大学学術出版会）など多数の共著編著がある．